Elke Vesper

Fremde Schwestern

Meine Reise zu den Frauen in der Sowjetunion

WELTKREIS

CIP-Kurztitelaufnahme der Deutschen Bibliothek

Vesper, Elke:
Fremde Schwestern : meine Reise zu d. Frauen in d. Sowjetunion / Elke Vesper. - Dortmund : Weltkreis, 1984.
ISBN 3-88142-311-7

Postfach 789
D-4600 Dortmund 1

Umschlaggestaltung: Rubach/Schröter, Dortmund
Lektorat: Wolfgang Elsner
Herstellung: Plambeck & Co Druck und Verlag GmbH, 4040 Neuss
Auflage: 5.4.3.2.1.
ISBN 3-88142-311-7

Elke Vesper

Fremde Schwestern

Meine Reise zu den Frauen in der Sowjetunion

Weltkreis

Die Autorin:

Elke Vesper, in Hamburg geboren, verließ nach der 10. Klasse das Gymnasium. Nach zwei Jahren Fremdsprachenschule schloß sie als Fremdsprachenkorrespondentin in Englisch, Französisch und Spanisch ab. Sie arbeitete anschließend in Frankreich, dann in Hamburg. 1970 begann sie ein Germanistik-, Romanistik- und Philosophiestudium in Köln. 4 Jahre später bekam sie ihre erste Tochter, 1979 die zweite. Sie promovierte über „Existentialismus und sozialistischer Realismus in der modernen französischen Autobiographie" und lebt in Köln.
Im Weltkreis-Verlag veröffentlichte sie 1983 ihren ersten Roman „Freier Fall".

Inhalt

Eine Idee

Vor zwei Jahren noch lag der Gedanke, ein Buch über die Frauen in der Sowjetunion zu schreiben, für mich so weit entfernt wie Irkutsk von Moskau. Weiter noch.

Dann verbrachte ich meinen Urlaub in der Sowjetunion, in Moskau, Jalta, Leningrad. Ich lernte Tanja kennen, und sie wurde eine so gute und vertraute Freundin, wie ich nicht viele habe. Ich lernte Slava kennen und Sascha und Juri und viele mehr.

Und ich verliebte mich. Gleich in alle jene Männer auf einmal, die Wiener Charme und italienisches Temperament vereinigten, ohne dabei schmierig und aufdringlich zu sein. Sie verblüfften mich. Zwischen den Männern und Frauen spielte sich vieles anders ab, als ich es mir vorgestellt hatte.

Da war Tanja, die sagte: „Elke, ich mag dich sehr gern, aber mit deinen ewigen Fragen zur Situation der Frau gehst du mir ganz schön auf die Nerven. Denk doch bloß nicht, daß das bei uns alles so leicht ist mit dem Arbeiten und der Kindererziehung und dem Gleichberechtigtsein. Manchmal wünschen wir uns das alles weg." Und sie erzählte mir von einem Kabarett in Moskau, das folgenden Sketch aufführte: „Wacht eine Frau morgens auf, macht Frühstück für sich und ihren Sohn, geht aus dem Haus, wenn er noch schläft, stellt ihm noch einmal den Wecker, trifft im Treppenhaus die alte Nachbarin, bittet sie, noch einmal zu schellen, damit er auch wirklich pünktlich aufsteht. Auf der Straße trifft sie einen Nachbarn, der den Vorhof fegt, sie bittet ihn: ‚Ach, Iwan Iwanowitsch, bitte achten Sie doch heute nachmittag einmal darauf, daß mein Fjodor nicht raucht und nichts ausfrißt und nicht mit schlechten Kindern spielt.' In der Fabrik stiehlt sie sich zwischendurch einmal von der Arbeit, um in der Schule anzurufen, ob mit Fjodor auch alles in Ordnung ist."

Tanja war es auch, die von sich selbst, Deutschlehrerin, Dolmetscherin mit fast akzentfreier Sprachbeherrschung, behauptete: „Ich habe versagt. Ich habe alles meinem Mann geopfert, damit er seinen Doktor machen konnte." Sie meinte damit, sie sei stehengeblieben in ihrem Beruf. Ein Studium beeindruckt in der Sowjetunion niemanden. Immer muß die Entwicklung der Persönlichkeit voranschreiten.

Da war Slava, der mich verwöhnte mit vielen kleinen Aufmerksamkeiten, der mir zur Seite stand, wann immer ich ihn brauchte, zum Reden, zum Organisieren von irgend etwas oder auch nur, um mir ein Eis zu kaufen, der mir viel Nettes sagte, ohne auch nur ein einziges Mal zu versuchen, sich mir sexuell zu nähern. Slava wollte mein Freund sein.

Da war Sascha, Doktor der Arabistik, der seinen Urlaub damit verbrachte, Touristen zu dolmetschen, der schwamm und tanzte wie ein Weltmeister, Gitarre spielte und nachts, auf der Mole über dem Wasser, uns allen einen perfekten Bauchtanz demonstrierte, der anschließend zu mir sagte: „Ich habe etwas gegen die Frauenemanzipation, die ist einfach schädlich für uns Männer." Dann diskutierte er stundenlang mit mir über Politik.

Da war die wunderschöne Frau mit feurigen Augen und schwarzem Haar aus dem Orient, die allein Urlaub machte und beim Neptunfest orientalisch geschmückt einen Bauchtanz vollführte, der Saschas weit in den Schatten stellte. Und während ich ihr gebannt zusah, raunte Tanja mir zu: „Das ist eine Parteisekretärin, außerdem hat sie 5 Kinder, ich habe mich gestern mit ihr unterhalten."

Da war so viel noch, und ich wollte mehr wissen. Ich sagte zu meinen Freunden: „Eigentlich möchte ich wiederkommen, aber nicht, um Ferien zu machen, sondern um hier zu arbeiten, von euch etwas zu erfahren und es den Leuten bei uns zu erzählen." Slava war es, der wie selbstverständlich vorschlug: „Versuch's doch! In Moskau gibt es Progress, das ist ein Verlag, der Bücher herausgibt, in denen Ausländer ihre Eindrükke von der Sowjetunion schildern. Stell' dort doch einfach mal den Antrag, ein Buch aus bundesdeutscher Sicht über die Frauen in der Sowjetunion zu schreiben."

Ich lachte: „Und die haben dann ausgerechnet auf mich gewartet."

Ich befolgte seinen Ratschlag. Und erhielt eine Antwort. Ich wurde aufgefordert, einen detaillierten Plan aufzustellen: welche Republiken ich bereisen, welche Einrichtungen ich besichtigen, welche Gespräche ich führen wollte. Ich fieberte, ob das gutginge. Ich konnte es einfach nicht glauben.

Moskau

Voyage of no return

„Gestern nach hektischem Hin- und Hertelefonieren erst das Visum erhalten, heute sitze ich hier in Moskau, im Hotelzimmer, trinke schwefliges Mineralwasser und bin beunruhigt. Zum Glück habe ich eben Slavas Frau am Telefon erreicht, morgen hat mich Alexander mir selbst überlassen, es liegt ein Tag ohne Arbeitsprogramm vor mir, ein Tag unter Freunden, hoffentlich fühle ich mich dann weniger fremd."

Es war spät in der Nacht, als ich diese Zeilen in mein Reisetagebuch schrieb, und ich fühlte mich so, daß ich am liebsten sofort wieder abgefahren wäre: einsam, verloren und total überfordert von der Aufgabe, ein Buch über die Frauen in der Sowjetunion zu schreiben. Alle möglichen Zweifel überkamen mich: Wieso gerade ich? Und wie sollte ich in diesem fremden Land Informationen zu meinem Thema erhalten, wo ich nicht einmal die Sprache richtig beherrschte und weitgehend auf einen Dolmetscher angewiesen sein würde? Und wie sollte es mir gelingen, in dieser Fremde den Kopf voller neuer Eindrücke oben zu behalten, um von den Erscheinungen zum Wesen vordringen zu können?

Viel war an diesem Tag auf mich eingestürzt!

Letzter Eindruck bei uns: In Frankfurt am Flughafen verlange ich entsprechend meiner Absprache mit dem Moskauer Verlag ein Flugticket Frankfurt – Moskau. Die Bodenstewardeß fragt geschäftig: „Hin und zurück?" Nein, nur hin. Sie mustert mich erschrocken. Nur hin? Ihre Augen irren zwischen mir und dem Trubel um uns hin und her. Bernd, der mich begleitet hat, lächelt ironisch. „Voyage of no return", bemerkt er. „Ich weiß nicht, ob wir solche Karten überhaupt verkaufen", ringt sie sich schließlich zu einer Antwort durch. Ich bestehe aber darauf. Wir stehen fremd voreinander, schon hier beginnen die zwei Welten. „Ich muß meinen Chef fragen", vertröstet sie mich. „Verkaufen wir überhaupt Karten nach Rußland, einfach hin?" Bernd, nun schon schärfer: „Sie fragen Sachen!" Ihre Augenlider flattern. Ihr Vorgesetzter enthebt sie ihrer schweren Entscheidung: „Wir verkaufen alles, wenn's bezahlt wird." Ich blättere das Geld hin für meinen Flug nach Moskau. Wie wären meine Gefühle, wenn ich wirklich nicht zurückkehren würde?

Im Flugzeug tritt mir mein Hintermann ständig in den Rükken, zerrt an meinen Haaren, wenn er aufsteht und meine Rückenlehne benutzt, um sich hochzuziehen. Er singt: „Es gibt kein Bier auf Hawaii, es gibt kein Bier.“ Seine gute Laune und seine Beine kennen keine Grenzen. Mein verkniffener Entschluß: Ich werde ‚dort‘ darauf achten, wieviel Platz den Frauen im täglichen Leben bleibt, sei es in der U-Bahn, auf der Parkbank oder unterm Tisch. Die Erinnerung an den Foto-Band mit Männern und Frauen: breit gespreizte Männerschenkel und Ellenbogen, die Füße fest auf der Erde, neben verschlungenen oder zusammengepreßten Frauenknien, oft findet nur eine Fußspitze Kontakt zum Boden.

Am Flughafen erwartet mich Alexander, mein Dolmetscher und Begleiter für die folgenden Wochen. Ein Mann. Nie hatte ich damit gerechnet, bei dieser Reise für ein Buch über Frauen von einem Mann begleitet zu werden. Er ist ein Jahr älter als ich, rundgesichtig, volle Lippen, dunkelblond, intensiv strahlende blaue Augen. Ein schöner großer Junge.

Alexander – reizend, charmant – tanzt mit mir im Hotelrestaurant, aber er lacht, als ich ihn nach Vergewaltigungen in der Sowjetunion frage. „Gibt es so etwas hier?“

„Brauchst du eine?“ seine Gegenfrage.

„Nein, aber ich brauche Zahlen, auch über so etwas.“

„Willst du zahlen?“

Wieder Lachen, als ich mich verdüstere, auf der Ernsthaftigkeit des Themas beharre. Er begründet sein Lachen mit der Fremdheit dieser Frage für sie. Ich mißtraue ihm, befürchte, am Stammtisch, unter Männern, sind Witze darüber geläufig.

Ich versuche, ihn auszufragen: „Was für einer bist du? Wie ist deine Vorstellung vom Leben, von den Frauen?“

„Ich bin ein normaler Mann.“

„Was ist das?“

„Also, letztes Jahr habe ich Zahnschmerzen bekommen und bin lange nicht zum Zahnarzt gegangen, aus Angst. Als mir schließlich kein Ausweg blieb, ging ich hin, habe dort gejammert über die unerträglichen Schmerzen. Was, hat die Assistentin gesagt, du hältst es nicht aus? Aus dir muß erst noch ein richtiger Mann werden. Ich habe gezittert. Dort bin ich zu einem richtigen Mann geworden, ein schlechter Zahn macht mir nichts mehr aus. – Ich bin der Meinung, die Frauenemanzipation schadet uns nur."

„Warum?"

„Weil die Familien unsicherer geworden sind. Die Frauen haben einen Beruf, verdienen genausoviel wie ein Mann, können selbst für die Kinder sorgen, die brauchen keinen Mann mehr. So gehen viele Ehen kaputt."

„Bist du verheiratet?"

„Nein, auch geschieden."

Er wird wortkarg, gesteht gerade noch einen Sohn zu haben. Ich frage ihn, ob er eine Frau fürs Leben suche.

„Ja. Die Traumfrau."

„Wie soll die sein?"

„Du stellst viel zu schwere Fragen, heute ist noch keine Arbeit, heute ist noch Erholung. Die Traumfrau. Ich will mal sagen, der andere Mensch soll einen doch rundum befriedigen. Das kann ich doch nicht so pauschal sagen mit der Traumfrau, erst mal muß ich mit ihr reden können, einen Draht finden, gleiche Wellenlänge."

Ich insistiere: „Aber das hängt doch von deinen Bedürfnissen ab, welche Frau für dich eine Traumfrau ist. Welches sind deine Bedürfnisse im Hinblick auf eine Frau?"

„Ich muß mir das erst noch überlegen ... daß sie mich nicht stört."

„Daß sie dich nicht stört?"

„Ja, daß ich Karriere machen kann."

„Und sie?"

„Wie, sie?"

„Darf sie dabei auch Karriere machen? Störst du sie denn auch nicht?"

„Wenn sie mich nicht stört, stör' ich sie auch nicht." Sein ironisches Lächeln, das alles wieder in Frage stellt.

„Frauen sind einfach anders als Männer, Frauen leben auch anders. Beispielsweise treffen wir uns in Restaurants und die Frauen sich in der Schlange beim Einkaufen."

Ich bin empört über seinen Zynismus. Dabei gefällt mir dieser Mann, er wird nicht böse, abweisend wegen meiner Fragen. Gut, das ist sein Job.

„Was soll denn das eigentlich sein, ein richtiger Mann?" frage ich noch einmal.

„Was, du unterscheidest nicht zwischen Männern und richtigen Männern, Elke?“ Er will mir nicht glauben.

Ich erzähle Alexander, daß sich bei uns mittlerweile auch ein neuer Männertyp entwickle. Zuweilen, natürlich, und auch nicht in Scharen, aber es gebe Männer, die die Rolle des starken Mannes auch für sich als Gefängnis empfänden und ausbrechen wollten. Er zeigt Unverständnis, lächelt: „Na, da sind eure Frauen wohl sehr erfolgreich darin, die Männer zu erziehen.“

„Nein, diese Männer entwickeln selbständige Bedürfnisse zur Veränderung.“ Ich werde schnippisch. „Im übrigen, wir Frauen haben langsam gar kein Interesse mehr daran, die Männer zu erziehen. Wir haben genug mit unserer eigenen Veränderung zu tun. Jahrhundertelang sollte die Frau dem Mann für alles dienen, jetzt soll sie ihn auch noch verändern? Da steigen wir aus. Aber es gibt Männer, die sich selbst verändern wollen, weil sie unter ihren eigenen Mängeln leiden.“

„Du sprichst so einfach von Leiden. Aber das ist doch natürlich, zum Leben gehört auch Leiden, das können wir doch nicht aus der Welt schaffen.“

„Es gibt Leiden als Schatten von Licht im Leben, und es gibt Leiden, das soziale und historische Ursachen hat, und das ist veränderbar. So steht es mit der Unterdrückung der Frau durch den Mann.“

„Findest du es denn schlimm, wenn die Frau unter dem Mann steht?“

Ich will es nicht glauben: „Was hast du gesagt?“

„Findest du es denn so schlimm, wenn die Frau unter dem Mann steht?“

In meinem Hotelzimmer grübelte und überlegte ich, ob Alexander ernst meinte, was er sagte. Wenn ja: Wie soll ich bloß etwas über Frauen erfahren, wenn mich ein solcher Mann begleitet? Ich erinnere mich nun auch an Peter Schütts Bemerkung über ihn in seinem Buch ‚Let’s go East‘: „Alexander, wie immer etwas muffelig in Emanzipationsfragen . . .“

Wiedersehen mit Slava

Slava kommt eine halbe Stunde zu spät. „Entschuldigung, aber die Miliz hat mich angehalten.“ Die eine Seite seines Autos ist eingebeult, so zu fahren ist verboten. Wir brechen auf. Unterwegs wäscht er sein Auto an einem großen See, Eimer und Schwamm hat er dabei. Mit dem Schwamm streicht er Lackfarbe über die verschrammte Seite und wirft ihn nach getaner Arbeit schwungvoll fort.

Während Slava sein Auto verschönt, gehe ich um den See spazieren. Es ist ruhig hier, menschenleer. Dann sehe ich einen Mann hinter einem Baum pinkeln. Meine Vergewaltigungsangst kriecht hoch. Ich blicke mich um. Hinten auf der Straße erkenne ich eine Frau, breitbeinig, stämmig im lockeren Kittel, die Füße in flachen Schuhen stehen fest auf der Erde. Ich fühle mich seltsam beschützt, kehre nicht um, wie ich es im Kölner Stadtwald in einer solchen Situation zu tun pflege, spaziere weiter.

Wir fahren in die Birkenwälder außerhalb Moskaus, Slava will mir zeigen, wie bei ihnen Schriftsteller wohnen. Große Datschen. „Die größten", sagt Slava, „mit vollem Komfort." Große Gärten. Ich sehe Kinder schaukeln. Fernand Léger baute hier ein Haus für seine russische Frau, fremd hebt sich der Steinkoloß ab von den bäuerlich anmutenden Holzhäusern. Auf den Zaun vor der Villa pinselte einer den Spruch: Friede den Hütten, Krieg den Palästen. „Der steht hier schon lange", lacht Slava, „keiner wischt ihn weg. Irgendwie gehört er dazu." Wir gelangen zu den Datschen der Journalisten. Sie leben magerer, kleinere Holzhäuschen, enger nebeneinander. Für die Schriftsteller, die sich keine eigene Datscha leisten können, gibt es, in den Birkenwald hineingebaut, viele verstreute kleine Holzhäuschen, im Zentrum ein weiß getünchtes Bauwerk; gepflegt wirkt hier alles. „Filmräume gibt es dort", erzählt Slava, „Billard, einen See zum Meditieren, ein Schwimmbad soll noch gebaut werden."

Slava zeigt mir einen Friedhof: kleine, eingezäunte Gärten für jeden Toten, wildes Grün, das an die Moskauer Vorgärten erinnert, Bilder der Toten auf den Grabsteinen. Ein frisches Grab mit dem großen Bild einer Frau und ihrem langen Lebenslauf auf einer Stelltafel. Die Kirche neben dem Friedhof ist geschlossen. Wir gehen auf den Hof, eine lange Menschenschlange, Männer und Frauen, stehen vor einem kleinen Holzhaus neben der Kirche, Kinder auf den Armen, viele Kinderwagen. „Taufe", sagt Slava. Wir hören ein Kind schreien. „Bei uns lassen die meisten Leute ihre Kinder taufen, auch wenn sie selbst nicht in die Kirche gehen."

Wir versuchen, die Kirche vom Hintereingang aus zu betreten. Eine alte Frau, schwarzgekleidet, gebückt, zwei Holzblökke in der Hand, scheucht Slava demonstrativ zurück. Ich erschrecke vor der drohenden Entschiedenheit ihrer Gesten. Was haben wir ausgefressen? Slava, mit seinem gelassenen Gesicht, erläutert beim Verlassen des Kirchhofes: „Ich habe zu ihr gesagt: Eine geschlossene Kirche, wo gibt's denn das? Sie müßte schließlich auch essen, hat sie geantwortet, und vom Hintereingang hat sie uns abgehalten, weil sich dort der Ruheraum für die Priester befindet, die dort gerade schlafen."

Statt in die Kirche führt Slava mich in ein indisches Restaurant in Moskau. Raffiniert gewürztes Essen zu indischer Musik, Kaviar und herber Weißwein. „Ihr lebt ganz gut", sage ich. „Doch nicht alle Tage in dieser Weise", erwidert Slava. „So gut essen gehen, das mache ich vielleicht einmal im halben Jahr."

Er erzählt von seiner Arbeit, ist gerade befördert worden, fühlt sich dennoch unzufrieden. So technisch seien die Angelegenheiten in seinem Büro, „Betonmischmaschine", lacht er, „das Wort verfolgt mich schon im Schlaf." Er ist dünner geworden, seit wir uns das letzte Mal sahen. „Die Arbeit schafft mich", stöhnt er. „Von morgens bis abends oft um neun."

„Warum schuftest du denn so", frage ich, „wenn du doch sowieso lieber etwas anderes tätest?"

„Wenn ich eine Arbeit mache, will ich sie auch vernünftig erledigen, und was ich da tu, ist einfach notwendig." Eigentlich würde er lieber literarische Werke übersetzen, französische Literatur ins Russische, aber da einen Einstieg zu finden ist schwierig. Er versucht es, aber es gibt viele, die hervorragend Fremdsprachen beherrschen. Slava ist Ingenieurdolmetscher in einer großen Firma, nun sogar zum Abteilungsleiter aufgestiegen, fährt ein Auto – all das zählt nicht für ihn. „Was zählt, ist nicht die Karriere, das ist die Persönlichkeit", bemerkt er, und der Ton zeigt mir an, daß der Satz Ergebnis manchen Nachdenkens ist. Slava ist nicht zufrieden mit sich, er überlegt und fragt viel. Seine Frau verließ ihn vor zwei Jahren, und er gibt sich selbst die Schuld. Sie sei zu aktiv, sie wolle leben, wolle alles mögliche unternehmen. Vor einem Jahr habe sie den Führerschein erworben, nun beginne sie Tennis zu spielen, Auto-Rodeo wolle sie fahren, auch reiten lernen. Sie spreche fünf Sprachen. Sie habe ihre Arbeit in der Schule als Französischlehrerin aufgegeben, weil sie ihren Doktor machen wolle. Nun studiere sie wieder.

„Ich bin eher bequem“, erzählt er von sich. „Es hat eine Zeit gegeben, da schlug wohl alles um. Wir hatten beide das Fremdspracheninstitut absolviert, suchten Arbeit, Hélène hatte nach kurzer Zeit etwas akzeptiert, wenn es auch nicht grad ihrer Vorstellung vom Traumjob entsprach. Ich wartete ab, wollte etwas hundertprozentig Passendes für mich finden. Die Zeit hat mich kaputtgemacht. Schließlich bin ich nur noch im Bett geblieben, sie hatte Arbeit, Freunde, bald fand sie auch Arbeit, die ihr mehr zusagte, sie ging aus, ich blieb im Bett.“

„Das schlimmste für mich ist“, gesteht er mir, als wir wieder vertraut miteinander sind, „daß sie noch zum Familienpsychologen gegangen ist, als sie merkte, bei uns läuft es schief. Ich habe mich geweigert mitzugehen. Das Ende vom Lied war: sie hat sich leichter mit Hilfe der Therapie trennen können.“

Er blieb ohne Durchblick zurück, brauchte viel Zeit, um zu verstehen, aufzuarbeiten, sich innerlich abzunabeln.

Wir fahren zu seiner und Helenas Wohnung. Slava will uns bekanntmachen. Vor dem Haus, im birkengesäumten Vorgarten, halten ältere Frauen ein Schwätzchen. Sie sitzen im Kreis auf weißen Bänken, die extra zu diesem Zweck hier stehen. Der Aufzug ist klapprig, aber er funktioniert. In der Wohnung fühle ich mich sofort heimisch. Die Rückseite der Wohnungstür ist bunt mit Lackfarbe gestrichen, ebenso der Flur und die Toilette, Rosa, Lila, Blau herrschen vor. Das Badezimmer neben dem Klo glänzt sauber, in der Küche Chaos, nichtabgewaschenes Geschirr, der Boden nicht „general“gereinigt, Essenreste stehen auf dem Tisch.

Helena spricht, soweit ich es beurteilen kann, perfekt und akzentfrei Französisch und läßt sich mit Hélène anreden. Sie führt mich schnell ins Wohnzimmer. Dort ist es gemütlich, die standardisierten Möbel der Polsterecke wirken lustiger durch Bauerntücher, die über die Rückenlehnen gebreitet sind. Ebensolch ein Tuch bestimmt das Aussehen der Lampe, ich guck' neugierig darunter: Serienwohnzimmerkugelfabrikat. Das Radio steht auf der Erde, Muschelaquarelle auf dem Regal.

Ein großes Sofabett in der Nische macht das Zimmer nicht eng, Platz gibt es hier für viele, die notfalls auf dem Teppich hocken könnten. Drüben im Schlafzimmer auch Unordnung, neben dem Bett ein Schreibtisch voller Bücher.

Helena entschuldigt sich für das Chaos. Sie hat gerade eine Delegation aus Kampuchea anläßlich der Feiern zu Majakowskis Geburtstag nach Tbilissi und Baku begleitet und noch keine Zeit gehabt, ihre Wohnung aufzuräumen. Slava? Er kommt mit dem Haushalt nicht zurecht. Wenn sie nicht zu Hause ist, geht er essen.

Slava läßt uns allein, damit wir uns in aller Ruhe kennenlernen können. Ich frage Helena, ob ich etwas aus unserem Gespräch für mein Buch aufschreiben darf. Sie ist einverstanden.

Helena fasziniert mich sofort. Nicht eigentlich hübsch, schafft sie es, die Luft um sich herum zum Flirren zu bringen. Ist sie im Zimmer, zieht sie die Aufmerksamkeit auf sich. An meinem vorletzten Abend nach meiner Reise, wenn ich zurückgekehrt sein werde nach Moskau, werde ich sie auf einer kleinen Party wiedersehen, und mein Eindruck wird sich bestätigen. Ich weiß nicht, was es ist, das sie so anziehend macht: ihre funkelnden blauen Augen hinter der Brille, ihre besonnene, nachdenkliche Bemühtheit, möglichst präzise zu formulieren, ihre ausdrucksvollen Hände oder ihr plötzlich hervorbrechendes fröhlich-ironisches Lachen. Wahrscheinlich alles zusammen und noch etwas dazu, was so schwer zu greifen, vielleicht nur mit dem Begriff „Persönlichkeit“ zu umschreiben ist. Ich vergesse bei unserem Gespräch, daß wir uns gerade erst kennengelernt haben, daß ich in Moskau bin, fremd, und nicht bei einer alten Freundin in Frankreich.

Helena

„Ich habe Slava kennengelernt, da war er zwanzig, ich achtzehn, von dem Zeitpunkt an haben wir alles zusammen gemacht. Wir absolvierten gemeinsam das Fremdsprachenstudium, ein Jahr verbrachten wir als Praktikanten gemeinsam im Kongo. Sogar die Arbeit haben wir nah beieinander gefunden. Weißt du, das ist zu eng, da müssen Mann und Frau gut aufpassen, daß die Achtung voreinander nicht verlorengeht.

Jetzt bin ich 26, vor zwei Jahren haben wir uns scheiden lassen. Slava war sehr verhätschelt von seiner Mutter. Unsere Frauen sind sehr stark. Zu stark. Darüber gibt's bei uns auch viele Diskussionen. Unsere Männer verlieren ihre Identität als Mann, die Frauen laden alles auf ihre eigenen Schultern, die Männer sind große Kinder. Und sie empfinden es auch selbst so. Eine Frau kann selbstverständlich mit einem Mann zusammenleben, der schwach ist, aber sie muß ihn respektieren. Unsere Frauen respektieren ihre Männer nicht. Die Söhne werden von den Müttern verhätschelt, die Frauen haben ja niemanden sonst, die Männer kümmern sich nicht um sie.

Mit Slava lebe ich jetzt gut zusammen, wir sind wie Freunde, wie Bruder und Schwester. Also, wir versuchen, uns Gutes zu tun. Wenn er seine Magenbeschwerden hat, laufe ich und koche ihm Tee, und wenn ich irgend etwas habe, dann eilt auch er, um mir zu helfen. Das verwirrt die Nachbarn nicht so sehr, die wissen gar nicht, daß wir eigentlich geschieden sind, aber bei den Freunden, ja, da gibt es Befremden, manchmal sogar boshafte Sticheleien gegen das, was ihnen fremd ist. Aber, Pech für sie, sage ich mir, denn so, wie Slava und ich unsere Beziehung – unsere Beziehung als Mann und Frau – beendet haben . . . Das ziehe ich den Trennungen vor, bei denen es bis zum allerletzten Ende gelaufen ist, bei denen Mann und Frau richtige Feinde geworden sind. Und häufig müssen solche Leute nach der Scheidung noch zusammenbleiben, wegen der Wohnungsknappheit, das ist dann die Hölle. Als ich merkte, daß es mit Slava und mir so nicht mehr weitergehen würde, da hab' ich gedacht: ändern oder trennen, aber nicht weiterlaufen lassen, bis wir uns nicht mehr ausstehen, nicht mehr den Geruch des anderen im Zimmer ertragen können.

Ich glaube nicht, daß das mit uns noch etwas werden könnte, auch wenn wir uns so gern haben. Das ist irreparabel, für mich ist das irreparabel. Das hat Spuren hinterlassen. Alles, was zwischen uns war, tragen wir doch in uns: das Gute, das will ich bewahren, aber das, was uns getrennt hat, würde weiterschwelen und explodieren, wenn wir wieder Mann und Frau wären, irgendwann würde es explodieren, da bin ich sicher. Das will ich nicht.

Slava und ich sind uns sehr nahe, wir kennen uns seit nun fast zehn Jahren, immer, wenn wir krank waren, wenn wir unausstehlich waren, wenn wir gut vorankamen, immer. Slava ist einer der Menschen, die mir am nächsten stehen, das will ich nicht ändern, aber Mann und Frau – nein!

Wenn ich einen Freund hätte? Hätte, ja, wenn ich hätte, ja, dann müßten wir uns arrangieren, wir haben uns doch gern, ich bin mir sicher, dann würden wir uns arrangieren, irgendwie. Ich weiß nicht wie, es ist noch nicht vorgekommen, aber wir würden Möglichkeiten finden. Wenn er eine Freundin hätte, wäre es das gleiche. Im übrigen, davor habe ich etwas Angst, nicht aus Eifersucht, nein, aber wenn ich an Slavas Weiterentwicklung denke. Für Slava wird viel davon abhängen, wie die Frau sein wird. Ob er den von ihm erst seit kurzem eingeschlagenen guten Weg weitergeht oder ob er wird wie viele andere Männer bei uns, bequem, faul, liederlich. Slava ist einer von diesen Jungen, die von ihren Müttern furchtbar verwöhnt werden. Der kann sich gar nicht allein durchs Leben schlagen, die Mutter hat alles für ihn getan, alles hat sie ihm abgenommen. Über meine Schwiegermutter kann ich gar nicht objektiv reden, da ist ein totaler Gegensatz. Das Verhältnis seiner Mutter zu Slava war krankhaft, das war eine Krankheit. Sie hat ihn gehätschelt und verwöhnt, immer weiter, als wir heirateten, da hat sie jeden Abend angerufen und geweint, sie wäre so allein ohne ihn. Das ist doch krankhaft. Deshalb war er mir dann auch gleich sehr unterlegen, er ist sehr schwach, der Slava, weißt du. Ich hab' es ihm nie gesagt, ich will ihm ja helfen, aber er ist sehr schwach. Das ist kein Einzelfall bei uns, du mußt wissen, die Frauen tun alles, arbeiten, Haushalt, Kindererziehung, sie reißen alles an sich, für die Männer bleibt nichts mehr als arbeiten, Fernsehen abends, mit Freunden trinken gehen und über alles mögliche Nichtssagende quatschen. Die Männer bei uns sind schwach. Das ist auch die Schuld der Mütter. Die nehmen ihren Söhnen alles aus der Hand, sie verhätscheln sie, so bleiben sie immer große Kinder. Bei den Mädchen ist das ganz anders, mit denen sind die Mütter nicht so verrrückt. Als ich geheiratet habe, sagten meine Eltern, gut, jetzt hast du deinen Haushalt, wir haben unseren. Sie haben mir geholfen. Lebensmittel gebracht und so, aber sie haben nie reingeredet. Bei den Jungen ist das anders, die Mütter lassen die einfach nicht erwachsen werden. Da gibt es verrückte Auswüchse, Männer, die mit fünfzig immer noch bei der Mutter leben. Slava war übrigens nach der Scheidung auch zu seiner Mutter gezogen. Du kannst dir die stärksten Männer jeden Alters vorstellen, bei ihren Müttern werden sie zu kleinen Kindern.

Vielleicht kann man sich das psychologisch erklären. Man sagt doch immer, das Mädchen für den Vater, der Sohn für die Mutter. Ich glaube nicht, daß daraus eine größere Wertschätzung für Jungen abzulesen ist. Die Männer sind bei uns einfach nicht angesehen, oft werden sie verachtet von den Frauen. Bei uns sind die Frauen stärker in der Persönlichkeit. Ich weiß nicht, ob die Eltern sich mehr freuen, wenn ein Junge geboren wird als bei einem Mädchen. Das kommt darauf an, was gewünscht wurde, aber, doch, ich glaube schon, im allgemeinen freut man sich mehr über einen Jungen als über ein Mädchen. Ich glaube aber trotzdem nicht, daß Jungen größere Wertschätzung erfahren. Wertschätzung, darin liegt doch auch Achtung. Was die Mütter mit den Jungen machen, das zeigt keine Achtung vor der Persönlichkeit der Jungen. Sie benutzen sie. Vielleicht liegt es auch daran, daß die Frauen nichts anderes haben. Sieh mal, im Zweiten Weltkrieg wurden über zwei Millionen Männer getötet, viele kamen versehrt zurück. Das bestimmte das Leben unserer Müttergeneration. Was haben diese Frauen denn schon groß? Die Arbeit, den Haushalt, Kinder, gesellschaftliches Ansehen – aber Liebe? Weißt du, du stellst so Fragen nach der gesellschaftlichen Stellung der Frauen hier, aber was schließlich zählt, ist das Leben. Im Leben entscheidet sich auch alles, nicht in den Zeitungen oder in den offiziellen Verlautbarungen. Und im Leben unserer Frauen, die nach dem Krieg geboren wurden, spielt so eine emotionale Leere, ein Verlust des anderen Geschlechts, eine Rolle. Schon nach kurzer Zeit, oft nach wenigen Jahren in der Jugend, die aufregend sind mit Rendezvous und erstem Kennenlernen von Männern und Ausgehen und Tanzen und Lachen und, na ja, du wirst das alles selbst kennen, und dann Heirat, und nach wenigen Jahren sind die Frauen schon allein, ob geschieden oder nicht, spielt keine Rolle, auch wenn sie zusammenbleiben, der Mann kümmert sich nach ganz kurzer Zeit nicht mehr um sie. Wenn er nach Hause kommt, legt er die Beine hoch oder geht einen trinken oder hat eine Freundin, die ihm das Gefühl vermittelt, ein richtiger Mann zu sein. Das ist alles. Die Frau verkümmert da irgendwie emotional, sie wird dick, guck doch mal, wie viele Frauen bei uns dick sind. Ich selbst bin auch zu dick, ich muß unbedingt drei Kilo abnehmen. (Unser beider Blick fällt auf die hochgestapelten französischen Modejournale mit den grazilen Titelschönheiten.) Auch die Männer, ja, die vor allem, vernachlässigen sich, mit dreißig sind sie oft schon alt, miesgrämig, uninteressiert. Aber das ist auch die Schuld der Frauen. Die sind so stark, die begraben manchmal einfach die Männer unter sich. In vielen unserer Familien steht der Mann unter dem Pantoffel der Frau. Die Frauen müßten auch einmal etwas schwächer sein. Guck mal nicht so erschrocken! Ich meine nicht, daß jetzt zu allen Aufgaben, die die Frau übernommen hat, auch noch die kommen soll, sich klein zu stellen, damit das verhätschelte Kind sich wie ein Mann fühlen soll. Nein, aber wir müssen ihm doch helfen, wir müssen uns gegenseitig helfen, und mit den Männern geht das so nicht weiter. Die Männer einfach lassen, das tun ja viele, viele Frauen verlassen ja ihre Männer, aber das ist doch keine Perspektive. Wir müssen uns doch helfen. Ich habe meinen Mann auch verlassen, ja, weil es nötig war. Aber trotzdem sehe ich die Notwendigkeit, daß wir uns helfen. Was das heißt, helfen? Sich kleiner machen, so verstehst du das? Nein, nein, das sind nicht meine Vorstellungen. Er soll sich nicht unbedingt größer fühlen, er soll lernen. Slava zum Beispiel hat angefangen, mir zu helfen, als er sah, daß einiges zu schwer für mich war. Ich bin manchmal in Tränen aufgelöst von den Einkäufen zurückgekommen, das macht mich krank, wirklich, richtig krank. Die Schlangen, die schlechte Luft und dann das Schleppen, ich war hinterher immer vollkommen fertig. Als Slava das einige Male gesehen hat, übernahm er die Einkäufe. Den Abfall leert immer er, von Anfang an, das ist mir eklig. Die Wäsche, als er gemerkt hat, daß ich nicht mehr konnte. Gut, ich mache immer noch das meiste, aber er hilft mehr und mehr und nur, weil ich auch offen gezeigt habe, daß meine Kraft für alles nicht ausreichte. Vorher, da hab' ich ihn auch nicht gelassen, nicht meine Schwäche gezeigt, alles hab' ich allein gemacht und dann auf ihm rumgetrampelt, ihn beschimpft: Was kannst du eigentlich, du kannst doch gar nichts, ich bin diejenige, die alles allein machen muß, immer ich, ich muß immer aktiv sein, du bist ein Schlappschwanz. Ich hab' ihn richtig zu Boden gedrückt, und er wurde immer unsicherer. Manchmal hab' ich dann gespürt, wie in ihm so eine Aggression schlummerte, die von Zeit zu Zeit auftauchte, als Spitze eines sehr großen, harten Eisberges. Ich begann, auf die Explosionen zu warten. Manchmal brach dann auch alles aus Slava hervor. Da hab' ich's dann immer mehr mit der Angst gekriegt. Viele Männer bei uns werden immer unsicherer, wissen gar nicht mehr, ob sie ein richtiger Mann sind.

Unter einem richtigen Mann verstehe ich, daß er seinen Teil an Verantwortung im gemeinsamen Leben tragen kann wie die Frauen auch. Und dann ist da auch noch das Geschlecht. Bei uns haben viele Frauen männliche Züge angenommen, sie achten nicht auf ihre Weiblichkeit. Das ist ein Punkt, wo die Männer den Frauen helfen müßten. Die Männer bei uns geben den Frauen nicht das Gefühl, daß sie Frauen sind. Und die Frauen geben den Männern nicht das Gefühl, daß sie Männer sind. Ich habe es einfach gern, wenn ein Mann mir den Koffer abnimmt, ich mag nicht gern schwer tragen, ich mag es, wenn ein Mann mir Komplimente macht, kleine Geschenke, ich bekomme gern Blumen geschenkt zum Beispiel. Ich würde auch Blumen verschenken an einen Mann, wenn es ihm gefällt. Ich würde ihm auch Schokolade schenken, wenn er das mag, aber ich habe es eben gern, wenn ein Mann mir etwas schenkt. Es gibt auch Unterschiede im Aussehen, im Gang, in den Bewegungen. Frauen, richtige Frauen, bewegen sich eben auch wie richtige Frauen. Irgendwie ist das bei uns alles sehr kompliziert geworden mit dem weiblichen und männlichen Verhalten.

Wie es mit der Sexualität bei uns steht, das kann ich so allgemein nicht sagen, ich kann nicht einmal über Moskau im ganzen reden. Moskau ist so groß, so viele Menschen, das Leben des einzelnen spielt sich da nicht unter ‚Moskauern' ab. Was von Bedeutung ist, auch manchmal von negativer Bedeutung, weil viele Menschen engstirnig sind, das ist ein Freundeskreis. In so einer großen Stadt braucht jeder Mensch einen Kreis anderer, und das sind dann so kleine Lebenseinheiten. Also, über Sexualität wird bei uns nicht viel geredet. Man tut ein wenig so, als gäbe es sie nicht. Natürlich gibt es Probleme. Diese Unsicherheit zwischen den Geschlechtern muß ja zu sexuellen Problemen führen. Aber über die Lebensmittelversorgung wird mehr diskutiert als über das. Aber Erotik, das gehört ja auch zur Sexualität, so eine Spannung zwischen den Geschlechtern, das gibt es vor allem bei jungen Leuten. Na, ich hab' dir ja schon davon erzählt.

Ich erzähle dir lieber noch etwas über meine Arbeit, meine Ausbildung. Ich mache jetzt ein Studium, das zur ‚candidatura', zur Erlangung des Doktorgrades führt. Das dauert im Direktstudium drei Jahre. Vorher habe ich Französisch und Englisch studiert, wollte Französischlehrerin werden. Als wir aus dem Kongo nach Moskau zurückkamen, fand ich erst einmal nur eine Stelle als Lehrerin im Friseusinnenseminar. Das war wirklich langweilig, über die Anfänge ging der Unterricht nicht hinaus. Und dann habe ich aus Zufall einmal die Erfahrung gemacht, Ausländern Russischunterricht zu geben. Das bereitete mir großes Vergnügen. Weißt du, wenn die Fortschritte machen, Stück für Stück, wenn der Akzent sich legt, das kann ich mit den Händen greifen. Das genieße ich, das ist etwas, was mich befriedigt. Dann habe ich überlegt, daß ich in Französisch nicht weiterkommen kann, da bin ich bis zum äußersten Rand meiner Grenzen vorgedrungen, und ich mache immer noch Fehler. Eine Lehrerin aber, so meine ich, darf keine Fehler machen, oder sie akzeptiert, daß ihre Schüler ihr ein wenig ironisch entgegentreten. Ich mag es nicht, wenn man mich ironisch behandelt, ich möchte lieber etwas Respekt. Und außerdem, bei diesem langweiligen Anfängerunterricht hätte ich all mein Französisch vergessen. Da hab' ich gedacht, Russisch hab' ich noch gar nicht studiert, und es ist doch meine Muttersprache. Außerdem: In den Fremdsprachen ist die Methodik, die didaktischen Hilfen, das Unterrichtsmaterial, überhaupt alles ist hervorragend entwickelt, davor kann ich mich nur verneigen. In Russisch als Fremdsprache jedoch steckt alles noch in den Kinderschuhen, da muß noch viel erarbeitet werden, da kann ich noch viel Eigenes hinzufügen, schöpferisch tätig sein, Pionierarbeit, weißt du, so etwas liegt mir. Jetzt habe ich das erste Jahr des Studiums hinter mir, jetzt bleiben noch zwei für die Doktorarbeit, in Linguistik über Puschkins Prosa. Er ist einfach der Größte, absolut, seine Sätze, die sind so logisch aufgebaut, dem kann ich folgen, jedes Wort befindet sich an seinem Platz, und aus jedem folgt das nächste. Er ist einfach groß! Ich habe schon viele Ideen, in inspirativen Phasen sehe ich alles immer klarer wachsen, aber ich habe Probleme mit dem Schreiben. Ich mag es, wenn es schön klar ist, sich auseinander ergibt, eher trocken als zuviel Drumherum. Ein bißchen mathematisch, weißt du, so stelle ich mir meine Doktorarbeit vor. Aber wenn ich meine Ideen, die im Kopf so groß wirken, aufschreibe, mal so, eine Seite, wirkt alles banal.

Natürlich will ich auch mal ein Kind. Natürlich ... Doch. Jetzt, ja, jetzt möchte ich langsam Kinder. Aber dafür brauche ich erst mal einen Mann. Ob ich einen suche? Ach, ich hätt' wohl schon gern einen. Allein bleiben will ich nicht. Zum Suchen war aber gar keine Zeit, das Studium füllt mich sehr aus. Vielleicht will ich jetzt im Augenblick auch keinen fürs Leben, nein, heiraten und Familie, im Augenblick will ich das, glaube ich, doch nicht. Ich glaube, ich hätte gern einen Mann auf Zeit, einen zum Reden und Schmusen, danach sehne ich mich schon manchmal. Aber eine Perspektive mit einem Mann, im Augenblick habe ich dafür, glaube ich, nicht genügend Zeit und irgendwie auch nicht ausreichend Platz in mir. Aber ich will schon ein Kind. Andere Frauen bei uns schaffen es doch auch mit Kind und Beruf. Nur bei einigen Frauen hast du das Gefühl, die Kinder fallen ihnen zur Last, das will ich dann nicht. Die geben die Kinder häufig weg, zum Beispiel ins Schwimmbad, und holen sie anschließend wieder ab. Also, ich geh' dann mit dem Kind gemeinsam schwimmen oder wir lernen gemeinsam etwas, zum Beispiel Tennis spielen. So lernen wir voneinander. Deshalb will ich eigentlich auch meinen Beruf immer weiter so wichtig nehmen und nie bequem werden: Wenn ich ein Kind habe, möchte ich als Gesprächspartner interessant sein. Man sieht es häufig bei uns, daß die Kinder aus dem Haus gehen und kein Interesse mehr an den Eltern haben, das will ich nicht. Ich will immer offen bleiben für alles. Aber eigentlich ist es ja auch normal. Wer will schließlich nicht lernen!?"

Wieviel Platz bleibt den Frauen?

Mein erstes Experiment: ich besuche allein ein Restaurant in Moskau.

Natürlich beschäftigte mich schon vor der Reise die Frage, was ich hier eigentlich will. Gut, die Lage der sowjetischen Frauen zu beschreiben – Gesetze, Statistiken, Geschichte, Probleme –, könnte einem soziologischen Buch überlassen bleiben. Würde auch besser von einer Frau dort geschrieben, die in dieser Lage lebt, täglich, die ihre Probleme und Errungenschaften, ihre Freuden und unerfüllten Sehnsüchte von den Linien der Haut aufs Papier übertragen könnte.

Meine Chance: mit fremden Augen Nähe zu suchen, so tief wie möglich einzudringen, ohne die Distanz zu verlieren.

So begleitet mich mein still gefaßter Entschluß, neben dem offiziellen Programm Zufälle zu ergreifen, sie selbst herzustellen. Ich will Situationen suchen, habe ich mir vorgenommen, in denen es bei uns für Frauen schwierig ist, in denen Sexismus besonders deutlich wird.

Und nun: mein Restaurantbesuch auf eigene Faust. Wie werde ich als Frau ohne Begleitung behandelt werden?

Ich stehe etwas verloren am Eingang, viele Tische sind besetzt, einige vereinzelte Männer, Familien mit Kindern, Mann und Frau, größere, buntgewürfelte Gesellschaften, keine Frau allein. Aus den Gesichtszügen ist zu lesen, daß hier viele Nationalitäten vertreten sind, südländische Gesichter fallen mir auf neben europäischen und asiatischen. Eine sorgfältig geschminkte Frau nähert sich mir, die Administratorin. Essen möchte ich, erkläre ich ihr gestikulierend – mein in drei Monaten an der Uni erworbenes Russisch wage ich noch nicht vorzuzeigen –, essen und trinken. Sie zögert eine Weile, überfliegt die Tische mit einem Blick, fordert mich auf zu folgen, setzt mich an einen Tisch zu einer südländisch aussehenden Frau und ihrem ungefähr zehnjährigen Sohn. Wir grüßen uns zurückhaltend. Die beiden essen Hähnchen. Die Administratorin, Oberkellnerin also, dirigiert mit schnellen Blicken, unauffällig, aber mit großer Bestimmtheit, die vielen Kellner, ältere und jüngere Frauen und auch junge Männer. Der kleine Junge an meinem Tisch beäugt mich verstohlen, beginnt mit seiner Mutter zu tuscheln. Die Kellnerin erscheint, behandelt mich freundlich, mütterlich, als wäre ich Gast bei ihr zu Haus. Ich bestelle nur einen Salat und Mineralwasser, bin doch eigentlich satt, bin gekommen, um zu beobachten, nicht, um zu essen. Schräg gegenüber von mir sitzt ein gut aussehender Mann allein am Tisch, vor sich eine Flasche Wein, eben werden die Vorspeisen abgeräumt. Anfang bis Mitte dreißig schätze ich ihn, schlank, groß wirkt er, scharfgeschnittene griechische Gesichtszüge, dunkle, glänzende, kurze Haare. Er gefällt mir, und, hungrig auf Eindrücke, sehe ich wohl etwas länger hin als schicklich. Irritiert blickt er einmal kurz in meine Richtung und würdigt mich dann keines Blickes mehr. Die jungen Kellner wirken etwas ungeschickt, aber bemüht, die älteren Kellnerinnen balancieren mit bewundernswürdiger Gelassenheit große Tabletts mit mindestens zwanzig Gläsern auf einer Hand. An einem Nachbartisch sitzen zwei Männer, die Kellnerin kommt, stützt sich auf ihre Stuhllehnen, während sie mit ihnen ein Gespräch über die Bestellung führt. Familiär wirkt es. Dieser Eindruck wird noch durch das Verhalten der Kellnerin an meinem Nebentisch unterstrichen. Dort hat ein Paar mit Eis und Kaffee gerade seine Mahlzeit beendet und die Kellnerin gerufen, um zu bezahlen. Nun erzählen sie sich laut etwas, lachen, die Kellnerin setzt sich für eine Weile auf einen freien Stuhl am Tisch. Mittlerweile haben auch Mutter und Sohn ihr Eis aufgeschleckt. Sie haben nicht mehr viel miteinander gesprochen, mir scheint, sie sind meinetwegen befangen. Die beiden gehen, die Frau nickt mir zum Abschied ernst zu. Ich versuche, möglichst unauffällig die Menschen an den Tischen um mich herum zu beobachten. Reagieren sie irgendwie befremdet auf mich? Immerhin bin ich die einzige Frau, die allein in diesem Restaurant sitzt. Niemand, stelle ich fest, nimmt mich überhaupt zur Kenntnis. Ich winke die Kellnerin heran. Sie bemerkt mich nicht. Am Nachbartisch hat eine Frau meinen wohl etwas schüchternen Wink aufgefangen, ergreift die Kellnerin am Rockzipfel, zeigt auf mich. Nickt mir freundlich zu. Meine Rechnung ist minimal, dreiundsechzig Kopeken, ich war kein einträglicher Gast. Die Kellnerin zeigt nicht die geringste Unfreundlichkeit, ich hätte auch noch länger hier sitzen können, mit meinem Mineralwasser und meinem kleinen Salat. Über den Service in den Gaststätten der Sowjetunion wird viel geschimpft, vor allen Dingen von den Einheimischen selbst. Zumindest in diesem Restaurant erzeugten die Frauen der Bedienung eine freundliche, anheimelnde Atmosphäre. Es ist undramatisch, mein Erlebnis im Restaurant, aber das eben sollte eigentlich für jeden Schritt gelten, den eine Frau allein in der Öffentlichkeit tut: keine Dramatik.

Ich fahre Metro, achte auf den Platz, den die Menschen einnehmen. Männer wie Frauen versuchen, sich möglichst dünn zu machen, stellen die Beine eng zusammen, dazwischen abgestellte Einkaufstaschen. Viel Platz beansprucht ein ungefähr vierjähriges Kind, das schräg seiner Mutter zugewandt sitzt und ein Buch durchblättert. Es stutzt, lacht auf, als es ein Bild entdeckt, zeigt es der Mutter. „Bei uns stehen die Erwachsenen in der Metro für ein Kind auf", hatte mir Tanja schon vor einem Jahr erzählt. „Wir gehen davon aus, daß Kinder schneller ermüden als Erwachsene, du wirst bei uns kaum einmal ein Kind stehen sehn. Manchmal nimmt das allerdings Auswüchse an, wenn eine Frau mit einer schweren Einkaufstasche stehen muß und ein Kind sitzt." Alexander wird mir später den Witz erzählen: „Kommt eine Frau in die Metro, alle Plätze sind besetzt von Männern. Keiner steht auf. Nach einiger Zeit beschwert sie sich: ‚Gibt es denn hier keinen Gentleman?' Einer der Männer antwortet: ‚Gentlemänner gibt es viele, aber wenig Platz!'"

In der Metro, auf den Rolltreppen, selbst auf den Gängen sind viele Menschen in ein Buch oder in eine Zeitung versunken. Mir gegenüber in der Metro liest eine Frau stehend, mit konzentriertem Gesichtsausdruck, in einem dicken Buch. Zwischen ihre Beine hat sie eine schwere dunkle Aktentasche geklemmt. Viele der Frauen, die mir die steile Rolltreppe entgegengefahren kommen, tragen Einkaufstaschen. Eine Frau sehe ich, die mit stolzer Haltung links ein Kind auf dem Arm trägt, rechts eine prall gefüllte Tasche. Ich halte mich beim Herabfahren immer angestrengt fest, sie steht dort ohne jeden Halt.

Meine letzten Eindrücke von Moskau: Wir fahren mit dem Taxi zum Belorussischen Bahnhof, von wo aus es nach Vilnius in Litauen weitergehen soll. Eine nächtliche Zugfahrt im gleichen Abteil mit meinem Dolmetscher steht mir bevor.

Mit dem Taxi folgen wir längere Zeit einem offenen Planwagen, der eine Gruppe junger Soldaten transportiert. Mit neugierigen Augen betrachten sie mich, ich sehe ebenso neu gierig zurück. Eine Weile haken sich unsere Augen aus sicherer Distanz ein, allmählich wendet dann ein Soldat nach dem anderen den Blick von mir ab, verlegen sehen sie ins Nirgendwo.

Auf dem Belorussischen Bahnhof stehen vor den Gleisen Bäume und Blumen. Auf einer Mauer hockt eine Frau mit zwei Kindern, zu ihren Füßen Netze, Tüten, Taschen mit überquellenden Auberginen, Tomaten, Paprika, zweikopfgroßen Honigmelonen, eine dicke Tasche undefinierbaren Inhalts. Der Vater kommt, Mann und Frau sind noch jung, lachen sich an, wirken unbeschwert, fröhlich. Der Mann löst die Frau bei der Bewachung ihrer Schätze ab. Sie entfernt sich mit ausholenden Schritten, an jeder Hand ein Kind. Der Mann beugt sich über die geheimnisvolle Tasche, entnimmt ihr ein Spielzeug nach dem andern, betrachtet es, dreht es versonnen lächelnd in den Händen, legt es wieder zurück. Aus einem Karton holt er ein Spielzeugauto, zieht es auf, läßt es auf dem Bahnhof fahren. Im Nu bildet sich eine Traube von Jungen. Laut unterhält sich der Mann mit ihnen. Fachgespräche, vermute ich.

Die Fahrt von Moskau nach Vilnius dauert eine Nacht. Eine Nacht im Abteil allein mit einem Russen, den ich kaum kenne; mir ist gegen meinen Willen – ich bin doch eine aufgeklärte Frau – etwas mulmig zumute. Sollte so etwas auch in mir noch herumspuken, daß es die Lieblingsbeschäftigung aller russischen Männer sei, deutsche Frauen zu vergewaltigen, oder bin ich vielleicht gar nicht so aufgeklärt, sondern mädchenschüchtern und befangen gegenüber einem fremden Mann? Ich weiß nicht, konstatiere nur meine Scham und drehe mich nach dem Anziehen meines züchtigen Pyjamas schnell mit dem Gesicht zur Wand, noch bevor Alexander ins Abteil kommt. Er wirkt viel gelassener als ich, macht sogar noch einige Witze über die Geschichten von den bösen russischen Männern und stört mich dann nur durch sein Schnarchen.

Am nächsten Morgen vergißt die Schaffnerin, uns zu wekken, so schrecke ich aus dem Schlaf und blicke in das lächelnde Gesicht eines unbekannten Mannes: In der Abteiltür steht unser Betreuer für den Aufenthalt in Vilnius. Wieder empfinde ich Peinlichkeit: Vor seinen Augen blinzeln Alexander und ich schlaftrunken, was mag im Kopf des Litauers vorgehen? Wieder nur unbefangene Gelassenheit beider Männer, und in mir taucht langsam der Gedanke auf, daß dies etwas mit der Situation von Frau und Mann im gemeinsamen Arbeitsleben zu tun hat.

Vilnius – Litauen

Janina

Die Reiseroute entspricht meinem Vorschlag. Ich hatte Litauen gewählt, weil ich mich dafür interessierte, ob die historisch enge Verknüpfung dieses Gebietes mit Deutschland bei den Menschen Spuren hinterlassen hat.

Schon am ersten Tag in Vilnius lerne ich Janina kennen. Sie ist Fremdenführerin und spricht fehlerfreies Deutsch. Ungefähr fünfzig Jahre alt, entspricht sie dem Frauentyp, der im feinsten Kölner Stadtteil Tennis spielt oder reitet, der nicht arbeitet und alle Zeit darauf verwendet, Schönheit zu konservieren.

Sie wirkt elegant in ihrem weiß gehäkelten Flachskostüm mit engem Rock und raffiniert geschnittenem Oberteil: an Hals und Rücken hochgeschlossen, die Armkeulen weit freilassend. Sie kann die Arme auch zeigen, so straff und braun, wie sie sind. Ihr Gesicht weist kaum Falten auf, die Augenbrauen sind stark ausrasiert und im hohen Bogen nachgezeichnet. Ihre hellblauen lebhaften Augen sind rundherum geschminkt, alles jedoch gekonnt und nur erkennbar für meinen scharfen Frauenblick. Meine Testfrage hinterher an Alexander: „Für wie alt hältst du sie?“ Er weiß nicht. Als ich fünfzig sage, erschreckt er: „Das hätte ich nie gedacht.“

Ich habe Probleme, mit ihr ins Gespräch zu kommen. Sie wirkt so distinguiert und gebildet, zeigt mir alle Kunstwerke, erklärt sie in ihrer historischen Bedeutung, ohne müde zu werden, kann jede meiner Fragen beantworten, gleicht nicht im Entferntesten einer Touristenführerin, die begrenztes Wissen auswendig gelernt herunterleiert. Frauen dieser Art gehe ich bei uns meist aus dem Weg, erwarte Arroganz, Elitebewußtsein.

Ein persönliches Gespräch mit ihr war in meinem Programm eigentlich nicht vorgesehen. Sie sollte mir die Sehenswürdigkeiten der Stadt zeigen. Nun also sehe ich die Verteidigungsmauern und Festungen der Litauer gegen die deutschen militärischen Orden im 13. Jahrhundert. Janina erklärt: „Litauen war das letzte heidnische Land in Europa. Ursache hierfür war auch, daß infolge ständiger Kämpfe mit den deutschen Kreuzrittern das Christentum als Religion des Feindes betrachtet wurde."

Allen wird bald deutlich, daß mein Interesse an Janina viel größer ist als an den Sehenswürdigkeiten, die sie erläutert. So wird die Zeit ausgedehnt, die wir miteinander verbringen, und schließlich wird neben Jolanthe vor allem Janina das Bild prägen, das ich von den Frauen hier mit nach Hause nehme.

Unsere Stadtrundfahrt verläuft so, daß Janina mir Bauwerk auf Bauwerk vorführt, ich geduldig zuhöre und in die Pausen meine Fragen zu ihrem Leben einschiebe, auf die sie erstaunt reagiert, lacht, höflich und distanziert kurz antwortet, um sich dann dem nächsten städtebaulichen oder historischen Ereignis zuzuwenden.

Allmählich aber und beharrlich komme ich ihr näher.

„Meine Eltern waren Kolchosbauern. Meine Mutter ist jetzt 75 Jahre alt, mein Vater ist seit kurzem tot. Meine Mutter war neun Jahre alt zum Zeitpunkt der Oktoberrevolution. In Litauen gab es seit 1915 ein deutsches Okkupationsregime. Die bekamen natürlich 1917 Angst vor einer drohenden Revolution auch in Litauen und gründeten deshalb einen sogenannten litauischen Rat, der im Dezember 1917 erklärte, daß Litauen mit Deutschland auf ewig verbündet bleiben werde. Im Volksmund hieß dieses Organ ‚kaiserlicher Rat'. Der Rat beschloß auch, in Litauen die Monarchie einzuführen, und bot einem Verwandten des deutschen Kaisers, dem Herzog von Württemberg-Urach, den litauischen Königsthron an. Er sollte den Namen Mindaugas II. annehmen. Es wurde sogar die frohe Botschaft verbreitet, daß der Prinz schon Litauisch lerne. Der Vorsitzende dieses Rates war Antanas Smetona.

Als ich Kind war, mußte eben dieser Smetona fliehen, weil in Litauen eine Volksregierung gebildet wurde. Na, und wohin floh er wohl? Nach Deutschland, natürlich. Das war 1940. Die Deutschen waren aber bald wieder da. Bereits in der ersten Kriegswoche wurde Litauen schon okkupiert. Die Nazis mordeten etwa eine halbe Million Litauer, viele junge Menschen wurden zur Zwangsarbeit nach Deutschland verschleppt. Litauen wurde Kriegsbeute des deutschen Reiches, die Industrie kam in die Hände der deutschen Konzerne, den Bauern wurde das Land wieder weggenommen, das ihnen

1940 zugeteilt worden war. Litauen wurde zu einem Teil des Ostlandes erklärt, der Name Litauen verschwand von der Landkarte der Deutschen.

Glauben Sie nicht, daß es bei uns nur Widerstand gab, den gab es selbstverständlich – es gab natürlich eine Partisanenbewegung –, aber es gab auch viele Kollaborateure. Das ist nicht schmeichelhaft für unsere Geschichte, aber so ist es. So wurde Litauen also erst 1945 eine Sowjetrepublik. Und so kommt es auch, daß bei uns viele Menschen sehr gut deutsch sprechen.

Ich habe viel gelernt in meinem Leben. Wie alt ich war, als Litauen Sowjetrepublik wurde, sage ich nicht. Mein Alter verrate ich nicht. Ich war ein Kind. Ein sehr neugieriges Kind. Ich wollte immer alles wissen. Mit vier Jahren konnte ich lesen, mit fünf bin ich zur Schule gekommen. Das übliche Einschulungsalter liegt bei sieben Jahren. Auch heute will ich immer noch alles wissen.

Später studierte ich Deutsch und besuchte das Lehrerinnenseminar. Damals herrschte Lehrermangel. Sie müssen wissen: Unsere enge historische Verbindung mit Deutschland hat nicht dazu geführt, daß wir zu einem Land der Dichter und Denker wurden. 1923 gab es in Litauen noch zwanzig Prozent Halbanalphabeten, das heißt solche, die nur ihren Namen schreiben und lesen konnten. Sogar 1941 waren sechsundzwanzig Prozent aller Einwohner von vierzehn bis fünfzig Jahren Analphabeten oder Halbanalphabeten. Erst 1970 war bei uns das Analphabetentum vollständig beseitigt. Sie werden später noch sehen, daß in den orientalischen Republiken, die ja 1917 eine sehr viel schlechtere Ausgangsbasis hatten, bereits in den zwanziger, spätestens in den dreißiger Jahren das Analphabetentum beseitigt war. Das müssen sie sich einmal vorstellen!

Nun, ich arbeitete bis vor ungefähr zehn Jahren als Lehrerin. Dann wechselte ich über zum Reisebüro. Ach, es war eigentlich nicht so, daß mir die Arbeit in der Schule keinen Spaß machte, aber ich reise so gerne. Außerdem bin ich immer noch so neugierig wie als kleines Mädchen. Ich will viel erleben, da muß man eben auch manchmal einen Berufswechsel riskieren.

Ich habe schon zwei große Töchter. Deren Alter verrate ich auch nicht. Sie sind sehr alt. Zu meiner großen Tochter sage ich immer: Du bist eine alte Frau. Ich bin eine richtige Töchtermutter, ich bin auch schon Großmutter, auch wieder nur von Töchtern. Es ist besser, Töchter zu haben, sage ich immer. Das ist keine allgemeine Auffassung, aber meine. Bei uns ist es wohl immer noch so, daß die Väter zuerst einen Sohn wünschen, aber hinterher lieben sie die Töchter viel mehr.

Meine ältere Tochter besuchte die Vilniusser Musikschule. Eine Spezialschule für begabte Kinder. Jetzt ist sie Musikredakteurin. Sie begleitet unsere Philharmoniker auf ihren Reisen. Die Vilniusser Philharmoniker sind auf der ganzen Welt berühmt. Nein, mit ihrem Mann hat sie keine Schwierigkeiten, weil sie soviel unterwegs ist – kann sie auch nicht haben, weil sie keinen Mann mehr hat. Sie ist geschieden.

Die Tochter meiner Tochter ist nun auch schon zehn Jahre alt. Sie ist sehr selbständig. Wenn meine Tochter unterwegs war, war die Kleine oft bei mir, heute bleibt sie meist bei einer Freundin. Also gut, wenn sie so beharrlich sind: Meine ältere Tochter wurde 1951 geboren, die jüngere 1957.

Meine jüngere Tochter absolvierte auch ein Musikstudium nach der Musikschule. Jetzt studiert sie noch Litauisch. Deren siebenjährige Tochter ist mein Liebling. Ich sage immer, die hat das Temperament der ganzen Familie geerbt. Das ist ein richtiger Irrwisch. Meine Tochter hat einen guten Mann. Das ist eine glückliche Familie.

Ich selbst bin auch geschieden, seit zwölf Jahren schon. So kann auch kein Mann schimpfen, weil ich so viel unterwegs bin. Mir geht es sehr gut ohne Mann. Ich unternehme viel, reise viel und gern, mein Leben ist sehr ausgefüllt. Ich finde es auch überhaupt nicht schwer, ohne Mann zu leben. Wenn ich irgendwo in einer fremden Stadt bin, gehe ich allein ins Restaurant oder ins Café, das ist doch selbstverständlich. Das vermittelt auch Erfahrungen und Sicherheit. Wenn mich im Lokal einer zum Tanzen auffordert, kann ich doch nein sagen, wenn ich nicht will. Und sonst, ich habe viele Freunde, Freundinnen, gehe viel weg, ins Konzert, ins Theater.

Ich liebe die Musik sehr. Jede Woche besuche ich ein Konzert, das mache ich sogar lieber allein, da kann mich die beste Freundin stören. Als Musikfreundin habe ich es besonders gut in Vilnius, unser Konzertsaal bietet eine ideale Akustik, und wir haben hervorragende Musiker, außerdem finden

Konzerte in der Kirche statt. Ich liebe es, dort Musik zu hören, wegen der Akustik und wegen der Atmosphäre. Schon als meine Töchter ganz klein waren, habe ich sie mitgenommen, ins Theater, in Konzerte, auf Reisen. Das ist es, was zählt im Leben: Erfahrungen, die einer macht, Wissen, Genuß an der Kunst und Weltgewandtheit, nicht Geld. Sicher, das Notwendigste muß da sein, aber mehr, das lohnt die Gedanken nicht.

Aber zurück zu den geschiedenen Frauen. Ich sage manchmal: Alle klugen Frauen sind geschieden! Ein Freund von mir hat das seiner Frau erzählt, und daraufhin ist die sehr böse geworden und hat gesagt: ‚Willst du, daß ich mich scheiden lasse?' Ich sage auch manchmal zu meinen Kolleginnen: Irgendwann muß jede Frau einmal verheiratet gewesen sein, damit sie hinterher weiß, daß sie nichts versäumt hat.

Nein, aber im Ernst. Es gibt Menschen, die sind, jeder für sich, sehr nett. So war das bei meiner älteren Tochter, ihr Mann war durchaus sympathisch, aber zusammen, das ging nicht. Ich sage immer: Wenn es gut ist, ist es gut. So oder so. Ob allein oder mit Familie. Eine gute Familie, das ist etwas Gutes. Aber wenn eine Familie schlecht ist, ist Alleinleben besser.

Meiner Mutter ist mein Leben nicht fremd. Ich habe einen innigen Kontakt zu ihr. Sie freut sich, daß ihre Tochter so viel weiß, so viel in der Welt herumkommt. Auch wenn sie eine Kolchosbäuerin war, hat sie immer viel gelesen und reist auch sehr gern. Überhaupt, mir fällt immer wieder die Reiselust der Frauen auf. Viel mehr Mitglieder aus den Reisegruppen der Sowjetunion, die ich betreue, sind Frauen. Der Grund dafür kann auf keinen Fall sein, daß sie mehr Zeit haben. Da stimmt doch eher das Gegenteil. Die Frauen arbeiten wie die Männer, wenn die Frauen nicht weniger Zeit haben, so haben sie auf keinen Fall mehr. Die Frauen sind einfach aktiver, reiselustiger, sie sind unternehmungslustiger als die Männer.

Meine Mutter hat mir nie in mein Leben reingeredet. Damals, als ich von der Schule zum Reisebüro überwechselte, fragte meine Mutter nach einiger Zeit: ‚Geht es dir gut so? Ist der Weg, den du gewählt hast, richtig?' Heute sagt sie manchmal und freut sich mit mir: ‚Das ist gut, daß du ins Reisebüro gegangen bist!'

Sie machen mich verlegen, wenn Sie sagen, daß ich so schön aussehe. Eigentlich tue ich nichts dafür. Keinen Sport oder so. Ich sage immer, ich habe genug Bewegung in meinem Beruf. Und dann gehe ich jeden Abend mit einer Freundin gemeinsam acht Kilometer durch den Wald. Ich wohne am Rand des Waldes. Das ist sehr praktisch. Manchmal sehe ich dort ein weißes Pferd spazieren.

Vielleicht sehe ich aber auch ausgeruht aus, weil die Männer in Litauen mit uns Frauen gut umgehen. Die Frauen bei uns sind sehr geachtet, das merkt eine Frau überall, bei den Mitarbeitern, auf der Straße, immer. Ich verrate Ihnen zwei Besonderheiten: Traditionell gibt es drei Hauptsünden in Litauen: erstens seine Heimat verraten, zweitens aus dem Krieg weglaufen, drittens eine Frau beleidigen. Und dann gibt es eine litauische Sitte: Wenn einer zu Besuch eingeladen ist, kann er daran, ob ihn die Hausfrau begrüßt oder der Hausherr, erkennen, wie geehrt er als Gast ist. Beim Mahl sitzt immer die Frau des Hauses neben dem geehrtesten Gast."

Hier aber widerspricht unser Begleiter vom Verlag und lächelt geheimnisvoll: „Njet, es gibt solche und solche Frauen." Janina wirft ihm einen unzufriedenen Blick zu.

Ich achte später darauf, wie mir die Männer auf der Straße begegnen. Es gibt keinen, der mich anstarrt, manchmal treffen meine Augen die eines neugierigen Mannes, der schnell wieder wegschaut.

Wir besichtigen die Annakirche. Janina erläutert mir die Besonderheiten der litauischen Bauweise. Den Männern erzählt sie etwas auf russisch. Ein Witz, bekomme ich übersetzt, ein Männerwitz: Eine alte Frau kommt zur Beichte, sagt zum Priester, sie müsse eine Sünde beichten. Vor vierzig Jahren habe sie mit einem Mann geschlafen. Er fragt: „Warum kommst du erst jetzt zur Beichte?" Antwort: „Es ist so schön, sich daran zu erinnern."

Wenn Janina mit den Männern redet, schwingt Spannung mit, Erotik. Janina wirkt dann frech und selbstbewußt.

Die Annakirche ist ein aus dem 16. Jahrhundert stammendes gotisches Baudenkmal. Viele Bänke sind besetzt von dunkel gekleideten älteren Frauen, nur Frauen, stelle ich fest, bis auf einen kleinen Jungen, der – offenbar gelangweilt – neben seiner versunken betenden Großmutter auf der Bank herumturnt. Janina zeigt uns stolz die Vielzahl restaurierter Baudenkmäler, die Peter-Paul-Rubens-Kirche, den Glockenturm, ach, ich schreibe hier ja keinen Reiseführer. Mich beeindrukken nur die Restaurationsarbeiten an den vielen kleinen alten Häusern, wir sehen in die Hinterhöfe hinein, Gotik, Blumen überall, junge Leute photographiere ich, die hier zusammentreffen. Gern wäre ich länger in einem der Restaurants geblieben, die sich gemütlich in die Gewölbe der alten Gemäuer eingenistet haben.

Janina zeigt uns stolz die alte Universität und auch die neue, die an den Stadtrand gelegt wurde, wo die Wälder beginnen. Dort befinden sich auch die meisten Kindergärten. Ich frage Janina, was sie davon hält, daß die Kinder den ganzen Tag von der Mutter entfernt sind und häufig auch noch abends, manchmal sogar die ganze Woche, wenn die Eltern es wünschen. „Das ist doch gut für die Kinder", meint sie, „gerade hier draußen zu sein, in der frischen Luft, das ist gesund, und dann auch noch das Zusammensein und Spielen mit den anderen Kindern." Man solle doch nicht annehmen, daß die Kinder, die nicht im Kindergarten aufwüchsen, sondern bei einer oft gereizten Mutter, die darüber hinaus nicht ausgebildet sei und einem Kind als Spielpartner doch auch nicht ausreichen könne, daß diese Kinder also glücklicher wären. Und sie erzählt von einem befreundeten Arztehepaar, dessen Kind es als schwere Bestrafung empfinde, wenn es einmal nicht in den Kindergarten dürfe. Sie lacht amüsiert: „Wenn die ihrem Kind etwas sehr ernsthaft verbieten wollen, müssen sie nur damit drohen: sonst darfst du nicht in den Kindergarten."

Lilia-Textilfabrik I

Meine erste Fabrik hat einen schönen Namen: Lilia. Sie ist wuchtiger als die Blume, der sie den Namen verdankt, ein für mich unüberschaubarer Komplex von Steinkolossen. Und ich erfahre auch sofort: Es ist nicht einfach eine Fabrik, sondern ein Kombinat, das gleich sieben Fabriken vereinigt.

Hier arbeiten zu vierundneunzig Prozent Frauen. Jedes Werk ist spezialisiert: auf Frauenmäntel und Männeranzüge, Kleidung für die Vorschulkinder, Männer- und Kinderhemden, Mädchenmäntel, Mäntel aus Kunstpelz, Kleidung für Neugeborene.

Ich besichtige das Werk, in dem Mäntel hergestellt werden.

In einer Brigade arbeitet auch ein Mann, lachend schieben ihn drei Frauen heran, damit ich ihn begrüße. Die Arbeitshalle ist hell und groß, die hohen Fenster stehen weit offen, vor den Fenstern flimmern Bäume in der Sonne.

Noch während der Besichtigung werde ich über die soziale Lage der Arbeiterinnen informiert. Frauen mit zwei Kindern und mehr müssen nur sieben Stunden arbeiten. Frauen mit Kindern arbeiten in dieser Fabrik nur in der ersten Schicht. Dem Kombinat ist ein Kindergarten angeschlossen. Bei Familien mit Kindern holen die Mütter oder die Großmütter die Kinder vom Kindergarten ab, selten die Väter.

Täglich findet eine Gymnastikpause statt. Die Gymnastikmethode wird monatlich gewechselt, die Ärzte arbeiten ein Programm mit Sonderaufgaben für jede Frau aus, je nach ihrer Arbeit und Gesundheitslage.

In der Kantine gibt es Mittagessen für die Frauen und nach der Schicht noch einmal etwas zu essen. Dort können die Frauen auch Lebensmittel für ihren Haushalt einkaufen, damit sie nicht in den Geschäften Schlange stehen müssen. Zum Kombinat gehört ein eigenes Kaufhaus, ein Gewächshaus für Blumen, ein Friseur.

Frauen in der Sowjetunion werden mit fünfundfünfzig Jahren pensioniert – jede Frau erhält eine Rente, unabhängig von der Arbeit ihres Mannes, nur abhängig von ihrer eigenen Lebensarbeitszeit. Auch Pensionierte können auf Wunsch weiterarbeiten, mit höchstens sieben Stunden pro Tag. Auch wenn die Frauen aufhören zu arbeiten, reißt der Kontakt zu ihnen nicht ab. Sie werden eingeladen, man nennt sie Veteranen. Es gibt Patenschaften zwischen Brigaden und Veteranen, sie nehmen an Festabenden der Brigaden teil. Das soziale Netz, das das Werk den Arbeiterinnen bietet, ist weitgespannt: Für die Ferien verteilt die Gewerkschaft Kurscheine, die 30 Prozent ermäßigt sind, häufig sogar kostenlos ausgegeben werden. Die Verteilung der Scheine richtet sich nach der Qualität der Arbeit – es werden zum Beispiel Ferienschecks als Prämien an Bestarbeiter verteilt –, aber auch nach der sozialen Lage, wenn die Frauen zum Beispiel alleinstehend sind. In den Ferien arbeiten die Veteranen häufig in der Fabrik, selbstverständlich auf eigenen Wunsch. Sie werden dann genau wie die anderen bezahlt.

Die Bezahlung der einzelnen Arbeiterin hängt ab von der Leistung, die sie erbringt. Es gibt unterschiedliche Lohnkategorien, sie hängen ab von den verschiedenen Arbeitsoperationen, die ausgeführt werden müssen. Die Normen werden von Technologen ausgearbeitet. Die Norm ist die Arbeitsleistung, die für den Grundlohn erbracht werden muß. Ist die Gewerkschaft nicht mit der von den Technologen erarbeiteten Norm einverstanden, macht sie ihr Mitspracherecht geltend. Jede Brigade der Fabrik muß ihre Norm erfüllen, die spezielle Norm der Brigade wird von der Planabteilung des Werkes erarbeitet.

Das Kombinat besitzt eine eigene Poliklinik, die sich in der Nähe befindet. Für die fünf Fabriken, die nah beieinander liegen, gibt es ein gynäkologisches Prophylaktorium, in dem nur prophylaktische Untersuchungen vorgenommen werden: bei schwangeren Frauen und einmal im Jahr beispielsweise eine Generaluntersuchung für alle Frauen. Wenn eine Frau krank ist, kann sie erste Hilfe in der Fabrik erhalten, dann muß sie ins Krankenhaus.

„Welches Interesse ist für die Werksärzte vorrangig, die Gesundheit der Frau oder die schnelle Wiedereinsetzbarkeit in die Arbeit?"

„Unsere Ärzte sind unabhängig", wird mir erläutert. „Unsere Werksleitungen besitzen keine Befugnis über sie. Wenn Frauen nicht gesund sind, dürfen sie nicht wieder arbeiten. Unsere Ärzte sind sehr streng. Bei Schwangerschaften können die Frauen zum Arzt gehen, wenn sie sich an ihrem Arbeitsplatz schlecht fühlen, und bekommen leichtere Arbeit. Beispielsweise arbeiten Büglerinnen im Stehen. Die Arbeiterinnen der zweiten Schicht arbeiten zwei Stunden weniger, wenn sie schwanger sind."

Nach der Fabrikbesichtigung werde ich von der Direktorin zu einem Gespräch bei Kaffee und Kuchen eingeladen. Mir stehen neben der Direktorin vier sonntäglich-sommerlich gekleidete Frauen für Antworten zur Verfügung: die stellvertretende Parteivorsitzende, die Gewerkschaftssekretärin, die Hauptbuchhalterin, die gleichzeitig Frauenratsvorsitzende ist, und die Komsomolsekretärin.

Die Komsomolsekretärin ist ein schlankes, auffällig hübsches junges Mädchen mit einer runden kindlichen Stirn und langen aschbraunen Haaren. Wie alle hier trägt sie ein helles

Sommerkleid. Sie betreut sechshundertfünfzig Komsomolzen und einhundert Jugendliche, die noch Lehrlinge sind.

„Welche Aufgaben haben sie als Komsomolsekretärin zu erfüllen?"

„Ach, alles mögliche, Komsomolbrigaden betreuen, die im Wettbewerb mit anderen Brigaden stehen."

„Auch persönliche Betreuung? Hilfe bei persönlichen Problemen?"

Sie sieht mich ernsthaft an: „Bei Fabrikfesten laden wir Männer von anderen Fabriken ein, schließlich arbeiten bei uns vor allem Frauen und junge Mädchen."

„So meine ich das nicht", erwidere ich, und frage nach, ob sie den jungen Frauen und Mädchen auch in ganz persönlichen Fragen helfe.

„Nein", gibt sie zur Antwort, „das kann der Komsomol als so große Organisation nicht leisten. Im Freundeskreis werden manchmal persönliche Probleme besprochen, in der Organisation oder bei Versammlungen nicht. Im Kombinat gibt es eine Volksuniversität, da werden Experten aus allen Bereichen zu Vorträgen eingeladen. Da gibt es auch Kurse für junge Eltern, Vorträge über Sexualität und so weiter. Dorthin werden auch Dichter und Schauspieler eingeladen, die etwas über ihre Arbeit erzählen. In der Frühlingswoche ziehen Dichter mit ihren Werken durch das ganze Land und lesen. Das beginnt immer in der alten Universität in Vilnius mit einer festlichen Veranstaltung, dann kommen die Dichter auch in unser Werk."

Ich erkundige mich bei der Gewerkschaftssekretärin noch einmal nach den Erholungsmöglichkeiten der Frauen. Sie ist eine zarte junge Frau, etwa dreißig Jahre alt. Auch sie ist in ein weiches Mousselinkleid mit knapper Taille und weitem Rock gekleidet.

„Jährlich werden etwa achthundert Urlaubsscheine für die Fabrikarbeiterinnen in dieser Fabrik ausgegeben. Die Gesamtzahl der Arbeiterinnen hier beträgt zweitausendzweihundert. Wenn die ganze Familie hier arbeitet, werden Scheine für die ganze Familie ausgestellt. Wenn nur die Frau hier arbeitet, gibt es auch die Möglichkeit, einen Schein für ihre Familie auszustellen. Dies wird dann in der Gewerkschaft besprochen. Probleme werden entschieden zwischen Administration, Partei, Gewerkschaft und Komsomol."

„Nach welchen Kriterien werden soziale Leistungen verteilt, z. B. bei der Wohnungsvergabe?"

„Kriegsveteranen, Arbeitsveteranen, alleinstehende Mütter und diejenigen, die Vater oder Mutter im Krieg verloren haben, werden bei der Wohnungsvergabe bevorzugt berücksichtigt. Es geht immer nach der sozialen Bedürftigkeit."

Ich wende mich an die Parteisekretärin: „Ist Ihre Aufgabe nicht besonders kompliziert für eine Frau? Kontrolle der Administration – in Ihrer Fabrik ist der Direktor ein Mann –, das kann doch zu Konflikten führen, die großes Durchsetzungsvermögen erfordern?"

„Nein", lautet ihre Antwort, „es ist nicht schwierig, mit Männern zusammenzuarbeiten."

Ich bin mir sehr unsicher, ob diesen positiven Antworten so einfach Glauben zu schenken ist, immerhin leitet ein Mann als Direktor diese Fabrik, in der doch nur Frauen beschäftigt sind. „Ist es denn normal, daß der Direktor ein Mann ist? Gut, Parteisekretärin, immerhin stellvertretende, eine Frau, Gewerkschaftssekretärin eine Frau, Komsomolsekretärin eine Frau, aber über allem thront doch ein Mann: der Direktor."

Die Parteisekretärin erwidert mit einem Lächeln, das ausdrückt, die Zukunft ist unser!: „In zwei der Fabriken unseres Kombinats ist eine Frau Direktorin. Bei uns ist vor kurzem der Minister für Leichtindustrie gewesen und hat berichtet, daß große Zufriedenheit mit den Frauen herrsche, die in diesem Produktionszweig leitende Positionen bekleiden, vielleicht sogar mehr als mit den Männern. Ich bin sicher, daß sich dies noch weiter zugunsten der Frauen verändern wird, häufig spielt die Tradition auch eine Rolle. Der Direktor unseres Werkes zum Beispiel leitet dieses schon seit dreiunddreißig Jahren. Das ist alles ein Prozeß. Eine Frage der Zeit."

Wir fahren zum Kindergarten der Fabrik. Unterwegs frage ich die Gewerkschaftssekretärin nach ihrer persönlichen Lage. „Ich bin vierunddreißig Jahre alt", erzählt sie, „von meinen drei Kindern sind zwei im Augenblick im Pionierlager, der Sohn ist im Kindergarten. Ich habe abends nach der Arbeit noch oft gesellschaftliche Verpflichtungen, aber mein Mann hilft bei den Kindern, im Haushalt. Er versteht, daß meine Arbeit wichtig ist. Ohne seine Hilfe könnte ich sie gar nicht leisten."

Der Kindergarten ist umgeben von einem großen Garten,

mehrere unterteilte Spielplätze gehören dazu, mit Klettergerüsten, Rutschen, Spielhäuschen. Die Kinder können hier bis sieben Uhr abends bleiben, auch nachts, wenn die Mutter es wünscht. Ich frage, ob die Eltern die Entscheidung fällen müssen, das Kind ständig nachts dort zu lassen, oder ob dies auch zu besonderen Anlässen möglich sei, wenn sie einmal abends weggehen wollten, z. B. ins Theater. „Es werden immer Gruppen gebildet, die dann auch nachts bleiben, das variiert. Wenn die Eltern ins Theater gehen wollen, lassen sie das Kind eben hier.“ In den Kindergarten kommen die Kinder, wenn sie drei Jahre alt sind. Zur Fabrik gehört auch eine Krippe für Kinder ab einem Jahr. Die Mütter in der ganzen Sowjetunion haben gesetzlich das Recht, ein Jahr bei ihrem Kind zu bleiben, bei vollem Lohnausgleich, ein halbes Jahr anschließend bleibt ihnen noch der Arbeitsplatz erhalten.

In diesem Kindergarten gibt es 25 Kinder mit zwei Erzieherinnen in den Vorschulgruppen. Die Leiterin des Kindergartens informiert mich über ihre Arbeit: „Mit Buchstaben arbeiten wir in den Vorschulgruppen ab fünf Jahren, mit sieben werden die Kinder eingeschult. Auch im Garten arbeiten die Kinder selbst. Wir bauen eigenes Gemüse an, die Kinder helfen auch beim Blumenpflegen. Haben Sie schon unsere wunderschönen Blumen rund ums Haus gesehen? Das geht auch auf die Arbeit der Kinder zurück. Der Unterricht für die Vorschulkinder dauert 30 Minuten, anderthalb Stunden für die Sechsjährigen, von neun bis halb elf. Musik und Körperkultur gibt es zweimal in der Woche für alle Kinder, täglich Spielgymnastik.“

Ich sehe mir neugierig die Ausstattung der Gruppenräume auf geschlechtsspezifische Merkmale hin an, entdecke ein Kosmetiktischchen, frage ein wenig ironisch: „Na, und hier werden die zukünftigen Weibchen erzogen?“

„Ach“, meint die Leiterin, „wenn Sie wüßten, mit welchem Vergnügen kleine Jungen vor dem Spiegel sitzen!“

Sie zeigt mir den Schlafraum, der voller kleiner Bettchen mit blauen Decken und dicken weißen Kissen steht. „Zweieinhalb Stunden täglich wird Mittagsschlaf gemacht.“

„Und die schlafen auch?“ möchte ich wissen. „Oder machen die nur Spektakel?“

„Die schlafen“, lautet die selbstbewußte Antwort, „die sind ja auch müde mittags, alle Kinder unseres Kindergartens schlafen mittags. Sie sind ja viel draußen an der frischen Luft, bewegen sich viel."

Der Gymnastikraum ist geräumig, Geräte stehen an den Wänden, ich entdecke ein Klavier. Mir wird noch das methodische Kabinett gezeigt. „Es gibt zwei Möglichkeiten, zur Erzieherin ausgebildet zu werden: zum einen das pädagogische Hochschulstudium, zum anderen die pädagogische Fachschule. Die Hochschulabsolventinnen leisten stärker die methodische Arbeit im Kindergarten", erklärt eine Erzieherin. „Ich, beispielsweise, habe eine Fachschule besucht, ich bin mehr interessiert an der praktischen Arbeit mit Kindern. Meine Kollegin hat ein Hochschulstudium, die entwickelt auf der Grundlage allgemeiner Erziehungspläne für die Kindergärten die besondere Methodik für die Kinder ihres Kindergartens. Sie hilft uns, berät uns andere, arbeitet selbstverständlich auch in den Gruppen. Die Ausbildung wird ständig erweitert, jedes Jahr nehmen alle Erzieherinnen an weiteren Ausbildungslehrgängen teil, das gehört zu unserer Arbeit."

Bevor ich gehe, besuchen wir noch den Sanitätsraum des Kindergartens. Dort arbeitet ständig eine Krankenschwester, ein Arzt erscheint regelmäßig. Prophylaktische Untersuchungen und alle Impfungen werden hier durchgeführt. Wenn ein Kind akut erkrankt, wird es im Krankenzimmer betreut, bis die Eltern es abholen. Darüber hinaus führen der Arzt und die Krankenschwester Gespräche mit den Eltern über Gesundheitsfürsorge, über hygienische Fragen. Auch in den Fällen, in denen ihnen eine Aufklärung der Eltern über Erziehung im Interesse der Gesundheit ihrer Kinder notwendig erscheint.

Jolanthe

Jolanthe ist die Tochter unseres Begleiters in Vilnius. Sie spricht deutsch. Als er mir von ihr erzählte, bat ich darum, sie kennenlernen zu dürfen. Er würde versuchen, das zu organisieren, vertröstete er mich. Am zweiten Abend besuchten wir dann ein Rockkonzert. „Zeitmaschine" nannte sich die Gruppe, die dort spielte. Mein Wunsch wurde erfüllt, Jolanthe begleitete uns. Auch ihr Mann konnte noch eine Karte ergattern, erwartete uns vor dem riesigen Palast, wo es wimmelte von Jungen und Älteren und auch Alten. Unser Betreuer hatte seine Eintrittskarte seiner Tochter abgetreten. So lernten wir uns kennen.

Auf dem Fußweg dorthin, durch die blumengesäumten Straßen, mache ich viele Anläufe, Kontakt anzuknüpfen. Nie bleibt mir viel Zeit. Um den Menschen nahe zu kommen, stoße ich vor, strenge mich an, übertrete die Spielregeln, die für das langsame Gewinnen von Vertrautheit gelten.

Jolanthe spielt nicht mit. Sie wirkt scheu, eine schlanke Schönheit mit vollen, langen, dunklen Haaren, die sie, durch Spangen aus dem Gesicht gehalten, offen über die Schultern fallen läßt. Wie die meisten Frauen in Vilnius würde auch sie mit ihrer Kleidung in unseren Städten nicht auffallen. Äußerlich unterscheiden sie sich von uns nicht. Jolanthe reagiert zurückhaltend auf meine vielen Fragen, meine Scherze, meine Annäherungsversuche. Ihre Antworten sind kurz, anfangs spricht sie schleppend deutsch, entschuldigt sich dafür. Lange sei es her, daß sie deutsch gesprochen habe. Beruflich benötige sie es nicht. Sie ist Konzertmeisterin, Musikpädagogin. Ihr Alter: sechsundzwanzig Jahre.

Ihr Mann ist sehr groß, rothaarig, schlaksig. Er sieht wie ein großer Junge aus, dabei ist er nur ein Jahr jünger als sie. Er arbeitet nun im dritten, im letzten Jahr an seiner Dissertation.

Wir zeigen uns unsere gemeinsame Freude am Konzert, Jolanthe und ich. Die Gruppe besteht aus sechs zum Teil sehr jungen Männern. Zwei von ihnen gefallen uns besonders, sie bringen ein komödiantisches Element in die Darstellung, ihre Freude an der Musik springt ihnen aus den Augen, der eine spielt abwechselnd Klavier, Geige, Flöte und singt, der andere ist verantwortlich für die elektronische Musik. Die Gruppe erinnert mich an BAP, einmal meine ich sogar, ein Lied wiederzuerkennen. Jolanthe und ich kommen uns über die Musik näher. Auf dem Nachhauseweg zum Hotel verläuft unser Gespräch bereits ungezwungener. Ich frage sie, ob bei ihnen Konkurrenz zwischen den Frauen anzutreffen sei, welche die Schönere und welche erfolgreicher im Kampf um den Mann sei. „Das gibt es wohl überall“, antwortet sie. „Auf der ganzen Welt.“

Wir suchen zu viert noch die Hotelbar auf. Mein Dolmetscher unterhält sich mit Jolanthes Mann. So haben Jolanthe und ich Ruhe und Zeit nur für uns. Jolanthe ist aufgetaut, verzieht oft ihren schöngeschwungenen Mund zu einem Lächeln, das die Zähne blitzen läßt. In ihren dunklen Augen ist nur noch Zutrauen zu lesen und Bemühen, zu mir offen zu sein. Sie weist auf zwei Frauen hin, die durch die Hotelbar gehen, sagt, es seien schlechte Frauen, Nutten. Ich bin erstaunt, kann es nicht glauben, Prostitution ist doch in der Sowjetunion verboten. „Ja, es ist verboten, aber einige gibt es doch, die dürfen nur nicht zu anstößig gekleidet sein." Ich kann es immer noch nicht recht glauben, die beiden Frauen kamen aus der Küche, ich hielt sie für Küchenpersonal. Ich erzähle Jolanthe von der Situation bei uns, daß das Hineindrängen in die Rolle eines Sexualobjekts vor keiner Frau Halt mache, jede Frau betreffe und sei es auch nur, wie sie angesehen werde. Ob es bei ihnen auch so etwas gebe. Sie denkt nach, nein, daß sie auf der Straße oder sonstwo von einem Mann mit Blicken ausgezogen würde, daß sie jemals kränkendes Verhalten von seiten eines Mannes erlebt hätte, nein, das gebe es bei ihnen nicht. Wir geraten in ein Gespräch über Sexualität. Ich erzähle ihr von unserer Frauenbewegung: wie befreiend es sein kann, wenn offen über Sexualität geredet wird und die Frauen erfahren, daß ihre Probleme nicht nur sie allein betreffen, sondern auch die der anderen sind.

Wir lachen, viel Erleichterung schwingt in ihrem Lachen mit, sie will mehr darüber hören, sagt: „Wir sind hier sehr konservativ. Wir Litauer. Bei uns soll immer alles schön ruhig sein. Alles ist hübsch und ruhig, aber unter der Oberfläche, in unserem Herzen, da brodelt es."

Ich frage, ob über Abtreibungen offen gesprochen werde. Sie lacht, als hätte ich einen guten Witz gemacht. „Nie, nie. Nur einige sehr mutige Frauen."

„Aber wenn ihr alle nur ein Kind habt, gibt es doch bestimmt viele Abtreibungen."

„Ja, viele, aber es spricht keiner darüber."

Zaghaft frage ich, ob sie selbst ...? Ja, einmal. Es muß sie viel Mut kosten, mir das zu sagen.

„Damals, als meine Tochter ein halbes oder dreiviertel Jahr alt war, da hat meine Mutti dann gesagt ..."

„Aha, mit deiner Mutter redest du also darüber."

„Ja, mit meiner Mutti, ja, mit der rede ich über alles. Ich bin damals ins Krankenhaus zu einer Ärztin gegangen, mit der meine Familie befreundet ist. Das war ganz fürchterlich. Die Ärztin hat mit mir kein hilfreiches Gespräch geführt, die war gar nicht sehr nett zu mir. Ich hatte das Gefühl, die war eigentlich dagegen. Es war sehr schlimm damals ..."

Am letzten Nachmittag in Vilnius besuchen wir nachmittags Jolanthe. Ihr Mann holt uns vom Hotel ab, und wir fahren etwas hinaus. „Ist es weit vom Stadtzentrum, eure Wohnung", frage ich ihn. „Nein, ungefähr eine Viertelstunde mit dem Bus, zehn Minuten noch zu Fuß bis zum Bus, alles in allem eine halbe Stunde." Ihre Wohnung liegt in einem Neubaukomplex, es riecht schon nach Wald, frisch und leicht würzig. Im Treppenhaus stürmt uns die kleine Tochter entgegen, belegt ihren Vater sofort mit Beschlag. Etwas verlegen empfängt er ihre Umarmungen, läßt sich aber willig an der Hand die Treppen hochziehen. Die Wohnung überrascht mich: komplett eingerichtete Dreizimmerwohnung, die Einbauküche blinkt und blitzt, nichts fehlt, im Wohnzimmer eine schwere Couchgarnitur, hinter den Glasschränken des Wohnzimmerschrankes funkeln Kaffee- und Teeservice, Schlafzimmer ebenso vollständig, das Kinderzimmer gefüllt mit Spielsachen, die uns sofort vorgeführt werden: ein großes Plüschkänguruh, Puppen, ach, ich weiß nicht mehr, was noch alles. „Ich habe ein Telefon, und du?" fragt mich die Kleine. Wir werden mit Kuchen und Eis bewirtet, auch wieder auf Porzellan, zueinander passend.

Ich lache: „Wenn ich schreibe, so leben hier die Studenten, dann wird mir das keiner glauben."

„Von meinem Vater", sagt Jolanthes Mann, „das meiste ist von meinem Vater, und Jolanthe ist auch immer auf der Suche nach schönen Sachen. Schreib bloß nicht, daß bei uns die Studenten so leben, das wäre nicht wahr. Studentenpaare erhalten Ein- oder Zweizimmerwohnungen in Studentenwohnheimen mit Küchenbenutzung. Solche Wohnungen wie unsere können die sich nicht leisten."

Jolanthe meint bedenklich: „Na, wenn wir das nächste Kind bekommen, wird die Wohnung für uns zu klein, dann müssen wir uns eine größere suchen." Sobald ihr Mann sein Studium beendet hat, also in einem Jahr, will sie aufhören zu arbeiten. Ihre Tochter geht auch nicht gern in den Kindergarten. „Sie ist komisch", sagt Jolanthe, „sie ist am liebsten mit mir zusammen. Sie hilft mir im Haushalt, in der Küche; bei ihren

Spielkameraden im Kindergarten mag sie nicht gerne sein. Ich weiß nicht, ob es gut ist, manchmal denke ich, anders wäre es besser für sie, aber sie ist nun einmal so. Und ich will mich auch mehr um sie kümmern und um den Haushalt. Und wenn wir noch ein Kind bekommen, braucht es mich sowieso erst einmal ganz und gar."

Jolanthe erzählt über sich:

„Mein Schwiegervater ist ein bekannter Schriftsteller, durch ihn haben wir all das bekommen, was wir besitzen. Deshalb haben wir auch schon eine eigene Wohnung. Mein Mann studiert noch, sein Stipendium und mein Gehalt würden nicht ausreichen, um uns schon eine eigene Wohnung zu leisten. Die Werke meines Schwiegervaters sind in viele Sprachen übersetzt. Er hat viel Geld. Meine Schwiegermutter arbeitet nicht, sie denkt nur daran, schön zu sein, Sachen zu kaufen, gut gekleidet zu sein. Sie will auch bei meinem Kind nicht helfen, ihrem Enkelkind. Meine Tochter ist vier Jahre alt. Ich habe kein gutes Verhältnis zu meiner Schwiegermutter. Sie beneidet mich, weil ich ihr den Sohn weggenommen habe. Für mich und meinen Mann erwachsen daraus keine Probleme, denn auch mein Mann hat kein gutes Verhältnis zu seiner Mutter.

Ich will jetzt etwas weniger arbeiten, das Kind selbst in den Kindergarten bringen und abholen. Im letzten Jahr hat er das immer gemacht. Den Haushalt machen wir gemeinsam, das mit dem Kind auch. Aber wir Frauen haben große Probleme, das Einkaufen müssen wir besorgen, und um irgend etwas Hübsches zu bekommen, zum Anziehen oder so, müssen wir endlos Schlange stehen. Ich habe doch gar keine Zeit, zwei, drei Stunden Schlange zu stehen. Viele Frauen bei uns, die dir auffallen, die so schön angezogen sind, bekommen Pakete aus den USA oder machen Reisen in die ČSSR, um dort einzukaufen. Früher fuhren wir auch nach Polen, aber heute kommen die Polinnen eher zu uns. Viele Frauen bei uns haben auch nur das im Kopf, was sie kaufen können, kaufen, kaufen, sie denken nur an Sachen! Ich finde das nicht gut.

Wichtig war meine Schulzeit für mich. Eine litauische elfjährige Schule mit Kunstrichtung. Das ist eine Besonderheit, normalerweise dauert die Schulzeit in der Sowjetunion zehn Jahre. Zur Schule ging ich gern. Da mußten wir immer viel üben, Geige und Klavier spielen, da haben wir Kenntnisse in bildender Kunst und Literatur gesammelt. Besonders liebte ich eine Literaturlehrerin, die brachte uns Schülern die Literatur sehr nahe. Auf dem Konservatorium gefiel es mir nicht mehr so gut. Da waren wieder alle alten Freunde von der Schule, und ich wollte doch neue kennenlernen. Wenn ich in meinem Fach ehrgeizig wäre, müßte ich eine Laufbahn als Pianistin einschlagen, dafür bin ich aber nicht gut und auch nicht fleißig genug. Ich verfolge diese Karriere nicht weiter. Im Augenblick arbeite ich als Konzertmeisterin in der Kunstschule für die Ballettklasse und gebe dort auch Musikunterricht. Das ist alles nicht besonders anspruchsvoll, aber auch nicht sehr anstrengend und zeitaufwendig. Ich verdiene genug Geld für die Wohnung und das Leben. Konzertpianistin hätte ich auch sowieso nicht werden können, weil ich bei Auftritten viel zuviel Angst habe, und ich müßte auch so viel üben, daß für die Familie nicht viel Zeit bliebe.

Den Begriff ‚rollenspezifische Erziehung' verstehe ich nicht. Ob ich meine Tochter anders erziehe, als ich es bei einem Sohn täte? Komische Frage. Selbstverständlich erzieht man ein Mädchen anders als einen Jungen. Für ein Mädchen ist die Mutter sehr wichtig, die kann ihr viel mehr geben, für einen Jungen der Vater. Auch umgekehrt, auch, aber anders. Mir ist für mein Kind wichtig, daß es glücklich ist. Und daß es sich in seiner Entwicklung innerlich nicht weit von mir entfernt. Daß wir uns immer nahebleiben.

Meine Ehe war eine Studentenehe. Als wir uns kennenlernten, studierten wir beide. Man sagt bei uns, wer als Studentin noch keinen Mann gefunden hat, findet später schwerer einen. Jagd nach dem Mann? Irgendwie schon. In meinem Fall hat er mich aber gejagt. Wir haben geheiratet, als er einundzwanzig, ich zweiundzwanzig war. Er war mein erster Mann. Wir haben zuerst bei meinen Eltern gewohnt. Eine Vierzimmerwohnung für uns drei, für meine Großmutter und für die Eltern. Da waren wir nicht immer glücklich. Jetzt, wo wir eine eigene Wohnung haben, geht es besser zwischen uns. Wir lieben uns sehr. Vielleicht, weil wir uns gut ergänzen. Ich helfe ihm, die Kunst zu verstehen, Musik und so, und er, nun, ich suche in einem Mann Stärke und Ruhe. Das finde ich bei ihm. Er hat zwar nicht immer alles, aber er nähert sich meinem Ideal an. Er sucht bei mir Zärtlichkeit und daß ich seinen Beruf verstehe und nicht nur an den Haushalt denke. Er sammelt leidenschaftlich Briefmarken, mußt du wissen, die zeigt er mir, und dann reden wir darüber. Stundenlang. Ohne ihn hätte ich nie etwas über Briefmarken gewußt.

In den Beziehungen zwischen den Geschlechtern habt ihr es besser, ihr seid sexuell offener. Bei uns sammeln die Mädchen vor der Ehe überhaupt keine Erfahrungen. Die Jungen, ja. Einige. Und das ist nicht gut, wenn die Mädchen immer gleich den ersten heiraten, daraus erwachsen oft große Probleme.

Wir reden nicht offen über Sexualität, nein, nur witzeweise über andere, aber nie ernsthaft über uns selbst und die eigenen Probleme. Sexualität wird totgeschwiegen. Ich habe eine sehr gute Freundin, eine einzige richtig gute, und mit der rede ich manchmal, wenn es mir schlecht geht, aber über meine sexuellen Probleme rede ich auch mit der nicht."

Auf den Spuren der Kollontai

Ich besuche eine Buchhandlung, um ein Gespräch mit den dort arbeitenden Frauen zu führen.

Um die Mittagszeit sitzen mir in einem kleinen Raum hinter dem Laden drei Frauen gegenüber. Lächelnd, die Hände in den Schoß gelegt, erwarten sie meine Fragen. Die Leiterin der Buchhandlung eilt hin und her, deckt den Tisch, bewirtet uns mit Kaffee und Kuchen. Solange ich frage, ist sie beschäftigt, anschließend wird sie mir Fragen stellen. Eine junge und eine ältere Frau sprechen deutsch, es sind die Leiterin der Abteilung für deutsche Literatur und ihre Vertreterin. Außerdem sitzt als Gast die Redakteurin der hiesigen Frauenzeitschrift mit uns am Tisch.

Die Abteilungsleiterin ist ungefähr fünfundfünfzig Jahre alt, ihre dunklen Haare sind sorgfältig gewellt, die Augen ernst, ein wenig streng. Ihr Deutsch ist fast akzentfrei.

„Ich habe Germanistik studiert. Ich bin Mutter zweier mittlerweile erwachsener Kinder, die Tochter ist nun schon vierunddreißig Jahre alt, der Sohn zweiunddreißig. Meine Tochter arbeitet hier als Musikpädagogin in der Musikschule, mein Sohn ist Diplombiologe."

Ich muß lachen, langsam erhalte ich den Eindruck, alle

jungen Frauen in Vilnius haben beruflich mit der Musikschule zu tun.

„Ja“, reagieren die Frauen ernsthaft, „das ist doch auch ein schöner Beruf für Frauen, und schöpferisch. Schöpferische Tätigkeiten entsprechen Frauen.“

„Ich habe noch keine Enkelkinder“, berichtet die Abteilungsleiterin weiter. „Ich bin glücklich verheiratet, ich habe einen guten Mann.“

„Was ist denn das, ein guter Mann?“

„Nun, er ist mein Freund. Wir verstehen uns, wir stehen uns immer bei, er ist mein bester Freund. Was kann man mehr erwarten von einem Mann?“

„Haben Sie Ihr Leben lang gearbeitet?“

„Nein, früher war es mit den Kindergärten nicht so gut wie heute. Ich habe erst wieder gearbeitet, als der Sohn zwölf Jahre alt war. Ich wollte auch meine Kinder selber erziehen, ich finde das besser, als die Kinder zu fremden Leuten wegzugeben.“

Ich denke an meinen Arbeitstitel für dieses Buch: ‚Auf den Spuren der Kollontai‘. Und so bin ich auch hierher gefahren, mit den Vorstellungen der Alexandra Kollontai im Kopf und der Frage „Was hat sich in ihrem Sinne verändert?“ Ich überschlage schnell: Fünfundfünfzig Jahre alt ist die Frau, die mir gegenübersitzt, 1983 minus fünfundfünfzig, geboren ist sie also 1928, zu einer Zeit, als Alexandra Kollontais Heldinnen bereits die entscheidenden revolutionären Kämpfe mitgewonnen hatten. Wie dachte Wasja, schwanger und dabei, den Mann zu verlassen, so mutig: „Ein Kindchen! Das ist schön. Sie wird den anderen Weibern ein Beispiel geben, wie man ein Kind kommunistisch erzieht. Man braucht nicht eine Küche, eine Familie und all den Plunder. Eine Krippe einrichten, ein Gemeinschaftshaus, das sich selbst erhält, und dann geht es schon. An einem lebendigen Beispiel lernt man am sichersten; das ist am anschaulichsten.“

Was wurde gelernt?

Ich denke an Jolanthe und ihre Äußerungen über die sexuelle Verklemmtheit, irgendwie möchte ich darauf zu sprechen kommen, weiß aber nicht wie. Ungeschickt steuere ich darauf zu: „Haben Sie immer mit einem Mann zusammengelebt, war das ihr erster und einziger?“

Wie soll frau mir darauf antworten, etwa: Ach, nein, ich

bin eine sexuell erfahrene Frau, vor meiner Heirat hatte ich bereits Erfahrungen mit fünf Männern und auch während meiner Ehe . . . So hätte auch die Kollontai nicht gesprochen.

Die Leiterin der Abteilung für deutsche Literatur aber bemüht sich, eine Antwort zu finden: „Wir Litauer sind vielleicht etwas ruhig, wir wollen keine zehn Männer. Was soll ich mit zehn Männern, der eine reicht mir. Ich habe vielleicht Glück gehabt. Er hilft mir auch abends zu Hause . . ."

„Helfen?" hake ich ein. „Oder trägt er die gleiche Verantwortung wie Sie?"

Die Leiterin des Frauenrates, Mitglied der Redaktion von „Neue Frau", wirft ein: „Bei den Alten, da ist es noch anders mit der Verteilung der Verantwortung für Haushalt und Kinder, die mögen keine Hausarbeit, aber bei den jungen Männern verändert es sich, die übernehmen langsam die gleiche Verantwortung. Wer zuerst zu Hause ist, der macht die Arbeit, die dann anfällt."

Ich antworte im stillen: Und die ganz Alten, da hatten auch die Frauen keine Lust zur Hausarbeit. Ich denke wieder an Wasja: „Ein andermal braust er auf wegen der Kragen: keiner ist rein. Wasja antwortet auch ärgerlich. Ist sie dafür verantwortlich? Er kann doch selbst dafür sorgen . . . Wasja ist keine Wäscherin . . . Das langweilt Wasja. Wozu sich ein Haus einrichten? Was für eine Freude macht das? Wenn es sich noch um ein Kommunehaus handelte! . . ."

„Welche Probleme beschäftigen die Frauen heute denn vor allem? Sie bekommen doch bestimmt Leserbriefe an Ihre Zeitschrift, welche Fragen werden dort vor allem angeschnitten?"

„Moralische, sexuelle, Ehefragen", lautet ihre Antwort.

Jetzt kann ich also noch einmal auf die Sexualität zurückkommen. „Wie frei sind die litauischen Frauen in sexueller Hinsicht?"

Die Frauen antworten zögernd. „Wir sind nicht so wie in südlichen Ländern, wir sind ruhiger." Die junge Buchhändlerin sagt langsam: „Der Sex ist nicht das Wichtigste im Leben."

Ich stimme ihr hastig zu, möchte nicht mißverstanden werden. Mir geht es aber darum, herauszufinden, ob die Aussage der Kollontai, „die Rechte der Liebe seien stärker als die Pflichten der Ehe", als die Infragestellung der gesetzlichen

Legitimation der Ehe irgendeine Fortsetzung im Leben der Menschen gefunden hat. Ich erinnere die Frauen an die Skepsis gegenüber der Kleinfamilie nach der Revolution, nun nenne ich auch die Kollontai.

„Oh, Alexandra Kollontai“, die Redakteurin lächelt, nun versteht sie meine Fragen wohl besser. „Nein, die Familie ist die Keimzelle der Gesellschaft. Wir achten und ehren Alexandra Kollontai sehr. Das, wofür sie gekämpft hat, ist bei uns Wirklichkeit geworden.“

„So?“

„O ja, Alexandra Kollontai kämpfte für die soziale Gleichstellung der Frau, da sagte sie viel Richtiges. Sie denken jetzt wohl an ihre Äußerungen zur Liebe und zur Familie, da hat sie viel Falsches gesagt. Zur Gleichstellung zwischen Mann und Frau in sozialer Hinsicht viel Richtiges.“

So!

Ich schiebe aber noch einige dazugehörige Fragen schnell hinterher.

„Wie behandeln Sie in Ihrer Zeitschrift die Abtreibungsproblematik?“

„Darüber wird viel geschrieben, und es wird jetzt auch wieder besser, die Frauen bekommen wieder mehr Kinder.“

„Sie schreiben also in der Weise, daß die Frauen zum Kindergebären animiert werden?“

„Ja, selbstverständlich, natürlich.“

„Wie erklären Sie sich, daß in den führenden Positionen in der Sowjetunion immer noch mehr Männer als Frauen anzutreffen sind?“

„In der Schule haben die Mädchen bessere Noten als die Jungen, auch auf der Universität schließen sie im statistischen Durchschnitt besser ab. Die Jungen sind oft bequemer, auch fauler. Man kann also auf keinen Fall sagen, daß die Mädchen dümmer sind.“

„Ja, aber wieso schneiden die Männer hinterher im Beruf besser ab?“

Die ältere Buchhändlerin wirft ein: „Das Kinderkriegen kann den Frauen nun einmal niemand abnehmen, die Kinder bekommen nun einmal die Frauen.“

„Dürfen auch die Männer nach der Geburt das Babyjahr in Anspruch nehmen?“

„Nein, das ist gesetzlich nicht vorgesehen. Die Frau behält

anderthalb Jahre nach der Geburt ihren Arbeitsplatz, so lange kann sie bei ihrem Kind bleiben. Wenn sie will. Es gibt auch Frauen, die die Zeit nicht in Anspruch nehmen wollen."

Die jüngere Buchhändlerin erzählt von einer Freundin, die nur wenige Tage nach der Schutzfrist wieder zur Arbeit gegangen sei. Das gebe es auch. Dann kümmere sich eine Großmutter oder Tante um das Kind.

„Hinterher, wenn das Kind krank ist, können Mann und Frau wahlweise beim Kind bleiben. Die bezahlte freie Zeit nach der Geburt ist ein Privileg für die Frauen."

Zum Abschluß erzählt die junge Frau noch etwas von sich selbst, während die anderen sich auf russisch unterhalten.

„Ich habe noch keine Familie, ich lebe bei meinen Eltern. Ich habe noch keinen Mann. Ich habe es auch nicht eilig. Es gibt zwar viele, die meinen, mit fünfundzwanzig müßte man einen Mann haben, aber mir ist es nicht so eilig. Ich hatte auch schon drei oder vier Freunde, aber der richtige war eben noch nicht dabei, dann ist es wieder kaputtgegangen. Es war halt nichts. Meine Großmutter sagt immer, ich bin zu anspruchsvoll. So werde ich eben nie einen Mann finden. Dabei stelle ich gar nicht so hohe Ansprüche. Ich will nur, daß er mich versteht. Und natürlich will auch ich ihn verstehen können. Wir müssen uns verstehen. Selbstverständlich will ich auch ein Kind. Aber mit Mann. Es gibt auch viele junge Frauen bei uns, die ohne Mann ein Kind bekommen, die haben sogar viele Vorteile, sie bekommen eher eine Wohnung, eher einen Kindergartenplatz, aber ich möchte doch lieber ein Kind mit einem Mann.

Im Augenblick ist mir mein Beruf sehr wichtig. Ich habe Germanistik studiert und immer befürchtet, in der Schule arbeiten zu müssen. Das wollte ich auf keinen Fall. Früher habe ich auch einen Beruf nicht so wichtig gefunden, heute bin ich anderer Meinung. Ein Beruf ist schon sehr wichtig im Leben einer Frau. Ich arbeite gern in der Buchhandlung, und hier bin ich Vertreterin der Leiterin, na, und sie ist schon fünfundfünfzig . . ."

Während sie redet, zieht sie die Mundwinkel leicht nach unten. Sie wirkt sehr ironisch.

Auf Wiedersehen, ihr Frauen, ich wüßte gern, was in zehn Jahren bei euch vorherrscht, der ernste Familiensinn oder das ironische Lächeln.

Tschüs auch mein Titel „Auf den Spuren der Kollontai". Ich werde einen anderen suchen müssen und mich nicht an das Bild der Urgroßmütter klammern dürfen, wenn ich die heutige Frau in der Sowjetunion finden will.

Handküsse und – „Ein bißchen Frieden"

Am Abend gehe ich mit Janina ins Konzert. Die alte Kirche, heute Bildergalerie mit europäischer und litauischer Malerei, summt von Menschen. Viele junge Leute haben sich eingefunden, Kinder sogar. Wie manch andere wandle ich durchs Kirchenschiff, betrachte die Gemälde, lasse mich von der erwartungsschwangeren Atmosphäre einfangen. Bach steht auf dem Programm, Liszt, Schönberg. „Wir lieben die deutsche Musik", ist Janinas Kommentar. Bald schon erstirbt jedes Geräusch, alle Plätze sind besetzt, auch die in die Säulengänge eigens für das Konzert hingestellten Stühle. Orgelmusik ertönt, präzise, klare Interpretation, Akustik des hohen Kirchenschiffs. Janina lauscht in sich versunken, ich muß immer wieder auf die Menschen sehen, die alten und jungen und ganz jungen. Kein Räuspern stört, kein Rascheln, kein Kind scharrt mit den Füßen. Erhaben ist die Musik und der Raum, aber ohne jeden Schwulst, alltäglich gekleidet sind die Menschen – alltägliche Feierlichkeit, die keinen ausschließt.

Im Anschluß ans Konzert findet unser Abschiedsessen statt. Alle sind versammelt, Janina, Jolanthe, ihr Mann, nur unser Betreuer ist nicht mitgekommen, er paßt heute auf sein Enkelkind auf. Uns angeschlossen hat sich noch ein Mann, der eine verantwortliche Stellung im Verlagswesen einnimmt.

In der Garderobe vor dem Restaurant fragt mich Janina, ob ich verheiratet bin. Als ich nein sage, habe ich den Eindruck, daß ihr Vertrauen zunimmt. Als ströme mir Interesse von ihrer Seite entgegen. „Da können Sie ja verstehen, wenn ich sage: Wenn es gut ist, ist es gut", lächelt sie.

„Ja", meine Antwort. „Ich komme ganz gut allein zurecht mit meinen beiden Töchtern."

„Das sieht man", sagt sie, und die Barriere zwischen uns ist wie weggeblasen.

Beim Essen werden Toasts auf den Frieden und die Freundschaft ausgesprochen. Ich trinke auf die Frauen von

Vilnius, die schön sind wie die Blumen dieser blumenreichen Stadt.

Wir sind eine seltsame Runde: Jolanthes Mann und ich sprechen englisch, Janina und Jolanthe deutsch, der Leiter des Verlagswesens russisch. Das Dolmetschen geht rundum.

Nach dem Essen soll mir zu Ehren der Abend in der Nachtbar fortgesetzt werden. Ich wäre lieber im Restaurant geblieben, urteile ich schon nach kurzem Aufenthalt in der Bar. Im Restaurant wurde von einer Band Musik gespielt, wie in den meisten großen Restaurants der Sowjetunion. Junge Leute tanzten, auch zwei Frauen miteinander. In der Nachtbar ist es finster, nur die Bühne ist erleuchtet. Dort läuft eine Show, die mir wie schlechte Westimitation vorkommt: Ein paar halbnackte Mädchen tun so, als wären sie ein Ballett, ein dunkel gekleideter Mann mit Schmachtlocke singt italienische Schnulzen, sogar „Ein bißchen Frieden" bleibt uns nicht erspart.

Nach dem Programm komme ich doch noch zum Tanzen. Tänzer, die bei uns nicht aus dem Rahmen fielen, versöhnen mich ein wenig mit dem Abstecher in die westliche Unterhaltungskultur. Immer Sitzen, Reden, Essen macht Lust auf Bewegung. Beim Tanz stellen Jolanthes Mann und ich in abstrakter Weise fest, daß wir manche gemeinsame Vorstellungen vom Leben besitzen. Auch er will nicht mehr leben, wie es die ungeschriebenen Gesetze seit Ewigkeiten vorschreiben. Als er jedoch nach einiger Zeit, schon etwas angetrunken, meint: „Bei euch ist es besser, da arbeiten die Frauen nicht. Wenn die Frauen arbeiten, ist der Mann kein richtiger Mann mehr. Bei uns, das Verhältnis von Männern und Frauen, das ist doch Mist. Der Mann weiß gar nicht mehr, daß er ein richtiger Mann ist", halte ich einfach den Mund. Zum Agitieren bin ich nicht hierher gekommen, da bleibt mir zu Hause noch genug zu tun. Janina sagt am Tisch lachend zu mir: „Na, betrunkene Männer sind doch wohl überall gleich." Sie hat eine Art, Männer in die Schranken zu weisen, die mir imponiert. Ein Blick von ihr, und der Angesehene rückt sich gleich etwas zurecht.

Und das ist gut so, je mehr der Alkohol fließt. Der Mann aus dem Verlag bombardiert mich mit Handküssen, und ich denke wehmütig an Alexandra Kollontais Wasja, die Bolschewikin, die einem Mann ihre Hand entriß mit den Worten:

„Das bin ich nicht gewohnt.“ Dessen Antwort: „. . . ich habe nie etwas dagegen, einer jungen Frau die Hand zu küssen. Es ist angenehm, und der Mann kann doch nicht eifersüchtig werden.“ Sie hätte sinngemäß wohl auch unser Begleiter geben können. Doch ich bin nicht Wasja, ich lächle, entziehe ihm meine Hand zwar langsam, aber beharrlich und frage ihn, den eisernen, angegrauten Discotänzer, ob er Sport treibe oder womit er sich so fit halte. „Sprünge zur Seite“, grinst er, „die halten mich fit. Mein einziger Sport.“ Und greift wieder nach meiner Hand. Er greift ins Leere. Ich habe mich draufgesetzt.

Der Abschied von Jolanthe und Janina ist voll Wärme. Janina nimmt mich in den Arm, gibt mir noch gute Ratschläge für meine weite Reise durch die Sowjetunion. Ich solle immer überall nur recht bestimmt und sicher auftreten, meint sie, und mich nirgendwo von einem Mann ins Bockshorn jagen lassen, dann werde ich schon zurechtkommen.

Widersprüchliche Eindrücke werde ich von hier mitnehmen: von der Anstrengung der Frauen, schön zu sein, aber auch von ihrem Selbstbewußtsein in der Arbeit. Kühle, Distanz und das Verstecken von Gefühlen werde ich in Erinnerung behalten, wenn ich an Vilnius denke, aber auch Wärme und ein großes Bedürfnis nach menschlicher Nähe, wenn Vertrauen hergestellt ist. Zurückhaltende und überhöfliche Männer, deren Kehrseite sichtbar wird, wenn sie betrunken sind. Eine wunderschöne Stadt, in der unter Blumen manch historischer Bodensatz versteckt ist.

Tbilissi – Georgien

Millionen Rosen . . .

Meine Ankünfte scheinen überall ihre Tücken zu haben. In Moskau war das Taxi auch durch energisches Anschieben von vier Männern nicht in Gang zu bringen, in Vilnius verschliefen wir die Ankunft, in Tbilissi erwartet uns niemand.

Verloren stehen wir eine Weile am Flughafen herum, bis Alexander sich entschließt zu telefonieren. So habe ich Zeit, erste Eindrücke am Flughafen zu sammeln. In der Sonne, auf einer Bordsteinkante hockend, sehe ich mir die wartenden und ankommenden Menschen an, für die sich von Zeit zu Zeit das schmiedeeiserne Gitter zum Rollfeld öffnet. Nichts von elitärer Flugatmosphäre.

In der Sowjetunion gehört das Flugzeug zu den Verkehrsmitteln, die jeder benutzen muß, wenn er die großen Entfernungen dieses Landes überwinden will. Fliegen ist sogar oft billiger als eine Fahrt mit der Bahn.

Eine junge Frau passiert die Sperre, läuft auf eine ältere zu, nimmt der ein kleines Kind aus dem Arm, drückt und küßt es. Eingehakt gehen die beiden Frauen an mir vorüber, die jüngere weint. Immer wieder herzt sie das Kind, wischt sich die Tränen von der Wange. Männer begrüßen sich mit Küssen, auch sie gehen Arm in Arm.

Endlich kommt Ramaz, er wird unser Betreuer in Tbilissi sein. Der Brief, mit dem meine Ankunft angekündigt worden war, hatte sich verspätet. So ist kein Programm organisiert. Heute, beim Schreiben, bin ich froh darüber. Alles wird improvisiert, mein Aufenthalt wird wie ein Urlaub bei Freunden ablaufen. Ich werde die Gelegenheit bekommen, die sprichwörtliche georgische Gastfreundschaft kennenzulernen, die einfach da ist, ohne daß es der Ankündigung eines Gastes oder wie auch immer gearteter Vorbereitungen bedarf. Schon bei der Ankunft im Hotel der erste reichhaltig gedeckte Tisch, die ersten Toasts: auf mein Vorhaben, auf den Frieden, auf die Frauen.

Alexander und ich bummeln erst einmal durch die Stadt. Ich erschrecke: Obwohl ich in Begleitung bin, scheuen die Männer nicht davor zurück, sich nach mir umzudrehen, unverhüllte Bewunderung in den Augen. Aufdringlich finde ich sie, unverschämt sexistisch. Ich nehme mir vor, die Männer hier sehr kritisch zu betrachten.

Das improvisierte Programm bietet die Möglichkeit, Freundinnen zu gewinnen. Bereits am nächsten Morgen bringt Ramaz zwei Frauen mit, Irina und Darezan. Beide sprechen hervorragend englisch.

Wieder eine Station auf meiner Reise, wo ich für den Kontakt zu den Frauen die Vermittlung durch den Dolmetscher nicht brauche. Die beiden werden uns in Tbilissi begleiten. Und ich schicke es schon jetzt voraus: Als ich abfahre und von Irina Abschied nehmen muß, weine ich. Wir werden vertraut miteinander im Laufe dieser wenigen Tage. Und noch eine glückliche Folge des improvisierten Aufenthalts: Ich habe die Gelegenheit, Männer und Frauen im alltäglichen Miteinander zu beobachten.

Beim ersten Gespräch, natürlich, meine Frage nach der Stellung der Frau in Georgien. „Oh, hier gibt es einen Kult um die Frauen! Im Vergleich zu benachbarten Republiken waren in Georgien die Frauen schon immer sehr angesehen."

Ich hatte gehört, es könnte hier passieren, daß an Tafeln mit Gästen die Frauen nicht am Tisch säßen, sondern in gebührendem Abstand Platz nähmen oder gar in der Küche blieben.

Irina zeigt ihr Entsetzen: „Aber doch nicht bei uns. Bei uns gelten die Frauen als Idole, nie müssen sie sich zurückziehen."

Ich beobachte eine immerwährende prickelnde Spannung zwischen den Geschlechtern, gleichzeitig große körperliche Unbefangenheit.

Ramaz, so etwas wie ein Minister im Verlagswesen und damit Vorgesetzter von Darezan und Irina, die als Editorinnen arbeiten, also die Herausgabe von Büchern organisieren, zieht beispielsweise im Gespräch mit mir Irina am Jackett zu sich heran, sagt scherzhaft: „Ich bring dich um, wenn du nicht richtig übersetzt. Bei Elke klingt alles so lang, und wenn du übersetzt, wird es so kurz."

Wenn ich eine Zigarette nehme und Ramaz vergißt, mir Feuer zu geben, was selten genug vorkommt, weisen ihn die Mädchen zurecht. Irina gibt Ramaz Geld, wenn er schnell bezahlen muß, sie greift in seine Fahrzeugpapiere, um zu sehen, ob er ein Messer dabei hat, um den Kajalstift anzuspitzen, den sie mir geschenkt hat. Er macht Darezan ohne Scheu darauf aufmerksam, daß es ‚blitzt‘, weil ihr Büstenhalter aus dem tief ausgeschnittenen T-Shirt hervorlugt. Ich kriege nichts mehr auf die Reihe.

Beide Frauen flirten ständig mit Alexander, nennen ihn sofort mit dem Kurznamen ‚Sascha‘, und doch wirkt alles ungezwungen, kameradschaftlich. Darezan ist in der Lage, aus ihren großen, kajalumrandeten Augen den Männern Blicke zuzuwerfen, in denen alles Locken der Welt enthalten ist.

Wir besichtigen die Stadt. Irina weiß alles: die Geschichte jeder Kirche und auch die Geschichten drumherum, ob es die Antschischati-Basilika aus dem 6. Jahrhundert, die Ssionskij-Kathedrale aus dem 6. Jahrhundert oder hoch über der Kura auf dem steilen Fels die schlichte, strenge Metecha-Kathedrale vom Ende des 13. Jahrhundert mit kurzer, silbergrauer Turmspitze ist. Irina erzählt auch, woher der Name Tbilissi stammt: von tbili – warm. Die bis sechsundvierzig Grad Celsius heißen, kohlensäuresprudelnden Schwefelwasserstoffquellen, die im übrigen Puschkin schon vor einhundertfünfzig Jahren rühmte, dienen noch immer balneologischen Zwekken. Die Bade- und Kurhäuser liegen am Rande der orientalischen Altstadt, deren steile, kurvenreiche Gäßchen, manchmal mit Treppen, auf die terrassenförmig bebauten Berghänge führen. 1958 feierte Tbilissi eintausendfünfhundertjähriges Bestehen. Anders als viele andere Städte entstand Tbilissi nicht als Marktplatz, sondern als Heilbad. Der georgische König Wachtang Gorgassali, so lautet die Legende, sei bei der Fasanenjagd in den undurchdringlichen Wäldern zufällig auf warme Schwefelquellen gestoßen. Ein mit Pfeil und Bogen erlegter Fasan sei ins Wasser gefallen und gekocht worden. Da habe er diesem Ort seinen Namen gegeben und ihn später zur Hauptstadt Georgiens gemacht.

Ich frage Irina, woher sie ihre umfassenden historischen Kenntnisse habe. Sie versteht meine Bewunderung nicht recht. „Na, aus der Schule selbstverständlich“, sagt sie. „Dort werden wir doch mit der Geschichte unseres Landes vertraut gemacht.“ Und sie sind stolz auf ihre Geschichte, die hart und von vielen Überfällen mächtiger Reiche gekennzeichnet ist. An die vierzigmal wurde Tbilissi angegriffen, zerstört, gebrandschatzt, wurden die Bewohner getötet oder gefangengenommen und als Sklaven verkauft, von Arabern und Mongolen, zuletzt 1795 von den Horden des persischen Schahs Aga Mohammed Khan. Erst nach dem Anschluß an das russische Zarenreich, Ende des 19. Jahrhunderts, setzte allmählich eine ruhigere Entwicklung ein. Alexandre Dumas, Autor des „Grafen von Monte Christo“ und der „Drei Musketiere“, der um die Mitte der fünfziger Jahre des vorigen Jahrhunderts den Kaukasus besuchte, schilderte in seinen Reiseberichten allerlei Abenteuer, die man damals noch erleben konnte: Blutrache, Frauenraub, Überfälle, Ausplünderung, Gefangenschaft bei einer erpresserischen Bergbevölkerung, aber auch die berühmte georgische Gastfreundschaft.

Die Menschen hier sind nicht feindselig gegenüber Fremden geworden, ganz im Gegenteil. Stolz berichtet Irina mir, hier lebten ungefähr siebzig Nationalitäten friedlich zusammen. Sie zeigt mir mehrere aktive Kirchen, persisch, christlich, orthodox, jüdisch. Sie macht mich auch aufmerksam auf die Statue auf dem Plateau oberhalb von Tbilissi: eine ins monumentale überhöhte schlanke Frauengestalt, ‚Kartlis deda‘ – Mutter Georgiens –, sieht zum Häusermeer im Tal der Kura hinab, das gezogene Schwert in der Rechten, eine flache Schale in der erhobenen Linken. Sie ist Symbol für den Spruch der Georgier: „Empfange den Feind mit dem Schwert, den Freund mit einem Trunk Wein“.

Das Geschichtsbewußtsein der sowjetischen Menschen, das mir schon in Vilnius auffiel, setzt mich hier von neuem in Erstaunen. Du kennst doch sicher Rustaweli? Eine Frage, die ich beschämt mit Nein beantworten muß. „Nein, wer ist das?“ Die Haupt- und Prachtstraße der Stadt ist nach diesem Dichter benannt, dem Schatzmeister der Königin Thamar, die im 12. und 13. Jahrhundert ihr Reich zur Blüte gelangen ließ. Über Thamar wird mir Irina später noch berichten. Von Rustaweli höre ich allenthalben.

Nach der Stadtbesichtigung fahren wir zum Essen. Auf einem Hügel oberhalb des „Tbilisser Meeres“ sitzen wir im Schatten hoher Bäume und speisen. Dies ist kein Essen, kein Abfüttern, kein Hungerstillen, es ist eine Art von Essen, auf die das Wort Mahl am ehesten zutrifft. Viele kleine Schüsseln und Teller bedecken den Tisch, Salat, Auberginen, Zucchini, Teller mit Kräutern am Stiel, die ich nicht kenne, an denen ich aber immer wieder lustvoll rumknabbere, Schafskäse, warmes Maisbrot, Fladenbrot, Fisch in allen Variationen, Kaviar, schwarz und rot . . . ach, ich habe keinen Zettel dabeigehabt, die Gerichte nicht notiert. Wohlgefühlt habe ich mich, und die Ruhe und Zeit, die wir uns füreinander ließen, tat mir gut.

Mit dabei ist ein älterer Grusinier, der Leiter der Fahrgemeinschaft, der sich heute, am Freitag – und ich war ja nicht angekündigt – spontan zur Verfügung stellte, um uns zu fahren. „Es ist eine Ehre für dich", sagt mir Alexander. Große Worte passen aber gar nicht zu diesem Mann, nur die kleinen, freundlichen, die, die natürliche, liebenswerte Menschen kennzeichnen. Der Mann ist schön, wirklich, er ist das, was ich unter einem schönen alten Mann verstehe: kräftig, grauhaarig, schnauzbärtig und mit gütigen, klugen, braunen Augen, die Vertrauen wecken. Er erzählt mir von der Achtung, die Frauen in Georgien genießen: „Wenn bei uns ein Mann an einem Tisch, an dem auch Frauen sitzen, ein Schimpfwort gebraucht, wird er von den übrigen zurechtgewiesen." Ich versuche zu beobachten, worin sich die Achtung verwirklicht, meine, es ist eine erhöhte Aufmerksamkeit, Sorge, ja, Sensibilität, die ohne Fragen versucht, die Wünsche der Frauen zu erfüllen. Und es passiert etwas, das ich auf meiner ganzen Reise durch die Sowjetunion nicht wieder erleben werde: Der grauhaarige freundliche Mann erhebt sich mit geheimnisvollem Augenzwinkern, alle beobachten gespannt, was er vorhat. Er springt hoch zu einem Ast des Baumes, bricht einen Zweig voller Blätter ab, setzt sich wieder und wedelt nun von Zeit zu Zeit über den Tisch, um etwaige Fliegen zu verscheuchen. Er bedient uns Frauen, zerteilt mit seinem Taschenmesser die Pfirsiche und Melonen, die die Männer vorher auf dem Markt in Tbilissi gekauft hatten. Unter den Früchten bricht der Tisch nun fast zusammen: Honigmelonen, Wassermelonen, Pfirsiche, Weintrauben, Birnen, Nüsse, ganz frisch noch in der Frucht.

Irina hatte mir schon bei der Stadtbesichtigung von dem aus der Tradition herrührenden Brauch erzählt, bei jeder Tischtafel einen Tamada zu wählen. Der Tamada ist das Oberhaupt der Tafel, das für das Aussprechen der Toasts zuständig ist.

„Immer ein Mann?" hatte ich skeptisch gefragt.

„Meistens", erwiderte Irina. „Manchmal, wenn wir ein Frauenfest haben und es getreu den alten Gepflogenheiten abhalten wolle, wählen wir auch eine Frau als Vorsitzende. Der Vorsitzende muß ein kluger Mann sein, der humorvoll und – nicht zu vergessen – trinkfest ist. Seine Aufgabe ist auch, die Gäste untereinander bekannt zu machen. Weißt du, wenn es ein guter Vorsitzender ist, dann bringt er es fertig, von jedem einzelnen die guten Eigenschaften hervorzuheben, zu jedem sagt er ein paar Worte, die dessen Positives benennen."

Ich kann mir das noch nicht richtig vorstellen, denke eher an so eine etwas alberne Aneinanderreihung von Schmeicheleien.

„O nein", beteuert Irina. „Nie Schmeicheleien, aber immer nur das Gute."

Ich frage nach: „Wenn eine Frau häßlich ist oder zumindest nicht besonders hübsch, wird dann ein Toast auf ihre Schönheit ausgesprochen?"

„Nie", erwidert Irina. „Nur auf das Gute, das vorhanden ist."

„Und wenn einer keine guten Eigenschaften besitzt?"

„Dann wird über ihn gar nichts gesagt. Weißt du", erläutert sie lächelnd, „wir meinen, diese Sitte führt dazu, daß die Menschen das Gefühl bekommen, es ist gut, gut zu sein."

Ich bleibe mißtrauisch. „Immer der Mann, das heißt aber doch, daß bei euch die Männer selbst am Tisch die führenden Positionen innehaben."

„Männer sind trinkfester", gibt sie zur Antwort, leichthin, und: „Das ist Tradition."

Immer wieder begegnet mir dieser Satz: Das ist Tradition. Die Geschichtsverbundenheit zeigt sich nicht nur in umfassenden Kenntnissen, in der liebevollen Anstrengung, alte Gebäude und Stadtviertel – das alte Tbilissi steht unter Denkmalschutz – für die Enkel und Urenkel zu bewahren, sondern auch darin, die Verwurzelung des Menschen in seiner Geschichte zu erhalten. Nichts wurde hier nach der Revolution von den alltäglichen Sitten und Gebräuchen gekappt, es sei denn, sie hatten die Unterdrückung von Menschen zum Inhalt. Wehmütig, und diese Wehmut wird noch wachsen, empfinde ich meine Entwurzelung: Nichts Altes lasse ich mehr gelten, alles will ich anders machen als meine Vorfahren. Mir fallen Christa Wolfs Worte in „Kindheitsmuster" ein: „Seit wann ist Elternliebe so eng mit Angst verkoppelt? Erst seitdem jede neue Generation leugnen muß, woran ihre Eltern geglaubt haben?“ Und ich denke: Nicht jede neue Generation muß das, nicht die in Georgien.

Dennoch bleibt sie, meine Skepsis gegenüber der Konservierung alter Bräuche, und ich halte mich an Brecht fest, hier, wo ich mit ihr ganz allein stehe: „Und was den alten großen Brauch betrifft, so sehe ich keine Vernunft an ihm. Ich brauche vielmehr einen neuen großen Brauch, den wir sofort einführen müssen, nämlich den Brauch, in jeder Lage neu nachzudenken ... und kein Gelächter und keine Schmähung sollen uns abhalten, das Vernünftige zu tun, und kein alter Brauch uns hindern, einen richtigen Gedanken anzunehmen.“

Unter den Bäumen mache ich meine zweite Bekanntschaft mit den georgischen Toasts: immer wieder auf den Frieden, auf das schöne Wetter, darauf, daß sie hoffen, Georgien möge mir gefallen, daß sie sich freuen, meine und Alexanders Bekanntschaft zu machen. Sehr persönlich werden die Toasts noch nicht.

Abends fahren wir hoch auf den Mtazminda, den heiligen Berg, der Kuppe im Westen der Stadt, wo es den Vergnügungspark für die Tbilisser und die vielen Touristen, den modernen Fernsehturm wie auch das Aussichtsrestaurant gibt, das wir aufsuchen. Alles wird getan, wie ich es wünsche. Ich möchte draußen sitzen, den Blick auf Tbilissi genießen. Die Stadt liegt im Tal der Kura und zieht sich an die zwanzig Kilometer am Fluß entlang. Von hier oben aus wirkt sie wie eine Gliederraupe aus roten Dächern und spitzkegeligen Kirchtürmen. Tbilissi ist eine Stadt an den Hängen. Getrennt durch die Kura, liegen sich die Stadthälften wie zwei große Amphitheaterhälften gegenüber. Nun, wo es langsam dunkel wird, erstreckt sich Tbilissi aus unserer Vogelperspektive als breites Lichterband in die Dunkelheit. Es ist romantisch hier, erinnert mich ein wenig an Paris, vom Montmartre aus gesehen. Und die Erinnerung an den Montmartre wird noch manchmal in mir aufsteigen, wenn wir durch die winkligen Gassen der Altstadt fahren.

Mein Sitzwunsch hat unangenehme Folgen: Wir Frauen in unseren dünnen Kleidern beginnen zu frieren. Die Männer legen uns ihre Jacken um, Alexander hat keine mit, wir fröstelnden Frauen sind aber drei an der Zahl. Der alte schöne Mann macht sich auf den Weg hinein ins Restaurant, kehrt mit hocherhobener Beute zurück. Irgend jemand half sofort. Alle helfen sich hier, wächst mein Eindruck, von „Verlaß dich auf dich selbst, sonst bist du verlassen“ keine Spur.

Am Nachmittag, vor der Abfahrt vom Hotel, fragt Irina, ob wir kurz in mein Zimmer gehen könnten. Sie hat Blutungen, möchte sich frisch machen, Darezan ebenso. Wir lassen die Männer stehen, ohne irgendwelche Erklärungen abzugeben. Unterwegs im Treppenhaus begegnen wir einer Gruppe junger Männer, die hinter uns herpfeifen, einer sagt: „Girls, girls, girls.“ Darezan kichert, im Weitergehen kichert sie: „Man, man, man.“ Die beiden schminken sich bei mir, verschwinden im Badezimmer.

Irina und Darezan tragen täglich neue, schöne Kleider, manchmal wechseln sie sie sogar am Tag, wenn wir eine Erholungspause für alle einlegen und sie zwischendurch nach Hause gehen.

Ich frage, wo sie die Kleidung einkaufen. „In unseren Geschäften sind die Sachen oft nicht so schön, wir kaufen meist Stoffe, nähen dann selbst.“

Irina sagt: „Ich nähe nicht selbst, ich bringe meine Sachen zu einer Schneiderin.“

Einmal trägt sie ein Polohemd mit asymmetrischem Muster, es stammt aus einem Kaufhaus. Besonders gefällt mir ein rosa Hemdblusenkleid, das sie in einem indischen Laden in Moskau gekauft hat. Hosen bemerke ich nur bei Ausländerinnen, erkundige mich danach.

„Im Sommer vermeiden wir es, Hosen zu tragen“, erläutern sie. „Im Winter, klar, da laufen wir auch in Hosen rum.“

Doch wieder zurück zu unserem Aussichtsrestaurant. Ich frage den älteren Fahrer nach seiner Familie. Seine Frau sei Lehrerin, erzählt er, zwei Söhne hätten sie, Großvater sei er auch schon. Immer wenn ich frage, ob die Frau arbeiten geht, wird mir Erstaunen entgegengebracht, selbstverständlich, natürlich, wieso nicht.

Irgendwann halten Darezan, Irina und ich es nicht mehr aus, von oben wärmen zwar die Jacken, aber unsere nackten Füße in den Sandalen frieren erbärmlich. Wir machen uns einfach auf zur Toilette, stellen uns anschließend an die Bar, beschließen, einen Kaffee zu trinken, um uns etwas aufzuwärmen. Nach kurzer Zeit schon erscheint Ramaz, wo wir denn blieben, ob etwas nicht in Ordnung sei, ohne uns fühlten sie sich vereinsamt am Tisch. Wir erklären. Sofort wird alles von unserem Tisch draußen hineingetragen, auch der wunderschöne, üppige Strauß kräftiger, rosa Rosen, den der alte Mann mir von einer Verkäuferin am Straßenrand unterwegs gekauft hatte.

Drinnen ist es voller junger Leute, die lachen und tanzen. Nach kurzer Zeit steht auf unserem Tisch eine Flasche Sekt von einem Nebentisch. Ich bekomme später erklärt: „Das ist hier eine Sitte. Möchte jemand von einem Tisch jemand vom anderen Tisch kennenlernen, sendet er eine Flasche voraus. Ist der Tisch einverstanden, antwortet er mit einer Flasche." Bald schon sitzt bei uns ein junger Mann, dunkelhaarig, der nur kurze Blicke lang Darezan mit seinen Glutaugen verschlingt, dann wieder still und bescheiden vor sich hinsieht. Schüchtern wirkt er. Darezan hingegen ist völlig der Lage gewachsen, sie schenkt ihm ein Glas Sekt ein, prostet ihm zu, bietet ihm eine Zigarette an, lacht und lockt aus den Augenwinkeln. Erotische Verspieltheit zwischen Männern und Frauen, die hochkultiviert ist, wie ich immer wieder beobachten kann. Aktiv dabei sind die Frauen. Auch Alexander gegenüber nehme ich Irinas und Darezans Verhalten als Flirten wahr. Sie locken, umschmeicheln ihn mit ihren Augen, laden ihn zum Lachen ein, nennen ihn Saschinka, sind dabei ohne jede Scheu, fragen ihn nach seiner Arbeit, seinem Leben, und mir scheint, er öffnet sich so, wie ich ihn bisher noch nicht kennengelernt habe. Ich frage Irina: „Ihr flirtet mit Alexander, nicht wahr?" Sie lächelt einverständlich, als wäre es das Natürlichste von der Welt. „Aber dann gibt es eine Barriere?" „Hm", sie nickt. „Und wenn Alexander oder sonstwer euer Locken mißversteht und die Barriere nicht kennt?" „Dann werden wir sie ihm sichtbar machen!" Sie lacht. Das ist nicht ihr Problem. Ich denke daran, daß bei uns ein ungeschriebenes Gesetz lautet: Locke niemals einen Mann, denn er wird darauf bestehen, daß du hältst, was du versprichst. Die Behauptung bei Vergewaltigungen: Die Frau hatte selber Schuld, denn sie zeigte ein aufreizendes Verhalten! Bei uns, fällt mir jetzt auf, hat sich alle Lockung in die Kleidung zurückgezogen, die engen Jeans, die kurzen Shorts, die knappen Bikinis. Allein aufgrund unserer Kleidung gelten wir hier als sehr freizügig in unseren geschlechtlichen Beziehungen.

Immer wieder zucken mir, wenn ich das Verhalten der

Männer und Frauen beobachte, die Begriffe Sexualobjekt und Sexismus durch den Kopf, immer wieder spüre ich, daß sie hier nicht greifen.

Beim Abschied an diesem Abend will ich meine Rosen zwischen Irina und Darezan aufteilen, ihnen meine Freude weitergeben, wie ich es auch schon in Vilnius getan hatte.

Die beiden sind empört, weigern sich: „Aber die sind doch für dich."

Ich argumentiere: „Ich bin doch so selten in meinem Hotelzimmer, ihr habt zu Hause viel mehr Freude daran."

„Nein", entscheidet Irina, „es geht nicht um die Konservierung der Freude, es geht um dich. Stell sie jetzt in dein Zimmer, und immer wenn du hineinkommst, lachen sie dich an. Morgen früh, wenn du aufwachst, wirst du dich dran freuen."

Ich gebe nach, und sie hat recht: Während meines gesamten Aufenthaltes hier sieht mein Zimmer aus, als möge mich jemand sehr gern und habe mich mit Blumen überschüttet. Und es werden weitere hinzukommen, auf dem Tisch werden Rosen stehen, auf dem Schreibtisch, neben dem Bett. Sie erinnern mich an das Lied von der Bogatschowa, das hier allenthalben gespielt und gesungen wird: Millionen Rosen. Es ist die Geschichte von einem Fürsten, der eine Schauspielerin liebt, die ihn aber verschmäht. Er verkauft sein Schloß, sein Hab und Gut, setzt es in Rosen um, Millionen roter Rosen. Abends, nach der Theateraufführung, empfängt er sie auf einer blumengepflasterten Straße, Rosen, Rosen, Rosen. Sie jedoch lächelt, bedankt sich, steigt über die Rosen in eine Kutsche, in der ihr Geliebter wartet. Unnötig zu sagen, daß es nicht der Fürst ist.

Eines Abends besuchen wir die Bar im Hotel, oben unter dem Dach im – ich glaube – zwanzigsten Stock. Junge Georgier tanzen sehr ausdrucksvoll, mit weiten Bewegungen. Eine attraktive junge Frau in sehr engen Jeans fällt mir auf. Ein junger Mann tritt an die Bar, verlangt Sekt. Die Barfrau, die auf mich wirkt wie eine freundliche Nachbarin in den Vierzigern mit sensiblem, feingeschwungenen Mund, weigert sich, ihm mehr einzuschenken. „Schätzchen", sagt sie, „du hast schon genug getrunken, von mir bekommst du heute keinen Schluck mehr." Er besteht auf seinem Wunsch, sie bleibt freundlich. „Mein Goldkind, du darfst nichts mehr trinken." Er greift in seine Hosentasche, holt einen dicken Stapel Geldscheine heraus, blättert ihn auf die Theke. Ich bin beeindruckt. Sie nicht. „Mein Goldkind", wiederholt sie. „Setz dich an irgendeinen Tisch dazu, trink einen Kaffee, Sekt gibt es nicht mehr."

„Was soll ich mit meiner grusinischen Ehre tun", übersetzt Alexander meinen gespitzten Ohren die Antwort und erklärt, Grusinier setzten sich nie an einen Tisch dazu, der Tisch genieße Respekt.

Auf mich wirkt der Junge überhaupt nicht betrunken, vielleicht glänzen seine Augen etwas verräterisch. Die Barfrau bleibt aber hart. Nach einer Weile kehrt er zurück, in Begleitung eines Freundes, der nun Sekt bestellt. Die Barfrau lacht. Nein, so leicht lasse sie sich nicht übertölpeln. Keinen Sekt mehr!

Die beiden geben sich geschlagen, tanzen dann mit zwei hübschen Mädchen und Bewegungen, die jedem lateinamerikanischen Tangokönig zur Ehre gereichten. Sekt, haben sie begriffen, gibt es für sie heute nicht mehr.

Ein grusinischer Mann, erfahre ich nicht zum erstenmal, der betrunken ist, wird verachtet. Trinkfest, ja, zu einem richtigen Mann gehöre Trinkfestigkeit, aber nie Trunkenheit. Und wirklich, mir wird in der ganzen Zeit hier nicht ein einziger betrunkener Mann begegnen.

Am zweiten Tag erleben wir in einer Kirche ein Folkloreprogramm. Inmitten vieler englischer Touristen lauschen wir einem Männerchor, verfolgen temperamentvolle Kampfszenen, dargestellt von einem Männerballett, eine Frau singt verhalten zu einem traditionellen Saiteninstrument, ernst, etwas traurig gestaltet sie ihren Vortrag, lächelt auch nicht beim anschließenden Beifall. In Gedanken betrachte ich noch einmal die Frauengesichter, die ich hier gesehen habe. Mein Bild bisher: Der Gesichtsausdruck einer Frau entspricht ihrem Gefühl. Ganz anders als in Vilnius, wo die Frauen lächelten, wie es auch uns anerzogen wird, wo sie auch noch ein freundliches Gesicht zeigten, als ich wußte, daß ihnen nicht mehr froh zumute war. Irina und Darezan sind sehr ernst, besonders Irina. Wenn sie mit Männern spricht, kann sie eher herb wirken, lange Zeit zeigt sich kein versöhnliches Lächeln auf ihrem Gesicht.

Das Männerballett erscheint wieder, diesmal mit einer Frau

in seiner Mitte. Sie hat fünf lange schwarze Zöpfe, die fast bis zu den Kniekehlen reichen und ist puppenhaft geschminkt. Zwei Männer wirbeln in einem feurigen Eroberungstanz um sie herum.

Die Frau in der Mitte wirkt steif, inaktiv, es sind die Männer, die Anmut zeigen, Beweglichkeit, bei ihrem leidenschaftlichen Spitzentanz mit den besitzergreifenden Gesten. Anschließend frage ich Darezan, ob die Rollen immer derartig verteilt seien.

„Nein, die war sehr plump“, meint sie abfällig.

Ich widerspreche vorsichtig und beteure frauensolidarisch: „Nein, plump fand ich sie nicht, aber sie hatte schon eine sehr inaktive Rolle.“

„Nein, die war plump“, beharrt Darezan. „Im übrigen, in der kleinen Kirche war nicht viel Platz zum Tanz, sonst gibt es bei den traditionellen Tänzen mehr Frauen, schöne, schlanke, und dann wirbelt es los. Das solltest du mal sehen!“

Darezan

Sie ist achtundzwanzig Jahre alt, etwa 1,70 m groß, ihre braunen Augen sind stets schwarz umrandet, die Wimpern und Augenlider geschminkt.

Darezan sagt von sich selbst, sie sei zu dick und müsse unbedingt abnehmen. Sie hat kurze wellige Haare und trägt immer hübsche Kleider, die die schmale Taille betonen und die Hüften umspielen.

Unser Abschiedsgespräch, das, wo nur sie selbst Thema ist und ich ihr sage: „Komm, erzähl nun mal etwas über dich, du weißt doch, ich brauche ein paar Frauenporträts“, findet in glühender Hitze statt, auf dem Mäuerchen vor dem Hotel, wo sonst nur Männer sitzen. Es ist ein wirkliches Abschiedsgespräch, und wir sind traurig. Darezan will heute nacht mit ihrer Schwester in Urlaub fahren, weiß aber immer noch nicht, ob es klappt. Aber noch ist Morgen, Darezan trägt einen Stapel „BURDA“ unterm Arm. Sie will sich von ihrer Freundin Kleider nähen lassen. Mit Bändern an den Schultern, erklärt sie, das könne ihre Mutter nicht nähen. Abends wird sie dann noch einmal kurz ins Hotel kommen, abgekämpft, traurig, die Schwester dürfe nun doch nicht fort von der Arbeit, sie müsse erst einmal allein fahren, die Schwester komme dann hinterher.

Aber es soll niemand denken, so ein Protokoll ihrer Worte gebe wirklich ein Bild von Darezan. Sie weiß doch, daß ich aufschreiben werde, was sie sagt, und ich kann auch nicht ihr Lachen schreiben, nicht die schwarzen Augen, die im Wettstreit mit den von den Ohren baumelnden Steinen funkeln. Wenn sie von sich spricht, erzählt sie nicht, wie sie aussieht, wenn sie im Majakowski-Museum lachend vor einigen lebensgroßen Bildern Majakowskis – mit Hut, ohne Hut, mit offenem Hemd, mit ausholenden Gesten – stehen bleibt, den Schalk im Nacken: „Wie Celentano sieht der ja aus! Wahrhaftig, wie Adriano Celentano!“

Im Restaurant auf dem Berg, als plötzlich italienische Musik gespielt wurde, begann Darezan im Takt zu flirren. Sie spricht italienisch, und ihre ganze Sehnsucht ist es, einmal nach Italien zu fahren.

Während unseres Gesprächs frage ich sie einmal, ob sie eine Freundin habe, die sie lange Strecken ihres Lebens begleitet habe. Wir sprechen englisch, sie mißversteht mich, denkt, ich frage nach einem männlichen „friend“. „Das ist sehr privat“, sagt sie, „darüber möchte ich nicht offen mit dir reden, es ist so, weißt du, da gab es so was, aber das ist eben sehr privat, ich war schon einmal verliebt, ja, aber die Liebe ist eben irgendwie vorübergegangen. Ich bin nun auch etwas enttäuscht.“ Sie mag nicht gern über diesen Bereich ihrer Vergangenheit reden, und ich verstehe sie, schließlich schreibe ich ja mit. Trotzdem bemüht sie sich sehr, mich nicht zu kränken, will mir helfen bei meiner Aufgabe, etwas über die Frauen hier zu erfahren, will offen zu mir sein. Beim Thema Zukunft fällt es ihr leichter.

„Ich möchte gern heiraten und Kinder bekommen. Und ich werde es auch.“

Scherzhaft frage ich sie, ob sie schon einen in Aussicht habe. Wieder wird sie geheimnisvoll, undeutlich, ach, ja, da ist einer, aber da ist noch nicht die Rede von Heirat.

„Wie müßte er denn sein, der Mann, den du heiraten willst?“

Das weiß sie genau: groß, nicht zu groß, aber groß, dunkelbraune Haare, graubraune Augen, gute Arbeit müßte er haben, studiert sein. „Ja, ich glaube, einen körperlich arbeitenden will ich nicht". Eine Wohnung sollte er besitzen und ein Auto. Sie liebt es, selbst am Steuer zu sitzen, hat einen Führerschein, etwas, was hier wohl noch nicht selbstverständlich für Frauen ist. Ich lache sie aus, mit solchen Vorstellungen bekommst du nie einen Mann. Sie nickt bedeutungsvoll: „Doch, doch, auf so was muß man achten, wenn man heiratet, schließlich soll es doch auch dauern."

Nun lasse ich sie erzählen:

„Vor einem Jahr ist meine Großmutter gestorben, das war sehr schwer für mich, die habe ich sehr geliebt. Meine Mutti arbeitete nur einige Jahre, als sie jung war. Seit wir geboren sind nicht mehr. Sie ist immer krank, leberkrank. Letztes Jahr hatte sie eine Operation, das war gefährlich, sehr gefährlich. Mein Vater würde sie jetzt gar nicht mehr arbeiten lassen, denn er sorgt sich sehr um sie. Mein Vater ist Dozent am technischen Institut.

Meine Schwester ist sechsundzwanzig Jahre alt, sie ist schlank und schön, im Gegensatz zu mir. Sie ist blond. Es ist etwas Besonderes hier, wenn eine Frau blond ist.

Meine Hobbies sind Schwimmen, Musik. Jeden zweiten Tag gehe ich schwimmen. Klavier spiele ich seit der Schule. Zu Hause hab' ich ein Klavier, ich spiele auch Gitarre und singe dazu. Ich habe eine hübsche Stimme. Schon in der Schule liebte ich es, mitzusingen.

Wir hatten auch eine Theatergruppe. ‚My fair Lady' haben wir aufgeführt, ich war Mrs. Higgins. Ob ich daran gedacht habe, diese Talente weiterzuentwickeln? Ach, nein, ich spiele Klavier und Gitarre und singe dazu, bei Festen, mit Freunden, allein, das reicht mir.

In die Schule bin ich nicht gern gegangen, ich war sehr frech, mußt du wissen. Ich hab' mich nur um Jungen gekümmert, um Freunde, hatte gar keine Lust zu arbeiten. Im Fremdspracheninstitut wurde das dann anders. Ich hatte dort zwar immer noch viele Freundinnen und Freunde, aber ich hab' immer in allen Fächern mit guten Noten abgeschlossen. Jetzt mache ich meinen Doktor. Thema: Einfluß Hemingways auf die georgische Literatur.

Oh, da gibt es wichtige Einflüsse, Hemingway ist sehr beliebt und bekannt bei uns. Wann ich daran arbeite? Abends. Oder am Wochenende. In bestimmten Abständen fahre ich dann nach Moskau, für einen Monat oder so, und lege dort meine Zwischenexamina ab. Moskau habe ich mir ausgesucht. Bei uns stellst du einen Antrag zu promovieren und gibst dabei auch die Universität an, wo du das gerne möchtest. Nach einem halben Jahr habe ich dann den Professor und mein Thema gewählt.

Finanzielle Verluste habe ich nicht durch das Studium. Den Monat bekomme ich bezahlt, das ist kein Problem. Ich habe auch Vergünstigungen, zum Beispiel darf ich im Sommer Urlaub machen, was ja nicht jeder kann. Das ist ein Vorrecht aller Fernstudenten.

Für Politik interessiere ich mich nicht sonderlich. Siehst du, bei uns geht alles seinen Gang.

Natürlich lese ich täglich Zeitung, informiert will ich schon sein darüber, was auf der Welt geschieht und bei uns, aber aktiv werden, nach der Arbeit noch irgendwelche gewerkschaftlichen Verantwortungen übernehmen, also, dazu habe ich keine Lust.

Ich bin sehr lebenslustig, das ist so mein Charakter. Nach der Arbeit gehe ich mit Freunden ins Kino oder zum Tanzen, oder wir treffen uns bei dem einen oder andern, abwechselnd. Ich reise schrecklich gern, und, ja, ich esse und trinke mit großem Vergnügen. Deshalb bin ich auch zu dick."

Schafskäse, alte Sitten und neue Menschen

Am Samstag sind wir bei Ann Bolotashvili eingeladen, der Direktorin einer Druckerei. Auf dem Wege zu ihr besichtigen wir die Sweti-Zchoweli-Kathedrale aus dem 11. Jahrhundert in Mzcheta, der ehemaligen grusinischen Hauptstadt. Mzcheta sei die allerälteste Ortschaft der Erde, lese ich später in einem Buch über Georgien. Schon vor fünftausend Jahren soll es hier eine „dichte und kriegerische Bevölkerung" gegeben haben. Bei der Besichtigung der Kathedrale erläutert Irina wiederum alle historischen Einzelheiten, Darezan hingegen fordert uns mit einem geheimnisvollen Blick auf, uns hundert Meter von der Kirche zu entfernen. Alexander solle sich in eine Mauereinbuchtung stellen und flüstern. „Ihr werdet sehen", ruft sie vergnügt, „was hier geflüstert wird, ist weithin hörbar." Wir drei bemühen uns sehr. Nichts geschieht. Kein Flüstern dringt zu Irina und mir, die wir angestrengt lauschen. Darezan will sich kaputtlachen, als wir, unsicher, inwieweit das Mißlingen unseres Unterfangens von nicht vorhergesehenem Fehlverhalten unsererseits abhängig war, zu ihr zurückkehren. Wir beginnen, sie zu durchschauen. „Du . . .“, drohen wir, „hast du uns etwa an der Nase herumgeführt?“ Sie schüttet sich aus vor Lachen. „Endlich hab' ich es weitergegeben, das hat man mit mir hier auch schon gemacht.“

Vor der Kirche trifft eine Hochzeitsgesellschaft ein. Ich bitte, fotografieren zu dürfen. Mit andächtigen Gesichtern, eingehakt, sie hat ihm den Kopf leicht seitlich entgegengeneigt, blicken sie in die Linse des Fotoapparats: ein schönes Paar in klassischer Hochzeitsfotopose. Sie ist sehr jung, sieht ein bißchen wie Schneewittchen aus, mit langem dunklen Haar, das sich abhebt vom Weiß des zarten Schleiers. Weiß wie Schnee, schwarz wie Ebenholz. Weiß, das Keuschheitssymbol. Sowjetische Bräute tragen es in allen Variationen von Stoff und Schnitt, mit Florentinerhut oder zwei Meter langem Schleier, mit Krönchen oder Blumenkranz. Sie werden mir häufig begegnen — heiratslustig scheinen die jungen Sowjetmenschen zu sein. Die Bräute tragen lange Kleider, die Autos sind mit weißen Bändern geschmückt, auf dem Kühler ist eine große Babypuppe festgezurrt, so fahren sie im langen Autokonvoi. Und die Männer: nichts von Jeans und Turnschuhen, schwarze Anzüge tragen sie, Fracks, Smokings, ich kenne mich nicht so aus in den Herrenbekleidungsfeinheiten, immer aber ähneln sie Oberkellnern vom Hilton, feierlich und sehr schwarzweiß. Dieses junge Paar besucht die Kirche und entzündet einige Kerzen. Irina erklärt mir: Die Hochzeitszeremonien finden auf dem Standesamt statt. Von außen werde ich einige Hochzeitspaläste sehen, hineinzugehen schaffen wir nie, obwohl wir es uns immer wieder vornehmen. Ich höre aber, daß es in diesen Gebäuden sehr festlich und erhaben sei, Palast eben. Vielleicht vergessen wir es aber auch nicht nur, vielleicht lenke ich unbewußt dies Vergessen, unzweifelhaft ist: Ich beharre nicht darauf, einen solchen Palast kennenzulernen. Ich empfinde Unbehagen diesen überdimensionalen Hochzeitsfreuden gegenüber, trotz meiner ästhetischen Freude an den schönen Brautpaaren und dem lustigen Bild der Puppe auf dem Auto. Vielleicht bin ich nur neidisch? Wer kennt schon die tiefen Quellen seiner Gefühle, wer weiß genau darüber Bescheid, in welchem geheimnisvollen Kämmerchen der Seele die Saite gezupft wird, wenn ein Mißklang ertönt? Meine Hochzeit zumindest war eine eher etwas ironische Angelegenheit, werde ich später einmal erzählen und mich gegen das Mitgefühl in den Augen der Zuhörer wehren.

Warum soll ausgerechnet mein Trotz ohne den Nachgeschmack bleiben, der zum Trotz nun einmal gehört?

Wir befinden uns auf der großen Heerstraße. „Ich habe die Georgische Heerstraße erlebt", schrieb Tschechow. „Das ist keine Straße, sondern Poesie, eine wunderbare, phantastische Erzählung."

So gelangen wir von Mzcheta nach Gori. Von hier aus sehe ich die kaukasischen Bergketten aus der Nähe. Die Paßstraße diente dem Handel über die Berge hinweg, aber sie konnte auch von Feinden zum Vorstoß auf Georgien und Armenien benutzt werden. Zum Schutz dagegen wurden Festungen über die Straße gesetzt, Wachtürme in langer Kette erbaut. Die Landschaft um Mzcheta ist eher lieblich: Obstgärten, an den Straßenrändern liegen Melonenberge, Obst aller Arten wird hier verkauft. Kühe trotten neben der Straße her, der Fahrer, heute Levan Sioridzes, des schönen Alten Sohn, verlangsamt die Geschwindigkeit, immer muß er damit rechnen, daß ihm eine Kuh in die Quere kommt. Frauen tragen Kopftücher, kleine Häuser bemerke ich, mit üppig bewachsenen Vorgärten, Wein allerorten, in den Gärten und auf den Feldern.

Warum ich das erzähle, wo doch mein Thema ist: die Frauen? Ich hatte es nicht vor, streifte die Geschichte, die Landschaft, die Umgebung der Menschen anfangs eher beiläufigen Blicks, bis ich darauf angesprochen wurde. Aufmerksam sind die Menschen hier, und ihnen entgeht so schnell nichts. „Wie willst du uns verstehen", drängt Irina, „wenn du nicht genau hinsiehst, woher wir stammen, die Geschichte ist doch Teil des Menschen, wie willst du uns charakterisieren, wenn du nicht genau beobachtest, wo wir leben? Die Sowjetunion ist ein so riesiges Gebiet, die Gesetze, die den Frauen die gleichen Rechte garantieren, ihre sozialen Absicherungen, die sind überall gleich, die Unterschiede, die ergeben sich aus der Geschichte, den Traditionen, der unterschiedlichen Landschaft, die doch die Produktionsweise auch bestimmen."

Und darum auch dies noch: In den Kaukasus, das wildeste unter den damals bekannten Gebirgen, versetzte der griechische Mythos den frechen Prometheus. Üppig wuchern die Legenden in dieser Gegend: die riesigen Findlinge im Flußbett, die das Gelächter eines mythischen Riesen von den Bergen löste und herunterstürzen ließ, die Flüsse, die aus den Tränen unglücklicher Liebender entstanden, die Berge, in deren Konturen man versteinerte Bösewichter erkennt – alles Versuche, der Natur auf die Schliche zu kommen, der rätselhaften, der gegenüber sich der Mensch oft ohnmächtig und ausgeliefert fühlte.

Die Direktorin der Druckerei wohnt nah bei Gori, ruhig ist es hier, ländliche Dorfidylle, Hühner gackern. Sie keltern den Wein selbst, der in ihrem Garten wächst, wird uns anschließend gesagt, deshalb wird er auch so besonders bekömmlich sein. Zu unserer Tafelrunde gehören: Ramaz, der zum Tamada gewählt wird, Elgudja Magradze, der Vorsitzender des Verlagskomitees und ein bekannter georgischer Schriftsteller ist, Irina, Darezan und Alexander. Die Direktorin begrüßt uns freundlich. Sie paßt mit ihrem breiten, gutmütigen Gesicht unter den kurzen roten Haaren gut in diese bäuerliche Umgebung, ebenso ihr Mann. Beide sind rund, stämmig, sein Gesicht verrät Freude am guten Essen, mit seinen tätowierten Händen ist er keine Ausnahme unter den Männern, die mir hier begegnen, auffälliger noch später im tiefen Orient. Auch die drei Fahrer gehören zur Tischrunde, außerdem der Schwiegersohn der Gastgeber. Ihre Tochter wird uns bedienen, sie setzt sich erst am Schluß zu uns.

Die Tochter, jungverheiratet, wie uns erzählt wird, würde ich für ein junges Mädchen halten, begegnete sie mir auf der Straße. In ihrem blassen Kindergesicht strahlen braune Knopfaugen, kajalumrandet, wie bei den Frauen hier üblich, ihr runder Kirschmund vollendet das Bild eines vertrauenvollen Kindes. Sie bringt ihr Baby in die Stube. Acht Monate ist das Alter, das wir Fremdelalter nennen, weil Kinder dann meistens weinen, wenn Fremde ihnen zu nahe kommen. Dieses Kind fremdelt nicht. Es scheint üblich zu sein, daß die Babys Mittelpunkt sind. Wie ein Geschenk wird es gebracht, alle wenden sich ihm zu, spielen, kitzeln, kosen, küssen, dann trägt die Mutter es wieder fort.

Die junge Frau trägt auf, Gericht auf Gericht füllt den großen Tisch in der Mitte der Stube. Offen kann ich von meinem Platz aus ins Schlafzimmer blicken, auch dort, wie in diesem

Zimmer, Seidentapeten mit locker verteiltem goldenen Muster. Überall Gardinen, schwere Vorhänge, die beiseitegezogen sind zwischen Wohnzimmer und Schlafzimmer, in dessen Mitte ein breites Doppelbett steht. Mir scheint, der Tisch müsse zusammenbrechen, irgendwann zwischendurch einmal zähle ich verstohlen, fünfundzwanzig Teller haben sich angesammelt: Salate in Variationen, Kaviar, Fisch in unterschiedlichen Zubereitungen, gefüllte Paprikaschoten, unterschiedlich zubereitete Auberginen, Schafskäse aus West- und Ostgrusinien.

Aber immer noch kommen neue Platten hinzu. Hammelfleisch, Hühnerfleisch, die Tochter stapelt bald übereinander, das Fladenbrot wird gut ausgebreitet, damit die folgenden Gerichte nicht umkippen. Keine Frau bedient einen Mann, eher füllen die Männer den Frauen die Teller, jeder nimmt mit seiner Gabel von dem, was gewünscht wird. Auch hier wieder die Teller voll mit Kräutern am Stiel, immer wieder die kleinen Aufmerksamkeiten der Männer: Wein nachschenken, fragen, ob Mineralwasser oder Saft gewünscht wird, Kräuter reichen, einfach nur einmal einen besorgten Blick in die Runde werfen. Es geht ungezwungen zu, dieses festliche Essen, ich fühle mich entspannt, muß nicht ängstlich gucken, ob ich auch richtig die Bestecke handhabe, keine steifen Sitten herrschen hier.

Ramaz, als Tamada, spricht einen Toast auf eine Person, es wird getrunken, der Reihe nach schließen sich alle am Tisch mit einigen Worten an, wieder wird jeweils getrunken. Erst sprechen die Männer, zumeist wenigstens, dann die Frauen. Ich dürfte auch die Reihenfolge sprengen, ich bin Gast. Aber es fällt mir gar nicht so leicht, mich der Sitte anzupassen. Etwas beklommen vor soviel Gastfreundlichkeit sage ich auf Alexanders Wink hin – er entwickelt sich zu meinem Zeremonienmeister und bedeutet mir, nun sei der Gast an der Reihe – meinen Toast auf die Gastfreundschaft und bedanke mich. Im Laufe der Zeit aber werde ich hineingezogen in den Sog gegenseitiger Freundlichkeiten, offen vor aller Augen ausgesprochen, und ich denke insgeheim, daß dies eine Art Gruppentherapie sein könnte: Gefühle auszudrücken für einen anderen, nicht zu lügen, aber nachzudenken darüber, durch welche Liebenswürdigkeiten der andere sich auszeichnet. Die Gastgeberin, die auf mich immer mehr den Eindruck einer gutmütigen, aber energischen Bäuerin macht, sitzt selbstbewußt und fröhlich zwischen den Männern, trinkt Brüderschaft mit Alexander, fordert uns junge Frauen auf, mehr zu trinken. „Als ich so jung war wie ihr, habe ich nur getrunken“, sagt sie aufmunternd.

Ihr hatte Ramaz den ersten Toast gewidmet: „Es gibt nicht viele Orte bei uns, wo eine Frau Vorgesetzte ihres Mannes ist, aber bei euch ist es so. Da du außerdem eine sehr gute Mutter bist, gute Hausfrau, gute Frau und zu Hause der Mann der Vorgesetzte ist, führt ihr eine glückliche Ehe.“

Ich glaube Ramaz nicht, je länger ich sie beobachte: Hier zu Hause gibt es entweder keinen, der Vorgesetzter ist, oder aber es ist nicht der Mann. Natürlich drücken die Toasts auch immer etwas aus über den, der sie spricht.

Ich halte mich nah an Irina, lasse mir von ihr alles übersetzen, frage sie, was ich tun muß und darf. Alexander ist eben ein Mann, und wenn er mir einen Hinweis darauf gibt, wie sich ein höflicher Gast verhält, reagiere ich empfindlich, fühle mich leicht gemaßregelt, bewege mich wie auf Glatteis. An Irina anlehnen gibt Halt, und ich frage sie zwischendurch einmal flüsternd: „Wie soll ich bloß diese lange Reise allein mit einem Mann durchstehen?“ „Na, so wie du bist“, meint sie, kann meine Überempfindlichkeit zwar verstehen, rät mir aber, sie abzulegen, ganz natürlich zu sein, mich so zu verhalten, wie ich mich fühle. Ich werde ihrem Ratschlag folgen, und, siehe da, Alexanders und meine Zusammenarbeit wird besser klappen, kameradschaftlicher.

Mit Irina und Darezan lache ich viel während dieses Essens. Wir sprechen über Mode, über Männer, über unsere Zukunft, und da ist keine Barriere. Wir sprechen auch über die anwesenden Männer und kichern, genießen, daß uns keiner verstehen kann. Ich bin zunehmend davon bezaubert, wie sich die Toasts entwickeln. Auch im Hinblick auf meine Person. Betrafen sie in den ersten Tagen noch meine Aufgabe, den Frieden, die Freude über den Gast, die Liebe an sich und überhaupt, so gehen sie nun konkreter auf mich ein, sagen mir zum Beispiel, daß ich ein schönes Lächeln habe, alle trinken auf mein Lächeln – o je, ich spüre, wie mir Verlegenheitsröte hochsteigt. Aber danach lebe ich bewußt mit meinem Lächeln, empfinde es wie eigentlich noch nie – allerdings auch das innere, ironische, über mich selbst.

Elgudja Magradze, der Schriftsteller, erzählt, er habe die Forsythe-Saga ins Grusinische übersetzt und kenne Henry Miller und dessen Frau. Die nach Marylin Monroe. Beide hätten Tbilissi besucht, und er habe ihnen die Universität zeigen wollen. „Unser ganzer Stolz, die Universität“, wirft Irina ein. Miller sei zu uninteressiert gewesen, um auch nur einen Schritt aus dem Auto zu tun. Als jedoch Millers Frau mit ihm mitging, eilte Miller hinterher. „Damals war ich allerdings erst vierzig“, fügt er hinzu. Er ist es, der beim Toast auf mein Buch über die sowjetischen Frauen Bedenken anmeldet: Er wünsche mir zwar Glück, könne sich allerdings auch nicht vorstellen, wie mir diese Aufgabe gelingen solle. Ich bin schon etwas betrunken, erwidere nur lachend: „Ich auch nicht!“ Später, im Hotelzimmer, wird der Stachel aber unter der Haut sitzen, und ich grüble eine Weile unnütz herum, bis ich mich entschließe, endgültig damit aufzuhören. „Meine Aufgabe ist, Fragen zu stellen, die Augen offen zu halten, alles andere ist euch selbst überlassen!“ lautet meine verspätete Antwort auf seine Zweifel. Er hört sie nicht mehr, aber ich. Und das ist mir viel wichtiger.

Der Tamada läßt sich drei Gläser auf einmal füllen, leert sie mit einem Toast auf die drei Fahrer, die am Tisch sitzen und keinen Alkohol trinken dürfen. In der Sowjetunion herrscht Alkoholverbot für Autofahrer. Der Schriftsteller schließt sich mit einem persönlichen Toast, insbesondere auf seinen Fahrer, an: Er fahre ihn mittlerweile viele Jahre, und sie seien Freunde geworden. Er sei ein guter Arbeiter, guter Ehemann, und schon bald werde er nun Großvater. Alle Männer leeren der Reihe nach mit einem Toast drei Gläser, wir Frauen werden von dieser schweren Aufgabe verschont. Der Schriftsteller erzählt, zu mir gewandt, er möge Deutschland gern, dort respektierten die Menschen gewisse Regeln, im Gegensatz zur USA, wo nichts mehr eingehalten und alles auf den Kopf gestellt werde. Auch Henry Miller könne er nicht gut leiden, dem sei nichts lieb und wert, wie solle man so einen mögen!

Als wir uns verabschieden, kläfft draußen vor dem Haus ein Hund in einem Zwinger. Irina trägt das Baby hin, das uns auch mit hinausbegleiten soll. Der Hund springt am Gitter hoch, kläfft Irina und das Kind laut an. Das Baby lacht, möchte hinein in den Käfig, mit dem Hund spielen. Ich nehme ganz intensiv den Frieden hier wahr, das Leben ist eingebettet in Geschichte, Natur, Traditionen, gegenseitige Freundlichkeiten. Von harter Arbeit, die es hier sicher auch gibt, habe ich bisher nichts erlebt. Mir kommt es bei diesen, bei all ihrem Temperament doch auch sehr gelassenen und in sich ruhenden Menschen so vor, als ob der kläffende Kapitalismus Neugier wecke wie der Hund bei dem Kind, aber keine Angst. „Kriegsgefahr", lächelt Irina auf meine Frage, „ach, das kann doch nicht sein, wer kann denn Krieg wollen, und gegen wen denn?" „Na, gegen euch zum Beispiel, um euer Land zu zerstören, um den Sozialismus zu vernichten." Ungläubige Augen, Lachen. „Aber warum, wir wollen doch mit allen gut Freund sein!" Gut Freund sein wollen, das ist es, was ich hier erlebe. Und es gilt mir als Deutscher. Meine Heimat wird manchmal mehr gelobt, als mir lieb ist, jeder trägt seinen Teil dazu bei, wenn es gilt, Positives über die Deutschen zu sagen, und das hört nicht auf bei Goethe und Heine, den Allbekannten.

Beim Abschied gibt mir die Hausfrau eine große Plastiktüte mit. Zu Hause – oh, pardon: im Hotel – wird nun unter der Rosenfülle Fladenbrot liegen, Schafskäse, Pfirsiche, Birnen, Äpfel. Auf der Rückfahrt im Kleinbus kümmert sich unsere fröhliche Gesellschaft wenig um die herrliche Landschaft mit den grünen Hügeln in naher Ferne, den weiten Weinfeldern, den Obstbäumen, kleinen Häusern, den Kindern davor und den hohen Walnuß- und Kastanienbäumen. Ich benutze die Gelegenheit, den Schriftsteller ‚auszufragen'.

Mich interessiert die Hauptthematik der georgischen Literatur. „Na, doch die Liebe, wie überall", antwortet er. „Das ist das Thema von Frauen und Männern." Im Schriftstellerverband gebe es zirka fünfundzwanzig Prozent Frauen, fünf bis sechs davon seien sehr bekannt. Auch ihr Thema sei die Liebe.

„Was unterscheidet denn die Literatur von Männern und Frauen?"

„Die Männer schreiben offener, expressiver, verschweigen nichts. Frauen sind verhaltener in der Beschreibung der Beziehung zwischen Mann und Frau, ihre Stärke liegt mehr in der Sichtbarmachung ihres inneren Lebens."

Ich setze meinen eigenen Anspruch dagegen, auch für die weibliche Sexualität in meiner Literatur eine offene Sprache zu finden, sage, die Sexualität wäre es doch, die den Frauen jahrhundertelang als nicht zu ihrem Wesen gehörig abgesprochen wurde. „Ich nenne das Raub, und unsere Aufgabe ist es, uns das Geraubte zurückzuerobern.“ Neugierige Blicke von Irina und Darezan, der Schriftsteller lächelt leicht amüsiert, sie widersprechen nicht, stellen keine Fragen.

Ich erkundige mich nach seinen Anfängen als Schriftsteller.

„Mein erstes Werk wurde 1921 veröffentlicht. Ich schreibe historische Romane, mache Übersetzungen ins Russische, die Auflagen meiner Werke sind hoch und völlig vergriffen. Meine Themen sind immer Folgen der einschneidensten Erlebnisse in meinem Leben gewesen. Ich suche dafür dann historische Analogien.“

„Gehen Sie auch in Fabriken, um dort zeitweilig die Arbeit kennenzulernen oder als Gast Lesungen abzuhalten?“

Ein entschiedenes ‚Nein‘ ist die Antwort. „Ich bin Schriftsteller und kein Vorleser. Die Arbeiter lesen das schon selbst. Und viele. Und sehr interessiert. Es gibt Autoren, die in die Fabriken gehen und dort lesen, ich nicht.“

Er hat zwei Kinder, sein Sohn ist Journalist, dichtet auch. „Er macht wunderschöne Gedichte“, schwärmt Darezan. Seine Tochter arbeitet als Buchhändlerin, bemüht sich, auch zu dichten, ist aber schwächer als der Sohn. Ich frage ironisch: „Weil sie eine Frau ist?“ „Nein, nicht unbedingt.“ Er begründet es damit, daß sein Sohn wahrscheinlich mehr Talent besitze und auch in seinem Beruf freier über seine Zeit verfügen könne. „Das ist wichtig für einen Dichter.“ „Arbeitet Ihre Frau auch?“ Ich weiß schon, es ist eine müßige Frage, doch immer wieder stelle ich sie. „Natürlich. Sie ist auch Journalistin.“ „Stört es Sie nicht, eine intelligente Frau zu haben, die einen Beruf ausübt, der sie selbständig macht?“ Er schmunzelt: „Nein. Warum? Wenn sie intelligenter wäre als ich, dann schon. Aber ich bin besser.“

Er schwärmt von Frankfurt, besuchte diese Stadt zur Buchmesse 1980. Ich zeige meine Skepsis. „Wir haben dort einen Millionär kennengelernt“, erzählt er, „einen Verleger aus München, der hat uns sehr gastfreundlich empfangen und bewirtet.“ Ich erwidere, das könne mich nicht beeindrucken, der werde auch genug Geld gehabt haben, um sie fürstlich zu bewirten, das sage noch nichts über ihn als Menschen aus. Elgudja Magradze läßt sich auf keine Diskussion ein, beharrt nur darauf, daß der ein sehr kultivierter Mensch gewesen sei. Ich vermute, sie würden nie etwas Schlechtes über jemanden sagen, der ihnen freundlich entgegengetreten ist. Über die Stadt Frankfurt geraten wir in eine Diskussion, in der keiner den anderen zu überzeugen vermag. Ich lehne Frankfurt als kalte, furchtbar amerikanisierte Stadt ab, erzähle von einem Erlebnis mit einer Freundin in einer Kneipe, das von widerlichster Frauenfeindlichkeit geprägt war und uns furchtsam zurückließ.

Er hält dem entgegen, ihm sei dort nie Schlimmes passiert, dabei spazierte er dort sogar nachts noch allein über die Straßen. Er erinnert sich noch genau an den Namen seines Hotels, der Straße, in der es sich befand, der nahegelegenen Plätze. „Nein, in Frankfurt war ich sehr gern. Deutschland ist ein schönes Land."

Stegreifgespräche in einer Druckerei

An unserem letzten Tag in Tbilissi findet aus dem Stegreif heraus ein Gespräch mit Frauen in einer Druckerei statt. Zeremoniell ist der Empfang nicht. Wir sind nicht angekündigt. Wahllos werden einige Frauen herausgepickt, wir sitzen in einem kleinen Zimmer, während des Gesprächs finden sich noch mehr Frauen und auch Männer ein, stehen herum, der Boden vibriert vom Dröhnen der Maschinen. In dieser Halle werden die einzelnen Seiten zu einem Buch zusammengefügt. Hier arbeiten zu neunundneunzig Prozent Frauen.

Eine kleine, schmale, ältere Frau im Kittel erzählt, sie mache diese Arbeit schon seit dreiundzwanzig Jahren. Angesichts des Lärms und der Vibration des Bodens frage ich, ob sie nicht gesundheitliche Schäden fürchte, ob diese Arbeit nicht sehr anstrengend sei.

„Nein, ich habe mich daran gewöhnt, merke den Lärm gar nicht mehr", gibt sie zur Antwort. Sie ist sehr zurückhaltend, antwortet kurz.

Ihre Ausbildung? Sie habe nach der Schule eine zweijährige technische Zusatzausbildung erhalten, deshalb sei ihr Lohn auch höher als der der Männer in ihrer Abteilung, die nicht eine derartig qualifizierte Ausbildung besäßen.

„Ist es wirklich so, daß sie den gleichen Lohn für die gleiche Arbeit wie Männer erhalten? Oder gibt es irgendwelche Tricks, die schließlich dazu führen, daß die Männer doch wieder mehr verdienen?"

„Nein." Meine Frage ruft großes Erstaunen auch in den Augen der anderen Frauen hervor, die dennoch höflich und zurückhaltend bleiben. „Nein, selbstverständlich werden Frauen und Männer nach der Arbeit bezahlt, selbstverständlich verdienen Frauen mit meiner Qualifikation mehr Geld als weniger qualifizierte Männer und gleichviel wie solche mit gleicher Qualifikation."

„Wie sieht Ihr Tagesablauf in der Druckerei aus?"

„Wir arbeiten von 7.45 bis 16.45 Uhr, mittags haben wir eine Stunde Pause, also von 12 bis 13 Uhr. Morgens, vor der Arbeit, werden gymnastische Übungen durchgeführt. Wenn einer einmal rauchen oder etwas trinken will, entfernt er sich zwischendurch ein- oder zweimal von der Arbeit."

Als ich sie nach ihren persönlichen Lebensverhältnissen frage, kommen die Antworten stockend, abgehackt – gern spricht sie nicht über sich selbst. „Ich bin dreiundvierzig Jahre alt, habe keine Kinder. Das liegt auch daran, daß ich erst spät geheiratet habe, vor fünf Jahren erst. Mein Mann ist Ökonom. Ich wohne in einem Haus gegenüber der Fabrik, das ist sehr günstig. So gehe ich in der Mittagspause nach Hause und esse dort. Früher habe ich das Mittagessen in der Kantine eingenommen, aber so finde ich es erholsamer. Das Haus ist von der Fabrik für die Arbeiter gebaut worden. Ich bewohne dort mit meinem Mann eine Ein-Zimmer-Wohnung, die uns kostenlos zur Verfügung gestellt wurde." Kostenlos, erfahre ich später, bedeutet nicht, daß nicht monatlich ein geringer Betrag an Miete gezahlt werden muß. Für einige Wohnungen, die damit auf Lebenszeit erworben werden, muß ein bestimmter Anfangsbetrag entrichtet werden.

„Wer fällt die Entscheidung über die Verteilung der Wohnungen in diesem Wohnhaus?" „Das Komitee, der Direktor, die Gewerkschaften", ist die Antwort. „Es richtet sich nach der sozialen Bedürftigkeit der Antragsteller."

„Wie ist die Belastung durch die Hausarbeit?"

„Es gibt viele Hilfen. Die Wäschereien kosten so wenig, daß jeder seine Wäsche weggeben kann. Ich gebe meine große Wäsche immer dorthin und bekomme sie schrankfertig zurück. Wenn ich keine Lust zum Kochen habe, kann ich ohne weiteres in der Kantine essen."

Eine andere Arbeiterin, groß, schlank, dunkelhaarig, mit einer kessen kurzen Frisur, sieht jünger aus, als sie ist, nämlich fünfundzwanzig. Auch hier wieder kurze Antworten, von schüchternem Lächeln begleitet. Sie ist nicht verheiratet.

„Wollen Sie einmal Kinder bekommen?"

„Sicher."

„Werden Sie dann weiterarbeiten?"

„Natürlich."

Sie kommt vom Land, lebt allein in einem Wohnheim der Fabrik. „War es nicht schwierig, als junge Frau vom Land in die Großstadt zu ziehen?"

„Nein, da gab es keine Probleme. Ich habe Verwandte in Tbilissi, zuerst habe ich bei denen gelebt."

„Was arbeiten Sie?" Irina übersetzt: operator on machine. Ich kann mir darunter nichts vorstellen. „Was tun Sie denn dort?"

„Ich passe auf die Maschine auf, pflege sie."

Ihr Gehalt: 210 Rubel im Monat, das gleiche wie ein Mann, der die gleiche Arbeit macht. Hinzu kommen noch Kurscheine für Ferienhäuser und weitere 25 Prozent des Gehalts bei Planerfüllung.

„Abends gehe ich ins Kino, ins Theater, gemeinsam mit Freunden. Außerdem sehe ich leidenschaftlich gern Fußball."

„Spielen Sie auch selbst?"

Alle brechen in tosendes Gelächter aus. Sie lacht mit, antwortet nicht, hält meine Frage wohl für einen gelungenen Witz. Ich wiederhole sie, erläutere, daß bei uns auch Frauenfußballgruppen existieren.

„Frauenfußball? Nein, das ist nichts für Frauen!"

Ich merke, wie ich müde werde. Die Unruhe im Zimmer, immer wieder kommt jemand herein, ein anderer verschwindet wieder, der Lärm, die schüchternen Frauen, die kurzen Antworten, als handle es sich um ein Zeitungsinterview – und ich nehme an, so fühlen sich die Frauen auch: Eine Journalistin aus dem Westen stellt ihnen Fragen, und sie antworten ihr. Das alles macht, daß ich nach einiger Zeit etwas verwirrt in meinem Kopf krame und mir bald nichts mehr einfällt.

Zur Frage nach dem Gehalt fügt Irina später hinzu, sie selbst verdiene einhundertfünfzig Rubel im Monat. Immerhin hat sie ein Universitätsexamen vorzuweisen. Es fällt mir immer wieder auf: Die Arbeiterinnen und Arbeiter hier sind Spitzenverdiener.

Ich wende mich einer neu hinzugekommenen älteren, gemütlich und rund aussehenden Frau zu, an der mir die rot geschminkten Lippen auffallen. Sie ist Buchhalterin, arbeitet nur dreimal die Woche. Sie ist Mutter zweier Kinder, ist hier seit fünf Jahren beschäftigt, insgesamt hat sie schon achtundzwanzig Jahre Berufstätigkeit hinter sich.

Ich möchte gern etwas über die Beziehungen der Frauen zueinander in den Brigaden wissen.

„Nach der Arbeit hört der Kontakt nicht auf. Wir haben viele Feste", erläutert der Direktor. „Am 8. März, 7. November, 1. Mai und so."

„Wie feiern Sie den 8. März?"

„Wir laden ein Orchester ein, es gibt ein Konzert und eine Tafel für die Frauen und Männer, die Männer überreichen den Frauen Geschenke."

Ich frage die Frauen nach den Gründen für ihre Berufstätigkeit. „Arbeiten Sie wegen des Geldes, weil noch kein Mann da ist oder der Mann nicht genug verdient, oder um ein Auto anschaffen zu können?"

Die kleine Arbeiterin denkt nach, formuliert dann langsam: „Ich mag Bücher, Bücher herzustellen macht mir großes Vergnügen, ich will arbeiten, bis ich in Rente gehe."

Die Buchhalterin wirft ein: „Arbeit ist auch wichtig für das Selbstbewußtsein einer Frau."

Ich berichte ihnen von der in der BRD weitverbreiteten Auffassung, eine Frau, besonders eine mit Kindern, solle zu Hause bleiben, nenne die drei K.

Die Frauen lachen nicht. Widersprechen mit ernsten Gesichtern: „Eine Frau sollte nicht zu Hause bleiben. Ein Jahr nach der Geburt, wie es bei uns mit vollem Lohnausgleich möglich ist, das ist schon gut für Mutter und Kind. Und, vielleicht wissen Sie das noch nicht, ab 1. September 1983 wird bei uns ein Gesetz in Kraft treten, das einer Frau ermöglicht, noch ein weiteres Jahr unbezahlt, aber bei Erhalt ihres Arbeitsplatzes, zu Hause zu bleiben. Bisher war das nur vier Monate möglich."

Ich möchte eine Begründung für ihre Auffassung hören, eine Frau solle nicht zu Hause bleiben. Die Frauen schweigen einen Moment betreten, der Direktor beginnt zu sprechen, die Frauen lösen ihn schnell ab.

„Wenn sie nicht arbeitet, wäre es langweilig zu Hause mit der Hausarbeit, da bekommt eine Frau doch keine Anregungen."

Zum Schluß sprechen wir über die Zukunft.

Was soll noch verändert werden?

Die schmale kleine Arbeiterin sagt wie aus der Pistole geschossen: „Wir haben alles, was wir uns wünschen, wir brauchen nur Frieden."

„Und es gibt nichts, was Sie sich wünschen?"

Die junge Frau möchte ihr Abendstudium am Polygraphischen Institut beenden, sie möchte Technologin werden.

Die andere möchte ein Baby bekommen, aber das ist nun auch schon eilig mit dreiundvierzig, sonst möchte sie eins adoptieren.

Ich werde neugierig: „Wie gehen denn Adoptionen bei Ihnen vonstatten?"

„Es gibt Heime, in denen elternlose Kinder leben, dort können Frauen, die kein Kind haben, eins mit nach Hause nehmen."

„Dürfen die wählen?"

„Ja, sie können Alter und Geschlecht wählen."

Sie erzählen mir eine Geschichte von einer Frau, die in ein solches Heim gegangen war, um einen männlichen Säugling mitzunehmen. „Dort kam aber sofort ein kleines, zweijähriges Mädchen auf sie zu, sagte: ‚Mami, Mami, ich möchte, daß du meine Mami wirst.' Heute ist das kleine Mädchen die Adoptivtochter dieser Frau."

Der persönliche Wunsch der Buchhalterin hängt mit ihrer Tochter zusammen, da solle jetzt bald ein Baby kommen.

Es schließt sich noch ein kurzes Gespräch mit dem Direktor an. Im Kombinat stellen die Frauen 75 Prozent der Belegschaft.

„Aber Sie als Mann sind Direktor?"

„In zwei unserer Druckereien sind Frauen die Direktoren."

„Wieviel verdienen Sie?"

„Zweihundertfünfundvierzig Rubel im Monat, hinzu kommt die Prämie: einmal in drei Monaten vierzig Prozent des Gehalts."

Seine Frau ist Arbeiterin in einer anderen Druckerei, Um

schlagnäherin. Er hat eine Tochter und einen Sohn. Die Tochter studierte Deutsch, arbeitet jetzt im Ministerium für Landwirtschaft.

Ich bringe das in der BRD häufig gegen Frauenarbeit genannte Argument vor: Durch Schwangerschaften, Kinderkrankheiten und auch schwächere weibliche Konstitution leide die Produktivität bei Einstellung zu vieler weiblicher Arbeitskräfte. „Was meinen Sie dazu?"

„Die Frauen arbeiten ihren Plan genau wie die Männer. Und wenn die Frauen nach der Geburt eines Kindes ein Jahr zu Hause bleiben, stellen wir eine Ersatzkraft ein. Die Produktivität wird dadurch nicht beeinträchtigt, der Plan wird erfüllt."

„Ist die Arbeitsatmosphäre in irgendeiner Weise besonders dadurch gekennzeichnet, daß so viele Frauen zusammenarbeiten?"

In den Brigaden arbeiten ungefähr fünf bis sechs Frauen zusammen. Er versteht meine Frage nicht richtig, sagt: „Die Frauen haben eine gute Beziehung untereinander."

„Unterscheiden sich die Frauenbrigaden irgendwie von den Männerbrigaden?"

„Drucken ist eine harte Arbeit, das machen immer die Männer. Männer und Frauen sind auch zusammen in den Brigaden, nicht, daß sie denken, wir trennen sie."

Meine Frage nach dem Einfluß weiblicher Arbeitskräfte auf das Betriebsklima versteht er nicht. Offensichtlich resultiert aus der Gleichstellung von Mann und Frau in der Arbeit, daß sie wirklich wie Gleiche arbeiten, daß auf geschlechtsspezifische Unterschiede nicht geachtet wird, mit der einen Ausnahme, die immer betont wird: Frauen dürfen keine körperlich schweren Arbeiten verrichten.

Ich frage, ob die Arbeitsteilung irgendwelche geschlechtsspezifischen Merkmale besitze.

„Manche Berufe befriedigen nur Frauen, nicht die Männer."

„Welche?"

„An der Nähmaschine sitzen, beispielsweise, das ist eine traditionelle Frauenarbeit. Linotypistinnen sind immer Frauen, also die Frauen, die den Text per Maschine tippen."

„Warum soll das Frauen mehr befriedigen?"

„Es sind Arbeiten, die besonders feine Hände erfordern, im

übrigen Geduld, beides haben Frauen stärker. Mechaniker sind meist Männer, das ist eben ein Männerberuf, mit Maschinen umzugehen."

Immer wieder erstaunt mich die Selbstverständlichkeit, mit der solche Auffassungen hier vertreten werden. Da wird auch nicht der geringste Versuch unternommen, mit Worten zu vertuschen, was im Leben Realität ist.

Und da fallen Worte, die bei uns kein Gewerkschafter, der nur das winzigste Problembewußtsein von Frauenarbeit hat, von sich geben würde, selbst wenn er sie noch im Kopf hätte.

„Was halten Sie von der Losung: Frauen in Männerberufe?"

„Bei uns gibt es viele solcher Fälle. Frauen und Männer sind frei bei ihrer Berufswahl, sie sind gesetzlich gleichgestellt, nur Berufe mit harter körperlicher Arbeit sind gesetzlich für Frauen verboten."

Der Chefingenieur mischt sich ein: „Sie haben nach der Arbeitsatmosphäre gefragt. Ich meine, die wird schon vor der Arbeit in der Familie entscheidend vorgeprägt, dort wird Einfluß genommen auf die spätere Berufswahl, auf die Arbeitsdisziplin und so. Bei uns in der Fabrik gibt es richtige Arbeitsdynastien. Auch mein Sohn, zum Beispiel, will einmal hier arbeiten. Meine Tochter besucht gegenwärtig eine Polygraphische Oberschule. Sie soll aber auch als Arbeiterin hier anfangen, um alles besser zu erkennen und um später besser leiten zu können."

men, men, men . . .

Helena hatte mir begeistert von den Menschen in Tbilissi erzählt, von ihrer Gastfreundschaft, besonders aber von den Männern. Dort würde eine Frau sich noch als Frau fühlen können, die Männer auf der Straße zollten ihrer Schönheit jede Ehre, ohne aufdringlich zu werden, ohne daß frau etwas zu befürchten hätte.

Während ich in Moskau bei ihr zu Besuch war, klingelte das Telefon: Ferngespräch aus Tbilissi. Sie hatte dort Freunde während ihres kurzen Aufenthalts gewonnen, nun wurde sie eingeladen, einige Tage am Meer zu verbringen, sich zu erholen. Sie erzählte, daß sie bei einem Spaziergang in Tbilissi von einem Mann angesprochen worden war. Er sagte: „Ihr Interesse an unserer Stadt steht Ihnen in den Augen geschrieben. Ich würde Ihnen gerne dabei helfen, die Stadt kennenzulernen." Sie hatte sich mit ihm verabredet und eine interessante, aufschlußreiche Stadtführung erlebt. Nichts mehr. Keine Annäherungsversuche, keine Plumpheiten. Nur große Freundlichkeit.

Nun mache ich mich also auf den Weg. Das will ich selbst ausprobieren. Bei meinem ersten Spaziergang mit Alexander empfand ich die Blicke der Männer auf den Straßen eher als Belästigung und nicht als Tribut an meine Schönheit.

Gegen sieben Uhr abends verlasse ich das Hotel, sommerlich gekleidet wie die Frauen hier, äußerlich als Fremde nicht erkennbar. Am Hotel flutet rechts und links der Verkehr vorbei, wie auf einer Insel steht es in der Mitte einer achtspurigen, weiträumig angelegten Hauptverkehrsstraße. Männer hocken auf einem kleinen Mauervorsprung, wenden mir gemächlich ihre Augen zu, die Luft ist erfüllt von Auspuffgasen, die Sonne wärmt, als neige sich der Tag noch nicht seinem Ende entgegen. Über die Straße haste ich mit anderen bei Grün, viel Rücksicht ist von den Autofahrern nicht zu erwarten, scheint mir. Ich entdecke aber auch Könner, die selbst bei Rot und trotz des an Rom erinnernden Verkehrs unbeschädigt über die Straße kommen.

Mein Spaziergang führt mich an Obstgeschäften vorbei, in denen frischgepreßter Saft aus Glasbehältern verkauft wird, Konserven entdecke ich in einem anderen Laden, viele Flaschen im nächsten. Nirgends Einkaufsschlangen. Ich biege nach rechts ab, möchte mich von der Hauptstraße entfernen, sehen, wie die Menschen in den kleineren Gassen wohnen. Eine Nebenstraße schlendere ich entlang, bald gibt es schon keinen Bürgersteig mehr, nur noch wenige Autos. In die Luft mischt sich nun schon die Würze der vielen Blumen, die auf den großen Balkonen der alten kleinen Flachdachhäuser wuchern. Später lese ich in einer Reisebeschreibung über Tbilissi, daß hier die Balkone mehr Raum einnehmen als das größte Zimmer der Wohnung. Bäume wachsen am Straßenrand und in den Gärten, rechterhand erhebt sich plötzlich ein Hochhaus. Vor mir rattert ein Eselskarren über die Straße, und ich vergesse neben all diesen exotischen Eindrücken völlig, weshalb ich eigentlich losgezogen bin und merke deshalb wohl auch erst recht spät, daß mir schon seit einer ganzen Weile ein Mann folgt. Schließlich spricht er mich an. „Ich verstehe nicht." Das ist der Satz, den ich auch auf russisch fehlerlos sagen kann. Und: „Ich spreche kein Russisch." Mittlerweile habe ich auch schon einen Ausdruck gelernt, der sich anhört wie das Tuten einer Dampflokomotive: „Tschuut, tschuut." Was bedeutet: ein wenig. Ob er Englisch spreche? „Tschuut, tschuut." Es ist ein schöner Mann, der mir da ins Netz gegangen ist: groß, schlank, wohl Mitte zwanzig, und von diesem griechischen Gesichtsschnitt, der hier zuweilen anzutreffen ist, schwarze, volle Haare und schöne dunkle Augen, die mich schon dahinschmelzen lassen könnten.

Seine erste Frage lautet: „Woher kommen Sie?" Bin ich also doch als Ausländerin erkennbar? Ach, nein, wer sprachunkundig ist, muß aus dem Ausland sein. „Ferge", meine Antwort, die russische Abkürzung für die BRD.

Russisch und englisch radebrechend, gestikulierend und immer wieder durch gemeinsames fröhliches Lachen über unsere Verständigungsschwierigkeiten unterbrochen, erfahre ich, daß er Architekt ist. Er zeigt mir, wo er wohnt: dort hinten in einem Hochhaus. Mein blitzartiger Verdacht: Aha, jetzt kommt's, er wird mich dahin einladen. Nichts da. Langsam steigen wir weiter hügelan, Kinder sehen uns neugierig entgegen, immer noch diese sonderbare Mischung aus alten Flachdachhäusern mit Blumen und Bäumen davor und großen Hochhäusern auf kahlen Plätzen. Allerdings leuchten auch von den Hochhausbalkonen üppig Blumen in den unterschiedlichsten Formen und Farben. Mein Begleiter schlägt mir vor, einen noch schmaleren Weg einzuschlagen, der sich hügelab windet. Wieder mein aufblitzendes Mißtrauen: Wohin will der mich jetzt führen? Irinas und Helenas Beteuerungen hervorkramend: „Kein Mann wird dir hier je etwas tun", folge ich ihm brav, wenn auch etwas zaghaft. Der Pfad mündet in einen breiten Sandweg zwischen Hochhäusern rechts und links. Ich erzähle ihm, daß ich ein Buch über sowjetische Frauen schreibe. Oh, keine Touristin. Daß ich hier arbeite, verstärkt sein Interesse. Ob ich etwa lange bleibe, was ich denn für Erfahrungen sammle, wo ich denn noch hinfahre. Nach einer Weile stelle ich fest, daß ich nur über mich rede, dabei wollte ich doch etwas von den Männern hier erfahren.

Vielleicht ist aber auch das eine Erfahrung. Er erzählt, daß er schon einmal in der DDR war, über die Gewerkschaft, kostenlos. Ja, es habe ihm dort sehr gut gefallen, die Menschen seien sehr freundlich. Von der BRD wisse er nicht viel. Ob es auch ein schönes Land sei? Was soll ich denn da sagen. „Nicht so schön wie Georgien." Mühevoll ist sie, unsere Unterhaltung, wenn auch eine gute Übung für mein Russisch. Ob er die Universität besucht habe, um Architekt zu werden? Nein, eine Technikerschule.

Ich kenne mich nicht mehr aus in dieser nackten Gegend mit den Hochhäusern, werde wieder mißtrauisch: Vielleicht stehen wir doch plötzlich vor seinem Haus. Nun müßte ich aber zum Hotel zurück, mein Programm gehe jetzt weiter. Ohne irgendeinen Versuch zu widersprechen, führt er mich prompt zum Hotel. Wir waren ohnehin nicht weit entfernt. Ob er mich heute abend zu Sekt oder Wein einladen dürfe. Njet, Programm. Dann vielleicht morgen? Ich will ihn nicht kränken, er ist wirklich sehr nett. Aber was soll ich sagen: daß meine Kraft nicht dafür ausreicht, ihn wirklich kennenzulernen, daß ich sie den Menschen hier schenken werde, die ich schon liebgewonnen habe? Daß er nur Teil eines Experiments war, Versuchskaninchen? So zögere ich, schiebe das Programm vor. Dabei steht heute abend gar nichts mehr an, morgen, ach, da weiß ich nicht, wahrscheinlich habe ich abends auch wieder keine Zeit, und übermorgen fahre ich ab. Warum lüge ich nicht, ich führe morgen schon ab? „Schade", sagt er, „sehr schade. Vielleicht kann ich Sie anrufen, Sie haben doch sicherlich Telefon im Zimmer." Ich habe Telefon. Aber ich weiß die Nummer nicht. Wirklich nicht, und darüber bin ich ganz froh.

Wir verabschieden uns. Ich fahre mit dem Fahrstuhl hinauf in mein Hotelzimmer, das nach Rosen duftet, nach Pfirsichen und Schafskäse, und verbringe den Abend allein am Schreibtisch. Am Sonntag fahren wir zum Bazalati See, schwimmen, sonnen uns. Irina läßt sich von mir etwas Yoga zeigen. Mein Bikini fällt – trotz Helenas Warnungen, dort müsse ich einen Badeanzug tragen – überhaupt nicht auf unter all den anderen Bikinifrauen. Nachmittags essen und trinken wir wieder einmal neben einem Ausflugslokal, das in der Form alter Bauernhäuser gebaut ist, rund, mit hoher Kuppel. Irina zeigt mir die Holztröge, in denen der Wein gestampft wird. An den

Holztischen ringsum verzehren Einheimische mitgebrachte Verpflegung und trinken den Wein des Lokals.

An diesem Abend mache ich meinen zweiten Spaziergang allein durch Tbilissi, diesmal jedoch nicht mit der Absicht, die Männer zu testen, sondern weil mir etwas schwindelig im Kopf ist von diesem Tag voll Sonne und Wasser und Wein.

Auf meine Kleidung habe ich nicht geachtet, trage enge Streifenjeans und ein langes, weites lila T-Shirt. Ich schlage den anderen Weg ein, lasse die Rückseite des Hotels hinter mir. Der breite, baumgesäumte Bürgersteig ist voll flanierender junger Leute, junge Frauen, junge Mädchen, eingehakt, zu zweit, zu dritt, mit kleinen oder größeren Kindern, keine Frau allein. Ich merke, etwas stimmt nicht, mir wird ungewöhnlich große Aufmerksamkeit entgegengebracht. An keiner Gruppe kann ich vorübergehen, ohne daß mir alle die Augen zuwenden, pfeifen, mir etwas zurufen. Ich vergrößere die Schritte, überhole Gruppen, will mich nicht ängstigen lassen, brauche einfach Luft und Bewegung. Bis zum Ende des graden Weges halte ich durch, versuche sogar, die Blicke und Rufe, das Lachen an mir abprallen zu lassen. Nun, da sich die Fahrspuren teilen und in Bögen voneinander entfernen, da ich mich also für einen Weg entschließen müßte, mir aber beide menschenleer erscheinen, kehre ich um. Es hat keinen Sinn, entscheide ich, als ich dort hinten eine Gruppe, nur Männer, entdecke, wer weiß, was mir passieren kann. Es muß mein Aufzug sein, der diese unerwartete Reaktion auslöst, wohl vor allem meine engen Jeans, in dieser Art hier unbekannt.

Ich haste zurück, fühle mich, als spazierte ich im Bikini über die Mönckebergstraße in Hamburg oder, nach den Reaktionen der Männer zu urteilen, eher über die Madrider Hauptstraße. Immer wieder stoße ich „Njet, njet" hervor, wenn mich einer direkt anspricht, und fuchtele verneinend mit der Hand. Wieder im Hotel, bin ich ein bißchen traurig über dieses Erlebnis und sehr erleichtert, die Tür hinter mir zuschließen zu können.

Als ich Irina am nächsten Tag empört davon erzähle, auch von meiner Angst, lacht sie: „Du hättest keine Angst haben müssen, warum bist du nicht weitergegangen? Keiner hätte dir etwas getan."

Ich antworte, daß ich ihr nicht glaube, die Reaktionen waren doch gar zu aufdringlich.

„Nein“, lacht sie wieder, „das ist nur, weil du ihnen gefallen hast. Wenn ihnen eine Frau nicht gefällt, guckt kein Mann hin. Hinzu kommt natürlich, daß du mit deinen Zebrahosen als Ausländerin sofort zu erkennen warst, und unsere Männer lieben die Ausländerinnen besonders. Aber keiner hätte dir etwas getan, und wenn du nein sagst, respektiert das jeder.“

Das stimmt, überlege ich jetzt, meine energischen „Njets“ wurden immer respektiert. Und trotzdem: So viel Aufmerksamkeit empfinde ich als Aggression, die mich zum Beispiel dazu zwingt, mich umzukleiden, die mich daran hindert, allein im Dunkeln auszugehen. Meine Unzufriedenheit bleibt.

Wir Frauen müssen den Schleier zwischen die kämpfenden Männer werfen

Es ist sehr freundlich von Mazika Bazatashvili, der Chefredakteurin der Frauenzeitschrift in Georgien, daß sie mich empfängt. Schließlich war ich nicht angekündigt, am Montag um ein Gespräch gebeten, am Montag empfangen. Kein Bürokratismus!

Mazika Bazatashvili ist eine imposante Frau. In ihrem großen Zimmer mit einer Couchgarnitur thront sie hinter ihrem Schreibtisch, vor dem eine Tischreihe mit Stühlen für offizielle Besprechungen angeordnet ist, und ergreift von Zeit zu Zeit aufs Klingeln hin den Hörer eines ihrer drei Telefone. Sie strahlt eine starke Mütterlichkeit aus, aber auch, daß hier eine Frau sitzt, die sehr böse werden kann, wenn es nötig ist. Sie trägt ein schwarzes Seidenkleid mit naturgroßen rosa und gelben Rosenblüten, ein schwarzes Spitzenunterhemd schimmert hindurch, sie hat schwarze, zu einem hohen Helm hochgesteckte Haare.

Sie erzählt von den Aufgaben der Zeitschrift. Das Hauptthema sei das Leben georgischer Frauen. Es sei eine Zeitschrift für Frauen über Frauen. Sie blättert mir einige Ausgaben vor: Biographien bekannter Georgierinnen, Hilfen für Mütter, Kindererziehung, Gedichte, Geschichten mit Lebenshilfen. In der neuesten Ausgabe wird über die Lehrerin in einer Malschule für Kinder berichtet, über eine Arbeiterin, über eine Hausfrau und über eine Ingenieurin. Das Porträt einer schönen Dichterin ist abgebildet, sie rückt gerade an ihrer Brille, sieht mit klugen Augen ins Objektiv. Es sei eine Frau, die in einer Berggegend lebe, drei Söhne habe, erzählt Mazika.

In dieser Ausgabe ist auch ein Interview mit Ilse Reiter und Gisela Reimann über die Frauenfriedensbewegung zu lesen. „Wir informieren in jeder Ausgabe über die Frauen in der Welt, die für den Frieden kämpfen", fügt Mazika hinzu.

„Welche Absicht verfolgen Sie mit den vielen Frauenbiographien? Sollen Identifikationsangebote vermittelt werden?"

„Diese Artikel sollen nicht einige Frauen beispielhaft für andere stehen lassen, es gibt ein Interesse an diesen Frauen, weil sie etwas Besonderes gemacht haben."

Sie zeigt mir ein Bild mit einer Frau und einem Baby.

„Wir schreiben zu ganz unterschiedlichen Themen. Dieser Artikel handelt von einer Mutter, die elf Kinder geboren hat, dies Baby ist das letzte. Die Mutter sagt, das letzte sei das beste geworden. Hier schreiben wir über das Leben einer alten Schauspielerin. Wir geben Informationen über Entwicklungen in der Kunst, hier in der Malerei, informieren über Ausstellungen in Museen. Jetzt folgt ein Artikel über die Weltmeisterin im Schach."

Ich stelle meine Standardfrage nach der Verwirklichung der Gleichberechtigung von Mann und Frau.

„Die Frauen", antwortet sie, „haben die gleichen Chancen in der Arbeit wie die Männer – bis, natürlich, auf die schwere körperliche Arbeit, die sollen Frauen nicht tun. In Minen, beispielsweise, arbeiten niemals Frauen."

Ich frage provokativ: „Warum eigentlich nicht? Ich kenne Frauen, die viel stärker und belastbarer sind als bestimmte Männer. Die könnten von diesen Frauen umgepustet werden. Da gibt es doch individuelle und nicht geschlechtsspezifische Unterschiede."

„Frauen werden meistens Mütter." Mazika wirft mir einen energischen Blick zu. „Und wir wollen doch die Gesundheit der Frauen besonders schützen. Schwere körperliche Arbeit ist schlecht für den weiblichen Organismus, für den Unterleib. Die Frauen bei uns sind nicht nur gleichberechtigt, was den gleichen Lohn beispielsweise betrifft, sondern sie haben mehr Rechte als der Mann: Eine Frau mit einem kleinen

Kind kann eine oder zwei Stunden am Tag nach Hause gehen (ich nehme an, sie bezieht sich auf die Stillpausen, vergesse dummerweise nachzufragen), die Ferien der Frauen mit kleinen Kindern sind länger, entsprechend ihrer Situation, es gibt kostenlose Erholungsheime für Mütter mit Kindern. Denken wir einmal an die Frauen, die in den Teeagrikulturen arbeiten, eine entwickelte Agrikultur in Georgien: Der Arbeitstag dieser Frauen dauert von früh morgens bis abends. Die Schulen sind aber auch so eingerichtet, daß die Kinder von morgens bis abends beaufsichtigt werden, sie erhalten kostenlos Essen. Oder: Bei uns in der Redaktion arbeitet eine Frau mit einem Kind von drei Jahren. Sie macht zwei Monate Ferien, den ersten bekommt sie bezahlt, den zweiten nicht, aber sie hat die Möglichkeit dazu."

Ich melde meine Bedenken an. „Diese Sonderrechte können doch gegen die Frauen zurückschlagen, wenn es um die Aufstiegschancen im Beruf geht. Schreibt man mit diesen Privilegien nur für Mütter nicht gerade fest, daß die führenden Positionen im beruflichen und gesellschaftlichen Leben von Männern bekleidet werden?"

„Nein, die Frauen und Männer bei uns haben gleiche Aufstiegschancen. Die Kinderbetreuung ist von gesellschaftlicher Seite so erleichtert, daß die Karriere einer klugen Frau nicht behindert wird."

„Aber es gibt doch mehr führende Männer. Wie begründen Sie das? Sind Männer klüger?"

Sie lacht: „Männer sind nicht klüger, aber natürlich spielt die traditionelle Aufgabenverteilung eine Rolle: Die Frau muß die Kinder betreuen, sich um den Haushalt kümmern ..."

„Arbeiten Sie in Ihrer Zeitschrift darauf hin, daß diese Rollenverteilung geändert wird, in Zukunft?"

„Nicht nur in Zukunft. Heute schon. Wir geben nicht nur Informationen über Frauen, sondern auch über Männer. Wir versuchen, ständig darüber aufzuklären, daß Frauen und Männer gemeinsame Verantwortung tragen müssen für ihr gemeinsames Leben."

„Schreiben Sie auch über Abtreibungen?"

„Ja, wir geben Informationen von Ärzten, die raten, nicht abzutreiben, weil es schlecht für die Frau ist. Wir veröffentlichen Artikel über Frauen, die keine Kinder haben, und wir zeigen, daß es schlecht ist für Frauen, keine Kinder zu haben."

„Aha, sie machen also den Frauen ein schlechtes Gewissen, wenn sie abtreiben müssen. Ist das denn nicht die Rücknahme des Rechtes auf Abtreibung auf ‚kaltem Wege'?"

Ich habe mich nicht überall getraut, so offen zu fragen, aber Mazika Bazatashvili wirkt sehr souverän auf mich. Sie beeindruckt mich durch eine Aura von Selbstbewußtsein, scharfer Intelligenz und Freundlichkeit.

„Was sollen wir denn tun, den Frauen raten, in die Krankenhäuser zu strömen, um abzutreiben? Nein, wir haben eine zu geringe Geburtenrate, wir können nicht zur Abtreibung aufmuntern. Wir helfen. In individuellen Fällen helfen wir, Probleme aus der Welt zu räumen. Das veröffentlichen wir nicht in der Zeitung, aber es kommen häufig Frauen zu uns, die Hilfe brauchen. Vor kurzem kam eine unverheiratete, schwangere Frau zu uns. Na, da haben wir ihr eine Wohnung verschafft und eine andere Arbeit, die es ihr ermöglicht, Kind und Arbeit zu verbinden. Die Frau war sehr glücklich, ihr Kind unter guten Umständen bekommen zu können. Die meisten Frauen wollen doch die Kinder, wenn sie schwanger sind, nur die Umstände machen es oft unmöglich. Dann muß man dort helfen. Aber doch nicht zur Abtreibung raten."

„Wie geht eine Abtreibung hier vonstatten?"

„Die Frau geht ins Hospital, der Doktor fragt, ob sie ein Kind hat. Wenn nicht, rät er ihr, nicht abzutreiben. Aber wenn sie darauf besteht, gilt ihre Entscheidung."

„Hat denn ein Arzt das Recht, eine Abtreibung zu verweigern?"

„Nein. Die Entscheidung der Frau zählt. Aber Muttersein ist doch ein großes Glück, nicht wahr? Und unsere Frauen erhalten so viele Hilfen. Die Kindergärten sind von morgens bis abends geöffnet, von Montag bis Samstag, ebenso auch die Schulen. Für alleinstehende Mütter, die es einfach nicht bewältigen, sich neben der Arbeit um ihre Babys zu kümmern, gibt es Babyhäuser, wo die Kleinen ab einem Jahr bis zum dritten Lebensjahr bleiben können."

„Ist es denn nicht schlecht, wenn Babys so von ihrer Mutter entfernt werden?"

„Klar, aber wenn es nötig ist, hilft der Staat. In den Babyhäusern können die Mütter ihre Kinder auch jederzeit besuchen oder am Wochenende mit nach Hause nehmen, aber sie bekommen eben jede Hilfe."

„Abgesehen von den Extremfällen gehen alle oder zumindest die meisten Kinder hier in den Kindergarten. In der BRD wird nun oft die Überzeugung vertreten, die Mutter gehöre nach Hause zu ihren Kindern. Was meinen Sie dazu?"

„Wir sind der Meinung, wenn ein Kind in einer Familie lebt, wo die Mutter nicht arbeitet und all ihre Aufmerksamkeit nur dem Kind schenkt, entwickelt sich daraus häufig ein egoistischer Mensch. Wenn eine Mutter bei ihrem Kind bleiben will, könnte sie Kind auf Kind bekommen, dann zahlt der Staat ihr jahrelang ihr Gehalt." Sie lacht. „Nein, aber ernsthaft: Wir leben im 20. Jahrhundert, nur Haushalt und Kindererziehung, das ist nicht ausreichend für eine moderne Frau."

„Gibt es hier Gewalt gegen Frauen? Vergewaltigungen oder daß Männer ihre Frauen prügeln?"

„Ich kann nicht sagen, daß so etwas nicht vorkommt, aber das sind pathologische Fälle. Unsere Gesetze schützen in diesem Fall die Frauen, die Männer werden hart bestraft. Die Frau wird sich von so einem Mann scheiden lassen, wenn er sie schlägt. Keine Frau bei uns wird sich so etwas gefallen lassen. Außerdem, in Georgien müssen Sie berücksichtigen, daß die Frauen, auch wenn sie historisch natürlich nicht die Möglichkeit hatten wie heute und meist auf Haushalt und Kindererziehung beschränkt waren, trotzdem Ansehen genossen. Das ist anders als in den orientalischen Ländern. Das zeigt sich auch in unserer Sprache: Tbilissi ist die ‚Mutterstadt' Georgiens, wir sagen auch ‚Mutterland' zur Erde, immer werden zuerst die Frauen genannt, wir sagen: Schwester und Bruder, Frau und Mann."

Die Sekretärin tritt ein. Eine ältere Frau, die gemütlich wirkt mit ihren grauen Haaren und dem blauen, gutgeschnittenen Hängerkleid. Sie kommt herein, ohne anzuklopfen, hält eine kurze Zwiesprache mit der Chefredakteurin, da ist nichts von einem Verhältnis zwischen Untergebener und Vorgesetzter zu spüren. Sie entschuldigt sich auch nicht, fragt nicht, ob sie vielleicht störe, entfernt sich ebenso selbstverständlich, wie sie gekommen ist, wirft uns ein freundliches Lächeln zu.

Mazika Bazatashvili erzählt noch, daß die Zeitschrift nicht nur über Frauen berichte, sondern auch Leser einlade, um deren Wünsche und Bedürfnisse zu erfahren. Sie führen auch aufs Land, um dort mit den Frauen zu sprechen.

Ich möchte nun etwas über sie selbst erfahren, bitte sie, über ihr Leben zu erzählen.

Sie lächelt, beginnt mit ihren Kindern: „Ich habe drei Kinder, zwei Jungen, ein Mädchen. Der eine Sohn studiert am Politechnischen Institut, der andere ist Ingenieur, die Tochter arbeitet hier im Verlagshaus als Journalistin bei ‚Kommunist‘, einer Zeitung. Ich habe sechs Enkel. Einer ist schon verheiratet, der kleinste ist sechs Jahre alt.

Als ich zwei Kinder hatte, mit fünfundzwanzig Jahren, begann ich zu schreiben, zuerst Gedichte für Kinder, dann habe ich Dramen geschrieben.

Geschrieben habe ich schon immer, schon als Kind, aber das wurde nicht veröffentlicht. Mein erstes Gedicht wurde in viele Sprachen übersetzt, das war ein wichtiges Stimulans. ‚Chrichina‘ heißt ein Drama von mir. Es handelt von einem jungen Mädchen, das gerne singt und tanzt und nichts anders tun möchte. Sie denkt nicht ernsthaft über das Leben nach, sie denkt, im Leben könnte man immer singen und tanzen. Aber dann durchlebt sie einige Situationen ... Dieses Drama hatte einhundertsiebzig Aufführungen in der Sowjetunion, zweiundzwanzig in anderen Ländern, in Shanghai, in Peking, zum Beispiel. Es ist übersetzt ins Chinesische, Spanische und andere Sprachen. Insgesamt habe ich zehn Theaterstücke geschrieben. Es ist nicht leicht zu sagen, ob eine weibliche Schriftstellerin es schwerer hat, sich durchzusetzen. Das hängt vom Talent ab, aber, natürlich, die Männer haben mehr Zeit, die Frauen müssen mehr tun als die Männer. Darüber hinaus zählt nur das Talent. Ich muß hier natürlich auch viel Arbeit erledigen, aber ohne diese Arbeit könnte ich nicht in die Seelen der Menschen blicken, deshalb ist sie notwendig für mich. Freie Schriftstellerin wollte ich nie sein. Ich schreibe nur in den Ferien, aus diesen Ferien habe ich zweiundzwanzig Gedichte nach Hause gebracht.

Mein großes Glück ist, daß mein Mann und meine Kinder mir im täglichen Leben sehr helfen. Die Kinder haben auch alle immer gut gelernt. Mit meinem Mann habe ich keine Schwierigkeiten, weil ich bekannt bin. Nein, mein Mann freut sich über meinen Erfolg. Er ist Doktor der technischen Wissenschaft, wir helfen uns immer gegenseitig. Seit achtzehn

Jahren bin ich leitende Chefredakteurin der Zeitschrift, seit 1940 Mitglied des Schriftstellerverbandes. Davor habe ich nicht gearbeitet, war zu Hause, habe dort geschrieben.

Mein Mann ist mein zweiter Mann. Der erste war sehr krank, ich mußte zu Hause bleiben, weil er meine Pflege brauchte. Er starb noch vor dem Krieg, 1941, im März. Im Juni begann der Krieg. Ich hatte keine Ausbildung, dann habe ich studiert, und nach fünf Jahren traf ich meinen jetzigen Mann. Das dritte Kind brachte er mit in die Ehe. Das gab keine Probleme, ich liebe sein Kind fast mehr als meine ersten beiden. Und stellen Sie sich vor: Ich war jetzt einmal beim Frauenarzt, und da fragte der mich doch: ‚Wie viele Kinder?' Wissen Sie, was ich gesagt habe? Drei! Ich hatte einfach vergessen, daß das dritte nicht von mir geboren war."

Wir sprechen über die wesentlichsten Veränderungen für die Frauen nach der Revolution in Georgien.

„Oh, große Veränderungen! Vor der Revolution waren die Frauen hier zwar freier als in anderen Teilen der Sowjetunion, wie ich Ihnen schon sagte, aber dennoch: Die Frau mußte zu Hause bleiben. Nach der Revolution hatten alle Frauen die Chance zu arbeiten, zu studieren, sich in jeder Hinsicht zu entwickeln. In östlichen Teilen Georgiens trugen die Frauen vor der Revolution auch noch Schleier. Vorher war der Mann der absolute Herr in der Familie."

„Na, ich habe aber doch den Eindruck gewonnen, die Männer legen auch heute noch viel Wert darauf!" erwidere ich.

„Nun haben sie die gleichen Rechte in der Familie. Die Frauen in georgischen Familien sind zwar nie Sklaven gewesen, aber vorher war der Mann die Hauptsache, um den sich alles drehte, der alles entschied. Die Mädchen wurden verheiratet. Das war zwar kein Despotismus wie in anderen orientalischen Ländern, die Mädchen konnten Einspruch einlegen, aber immer mußten sie den Haushalt führen und Kinder bekommen. Das war ihr Los. Auch vorher gab es in Georgien Frauen von hoher Bildung und bekannte Künstlerinnen. Das ist eine Besonderheit Georgiens. Nach der Revolution waren diese Möglichkeiten für die Frauen aber Allgemeingut. Man darf bei der historischen Betrachtung aber nie vergessen, daß den Frauen in Georgien große Bedeutung zugemessen wurde. Es waren die Frauen, die Georgien vor der Ausrottung retteten, schließlich metzelten viele Feinde immer wieder das georgische Volk nieder. Die Frauen bekamen elf, zwölf Kinder, viele starben, die Frauen gebaren immer wieder neu. Es gab auch Fälle, daß die Frauen nicht nur Kinder hatten, sondern mit den Männern gegen die Feinde in den Kampf zogen. Und die Frauen bei uns hatten historisch das Recht, einen Kampf zwischen Männern zu beenden, indem sie einen Schleier zwischen sie warfen. Wir Frauen in der Welt sollten diese Tradition aufgreifen und einen Schleier zwischen die Männer werfen, die sich feindlich gegenüberstehen. Wir Frauen müssen kämpfen für den Frieden in der Welt."

Ich erinnere mich an den Tanz in der Kirche, am Schluß warf die Frau ihren Schleier zwischen die beiden Männer, die um sie kämpften, und sofort hielten beide inne. Ich bin von der Idee bezaubert, nur: Woher sollen wir Frauen der Welt einen so großen Schleier nehmen? Noch, scheint mir, sind wir dabei, diesen Schleier zu weben.

Irina

Wie soll ich nur schreiben, damit sie hier auf dem Papier erscheint, meine Freundin, wie sie ist: sanft und streng, klug und voll weiblichem Charme, ernst und mit plötzlich aufbrechendem Jungenlachen.

Zuerst sah ich sie im Hotel, nachdem Darezan mir vorgestellt worden war. Darezan, englisch sprechend, lachend, vom ersten Augenblick an offen und freundlich, zog sofort meine Aufmerksamkeit auf sich. Irina kam hinzu, ohne sich mir vorzustellen, sprach mit Darezan. Sachlich wirkte sie, distanziert. Ihr Tonfall ist von dieser leisen Arroganz, die kluge Frauen an sich haben können, wenn sie zwischen sich und dem, was sie bedrohen könnte, ihre Klarsicht stellen. Ich hielt sie für eine Intourist-Angestellte, die mit Darezan unser Besichtigungsprogramm absprach, und kümmerte mich nicht um sie, versuchte, wiederum Darezan in ein Gespräch zu ziehen. Irina besitzt eine große Sicherheit, sich in Unterhaltungen einzuschalten, wenn sie es für nötig hält, ohne Scheu und falsches Getue. In fehlerfreiem Englisch wandte sie sich nun auch an mich. „Sie sprechen auch Englisch!" Überrascht war ich und freute mich. Nun endlich erfolgte die Bekanntmachung. Irina, Editorin von Büchern wie Darezan, ihre engste Arbeitskollegin, sogar im gleichen Zimmer sitzen sie, würde uns also auch begleiten. Ich erwartete nicht, daß wir uns so nahe kommen würden in der kurzen Zeit. Jetzt, da ich über sie schreibe, denke ich an sie mit einer Mischung aus Freude und Wehmut.

Irina und ich trafen uns in vielem, vor allem aber darin, daß eine Frau den Sinn des Lebens nicht durch einen ‚Mann fürs Leben' findet. Wenn Toasts darauf ausgesprochen wurden, daß Irina bald einen Mann finden möge, reichte oft nur ein ironischer Blick zwischen uns beiden zur Verständigung aus, oft prusteten wir vor Lachen. Einer Meinung waren wir darin, daß auch heute noch die Männer Schwierigkeiten haben, mit einer klugen Frau umzugehen. „Mit Männern muß man immer ein bißchen dümmer tun", sagte sie, „alberne Sachen sagen, dann fühlen die sich wohler." Eine Fähigkeit, die sie nicht kultivierte. Selten habe ich eine Frau von so großer Natürlichkeit erlebt wie sie. Was nicht heißt, daß sie sich nicht schminkte. Ihre großen Augen, die an die Augen junger Kamele erinnern, waren immer von einem schwarzen Strich am Unterlid und hellem Lidschatten betont. Sie puderte sich auch in Anwesenheit von Männern. Die Lippen, volle, feingeschwungene Lippen, ließ sie stets ungeschminkt.

Als sie ohne Erklärung unsere gemischte Gruppe verließ, um mein Zimmer aufzusuchen, hatte sie Bauchweh und war etwas traurig. Sie verbarg ihr schlechtes Befinden vor keinem, strengte sich nicht an, durch ein versöhnendes Lächeln irgend jemandem darüber hinwegzuhelfen. Die georgischen Männer fragten auch nichts, umsorgten sie nur noch liebevoller, legten ihr die Jacke um, nahmen sie einmal mehr in den Arm, stupsten ihr die Nase. Ohne daß sie sich dafür mit ihrem frechen Lachen bedankte. Sie gab sich einfach keine Mühe, ihr schmales, trauriges Gesicht heller zu machen, als ihrem Gefühl entsprach.

Alexander hielt sie für streng, und auch Ramaz deutete das einmal an. Ich sehe es anders, und wenn, dann bedeutete diese Strenge nur: im Einklang mit den eigenen Gefühlen leben.

Wir waren darin einer Meinung, daß es für junge Mädchen besser wäre, nicht gleich den ersten Mann zu heiraten. Etwas, was in Georgien noch üblich ist. Als ich sagte, ich würde meinen Töchtern einmal raten, auch sexuell erst ihre Erfahrungen zu machen, bevor sie sich für einen Mann entscheiden würden – wenn sie überhaupt einmal diese Absicht hätten –, da nur bei Kenntnis, worum es geht, auch entschieden und gewußt werden kann, was frau will, meinte sie: „Elke, I like your ideas very much.“ In Georgien jedoch wäre ein solches Verhalten unüblich, anstößig sogar. Eine intime Beziehung wird einer Frau nur zu ihrem Ehemann zugestanden. Alexander fragte einmal scherzhaft, ob Irina die ideale Frau sei. Sie ging auf den Scherz nicht ein, erwiderte, es sei nicht ihr Ziel, ideal zu sein.

Irina sagte jedem, wenn ihr etwas nicht an ihm gefiel. Auch mir. Sie wies mich zurecht wegen meiner Scheu, wenn auf das deutsche Volk getrunken wurde. Die Geschichte sei doch längst vergangen, und die deutschen Soldaten hätten doch nichts dafür gekonnt, die wurden doch in den Krieg geschickt. Und ich dürfe nicht den Fehler machen, mein Volk zu unterteilen in Fortschrittliche und Reaktionäre. Ich müsse mich stolzer deutsch fühlen. Bei ihnen werde doch auch nicht unterteilt: die Guten sind die Kommunisten, und die Schlechten sind die anderen, da dürfe man doch nicht auseinanderdividieren, das sei ein Fehler, wir seien doch schließlich alle Menschen, jeder auf seine Weise. Was die BRD betraf und mein Nationalgefühl, da konnte ich ihr nicht zustimmen, was und wie sie es sagte, berührte mich aber tief, und in mir stieg der Wunsch auf, hexen zu können: in eben diesem Augenblick mit unsichtbarer Kamera Irina zu filmen und umgehend in der BRD über den Fernseher flimmern zu lassen.

„Ich fühlte mich schon immer etwas fremd, anders als die anderen. Schon als Kind dachte ich, nicht hübsch zu sein, kein angenehmes Kind. Irgendwie haben meine Eltern mir wohl kein anderes Gefühl vermittelt.

Meine Mutter ist Kinderärztin, mein Vater Direktor eines Restaurants. Meine Schwester ist verheiratet, sie hat zwei Kinder. Ich bin schon dreißig Jahre alt, bald werde ich einunddreißig. Heiraten werde ich wahrscheinlich nicht mehr, auch keine Kinder bekommen. Dafür bin ich zu alt. Ich fühle das nicht so sehr als Verlust, ich ziehe die Kinder meiner Schwester mit groß. Sie sind für mich wie meine eigenen.

In der Schule war ich sehr scheu, sehr zurückhaltend. Ich hatte eine einzige Freundin, die ganze Zeit über, und als die in der achten Klasse auf eine spezielle Musikschule ging, war das für mich eine Tragödie. Ich habe immer auf meinem Bett gelegen und geweint und geweint. Meine Mutter kam mich dann oft trösten und sagte, du wirst andere Freunde haben, und: Ihr werdet den Kontakt doch nicht verlieren. Aber das half alles nichts. Die Zeit danach war schlimm für mich. Sie hatte viel zu üben, entwickelte andere Interessen, gewann andere Freunde, wir hatten unterschiedliche Aufgaben. Und manchmal wartete sie nachmittags auf mich, und ich saß zu Hause und wartete, daß sie mich anrufen und sagen würde, ich sollte kommen. Wir haben immer gezankt und gezankt. Jede warf der anderen vor, sie hätte schuld. Heute lachen wir darüber. Sie ist meine beste Freundin geblieben. In der Universität habe ich mich zuerst überhaupt nicht wohlgefühlt. Ich fühlte mich nicht wie eine Studentin, es war wie eine Fortführung der Schule, immer Aufgaben, Lesen, Übersetzen. Wir wurden an die Tafel gerufen und getadelt, wenn wir unsere Hausaufgaben nicht ordentlich gemacht hatten. Ich wollte schon aufhören, habe das dann aber nicht getan, weil ich die englische Sprache und Literatur sehr liebe, und dann lebte ich mich auch langsam ein, wurde kontaktfreudiger, offener, hatte viele Freunde. Wir gingen zusammen ins Kino und feierten Feste. Ich bekam damals viel Kontakt. Auch jetzt habe ich einen festen, guten Freundeskreis. Wir fahren zusammen in Urlaub, zu Verwandten von irgendeinem von uns oder ins Hotel, je nachdem. Wir besuchen uns, wir helfen uns gegenseitig.

Ich wirke im Augenblick manchmal etwas traurig, weil ich sehr müde bin. Hinter mir liegt ein schweres Jahr. Weißt du, meine Schwester hat ihr erstes Kind als Säugling adoptiert, weil sie keine eigenen Kinder bekam. Als das Baby ein halbes Jahr alt war, wurde sie schwanger. Unsere Ärzte hier hatten bei dem Adoptivkind eine Augenkrankheit festgestellt, der Befund lautete: Krebs. Wir wollten es einfach nicht glauben und haben das Kind in Moskau untersuchen lassen. Irgendwie dachten wir, die Ärzte dort seien vielleicht doch besser als die hier. Aber die sagten das gleiche. Meine Schwester war aber schon schwanger, da bin ich mit dem Kleinen zur Operation nach Moskau gefahren. Das Auge ist entfernt worden, und sie sagten, es würde nicht aufs andere übergehen. Es ist aber doch aufs andere Auge übergegangen, das haben wir meiner Schwester gar nicht mehr gesagt. Wir wollten sie in ihrem Zustand nicht belasten. Da bin ich dann mit dem achtmonatigen Baby immer zur Bestrahlung nach Moskau gefahren. Und dann die Angst: Wird das Auge erhalten bleiben. Wird der Krebs sich vielleicht noch weiter ausbreiten? Oder sogar, na ja, du weißt schon ...

Jetzt ist die Gefahr gebannt, das Auge mußte nicht operiert werden. Das zweite Kind ist schon geboren. Aber weißt du, ich habe das adoptierte Kind viel lieber als das leibliche meiner Schwester. Ich sage es ihr nicht, ich will sie ja nicht kränken, aber es ist so.

Das hat mich alles sehr mitgenommen. Ich nehme auch ständig ab, jede Woche ein bißchen. Dabei esse ich wie immer, jetzt wiege ich schon zweiundfünfzig Kilo, das ist nicht normal für mich, ich bin ja fast einssiebzig groß. Ich muß wieder zunehmen. Meiner Mutter sage ich davon gar nichts, auch wenn sie Ärztin ist, vielleicht sogar deswegen, aber ich will sie nicht beunruhigen.

Sonst läuft in meinem Leben nichts besonders aufregend ab. Abends gehe ich ins Kino, ins Theater mit Freunden. Am letzten Wochenende waren wir an der See, da hab' ich mir einen schlimmen Sonnenbrand geholt. Mein Ausschnitt, der Rücken, alles ist voll kleiner Pusteln. Für Musik habe ich kein Ohr. Am allerliebsten lese ich. Als letztes einen Roman von einer Frau, die einen verheirateten Mann liebt, der ihr Gefühl teilt, sich aber nicht scheiden läßt. Er hat Kinder.

Ich weiß nicht, das ist bei mir ganz komisch, ich war noch nie verliebt. Ich finde mich selbst seltsam, aber das kann man nun einmal nicht zwingen. Freunde, ja, da hatte ich schon viele, aber noch nie einen Liebhaber. Wichtig bei einem Mann wäre, daß er mich versteht. Und ich ihn."

Aserbaidschan – Baku

Dreizehn Frauen auf einmal

Die Nachtfahrt im Zug von Tbilissi nach Baku ist unerträglich. Die Fenster im Abteil lassen sich nicht öffnen, auch durch die Abteiltür dringt nicht viel Luft herein. Auf dem Gang sitzen südländisch anmutende Männer mit nackten Oberkörpern, durch die anderen Abteiltüren fällt mein Blick auf liegende Frauen, bekleidet mit Unterröcken oder leichten Kitteln. Ich wache mit dem Gefühl auf, kaum geschlafen zu haben. Draußen ist es hell, die Landschaft hat jede Lieblichkeit verloren, auf langgestreckten Ebenen von der Farbe schmutzigbraungrauen Sandes ragen in ungeordneter Vielzahl Bohrtürme in die Höhe. Wir nähern uns Baku, einem Zentrum der Erdölgewinnung.

Auf dem Bahnsteig wieder einmal Warten. Ich sehe eine mittelgroße, kräftige Frau mit kurzen, roten Haaren. Auf ihren hohen Stöckelschuhen klappert sie den Weg an der Bahn entlang, offensichtlich sucht sie jemanden, in der Hand hält sie einen Strauß roter Nelken. Noch vor einer Woche hätte ich sofort gesagt: Die da, die ist es, die uns abholen wird. Jetzt bin ich schon viel vorsichtiger: Die Frau sucht möglicherweise ihren Mann, der von längerer Außenarbeit in Georgien zurückkehrt, oder ihre Tochter, die woanders studiert, oder eine Freundin, die bei ihr einen Monat verbringen will, oder oder oder, und uns wird gleich ein Mann mittleren Alters, Dichter oder Verlagsleiter oder Lektor oder oder oder, in Empfang nehmen und mir die Hand küssen.

Trotzdem mache ich Alexander nach einiger Zeit, in der ich die vergebliche Suche der Frau beobachtet habe, auf sie aufmerksam. „Könnte es nicht die da sein?“ Bei ihm zündet es aber nicht. „Vielleicht, ob Mann oder Frau, wir werden sehen.“ Sie ist es. Nach einiger Zeit kommt sie auf uns zu, fragt, ob wir vielleicht ...

Asisa Chanun, wobei Chanun die Höflichkeitsanrede an die Frau darstellt, herbes Gesicht mit schmalem, großen Mund und leicht angeschrägt dunklen Augen, darüber die Kappe kurzgelockter Kastanienhaare, stämmig und doch nicht formlos, wird unsere Begleiterin in Baku sein. Erstmalig werde ich ein Programm absolvieren, wie ich es ursprünglich überall erwartet hatte, von Frauen für Frauen.

Schon im Auto blättert sie uns das Programm vor, nichts da mit kurzer Pause von wegen Erschöpfung nach der langen Bahnfahrt: Gleich geht es los mit einem Besuch im Rathaus, viele Frauen werden mich dort bei einem Empfang erwarten, den die Bürgermeisterin für mich gibt. Dann Stadtrundfahrt, dann Fabrik, dann Familie, dann Kulturprogramm. Mir schwindelt der Kopf: ein Gemisch aus nicht abgeschüttelter stickiger Nachtluft, Müdigkeit, Überwältigung durch die optischen Reize der neuen Landschaft. Immer wieder rollen in mir Filmstreifen ab, ich meine, ich müßte diese Landschaft schon einmal als etwas gesehen haben, das völlig außerhalb meines Erlebnisbereiches liegt, Bilder aus amerikanischen Pionierzeiten, James Dean taucht vor mir auf, James Dean auf endlos hohen Beinen, wie er einsam über die karge Erde stapft, eine Landschaft, die durch nichts versöhnt als durch den Schatz, den sie birgt, umsetzbar in Reichtum für Menschen, Geld, Macht, Autos, schöne Frauen: Erdöl! Schwindelig ist mir auch durch das, was mir hier bevorzustehen scheint: Frauen, Frauen, Frauen und kein Atemschöpfen.

Alexander bemerkt wohl meine Erschrockenheit, betont, mir komme es auf intensive Kontakte und Gespräche an, wir müßten darauf achten, daß sich nicht zu viel zu schnell abwechsle, oberflächlich bleibe.

Asisa Chanun lächelt: „Bringt die Koffer hoch, in einer halben Stunde hole ich euch ab.“

Im Rathaus ist ein großer Tisch mit Obst, Gebäck und Tee für uns gedeckt. Die stellvertretende Bürgermeisterin Alijeva Samaja empfängt mich herzlich lächelnd. Sie ist orientalisch wunderschön: rundes Gesicht, Mandelaugen und Kirschmund, die schwarzen Haare zurückgekämmt und am Hinterkopf zu einem kunstvollen Knoten verschlungen, üppig gerundete Figur, betont durch ein engtailliertes Kleid mit Tellerrock. Zwischen ihr und den anderen Frauen, die im Raum auf mich warten und mir einzeln vorgestellt werden, nehme ich keine Distanz wahr. Ich vergesse einfach, daß dieser Besuch im Programm heißt: Empfang bei der Bürgermeisterin. Wir setzen uns um den langen Tisch, nur Frauen, junge, alte, alle schön gekleidet, die meisten tragen Ohrringe, von den Ohren baumelnde, die funkeln, wenn sie den Kopf bewegen: eine

Komponistin, die Rektorin des Konservatoriums, eine Lehrerin, die Direktorin einer Schule, eine alte Dichterin, eine Arbeiterin in der Erdölgewinnung, eine Lehrerin des Konservatoriums, die erste Kapitänin eines Schiffes in der Sowjetunion, eine Schlosserin sitzen um mich herum, später wird noch eine Frau hinzukommen, die, als Mitglied der Akademie der Wissenschaften, Akademikerin genannt wird. Mit der stellvertretenden Bürgermeisterin, Asisa Chanun und mir sind wir dreizehn Frauen. 13 Frauen und ein Mann, mein Dolmetscher. Einen Filmtitel könnte das abgeben, und hätte ich die Zeit, alle Frauen nach ihrem Leben auszufragen, dieses dann miteinander zu verbinden und in die Bilder der hiesigen Landschaft hineinzusetzen, ich bin überzeugt, es würde ein spannender Film werden.

Meine Zeit ist begrenzt, ich muß mir also schnell ein paar Leben herauspicken, entscheide mich für die älteren Frauen, weil sie mir vielleicht etwas über die Veränderungen im Leben der Frauen nach der Revolution erzählen können. Jetzt, wo ich zu Hause an der Schreibmaschine sitze, die ganze Reise hinter mir und auch einen Überblick gewonnen habe, Fachfrau für Textilfabriken in der Sowjetunion geworden bin, heute könnte ich mich in den Hintern beißen vor Ärger, nicht die Arbeiterin in der Erdölgewinnung und die Schlosserin nach ihrer Arbeit befragt zu haben.

Direkt vor mir sitzt die Frau, die nun zu reden beginnt. Sie sieht so aus, wie ich mir als Kind immer weise alte Großmütter vorstellte, die einer Schar von Kindern Märchen erzählen, ohne daß ihnen jemals der Stoff ausgeht: Ihre weißen Haare sind zu einem Knoten zurückgekämmt, das schmale, längliche Gesicht ist durchzogen von Falten, aber die braunen Augen strahlen nicht nur eine Ruhe aus, die Worte wie Weisheit und Güte nahelegen, sie haben auch Kindlichkeit bewahrt.

„Ich bin wohl die Älteste hier. Wenn Sie etwas wissen wollen über die Veränderungen für die Frau nach der Revolution, ist es wohl am besten, ich beginne zu sprechen. Ich bin zweiundsiebzig Jahre alt. Ich bin Volkspoetin. Was hat sich verändert? Ich bin 1911 geboren, acht Jahre vor der Revolution. Nur nach der Revolution konnte ich die Gelegenheit bekommen, Volksdichterin zu werden. Wenn ich mich an die Vergangenheit erinnere, kann ich mir schwer vorstellen, was aus mir geworden wäre, wenn es keine Revolution gegeben hätte. Es gab viele Dichterinnen auch im alten Aserbaidschan, aber als Volksdichterin konnten sie nicht leben. „Volksdichter" ist ein Titel, der jemandem verliehen wird, der sich auf seinem Gebiet besonders ausgezeichnet hat. An dem Titel „Volksdichterin" schätze ich am meisten die Freundschaft zwischen den Völkern. Wenn eine Freundschaft geboren ist, bleibt sie für das Leben. Und jetzt, wenn ich Sie so gegenüber von mir sitzen sehe, habe ich das Gefühl, als ob Sie meine nächste Verwandte seien.

Die Frauen damals. Sie fühlten sich als Leibeigene, waren unterdrückt von der Gesellschaft. Als Beispiel: Damals – ich wurde in einem kleinen Dorf geboren, dort gab es ein Oberdorf und ein Unterdorf – war es den Frauen verboten, von oben nach unten zu gehen. Heute und damals ist gar nicht vergleichbar. Wenn ich mein altes Dorf besuche, erscheint es mir, als ob ich nach mehr als einhundert Jahren wiederkomme, die Frauen sind heute Professoren, Agronomen. Früher trugen unsere Frauen Schleier."

Sie verstummt, blickt sinnend in die Ferne. Ich warte ein Weilchen, frage dann die neben ihr sitzende ältere Frau, Direktorin einer Schule, nach ihrem Leben.

„Mein Vater war Arbeiter, meine Mutter war zu Hause, ich hatte vier Geschwister. Damals war es verboten, daß Frauen eine Schule besuchen. Mein Vater hielt es für eine Schande, wenn ein Mädchen zur Schule ging. Ich hatte eine Tante, die mich wie ein Kind annahm, die bat meinen Vater um Erlaubnis, daß ich die Schule besuchen dürfte. Sie hat ihn immer wieder gedrängt und gedrängt. In meiner Straße war ich die erste, die in die Schule ging. Ich war ein Bahnbrecher! 1941 bin ich auf die Pädagogische Hochschule gegangen. Zu dieser Zeit gab es schon keine Probleme mehr. Solche Schwierigkeiten für Frauen gab es nur bis 1922.

Ich habe vier Kinder. Meine Tochter ist Kandidatin, also Doktor, der biologischen Wissenschaft, mein Sohn Pädagoge wie ich, meine zweite Tochter Ingenieurin, sie hat auch die Hochschule absolviert.

Ich arbeite in einer Schule, die einen Orden verliehen bekommen hat, bin schon vierzig Jahre Direktorin dieser Schule. Meine Arbeit als Pädagogin wird hochgeschätzt, von der Partei und der Regierung. Seit 1952 bin ich Deputierte des Obersten Sowjets der Republik. Ich bin 1916 geboren. Um mich an die Anfänge der Revolution erinnern zu können, war ich damals noch zu klein, aber ich weiß noch, daß es harte Kämpfe gab. Für die Frauen war es sehr schwer, Bildung zu erlangen. Als ich die 6. Klasse besuchte, wurde ich aufgerufen, am Kampf gegen den Analphabetismus teilzunehmen. Vor der Revolution, das wissen Sie sicherlich, gab es Analphabetismus in Aserbaidschan. Es lag tief im Innern der Männer verwurzelt, daß die Frauen nicht die Schule besuchen dürfen. Es war sehr schwer, die Frauen zum Lesen- und Schreibenlernen zu bewegen. 1932 war es gelungen, den Analphabetismus zu bekämpfen. Meine Mutter besuchte übrigens 1931 die Schule, um auch Lesen zu lernen. Heute gibt es in allen Berufszweigen Frauen, sechzig Prozent aller Ärzte sind Frauen, an meiner Schule zum Beispiel sind nur zehn Lehrer, alles andere sind Frauen, die meisten Lehrerinnen haben eine Hochschulausbildung."

Die Rektorin des Konservatoriums, eine ältere, sehr zarte und fein wirkende Frau, fährt fort:

„Vor der Revolution gab es bei uns keine Frau, die an der Musik teilnahm – doch es gab eine, eine Sängerin, die 1914 unverschleiert auftreten wollte. Sie entkam nur mit Mühe dem Tode. Nach der Revolution wurde sie Volkssängerin. Als aserbaidschanische Frau hat sie für die Entwicklung der aserbaidschanischen Musik gekämpft. Es gab einen Komponisten, einen Mann, der diese Frau vor dem Tod gerettet hat. Er lebte als armer Mann, alles Geld, das seine Kompositionen einbrachten, schenkte er dieser Frau, damit sie ihre Ausbildung fortsetzen konnte. Interessant ist auch die Tatsache, daß im Theater damals alle Frauenrollen von Männern besetzt wurden. Wenn eine Frau als Zuschauerin ein Theater besuchte, saß sie hinter einer Leinwand verborgen. Ohnehin gingen nur die reichen Frauen ins Theater.

Nach 1920 veränderte sich alles sehr schnell, das revolutionäre Bewußtsein war vorbereitet. Auch dieser Komponist hat viel geleistet für die Befreiung der Frauen. Er organisierte sofort nach 1920 ein Orchester, das nur aus Frauen bestand. Das war eine fortschrittliche Maßnahme! 1921 wurde das Konservatorium gegründet. Einem Eintritt der Frauen dort standen viele Schwierigkeiten entgegen. Im Bewußtsein vieler hielt sich noch, daß dies ein Männerfach und einer anständigen Frau unwürdig sei. Vor der Revolution waren unsere musikalischen Werke hauptsächlich Vergnügungsstücke, die zum Beispiel am Tisch beim Essen gespielt wurden, deshalb war die Musik nicht angesehen. Aber es war sehr wichtig, darüber aufzuklären, daß die Musik von großer Bedeutung für die Entwicklung der Gesellschaft ist. 1922 gründete dieser Komponist deshalb eine Musikschule nur für Mädchen. Er wollte die Erziehung der Mädchen auf dieser Schule völlig verändern.

Man muß berücksichtigen, daß die gesamte Atmosphäre damals darauf ausgerichtet war, die Frau neu zu erziehen. Diese Schule brachte hervorragende Musikerinnen der Republik hervor. Eine von ihnen wurde eine gute Freundin dieses Mannes, und er übergab ihr später sein musikalisches Werk zur Überarbeitung.

Es gab Erlasse der Regierung über die Nationalisierung der Oper und des Balletts, alle Schulen wurden schon 1920 staatlich. Alles fortschrittliche Neue kann im Leben eine Spur finden.

Zum Beispiel war der Beruf der Tänzerin vor der Revolution nicht geachtet. In Aserbaidschan wurde erst 1941 das erste nationale Ballett geschrieben. ‚Jungfrauenturm‘ heißt es. 1938 wurde eine aserbaidschanische Tänzerin verdiente Volkskünstlerin der UdSSR. Auch solche Beispiele dienten der Erziehung. Viele hervorragende Künstler beteiligten sich mit ihrem Schaffen, um bei dieser Entwicklung der Revolution Hilfe zu leisten. Ein Russe beispielsweise hat eine aserbaidschanische Oper geschrieben.“

Die ‚Akademikerin‘ ist inzwischen eingetroffen, eine elegante Frau mit wohlfrisierten dunklen Haaren und sehr geschmackvollem Schmuck. Sie schaltet sich in unser Gespräch ein, meint, es gehe wohl auch um Formen und Mittel der Erziehung der Frauen in der Revolution.

„Das erste und das wichtigste ist der Sieg der sozialistischen Revolution. Sofort wurde eine Erklärung über die völlige Gleichberechtigung der Frau abgegeben. Aber anfangs war das eine Gleichberechtigung, die nur auf dem Papier stand. Um das in die Tat umzusetzen, mußte eine schwierige Organisationsarbeit unter den Frauen geleistet werden. Man mußte damals eine richtige Form finden, um diese Gleichberechtigung in die Tat umzusetzen. Und ein Hinderniss dabei war die jahrhundertelange Unterdrückung der Frauen durch die

Männer, den Staat und die Kirche. Man muß, um sich die Lage der Frauen vor der Revolution vorstellen zu können, nur einmal daran denken, daß sie sogar tiefer begraben wurden als der Mann, damit auch im Tode ihre Tieferstellung erhalten bliebe. Man mußte nach Formen suchen, um diese Hindernisse zu überwinden: Kampf gegen die Geistlichen, Kampf gegen die hiesigen Banditen und das Entreißen der Frauen aus der Hand von Spießbürgern, die sich nicht vorstellen konnten, eine Frau unverschleiert auf der Straße zu sehen. Es gab viele Fälle, daß eine Frau, die den Schleier ablegte, von der eigenen Familie getötet wurde oder auch von den Banditen, den Konterrevolutionären, die in den zwanziger Jahren ihr Unwesen trieben.

Zu den Methoden und Formen: Eine wesentliche Form der Einbeziehung von Frauen in das gesellschaftliche Leben stellten Klubs dar. Davon gab es drei Arten: Erstens wurden Frauen in Kursen nur für Frauen und Mädchen auf die Produktion vorbereitet. Das war auch von großer Bedeutung, um die Mädchen aus Hand der Familien zu befreien. Zweitens betraf es die Heranbildung einer hiesigen Intelligenz: In Schulen nur für Frauen und Mädchen wurden diese in das kulturelle Leben einbezogen. Beispielsweise war es vorher für Mädchen nicht möglich, eine normale Ballettschule zu besuchen. Drittens hatten sich Klubs die Aufgabe gestellt, das Analphabetentum zu beseitigen: Die Frauen gingen aufs Dorf. Überall dorthin, wo die Frauen wohnten. Sie besuchten sie zu Hause, um sie zur Teilnahme an den Kursen zu bewegen. Die Bedingungen waren äußerst kompliziert für diese Lehrerinnen, es gab nicht wenige, die mit Steinen erschlagen wurden. Kein Mann konnte als Lehrer dorthin fahren, denn ein Mann konnte keinen Unterricht für Mädchen geben."

Es bleibt nur noch wenig Zeit, ich entscheide mich für die Kapitänin, möchte gern von ihr wissen, wie sie zu so einem für eine Frau ungewöhnlichen Beruf gelangte.

Salimova Schovket, heute Leiterin des Lehrstuhls der ökonomischen Fakultät, sieht aus wie eine rundliche, gemütliche Großmutter mit grauen, kurzen Lockenhaaren. Während sie erzählt, wird deutlich, daß sie von großer Gelassenheit ist — und humorvoll.

„Mein Vater war Arbeiter in der Erdölproduktion, wir waren zehn Kinder zu Hause. Die Mutter erzog nur die Kinder.

Ich wurde im Dorf geboren. Mein größter Wunsch war, Fliegerin zu werden. Vor dem Krieg gab es hier eine erste Fliegerin, ich wollte unbedingt so werden wie sie. Es ist mir auch gelungen, einen Allunionsrekord zu erreichen – im Modellflugbau. Natürlich kleine Modelle. Ich wollte unbedingt Fliegerin werden, mit dreizehn Jahren. Das war 1933. Der Wettbewerb fand in Moskau statt, aber für meinen heißen Wunsch war mir nichts zu weit. Später las ich in einer Zeitschrift das Porträt einer Frau, die als Kapitänin im japanischen Meer tätig war. Sie hatte einen Taifun besiegt. Da beschloß ich, Kapitänin zu werden. Ich wollte in eine Seemannsschule eintreten, aber es wurde mir verboten. So schnell gab ich aber nicht klein bei. Ich schrieb also einen Brief nach Moskau, in dem ich mein Anliegen schilderte: Ich sei eine Aserbaidschanerin, und mein größter Wunsch sei es, Schiffskapitänin zu werden. Aus Moskau kam die Antwort, daß diese Schule mich aufnehmen müsse. Also hatte ich meinen Willen durchgesetzt. Wie ich mich dort fühlte, als Frau unter lauter Männern? Oh, ja, ich fühlte mich sehr gut, nur die Männer, die fühlten sich schlecht. Diese Schule besuchte ich fünf Jahre lang. Ich erwarb mir auch die Achtung meiner männlichen Kameraden, zum Beispiel wurde ich, die doch die einzige Frau unter lauter Männern war, zur Komsomolsekretärin gewählt. Vor dem Diplom 1939 fuhr ich in meinem Praktikum als zweiter Kapitän mit einem Schiff über das Schwarze Meer. Das war eine Weltreise, die acht Monate dauerte. Als wir zurückkamen – es begann bald der Krieg in Europa –, ging ich nach Baku und fuhr als Kapitänin im Kaspischen Meer. Ich habe an der Schlacht von Stalingrad teilgenommen, wir brachten Verwundete mit dem Schiff heraus. Nach dem Krieg besuchte ich die Hochschule für Volkswirtschaft, dann die Parteischule, arbeitete eine Weile im ZK, später in einem Institut für Chemie, promovierte und heute, na, das wissen Sie ja schon.

Als Kapitänin mußte ich viele Männer kommandieren. Nun, das Leben auf dem Meer ist nicht die Domäne der Frau, aber da ich es einmal wollte und tat, standen alle Männer unter mir. Ich erwarb mir auch ihre Achtung. Außerdem: Auf dem Meer braucht man vor allem Disziplin, und die konnte ich schaffen. Eine Frau kann alles im Leben, aber zur See zu fahren, das ist eine sehr schwierige Arbeit für eine Frau. Nun, ich liebte die Arbeit und schaffte sie.

Ich habe eine Tochter bekommen, heute ist sie Chemikerin, Kandidatin der Chemie."

Meine Abschlußfrage richte ich an alle. Ist nun hier alles für die Frauen, wie es sein soll, oder gibt es noch etwas zu verändern?

Die Bürgermeisterin antwortet, die anderen ergänzen sie, fallen mit einem Wort ein, nicken zustimmend, betrachten mich forschend, lächeln mir zu.

„Das Leben geht weiter. Man darf nie zufrieden sein. Ich glaube, es ist der Wunsch aller Frauen in der Welt, daß alles Geld, das für Rüstung ausgegeben wird, für die Entwicklung der Frauen, natürlich auch der Männer, aber vor allem dafür ausgegeben wird, daß die Frauen sich weiterentwickeln können. Nach der Lage der Frau in der Gesellschaft muß schließlich die Gesellschaft beurteilt werden."

Ich präge mir noch einmal gut die Gesichter ein. Mir schräg gegenüber, auch jetzt habe ich das Bild sofort im Kopf, sitzt eine ältere Frau, die Schauspielerin ist. Ihre roten Haare sind hochgesteckt, das Gesicht länglich und fast männlich herb mit den starken Augenbrauen, dem energischen Mund, auch ein kleiner dunkler Flaum schimmert über der Oberlippe. Ihre Lippen glänzen hellrot wie die Haare, die dunklen Augen lachen mich unablässig an, die Ohrringe setzen der Erscheinung lila Funkellichter auf. Wie neugierig bin ich noch auf sie. Wie viele nicht gestellte Fragen!

Die jungen Frauen, Enkelinnen der Revolution – die Mütter saßen nicht mit uns am Tisch, kaum eine wird es noch geben, wenn die Töchter um die siebzig sind – wirken glatter auf mich, weniger geprägt. Sicherlich, Falten weisen auch auf Erfahrungen hin, dennoch: Im Gesicht mancher junger Frau bei uns ist schon viel eingeschrieben an Trauer, Bitterkeit, Zorn und früher Enttäuschung. Dies konnte ich nicht lesen in den Gesichtern der jungen Frauen, die mit mir am Tisch saßen, sondern Ruhe, Gelassenheit und sanfte Selbstgewißheit. Hübsch gekleidet sind sie, das werde ich auch auf den Straßen noch sehen, gepflegt und selbstbewußt, die meisten haben einen Beruf, aber kämpferisch, nein, kämpferisch kommen sie mir nicht vor. Kein Vergleich mit den jungen Frauen der Revolution, die die Kollontai in ihren Frauengeschichten beschreibt, die leidenschaftlich im Kampf aufgehen, bis zur Zerrüttung ihrer Gesundheit gegen Spießbürgertum, die Burshuis auch nach der Revolution noch kämpfen, die schöne Kleider, Schmuck und Schminke verlachen als zugehörig zu den Kleinbürgern, und die in ihren Beziehungen zu Männern Neues suchen, stolpern, immer wieder aufstehen, getragen von der Notwendigkeit ihres Kampfes, doch immer wieder auch bis an die Grenzen ihrer Leidensfähigkeit von leidenschaftlichen Gefühlen überwältigt. Nichts davon hier in den Gesichtern der jungen Frauen – doch eins, nicht zu übersehen: Stolz.

Beim Abschied nimmt die Rektorin des Konservatoriums die Bürgermeisterin in den Arm: „Die Schönste von uns ist die Bürgermeisterin, so muß es auch sein." Ich frage diese nach ihrem Alter, übersetzt durch den einzigen Mann im Raum, Alexander, noch habe ich mein Russisch für solche Fragen nicht vorgekramt, dabei wäre es mir möglich. Sie lacht: „Eine Frau ist immer so alt, wie sie aussieht."

Auch eine Antwort.

Im übrigen eine, die mir gefällt.

Nähfabrik II

Am Nachmittag also der Besuch der Nähfabrik. Meine Müdigkeit ist verflogen, mystische Gedanken von energieerfüllter Luft tauchen in mir auf. Yogalehren. Die Energie von einem zum anderen, die Atmosphäre, die Energie verschenkt. Wenn da was dran ist, laden die Menschen, nein, die Frauen hier eine ungeheure Energie ab, die ich auftanken kann. Sei's drum: die Müdigkeit ist verflogen.

Die Direktorin der Fabrik empfängt uns, erzählt von den Anfängen: 1934 wurde das Werk gegründet, damals wurden Frauen aus kleinen Ateliers mit eigenen Nähmaschinen eingeladen. Es gab zuerst fünfhundert Beschäftigte, jetzt umfaßt die Belegschaft dreitausendfünfhundert Leute. Mit der Zeit wurde die Fabrik mit modernen Maschinen ausgerüstet, aus der BRD, aus Japan. Einhundertdreiunddreißig Millionen Rubel werden jährlich erwirtschaftet. Die Produktion umfaßt achtzehn Arten von Artikeln, Oberbekleidung, Mäntel, Regenmäntel, Anzüge zum Beispiel.

Die Situation der Näherinnen vorher: In den kleinen Ateliers verdiente eine Frau soviel, wie der Atelierbesitzer ihr gab, zum Beispiel zwei oder drei Rubel, mehr nicht. Hier erhielten die Frauen einen festen Lohn, das lockte sie.

Zum Werk gehören ein eigenes Kaufhaus, ein prophylaktisches Sanatorium, vier Kindergärten, eine eigene Berufsschule, ein Pionierlager. „Am Meer besitzen wir ein eigenes Kinderheim", berichtet sie stolz. „Es werden größere Gruppen von Kindern gebildet, deren Eltern wünschen, daß ihre Kinder dort Urlaub machen. Die Bezahlung erfolgt wie für den Kindergarten, höchstens zehn Rubel im Monat, je nach Einkommen der Eltern. Das Pionierlager ist kostenlos."

Ich frage die Gewerkschaftssekretärin nach der sozialen Lage der Frauen.

„Der Kindergarten richtet sich nach dem Arbeitsplan der Fabrik. Die Schichten gehen von 7 bis 15 und von 15 bis 23 Uhr. Es gibt einen Vertrag zwischen der Fabrik und der Autokolonne: Jeden Abend werden acht Busse geschickt, die die Frauen kostenlos nach Hause bringen.

Die Beziehungen zwischen dem medizinischen Institut und der Fabrik sind sehr eng. Von dort kommen Professoren und Mediziner, die Vorlesungen und kostenlose Konsultationen für die Frauen abhalten. Auch die Frauen, die in der ersten Schicht arbeiten, können ihre Kinder bis um 19 Uhr im Kindergarten lassen."

Mich wundert nicht mehr, daß die Frauen trotz Berufstätigkeit so wenig gestreßt wirken, denke an meinen eigenen Streß, als ich noch in der Schule arbeitete: 8.15 Uhr Schulbeginn, 7.45 Uhr Kindergartenöffnung, mein Schulweg über die Autobahn von Köln nach Düsseldorf bei einer Geschwindigkeit von einhundertvierzig Stundenkilometern dauerte mindestens fünfundzwanzig Minuten. Da durfte nichts schiefgehen. Und wie oft kam die Kindergärtnerin zu spät, dann mußte ich meine Tochter im Winter im Dunkeln allein stehenlassen. Dabei hatte ich noch Glück und einen Ganztagskindergarten erwischt, der bis 16 Uhr geöffnet war. Aber was tut bei uns eine Frau, die einen normalen Arbeitstag bis 17 Uhr hat? Ohne Neid kann ich mir so etwas einfach nicht anhören.

„Auf Wunsch der Frau, wenn sie einmal ins Kino oder Theater oder zu Besuch gehen und ihr Kind nicht alleinlassen will, kann sie es auch über Nacht im Kindergarten lassen."

Ich höre schon die Reaktion der Verfechter der Muttermuß-zu-Haus-bei-dem-Kind-bleiben-Theorien. Das sei doch

brutal, die Kinder sogar nachts im Kindergarten zu lassen. Brutal? Ich sehe das unglückliche Gesicht einer Freundin vor mir, als sie mir erzählte: ‚Gestern nacht war bei mir die Feuerwehr. Ich konnte es einfach nicht mehr aushalten, jeden Abend zu Haus zu sitzen, bin ins Kino gegangen. S. ist aufgewacht, hat aus dem Fenster geschrien. Die Nachbarn riefen die Feuerwehr. Die holten S. über die Feuerleiter raus. Ich muß auch noch den Feuerwehreinsatz bezahlen. Nun trau' ich mich aber endgültig abends nicht mehr weg.‘

„Den Kindergarten besuchen die Kinder ab dem ersten Lebensjahr. Es gibt auch Kinderkrippen.“

„Wie wird die Einteilung in Schichten organisiert?“

„Wechselnd. Eine Woche eine Schicht, die andere Woche die andere Schicht. Die Kinder der Mütter aus der zweiten Schicht schlafen dann meistens im Kindergarten.“

Ich stelle die Frage, die bei uns häufig als ‚wissenschaftliche‘ Erkenntnis formuliert wird: „Meinen Sie, es schade den Kindern, so lange Zeit entfernt von der Mutter zu sein?“

Die Frauen reagieren mit Unverständnis, fragen noch einmal nach, wie ich das meine, sagen schließlich: „Wir sind doch auch alle in den Kindergarten gegangen, es gibt keine negativen Erscheinungen als Folge der Kindergartenerziehung.“

Weitere soziale Erleichterungen: In der Fabrik existiert ein Zimmer für die persönliche Hygiene der Frau mit Dusche und Badewanne. Die Fabrik besitzt eine eigene Schuhreparatur, Friseur und Maniküre.

„Wer finanziert alle diese Einrichtungen?“

„Fünfzig Prozent der Ausgaben bezahlt die Fabrik“, antworten sie, fügen noch hinzu, damit ich auch über alles informiert sein möge: „Wir besitzen noch eine große Kantine, dreißig Prozent der Essenkosten bezahlt die Fabrik, dort gibt es mehrere Gerichte zur Wahl, auch Diät-Essen.“

Pausen?

„Die Mittagspause dauert dreißig Minuten, zehn Minuten Gymnastikpause. Wir haben einen schönen Garten, dort gehen die Frauen gern spazieren.

Wenn eine Frau ein wichtiges Fest feiert, Hochzeit oder Beerdigung oder ähnliches, meldet sie sich bei der Leitung und erhält dann einen nichtbezahlten Tag Urlaub oder auch mehrere.

Der Verdienst beträgt durchschnittlich einhundertfünfundsechzig Rubel, aber es gibt Frauen, die bis zu dreihundert Rubel verdienen, je nach Leistung. Der Plan bestimmt das Niveau."

„Was passiert mit einer Frau, die den Plan – aus welchen Gründen auch immer – nicht erfüllt?"

„Es gibt manchmal neue Arbeitskräfte, die es noch nicht schaffen, den Plan zu erfüllen, aber unser Brigadesystem fängt solch ein Problem auf. In einer Brigade sind fünf Frauen gemeinsam verantwortlich für die Planerfüllung der Brigade, so erziehen die Alten dann die Neuen, und nach kurzer Zeit ist auch die Neue so eingearbeitet, daß sie keine Schwierigkeiten mehr mit dem Plan hat."

Ich bitte die Direktorin zu erzählen, wie sie es geschafft hat, solch eine führende Stellung zu bekleiden. Ich schätze sie auf Mitte oder Anfang vierzig. Sie trägt ein rosa Jackenkleid mit kurzen Ärmeln und enger Taille, wirkt außerordentlich feminin zurechtgemacht in ihren hohen Stöckelschuhen, der perfekten, lockigen Frisur, dem sorgfältigen Make-up.

„Ich habe als Arbeiterin in dieser Fabrik begonnen, gleichzeitig nahm ich mein Studium auf. Nach dem Studium wurde ich hier als Brigadeleiterin eingesetzt. Also, von 1961 bis 1966 arbeitete ich als Arbeiterin, 66/67 nach dem Hochschulstudium als Meisterin, 67/68 als Schichtmeisterin, 68/69 als Abteilungschefin. Danach arbeitete ich im Ministerium für Leichtindustrie, von 69 bis 75. 75/76 war ich Direktorin einer anderen Fabrik. Von 1976 bis 1982 war ich Direktorin einer Vereinigung für Kinderbekleidung. Anfang dieses Jahres wurde ich zur Direktorin dieser Fabrik ernannt.

Ich habe zwei Kinder.

Das alles war nicht sehr schwer für mich. Ich habe einen sehr guten Mann. Mit seiner Hilfe konnte ich es schaffen, die Arbeit, die Kinder und den Haushalt unter einen Hut zu bringen. Er hat mir in allen Bereichen geholfen. Sogar, wenn mir manchmal ein bißchen ängstlich zumute war, hat er mich unterstützt. Ich habe leider keine nächsten Verwandten, da war der Mann für mich einfach alles."

„Und für Ihren Mann ist es nicht schwierig, mit einer Direktorin verheiratet zu sein?"

Die Antwort ist ein allgemeines Lachen. Sie antwortet nachdenklich: „Er mußte viel leisten, um einer solchen Frau beiseite zu stehen, außerdem bekleidet er selbst einen wichtigen Posten. Er ist Direktor bei der Akademie der Wissenschaften."

„Wie alt sind Ihre Kinder?"

„Die Tochter ist zwölf Jahre alt, der Sohn sechs. Wir haben sieben Jahre zusammengelebt, bevor die Kinder geboren wurden."

In der Nähe der Fabrik befindet sich das prophylaktische Sanatorium. Die Chefärztin empfängt uns, sie wirkt auf mich wie eine Köchin, rundlich im weißen Kittel, mit einer weißen Haube, volle, geschminkte Lippen, braune Murmelaugen, buschige Augenbrauen. Auch ihre Hände sind rund und zupakkend. Sie gefällt mir auf den ersten Blick in ihrer ungestümen Art zu reden, dabei mit den Augen rollend, energisch gestikulierend.

Sie führt uns durch den großen Speiseraum hindurch, in dem zwei Frauen an einem Tisch sitzen und ihr Essen einnehmen. Die Frauen kommen von der Fabrik hierher zum Essen. „Vier Mahlzeiten täglich erhalten die von uns betreuten Frauen", erläutert sie im Vorübergehen.

Mir ist die Funktion dieses prophylaktischen Sanatoriums recht unklar. Die Chefärztin erklärt:

„Die Hauptaufgabe unseres Prophylaktoriums ist, die Gesundheit der Frauen zu unterstützen, ohne daß diese ihre Arbeit unterbrechen müssen. Es gibt solche Prophylaktorien fast in jedem Betrieb in unserem Land. Die Besonderheit des Programms besteht darin, daß die Arbeiter nach der Arbeit ihre Zeit hier verbringen. Sie bekommen dann aufgrund medizinischer Untersuchungen bestimmte Therapien. So können die Frauen ihre Ferien mit ihrer Familie verbringen."

„Was macht denn die Familie, wenn die Frauen drei Wochen hier sind?"

Sie winkt beiläufig ab: „Bei uns fahren die Menschen doch auch allein in Urlaub, das ist nichts Besonderes, daß einer mal eine Weile fort ist. Und die Familien haben alle Möglichkeiten, sich zu helfen, damit die Frau ihre Gesundheit erhalten kann.

Verstehen Sie es bitte richtig, hier werden nicht die Menschen kuriert, die schon ihre Gesundheit in irgendeiner Hinsicht verloren haben, hier wird die Gesundheit unterstützt. Die Menschen werden hierhergeschickt und bekommen eine

Therapieanwendung, je nach dem Arztbescheid. Die Frauen gehen arbeiten, und nach der Arbeit kommen sie hierher."

Ich überlege, was damit bei uns verglichen werden könnte, aha, die Kuren, die bei uns außerhalb der Arbeitszeit und zusätzlich zum Urlaub nötigenfalls alle zwei Jahre verschrieben werden können. Ist das gemeint?

„Nein, solche Kuren gibt es bei uns auch. Bei der Kur bekommt der Patient eine Krankenliste und einen Kurschein von der Gewerkschaft und verbringt dann die ganze Zeit in einem Sanatorium. Dies hier ist eine zusätzliche Einrichtung, die mehr Menschen in der Gesundheitsvorsorge erfassen kann. Im vorigen Jahr, also 1982, haben wir zweitausendsechshundertneunundsiebzig Patienten betreut. Da wir dem Ministerium für Leichtindustrie angeschlossen sind, wo meist Frauen tätig sind, organisieren wir ein Programm, das es Frauen ermöglicht, mit ihren Kindern hier im Sommer eine Kur zu verbringen. Die Frauen arbeiten, und die Kinder bleiben hier. Die Kinder machen Ausflüge, spielen, schwimmen. Manche schicken ihre Kinder in die Pionierlager. Besonders für eine Mutter mit einem kranken Kind ist solch eine Kur günstig. Die Kosten werden von zwei Seiten getragen, von der Administration und von der Gewerkschaft. Vor drei Jahren kostete die Verpflegung neunundsiebzig Rubel, sechzehn Rubel davon zahlte die Frau. Seit drei Jahren bezahlen die Administration und die Gewerkschaft auch diese sechzehn Rubel."

Ich versuche, mir die Situation vorzustellen: Da ist eine Frau mit einem, vielleicht zwei Kindern, die nicht krank ist und ihrem Mann mitteilt: So, in den nächsten drei Wochen mußt du dich allein um die Kinder und den Haushalt kümmern, ich gehe ins Prophylaktorium. „Und wenn die Männer nicht mitspielen?" frage ich. „Wenn die nicht einverstanden sind mit der Übernahme der Pflichten?"

„Solche Männer liegen weit in der Geschichte zurück", erwidert sie im Brustton der Überzeugung. „Das gab es in den vierziger Jahren, heute nicht mehr. Das ist schon lange her. Man kann die Medaille auch umdrehen: Die Männer wollen, daß ihre Frauen gesund bleiben und die Kinder gut aufziehen können."

Ich muß lächeln. Sie hat sich bei ihren Worten schwer auf den Schreibtisch gestützt, mir das Gesicht kämpferisch entgegengestreckt, und auch ihre Stimme hat einen leicht drohenden Unterton angenommen. Ich denke: Wenn einer noch in den vierziger Jahren steckengeblieben ist, wird ihm hier sicherlich Bescheid gestoßen.

Anschließend nehmen wir in einem schmalen Zimmerchen einen Imbiß ein.

Zu uns gesellt sich eine alte Frau. Sie ist einfach gekleidet, ihr Gesicht von vielen Falten durchfurcht. Ihre grauen Haare hat sie aus dem Gesicht gekämmt und hinten zu einem Dutt verschlungen.

Sie sei die Frauenratsvorsitzende der Fabrik, Mutter von elf Kindern, bekomme ich mitgeteilt, und trotzdem Bestarbeiterin, sie schaffe drei Normen. Sie selbst fügt hinzu, sie sei Großmutter von achtzehn Enkeln.

„Welche Probleme kommen auf Sie als Frauenratsvorsitzende zu?"

„Es gibt zum Beispiel das Problem, daß sich die Frau wegen eines Konflikts in der Familie an das Gericht gewendet hat und meint, dort Unrecht erfahren zu haben. Wenn die Frau glaubt, das Gericht habe nicht sachgerecht entschieden, wendet sie sich an den Frauenrat, der ihre Sache übernimmt, zum Staatsanwalt Kontakt aufnimmt und dort die Interessen der Frau vertritt."

„Um welche Art von Konflikten handelt es sich hierbei?"

„Familienkonflikte ganz verschiedener Art. Vor kurzem zum Beispiel: Der Mann wollte im Haus der Eltern leben, die Frau wollte einen eigenen Haushalt. Auf dieser Grundlage entstand der Konflikt. Wir versuchten, Gespräche mit beiden Seiten zu führen, das Ehepaar zu überzeugen, daß solche Konflikte friedlich gelöst werden sollten, daß sie Pflichten haben gegenüber der Familie, gegenüber den Kindern. Wir versuchten die beiden zu überzeugen, daß sie Zugeständnisse machten. Das ist die Aufgabe des Frauenrates. Gesetzlich kann man da nichts machen, aber es gehört zu den gesellschaftlichen Verpflichtungen. Hauptsächlich entstehen solche Konflikte in den jungen Familien, wenn sich die Leute noch nicht richtig verstehen, nicht immer gleiche Meinungen vertreten. Die Scheidungsraten bei uns sind nicht hoch, die Familien sind sehr fest."

„Werden die Frauen schlecht angesehen, wenn sie sich scheiden lassen?"

„Wenn du nicht glücklich bist mit dem Mann, mußt du dich scheiden lassen", antwortet die alte Frau kategorisch, „da wirst du nicht verurteilt. Das sind heute andere Zeiten. Aber häufig kann man doch helfen bei Problemen, daß sie gar nicht erst zu einem grundsätzlichen Konflikt auswachsen. Und es gibt doch auch die Verantwortung für die Kinder. Wir sind eine kinderreiche Republik, fünfzig Prozent der Bevölkerung sind Kinder bis zu vierzehn Jahren. Man sagt bei uns von einer Frau, die drei Kinder hat: Sie will keine Kinder bekommen."

Meine Standardfrage: „Abtreibung. Wie halten Sie es damit?"

„Wenn eine Frau abtreiben will, geht sie ins Krankenhaus. Die Frau wird nicht schlecht angesehen. Nach dem Krieg war die Abtreibung verboten, weil wir mehr Kinder brauchten, aber die Frauen machten es trotzdem. Das war schlecht für die Gesundheit der Frauen. Heute ist es erlaubt. Nach einem Gespräch mit dem Arzt, mit dem Mann, geht die Frau in die Klinik."

Ich frage entsetzt: „Wieso Mann? Ist sie verpflichtet, mit dem Mann vorher zu sprechen?"

Mein Bauch gehört mir, denke ich, wittere eine neue Entscheidungsgewalt des Mannes über die Frau. Die Frauen sehen mich etwas erstaunt an, sie verstehen meine Reaktion nicht.

„Aber es ist doch besser, sie bespricht so etwas mit dem Mann", antwortet die Frauenratsvorsitzende. „Die Geburt eines Kindes betrifft doch nicht nur die Frau, sondern auch den Mann, und ebenso sollte der Mann auch bei einer Abtreibung mit in die Verantwortung einbezogen werden. Es ist doch nicht gut für eine Ehe, wenn die Frau so etwas allein entscheidet."

Ach so. Welches Mißtrauen da schnell wieder aufflackert, denke ich für mich ein wenig beschämt. Hab' doch vorher gewußt, daß die Frau gesetzlich das Recht hat, über ihren Bauch allein zu bestimmen. Dies schnelle Mißtrauen. Ich nehme mir vor, diesem Mißtrauen in mir selbst mehr Aufmerksamkeit zu widmen, stärker darauf zu achten, wo es gerechtfertigt ist, weil die Wahrnehmung gesetzlicher Rechte durch die Ideologie von Frauen- und Mütterrollen zumindest eingeschränkt wird, wo ich es aber auch mitbringe und den

Menschen hier bei dem kleinsten Reizwort überstülpe. Zur Frage der Abtreibung zumindest scheint es mir nach den vielen Gesprächen hier angebracht, weiß ich doch, daß eine Tabuisierung dieses Problems den Frauen nur schaden kann. Dabei übersehe ich nicht, daß die Situation einer berufstätigen Frau mit Kindern hier mit der unseren kaum zu vergleichen ist.

Ich nehme mir vor, noch genauer hinzusehen, meine Augen und Ohren von Vorurteilen nicht verkleistern zu lassen. Alles ist so anders hier, jede voreilige Schlußfolgerung hindert mich, unbefangen Fremdheit zu überwinden, das Wesentliche zu erkennen.

Granatäpfel und nackte Füße

Der erste Tag in Baku nimmt so schnell kein Ende. Nach dem Besuch der Nähfabrik und einer Stadtbesichtigung, die beim ‚Denkmal der sechsundzwanzig Kommissare' beginnt und beim alten Zarenpalast mitten in der Altstadt endet, der umgeben ist von alten, exotisch anmutenden Flachdachhäusern, auf und vor denen viele kleine, halbnackte Kinder spielen, besuchen wir Frau Asisbekova, die elegante ‚Akademikerin' vom Vormittag. Sie ist die Enkelin eines der drei Kommissare, die beim Eintreffen der Truppen der Entente 1920 von den Engländern verhaftet worden waren. Dies war die Zeit des Bürgerkrieges und der Niederlage der Sowjetmacht. Die sechsundzwanzig Kommissare wurden mit einem Schiff nach Krasnoworsk gebracht und dort in der Wüste erschossen.

Der Weg zur Datscha der Akademikerin führt uns durch immer schmalere Straßen, gesäumt von hohen Steinmauern. Frau Asisbekova wird später sagen: „Auch das gehört zur Frauenfrage. Alle Anwesen waren umgeben von Mauern, um die Frauen von der Außenwelt abzuschirmen. Keiner sollte sie sehen."

Die Datscha liegt in einem großen Garten, in dem ich Granatapfelbäume entdecke, deren Zweige sich unter den vielen schweren Früchten der Erde entgegenneigen. Mandelbäume gibt es hier, Weinstöcke, Blumen, Olivenbäume, alles wild durcheinanderwuchernd. Ähnlichkeiten mit unseren schnurgeraden Nutzbeeten in Schrebergartensiedlungen können nicht nur wegen der südlichen Fauna und Flora nicht aufkommen.

Barfuß, in einem kittelartigen Sommerkleidchen, empfängt uns die Tochter unserer Gastgeberin. Mit ihrer schmalen Taille und den üppigen Rundungen entspricht sie vollauf dem hiesigen Schönheitsideal. Auf mich wirkt sie wie ein Bauernmädchen, und als ich erfahre, sie sei Musikwissenschaftlerin und dreiunddreißig Jahre alt, kann ich nur amüsiert sagen: Das sind hier Frauen! Ihre Kinder, fünf und acht Jahre alt, halten sich nicht lange mit neugierigen Augen bei dem fremden Besuch auf, verschwinden wieder, um zu spielen. Sie wirken wie die Geschwister ihrer Onkel, die zwölf und vierzehn Jahre alt sind. Frau Asisbekova, erzählt uns Asisa Chanun, hatte als junge Frau ihre Tochter bekommen, dann ihre wissenschaftliche Ausbildung hinter sich gebracht und erst als Professorin ihre beiden Söhne geboren.

Bald laufen wir Frauen alle barfuß herum. Ich scheine die einzige zu sein, die den Kontrast zwischen der eleganten Erscheinung unserer Gastgeberin und den nackten Füßen überhaupt wahrnimmt.

Sie zeigt mir die Datscha, einen zweistöckigen Holzbau mit einer geräumigen Veranda, drei Zimmern unten, zwei oben. Sie entschuldigt sich für die Unordnung im Haus: „Wir haben die Kinder gerade aus dem Pionierlager abgeholt." Mich stören die in allen Ecken verstreuten Kindersachen jedoch nicht, ganz im Gegenteil: Die nackten Füße, die Unordnung, die Unbefangenheit, mit der sie meine Handtasche mit frischgepflückten Mandeln vollstopft, bewirken, daß ich mich heimisch fühle, wie bei Freunden, und nicht befangen – immerhin bin ich zu Gast bei der Creme de la Creme der sowjetischen Intelligenz.

Sie zeigt mir ihr Arbeitszimmer, hohe Stapel historischer Fachbücher liegen herum. „Ich arbeite nur zwei Tage in der Woche in Baku, sonst lebe ich auf der Datscha. Die Luft ist hier einfach besser, ich fühle mich wohler, kann mehr schaffen."

„Mein Mann ist krank", vertraut sie mir an, als wir die steile Leiter in den Garten hinabsteigen, „sehr krank, er hat es am Herzen, liegt im Krankenhaus."

Alle Schönheiten des Gartens werden mir stolz vorgeführt. „Mein Großvater hat das alles angelegt, er war auch der erste, der in dieser Gegend Olivenbäume anpflanzte." Sie führt mich zu einem tief in die Erde gemauerten Brunnen, weist auf den ebenfalls gemauerten Sonnenschutz. „Damit der Brunnen nicht austrocknet. Es gibt hier große Wasserknappheit, aber in den alten Brunnen versiegt das Wasser nie. Viele Brunnen liegen in dieser Gegend, dadurch kann nie der Fall eintreten, daß einmal kein Trinkwasser mehr vorhanden ist."

Auf dem Weg zurück zum Haus hebt sie Weinreben von der Erde auf. „Sehen Sie einmal, das ist eine Weinspezialität, er liegt am Boden, saugt so die Wärme der Erde auf. Der gibt einen besonders guten Wein."

Vor dem Abendessen soll mir die Möglichkeit gegeben werden, im Kaspischen Meer zu baden. Wir fahren mit dem Auto hin, die Asisbekova und Asisa Chanun bleiben im Auto. Etwas befangen ziehe ich meinen Bikini an. Helena hatte mir von Baku erzählt: „Als ich am Strand erschien, bildete sich sofort eine Traube von Männern um mich, die ungeniert ‚ah' und ‚oh' ausstießen, ja sogar versuchten, mich anzufassen. Dort darfst du unter keinen Umständen im Bikini schwimmen gehen." Hier, am weiten leeren Strand sind zwar keine Männer zu erblicken, die mich vielleicht anfassen könnten, trotzdem: Was werden die Frauen von mir denken? Schnell vergesse ich meine Skrupel, hinein in die hohen Wellen und für eine kurze Weile weg mit den Gedanken an die Arbeit, den Sorgen: Habe ich auch ja keine Frage vergessen, die die westdeutschen Frauen an die sowjetischen stellen könnten? Meine Erschöpfung ist wie weggeblasen, als ich vom bewegten Wasser zum Auto zurückkehre. Die beiden Frauen im Auto freuen sich mit mir, keine Aufforderung ergeht an mich, irgendwelche besonders gearteten Schutzmaßnahmen beim Umziehen – ohne Handtuch, Bademantel oder Umkleidekabine – zu treffen. Selbstverständlich gehen alle davon aus, daß die Männer schon weggucken werden. Meine Befangenheit, so mein Eindruck am Schluß, ist größer als die der Hiesigen. Auf dem Rückweg erzählt unsere Gastgeberin, ihr Großvater habe auch eine Sauna bei der Datscha gebaut. Gehen hier Männer und Frauen gemeinsam in die Sauna? „In der Banja sind alle gleich. Prüderie im 20. Jahrhundert, das ist überholt", meint lachend Frau Asisbekova.

Nun gut, als typisch für die hiesigen Frauen lasse ich sie nicht gelten.

Mittlerweile ist ihr Schwiegersohn von der Universität zur Datscha heimgekehrt, Wissenschaftler auch er, Naturwissenschaftler und Ökonom, arbeitet als Dozent, macht gerade seinen Professor. Auch er freundlich, natürlich, unbefangen, von irgendeiner elitären Arroganz ist nichts zu spüren.

Das Abendessen wird draußen eingenommen, wir rücken eng zusammen um den Tisch, auch hier sind die Chauffeure wieder dabei. Die Nachbarin hatte schon eine ganze Zeit auf der Veranda gekocht. Im Hintergrund blöken Schafe, ab und zu tönt Kinderjubel zu uns herüber – ein Pionierlager befinde sich hier ganz in der Nähe, werde ich in Kenntnis gesetzt, dort werde anscheinend heute ein Fest gefeiert.

Der Tisch ist gefüllt mit Vorspeisen, Salaten, Hack, umwikkelt mit hauseigenen Weinblättern. Der Schwiegersohn irrt im Garten, dann im Haus umher, um den Korkenzieher für die Weinflasche zu suchen. Schließlich wird der Korken in die Flasche gestoßen. Anscheinend haben die Kinder mit dem Korkenzieher gespielt. Keine Gereiztheit aus diesem Anlaß, auch nicht den Kindern gegenüber, wenn sie von Zeit zu Zeit aufkreuzen. Kaum haben wir mit den Vorspeisen begonnen, stellt die Tochter einen Teller mit Suppe von der Größe einer Schüssel vor mich. Sie meint es gastfreundlich. Die Mutter weist sie zurecht: „Warum so schnell?" Der Teller wird wieder fortgetragen. Ich freue mich über den Zwischenfall, zeigt er mir doch, daß die einfache Freundlichkeit, mit der ich hier empfangen werde, nicht zur Schau gestellt ist für die Besucherin aus dem Westen, daß es sich hier nicht um eine Fassade, sondern in Wirklichkeit um Menschen handelt, die mit allen Wassern des feinen Lebens gewaschen sind. Zum Glück bekomme ich dann wie die anderen auch die Suppe in kleinen Schalen. In ihr schwimmen kleine, mit Hack gefüllte Teigtaschen, deren Fertigstellung Fingerfertigkeit erfordert, wie mir zuvor Asisa Chanun und die Nachbarin demonstriert haben. Noch mehr Nationalgerichte werden aufgetischt: knusprige, in Öl gebratene gefüllte Teigtaschen, Schaschlik, am offenen Feuer geröstet. Anschließend auch hier Obst, Obst, Obst, Konfekt, Tee. Die Flasche Wein reicht für alle, hier wird nicht viel getrunken, von Frauen schon gar nicht.

Meine Erschöpfung ist einer ruhigen, friedlichen Bereitwilligkeit gewichen, in den Abend zu tauchen. Es ist, als wiche meine Angst und Spannung, die mich seit meinem Abflug in

Frankfurt erfüllt hatte und die ich diffus darauf richtete: Werde ich als Fremde in der Sowjetunion genug kennenlernen, um ein ehrliches und aufschlußreiches Buch zu schreiben, werde ich die Wirklichkeit erfahren können? Es ist, als wiche die Angst eben jetzt, in der frischen und würzigen Abendluft, nach diesem Tag voll Frauen, die stolz auf ihr Leben sind, zwischen diesen Menschen, die den Rotweinkorken in die Flasche stoßen, alles mit einer Gabel essen, Messer sind gar nicht erst gedeckt worden, die die fettigen Teigtaschen in die Hand nehmen, mich immer wieder so freundlich anlächeln und fürchterlich klug diskutieren, wenn wir auf die Lage der Frau zu sprechen kommen. Und ich denke: Die Frauen selbst werden das Buch so füllen, daß es prall wird. Ich muß sie nur auf die Seiten bannen, das ist alles. Der Druck verfliegt, von nun an werde ich weniger hektisch auf die Frauen losstürzen.

Die Tochter hat vor kurzem einen Artikel über den Schleier geschrieben. „Natürlich“, sagt sie, „hatte er eine reaktionäre und frauenfeindliche Funktion, er schützte die Frauen aber auch vor Übergriffen durch andere Männer. Er trug mit dazu bei, daß sich enge Frauengemeinschaften bildeten.“

Unsere Gastgeberin bekommt wieder ihr intelligentes Wissenschaftlerinnengesicht. Eine der Zigaretten in der Hand, von denen sie Stück auf Stück raucht – „Ohne Zigaretten kann ich nicht sein“ –, hebt sie an zu einem Vortrag über die Frauen vor der Revolution und heute.

Sie merkt wohl, daß ich keine allzu aufmerksame Zuhörerin bin, mehr lese in ihrem Gesicht und dem ihrer Tochter, sie lächelt: „Manchmal würden wir auch ganz gern einfach nur eine Frau sein, vielleicht sogar unter dem Mann stehen, aber das Leben ist anders, die Zeit stellt Aufgaben, die bewältigt werden müssen.“

Auf dem Land

Ein Mann empfängt uns, mein erstes männliches Gegenüber in Aserbaidschan, abgesehen vom Chauffeur und dem Schwiegersohn. Er ist Parteisekretär des Rayons, in dem sich die Sowchose befindet, die wir besuchen. Wir treten in einen sehr großen, länglichen Raum mit langem Konferenztisch vor dem Schreibtisch. Unter dem Leninbild sitzt der gutaussehende schlanke Mann mit dem schmalen Gesicht. Die wohlfrisierten dunklen Haare mit den grauen Schläfen, die das gebräunte Gesicht rahmen, glatt bis auf einige scharfe Querfalten auf der Stirn, der dunkle, gepflegte Schnäuzer, der feine blaue Anzug mit hellem Hemd und Schlips, die feingliedrigen Hände, all das weckt in mir die Assoziation an alte Gutsherrenfilme mit gepflegten Männern auf rassigen Pferden, die die Mägde ... Ich tue ihm Unrecht, ich weiß, aber so sieht er nun einmal aus. Seine Ausführungen erinnern jedoch eher an Uni-Seminare: Zahlen, Fakten, Zusammenhänge, sachlich, trocken redet er, ohne auch nur ein einziges Mal zu lächeln.

Die Zahlen über den Rayon Hachmas rattern an mir vorüber, ich stenographiere angestrengt mit, frage nach einiger Zeit nach den Frauen. Frauen sind überall beschäftigt, lautet die Antwort, im Elektrowerk, in den Bäckereien, auf der Sowchose. In der Pflanzen- und Viehzucht beträgt der Anteil der weiblichen Arbeitskräfte siebzig Prozent. Er nennt die genauen Produktionsziffern im landwirtschaftlichen Bereich. Ich werde schon etwas unruhig, denke, ich will doch kein Buch über die Landwirtschaft an sich und überhaupt schreiben, was soll das hier geben?

Nach einiger Zeit bitte ich ihn, etwas über die Geschichte der Sowchose zu erzählen, und denke dabei an spannende Geschichten über Enteignungen und damit einhergehende Kämpfe. „1920 wurde in Aserbaidschan die Sowjetmacht gegründet, danach war die Periode der Vorbereitung auf die Kollektivierung, die durch harte Klassenkämpfe gekennzeichnet war, es dauerte zehn Jahre, bis die allmähliche Enteignung des Bodens von Großgrundbesitzern zu ihrem Abschluß gelangt war. Anfang der dreißiger Jahre begann die Kollektivwirtschaft, die je Kollektiv zwischen zehn und fünfzehn Bauern umfaßte. Die kleinen Gemeinschaften schlossen sich später zu großen Kolchosen zusammen, und seit 1932 gibt es hier die Sowchose, eine staatliche Wirtschaft im Vergleich zu den Kolchosen, die eine kollektive Wirtschaft bedeutet. Nach dem Krieg schlossen sich die Kolchosbauern zusammen zur Sowchose."

„Auf Druck hin?" möchte ich wissen.

„Nein, der Entschluß wurde von den Kolchosbauern gemeinsam auf einer Versammlung gefällt. In diesem Rayon gibt es keine Kolchosen mehr. Es gibt andere Rayons, wo die

Bauern nicht in einer Sowchose arbeiten wollten. In diesem Rayon gibt es seit 1964 keine Kolchosen mehr."

„Welches waren die Argumente für die Sowchosen?"

„Zugrunde lag die Konzentration der Technik. In Sowchosen kann die Wirtschaft besser auf ein Ziel gelenkt werden, die Produktion wird dadurch erhöht."

Ich gebe nicht auf, will doch noch zu meinem Frauenthema kommen, frage nach der besonderen Rolle der Frauen in dieser Geschichte. Dabei habe ich die DDR-Romane im Kopf, in denen beschrieben wird, daß häufig die Frauen in den Dörfern als erste zum Eintritt in die Genossenschaften drängten, weil sie es schließlich waren, die unter den alten Bedingungen die schwerste Arbeit leisten mußten: vor Tagesanbruch die Kühe melken, Arbeit ohne Pausen oder soziale Absicherungen, ohne Urlaub.

„Dieser Rayon war und ist multinational, es gibt enge Verbindungen zu Rußland, die Produktionsbetriebe hatten Einfluß auf die Entwicklung des Bewußtseins. Deshalb gab es keine besonderen Probleme bei der Entwicklung der neuen Frauenrolle", antwortet er.

Mir ist das immer noch viel zu abstrakt. „Wie arbeiteten die Frauen denn früher", will ich wissen, „und was ist heute anders?"

„Vor der Revolution arbeiteten die Frauen nicht. Sie waren zu Hause, im Haushalt, bei den Großgrundbesitzern. Ihre Arbeit betraf alles, was zum Haus gehörte, in der Produktion waren sie nicht tätig. Heute zum Beispiel lenken Frauen auch Traktoren, sie haben einen achtstündigen Arbeitstag, während der Ernte zwar nur am Sonntag frei, dafür aber eine Kompensation. Sie haben gesetzlich geregelte Ferien, wie alle anderen arbeitenden Menschen auch. Das Gemüsesammeln ist heute keine schwere Arbeit mehr, es ist mechanisiert, ebenso die Viehzucht, das Melken. Die Bearbeitung der Felder mit Chemikalien erfolgt vom Flugzeug aus. Außerdem sind die gesellschaftlichen Dienstleistungen für die Hausarbeit hochentwickelt, beispielsweise kostet es sehr wenig, ja, keinen Rubel für eine Bettgarnitur, wenn die Wäsche fortgegeben wird."

„Wie ist es denn mit dem Bauernbewußtsein, wenn nun alles staatlich ist? Fühlen sich die Landarbeiter ‚ihrer Erde' überhaupt noch verbunden?"

„Alle haben privates Land zusätzlich, wo sie Gemüse und Obst anbauen und Tiere halten.“

„Und für die Arbeit in der Sowchose? Haben sie noch das gleiche Interesse an der Produktionssteigerung wie die Privatbauern?“

„Dafür gibt es bei uns ein materielles Stimulans. Unsere Brigaden schließen Verträge mit der Sowchose, welchen Ertrag die Brigade einbringen will. Die Technik ist in diesen Vertrag eingeschlossen. Alle sind daran interessiert, die Produktion zu heben, denn dann erhöht sich der Lohn prozentual nach Qualität und Quantität.“

Ich erzähle von meinen Eindrücken in Moskau. Ich besuchte dort einen Markt. Nebeneinander, unter einem Dach, befanden sich Kolchos und staatlicher Markt. Auf dem Kolchosmarkt war alles Erdenkliche vorhanden, von hoher Qualität und schönem Aussehen. Dort konnte man mit den Bauern handeln, probieren, es machte Spaß durchzuspazieren und erinnerte mich ein wenig an Spanien und Italien. Auf dem staatlichen Markt jedoch wurde viel weniger angeboten, kaum Gemüse, es war schlecht dekoriert, zwar billiger, aber schlechter. „Woran liegt denn das?“

Er verzieht keine Miene bei dieser Frage, die bei uns in Sozialismusdiskussionen oft als prinzipieller Beweis für die Unfähigkeit sozialistischer Landwirtschaft ins Feld geführt wird. Das Problem ist hier bekannt und bewußt, niemand fühlt sich durch die Frage angegriffen.

„Wir leiden an einem Mangel an Transportmitteln. Ein Kolchosbauer fliegt an einem Tag mit seiner Ware im Flugzeug nach Moskau, verkauft dort, fliegt am nächsten Tag wieder zurück und hat trotz des Fluges einen hohen Gewinn erzielt. Staatlich handelt es sich natürlich um sehr viel größere Mengen, die nicht per Flugzeug transportiert werden können. Mit dem Zug oder dem Lastwagen dauert es manchmal eine oder zwei Wochen, bis die Waren in Moskau ankommen. Das hat natürlich schlechte Folgen für Lebensmittel. Wir diskutieren im Augenblick überall, wie wir dieses Problem lösen können. Zum Beispiel werden Verträge zwischen Feld und Kaufhaus geschlossen, so daß vom Feld sofort zum Kaufhaus geliefert werden kann, das dann die Verteilung übernimmt. Im Lande selbst gibt es da keine Probleme, aber Moskau liegt weit entfernt von unseren Republiken.“

Ich habe mich jetzt entschlossen, nicht mehr auf der Frauenproblematik herumzureiten, für die er sowieso nicht die richtige Adresse zu sein scheint, sondern alle meine Fragen zur Landwirtschaft loszuwerden, denke, die Frauen und Männer, die mein Buch lesen werden, interessiert das vielleicht genau wie mich. Und warum soll ich die Gelegenheit jetzt nicht nutzen?

„Sehen Sie keinen Widerspruch zwischen naturgemäßer Landwirtschaft und der starken Einbeziehung der Technik? Kann das nicht dazu führen, daß die Menschen hier den Kontakt zur Natur verlieren und diese sich dann auch weigert, den Menschen Erträge zu spenden?"

„Als Agronom kann ich dazu sagen: Heute, da die Menschen immer besser leben wollen, ist es unmöglich, zu Methoden der Urgesellschaft zurückzukehren. Mit Hand und Hacke geht es nicht mehr. Um die Bedürfnisse der Menschen zu befriedigen, brauchen wir die modernste Technik. Es ist unmöglich, große Felder ohne Maschinen zu bearbeiten. Anders ist es, was die Chemikalien betrifft: Der Boden braucht Dünger, Mineralien, um fruchtbar zu bleiben. Bei uns, wie auch sonst im Lande, wird unablässig geforscht, wie chemischer Mineraliendünger durch biologischen ersetzt werden kann. Hier bei uns werden schon biologische Mittel bei der Bekämpfung von Insekten benutzt, noch nicht überall im Lande, aber wir beginnen damit. Es gibt zwei Richtungen bei der Bekämpfung von Ungeziefer: Zum Beispiel bei den Tomaten werden einige Ungeziefer mit einem biologischen Mittel bekämpft, zum anderen gibt es Ungezieferbekämpfung durch Insekten, die wir züchten, die ihre Eier nur in dieses Ungeziefer legen und es damit zerstören. Die Eier selbst sind nicht schädlich. Wir züchten diese Insekten in zehn Laboratorien."

„Gibt es bei Ihnen so etwas wie Landflucht?"

„Es gab eine solche Tendenz Anfang der sechiger Jahre. Heutzutage ist etwas anderes zu konstatieren: Nicht alle konnten sich anpassen an die Städte, sie haben auch nie die Bindung an den Geburtsort verloren, viele kehren zurück. Es gibt hier ja auch Kino, Theater, Konzerte. Sogar viele mittlerweile älteren Leute wollen zurückkehren. Heute gibt es eher einen Trend hin zum Land, zur Natur. Die jungen Ehepaare erhalten ein eigenes Haus, eigenen Boden, eigenen Garten, das lockt viele. Achtzig Prozent aller bei uns Arbeitenden sind junge Menschen."

„Wieviel verdienen die Leute auf der Sowchose?"

„Der Durchschnittslohn beträgt einhundertzwanzig Rubel, Bestarbeiter verdienen bis zu dreihundert Rubel. Es gibt feste Löhne, bei Planübererfüllung erhalten die Arbeiter Prämien, die anderthalb mal höher als der feste Lohn sind. Auf dem Gebiet müssen wir aber noch weiter arbeiten." Erstmalig wirkt er jetzt weniger sachlich, betroffen, nachdenklich. „Ich meine, die Normen müßten noch einmal wissenschaftlich überprüft und an die im Rayon herrschenden Verhältnisse angepaßt werden. Meiner Meinung nach sind die Normen hier noch höher als notwendig. Wenn die Norm niedriger gesetzt wird, erhöht sich der Lohn."

„Wieviel verdienen die Frauen?" Meine Standardfrage, aber bei uns in der BRD verdienen die Frauen für gleiche Arbeit nun einmal weniger als ein Mann. Also muß ich die Frage immer wieder stellen. Die Antwort ist Unverständnis, ich weiß es ja schon, aber immer geben sie sich Mühe zu antworten.

„Die Frauen verdienen genausoviel wie die Männer, denn sie erfüllen den Plan nicht schlechter. Ganz im Gegenteil, Frauen sind oft tüchtiger und biegsamer als die Männer, bei Tomaten beispielsweise kann ein Mann fünfhundert bis sechshundert Kilo sammeln, eine Frau etwa doppelt soviel. Also verdient sie auch dementsprechend mehr."

„Wieviel verdient der Direktor?"

„Das ist abhängig vom Endprodukt und der Kategorie der Sowchose."

In diesem Rayon gibt es vierundzwanzig Sowchosen, erfahre ich jetzt, es ist doch alles noch größer, als ich es mir vorstellen konnte.

„Der Direktor verdient zwischen einhundertvierzig und zweihundertachtzig Rubel im Monat."

Der Parteisekretär hat mein Erstaunen bemerkt, als ich von den vierundzwanzig Sowchosen höre, klärt mich nun noch einmal auf, wo ich eigentlich bin: im Rayon-Parteikomitee, und er ist der erste Sekretär. Mit uns am Tisch, neben mir, sitzt die zweite Sekretärin, eine ältere Frau, mütterlich, freundlich. O Schreck! Irgendwie habe ich die Situation wohl nicht richtig erfaßt. Die vielen Informationen, das Riesengebiet – und ich hatte gedacht, in die Landwirtschaft zu kommen.

Die stellvertretende Parteisekretärin, die bisher meist geschwiegen und nur ganz selten eine Ergänzung oder eine kurze Richtigstellung eingeworfen hat, erläutert jetzt zur Situation der Frauen in der KPdSU in Aserbaidschan: „Wir versuchen eigentlich bei allen Leitungsfunktionen, diese von einem Mann und einer Frau ausfüllen zu lassen. Entweder ist der Mann Vorsitzender und die Frau Stellvertreterin oder umgekehrt. Wir finden das sehr wichtig, denn Frauen bekommen doch einfach besseren und schnelleren Kontakt zu den Menschen."

Innerlich muß ich lachen: In Aserbaidschan trugen die Frauen vor sechzig Jahren noch Schleier, in Deutschland waren 1920 die Frauen schon aktiv an der Arbeiterbewegung beteiligt, in Aserbaidschan wird jede Grundorganisation, jede größere Einheit geleitet von Mann und Frau, in dem Teil Deutschlands, in dem ich lebe ... Ich muß nicht nur lachen.

Ich bitte sie, etwas von sich zu erzählen, sage: „Sie sehen nicht gerade aus, wie bei uns in Filmen oder Büchern über die Sowjetunion Parteisekretärinnen geschildert werden." Sie wirkt weder besonders intellektuell noch so, als gäbe es in ihrem Leben nur die Partei. Nichts in ihrem Auftreten ruft Worte wach wie ‚stramm' kommunistisch oder ‚hart, streng, linientreu'. Ich würde bei ihr gar nicht an Politik denken, wenn ich sie woanders träfe – eher an Familie, Kinder, Enkelkinder. Vielleicht käme mir ein Wort wie Güte in den Sinn. Auf jeden Fall aber würde ich sie nach dem Weg fragen, wenn ich mich verlaufen hätte – so sieht sie aus. Es gibt Menschen, die brauchen sich nur in eine Bahn zu setzen, und schon setzt sich jemand neben sie und erzählt ihnen sein Leben. So eine ist das, denke ich, als ich ihr zuhöre. Keine Aufschneiderin und auch nicht eine mit Profilneurose, die sich in eine führende Position gedrängt hat. Bei dieser Frau vor mir denke ich an Verantwortung, wenn ich mir vorstelle, wie sie auf diesen Posten gelangt ist, und vielleicht auch, daß sie gar nicht recht merkte, wie ihr geschah, und dann wurde sie gefragt: willst du nicht ...? Gut, ich denke mir Geschichten aus, aber nicht ihr Gesicht, nicht die Augen, die Stimme, das Lächeln und die zurückhaltenden Gesten.

Zur Wirklichkeit:

„Ich bin von Beruf Russischsprachlehrerin, habe über zwanzig Jahre in einer Schule als Lehrerin gearbeitet, war dort Leiterin der Parteigrundorganisation. 1973 wurde ich zur Sekretärin des Parteirayonkomitees gewählt. Hier arbeite ich nun schon zehn Jahre.

Sicherlich ist die Landwirtschaft traditionell eine Domäne des Mannes, aber, daß die Männer fürchteten, wir würden sie aus den führenden Positionen vertreiben, das Problem haben wir eigentlich nicht. Die Frauen genießen viel Achtung."

Der Parteisekretär wirft ein: „Häufig lassen die Frauen die Männer nicht hochkommen, nicht umgekehrt."

„Es gibt natürlich Unterschiede zwischen der Stadt und dem Land, die Partei will aber gerade beide Lebensformen einander näherbringen. Die Dorffrauen sind vielleicht mehr an die Familie gebunden als die städtischen Frauen. Die Dorffrauen haben mehr Kinder, fünf bis sechs im Durchschnitt. Es gibt Familien mit zehn bis zwölf Kindern. In der Stadt Hachmas lebt eine achtzehnköpfige Familie."

Asisa Chanun fügt hinzu, sie sei einmal hiergewesen und habe ein Auto gesehen, in dem Unmengen von Brot transportiert wurden. Auf ihre Frage, wofür denn das Brot bestimmt sei, wurde ihr geantwortet: Für die Familie mit den vielen Kindern.

„Frauen, die kleine Kinder haben und nicht zu Hause bleiben wollen, schicken die Kinder in den Kindergarten. Wenn die Kinder dann in die Schule gehen, können die Frauen ohnehin arbeiten. Insbesondere im Sommer arbeiten alle Frauen, dann werden alle Hände gebraucht. Zu Hause bleiben hier ungefähr drei bis fünf Prozent der Frauen mit kleinen Kindern.

Ich selbst habe zwei Kinder."

„Wie haben Sie es geschafft zu arbeiten, auch gesellschaftliche Pflichten zu übernehmen und ihre Kinder großzuziehen?"

„Ich habe eine fünfköpfige Familie, meine Mutter hat geholfen, bis die Kinder erwachsen waren. Als die Kinder klein waren, gingen sie in den Kindergarten, und in meinem Beruf als Lehrerin hatte ich auch Zeit, mich mit den Kindern zu beschäftigen. Im Sommer fuhren die Kinder ins Pionierlager. Meine Kinder sind heute schon vierundzwanzig und sechs undzwanzig Jahre alt, die Tochter ist verheiratet. Die Tochter ist Lehrerin, der Sohn Ingenieur."

„Mir fällt auf, daß früher, also in Ihrer Generation, oft die Mütter halfen, heute ändert sich das aber doch für die jungen Frauen, da deren Mütter selbst arbeiten. Wie organisieren die ihr Leben – zum Beispiel Ihre Tochter?"

„In meinem Fall war es so, daß meine Mutter bei mir wohnte. Meine Tochter wohnt in Baku und der Sohn in Rußland. Ich habe drei Schwestern, die auch Kinder großzogen, ohne die Hilfe der Mutter. Es gibt doch Kinderkrippen, Kindergärten, Schulen mit Schulspeisung und Hausaufgabenüberwachung. Wir haben Pionierlager für die Kinder, meine Tochter macht es so wie Millionen von Sowjetfrauen.

Meine Mutter und mein Vater waren Arbeiter. Meine Mutter wurde 1914 geboren, meine Eltern waren bewußte Arbeiter, schon keine Analphabeten mehr."

Wir brechen unser Gespräch ab, man erwartet uns in einer Familie auf dem Dorf, wir müssen fahren.

Ich erzähle noch, daß mein großer Traum eigentlich war, einmal mit einer Traktoristin zu sprechen. Sie guckt etwas unglücklich: „Ach, wenn wir das vorher gewußt hätten, aber so schnell können wir die jetzt nicht erwischen, es ist Erntezeit, die sind alle auf den Feldern." Der Parteisekretär sagt: „Erst vor kurzem war eine Traktoristin bei mir, um sich zu beschweren. Sie hatte ein Jahr mit der Arbeit ausgesetzt, weil sie ein Kind bekommen hatte. In der Zeit hatte ein Mann ihren Traktor gefahren. Sie war sehr empört, denn er hatte ihren Traktor kaputtgemacht. Sie verlangte einen neuen Traktor. Den hat sie bekommen." Er fügt noch hinzu: „Ja, es ist schade, daß sie unsere Traktoristinnen nicht sehen, es sind junge, schöne und schlanke Frauen darunter."

Bei Bäuerin und Bauer zu Gast

Jetzt komme ich doch noch richtig aufs Land. Ringsum weite Felder, Bäume, ein krasser Gegensatz diese Landschaft, der die Fruchtbarkeit aus allen Poren platzt, zu der bohrturmgespickten Wüste rund um Baku. Das Auto schaukelt über die Straßen. Gemütlich stapfen von Zeit zu Zeit unbeaufsichtigte Kühe an uns vorbei, Schafe blöken einen Willkommensgruß.

Am Ziel angelangt, erblicke ich im Garten unter einem zimmergroßen Sonnenschutzdach einen großen Tisch. Um ihn herum Gewimmel: Kinder, junge Frauen, alle sehen uns neugierig entgegen. Eine ältere Frau empfängt uns, nimmt mich in den Arm, küßt mich: „Herzlich willkommen bei uns!" Es ist Alijev Suchra, die Hausfrau, bei der ich zu Besuch eingeladen bin. Sie führt uns in ihr Haus. Wir betreten eine geräumige, verglaste Veranda, neugierig werfe ich einen Blick in die Küche gegenüber, wir verteilen uns um den großen Tisch im . . . ja, was? Ein Ehebett steht hier, der Tisch ist groß genug, um zehn Leute zu bewirten, ein Schrank für Geschirr, reichlich mit Nippes bestückt, in einer Ecke, unübersehbar, ein mannshoher Stapel von Steppdecken, den ich staunend wahrnehme, meine Vermutungen kreisen lasse, nicht verstehe, wozu er dienen mag. Eine Wand ist bedeckt mit einem schweren, bunten Teppich. Aliv Agaguli, der Hausherr, stellt sich vor, ein großer, schlanker Mann mit breiten Schultern, stark sieht er aus und wie einer, der wilde Pferde zähmen könnte. Sein Gesicht ist sonnengegerbt, das Weiß seiner Augen leuchtet hervor, hebt sich ab von den fast schwarzen Augen. Auf seinem Kopf trägt er eine schwarze Kappe, die mich an die Kopfbedeckung der Basken erinnert.

Seine Frau wirkt zart neben ihm, zerbrechlich, über einen Kopf kleiner, mit einem Madonnengesicht unter dem Kopftuch, das einen mittelgescheitelten, dunklen Haaransatz ohne jedes Grau freigibt.

Wir nehmen am Tisch Platz, unsere Gastgeber, Asisa Chanun, die Parteisekretärin, Alexander und ich. Während die Frau des Sohnes die Vorspeisen aufdeckt, erzählt uns Aliv Agaguli von seiner Familie. Er ist Brigadeleiter einer Gemüsezuchtbrigade, seine Frau arbeitet in seiner Brigade, seit jeher schon arbeiten sie gemeinsam. Stolz berichten sie, daß sieben aus ihrer Familie in der Sowchose tätig sind. Wie groß die Familie ist, möchte ich wissen, erhalte den Eindruck einer unübersehbaren Schar von Menschen. Immer wieder steckt ein neugieriges Kind seinen Kopf in die Stube, oder eine andere junge Frau durchquert die Veranda zur Küche, die gleiche kindliche Neugier in den Augen.

„Zwölf Menschen umfaßt die Familie, alle leben wir hier zusammen. Bei uns ist es Sitte, daß die Söhne im Haus des Vaters bleiben, wenn sie heiraten. Wir haben drei Söhne, einer davon ist verheiratet, und vier Töchter, die Schwiegertochter hat zwei Kinder, ein kleines Baby. Nicht alle Kinder, die hier herumlaufen, gehören zu uns, es sind Nachbarskinder, auch von den jungen Frauen sind einige aus der Nachbarschaft."

Alijev Suchra, die Frau, spricht nicht viel, still sitzt sie am Tisch, wirkt etwas müde, nur die großen Augen von einer seltsamen Mischung aus Braun und Blau leuchten auffällig jung und frisch in ihrem gebräunten Gesicht. Ihr Mann erzählt, die Familie habe insgesamt im letzten Jahr allein an Prämien dreizehntausend Rubel erhalten.

Ich wende mich direkt an die Hausfrau, bitte sie, etwas über sich zu erzählen. Nun klärt sich, warum sie sich nicht unbefangen am allgemeinen Gespräch beteiligt: Sie versteht zwar Russisch, spricht aber nicht so fließend, daß sie sich russisch unterhalten mag. Ihre Sätze werden mir also doppelt übersetzt wiedergegeben, sie spricht aserbaidschanisch, ihr Mann, im Wechsel mit Asisa Chanun und der Parteisekretärin, übersetzen ins Russische, dann ist Alexander an der Reihe.

„Ich wurde 1938 geboren, heiratete 1955, also mit siebzehn Jahren. Ich habe zehn Klassen auf der Mittelschule absolviert. Ich wuchs in einer Arbeiterfamilie auf, in einem nicht weit von hier entfernten Rayon. Als ich sechs Monate alt war, starb mein Vater, nach meiner Hochzeit ist auch meine Mutter gestorben. Es gab fünf Kinder in der Familie, als der Vater starb. Die Mutter zog sie allein groß. Zwei meiner Brüder absolvierten die Mittelschule. Sie arbeiten heute als Chauffeure. Eine meiner Schwestern ist schon pensioniert. Meinen Mann kenne ich schon seit meiner Kindheit. Wir waren Nachbarn."

Ich stelle eine offensichtlich etwas peinliche Frage, denn alle lachen verlegen, aber sie scheint mir notwendig zu sein, wurden die Frauen vor der Revolution doch gehandelt wie Waren: „Haben Sie aus Liebe geheiratet oder weil die Eltern es so wollten?"

„Wir haben uns schon als ganz junge Menschen geliebt. Jetzt zu sagen, daß wir uns nicht geliebt haben, wäre gegen das Leben", antwortet sie, und über ihr braunes Gesicht zieht eine leichte Röte. Sie wirft ihrem Mann einen kurzen Blick zu. „Er half mir immer bei der Erziehung der Kinder. Er führt auch den ganzen Haushalt, ich habe mich nur mit den Kindern beschäftigt und mit dem Essenkochen. Unser erstes Kind wurde 1958 geboren."

Ich möchte gern wissen, wie ihre Vorstellungen vom Leben bei der Heirat waren.

„Na, daß wir arbeiten würden und Kinder bekommen."

Ich denke an junge Ehen bei uns, die häufig in der Vorstellung geschlossen werden, daß die Frau nach kurzer Zeit, meist wenn die Kinder kommen, aufhören wird zu arbeiten. „War es für Sie immer klar, daß auch die Frau arbeiten wird?"

Der Mann macht eine wegwerfende Handbewegung: „Bei uns arbeiten Mann und Frau, das ist richtig so."

Die Frau erläutert: „Wenn ein Kind geboren wurde, habe ich ein Jahr mit der Arbeit ausgesetzt, danach arbeitete ich weiter. Ich kann mir nicht vorstellen, ohne Arbeit zu leben. Außerdem habe ich eine große Familie, und für meinen Mann allein wäre alles zu schwierig. Ich möchte ja auch meine Söhne und meine Töchter heiraten lassen. Bei so einer großen Familie möchten wir nicht schlechter leben als alle anderen."

„Wie kommt es, daß die Söhne bei den Familien leben?"

„Das ist eine Tradition seit Urzeiten, der Sohn soll einmal der Hausherr werden."

Ich bin diesem reichen Kindersegen gegenüber skeptisch, stelle mir die große Belastung für die Frauen vor, mißtraue, durch die Bewahrung dieser Traditionen werde den Frauen wieder viel genommen von dem gesetzlich eingeräumten Recht, die Persönlichkeit ebenso zu entwickeln wie ein Mann. Vorsichtig versuche ich, eine Frage zu formulieren. Ob sie so viele Kinder auch haben wollte, ob es für sie nicht eine große Belastung war, immer wieder schwanger, immer wieder Geburten, immer wieder kleine Kinder.

Ihre Antwort ist von einem fragenden Blick an mich begleitet, so völlig, verstehe ich, begreift sie nicht, worauf meine Frage zielen soll: „Ich habe meine Kinder alle zwei Jahre bekommen, das war keine Planfrage, wenn ein Kind kam, kam es. Wir Aserbaidschaner lieben Kinder."

Was soll ich da noch sagen? Ich liebe auch Kinder, trotzdem werden mir meine zwei oft schon zuviel.

Für die Gäste steht Kognak auf dem Tisch. Das sei aber unüblich, wird uns erzählt. Die hiesigen Männer trinken Tee. Alkoholismusprobleme kennt Aserbaidschan nicht. In Anwesenheit ihrer Väter rauchen und trinken junge Männer überhaupt nicht. Die Parteisekretärin informiert uns, daß Aliv Agaguli Deputierter im Rayon-Sowjet sei und Mitglied des Parteikomitees. „Er ist ein sehr geehrter Mann." Ich sehe mir Aliv Agaguli daraufhin mit anderen Augen an. Habe ich mich geirrt, befinde ich mich gar nicht in einer durchschnittlichen Bauernfamilie? Ich versuche, im Kopf einen mit ihm vergleichbaren Menschen aus meiner Umgebung in der BRD zu finden. Vielleicht mein Onkel, im übrigen der einzige Bauer, den ich kenne. Früh gestorben, allerdings schon vor seinem Tod kein Bauer mehr, der kleine Acker, eine Viertelstunde Fußmarsch vom Haus entfernt, konnte die Familie nicht ernähren. Er wurde verkauft, das ehemalige Bauernhaus von dem Geld renoviert, der Stall, an dessen durchdringenden Gestank nach Schweinen und Kühen ich mich noch erinnere, ist jetzt ein weiträumiges Wohnzimmer, meine Tante arbeitet heute im Büro. Mein Onkel Mitglied im Landtag von Schleswig-Holstein? Ziemlich seltsame Vorstellung. Er zumindest hätte mich für verrückt gehalten, hätte ich ihm den Vorschlag gemacht: Kandidiere doch einmal für den Landtag!

Eine rundliche ältere Frau erscheint, setzt sich nach kurzem Zögern, das mir allerdings mehr Höflichkeitsritual zu sein scheint, mit an den Tisch, zieht sofort lebhaft das Gespräch an sich, lacht mich an, zwinkert und ißt. Auch hier werde ich wieder reichlich bewirtet, Salate gibt es, Fleisch, auch hier wieder Melonen, die von Beginn an bis zum Schluß auf dem Tisch stehen bleiben. Auch hier wieder die frischen Kräuter mit dem leichten Lakritzgeschmack, Petersilie, Schnittlauch. Alles Essen kommt aus der eigenen Wirtschaft, die Tomaten, die Gurken, das Obst und Gemüse, der Schafskäse und auch die knusprigen Keulen, die nun auf den Tisch kommen, stammen von Hähnchen, die vor kurzer Zeit noch auf dem Hof gackerten.

Die lebhafte Frau ist die Schwester des Hausherrn, Direktorin des Standesamtes und Vorsitzende des Frauenrates, darüber hinaus noch Deputierte des Stadtsowjets.

So ein Gespräch in einer Familie verläuft nicht geradlinig, nicht wie eine Diskussion mit Tagesordnung und Wortmeldungen, manchmal springt alles durcheinander, und manchmal verliere ich auch den Überblick. Während die Schwester von ihrer Arbeit auf dem Standesamt erzählt und daß sie heute eine Trauung vollzogen habe und noch irgend etwas, erfahre ich gleichzeitig, daß meine Gastfamilie zehn Schafe besitzt, einen Ochsen, zwei Kühe, daß ihr Land, wie das aller Bauern, zwölf mal einhundert Meter groß ist, daß sie alle Lebensmittel für ihre Familie selbst erwirtschaften und noch Erträge übrigbleiben, die dann an die Sowchose verkauft werden. Diese besitzt eigens eine Organisation, an die die Mitglieder der Sowchose sich wenden und die dann die Weiterverteilung der Lebensmittel an die Stadt übernimmt. „Das ist eine große Erleichterung für uns", erläutert der Hausherr, „andere verkaufen die Waren am Straßenrand oder fahren auf die Märkte."

Ich staune, frage alle, wie sie das bloß schaffen, Arbeit, all das übrige und dann noch die gesellschaftlichen Pflichten.

„Oh", sprudelt die Schwester los, „ohne gesellschaftliche Arbeit hätten wir das Gefühl, man bräuchte uns nicht. Wenn neue gesellschaftliche Aufgaben verteilt werden und ich werde nicht gefragt, bin ich beleidigt, dann denke ich, die halten mich wohl für überflüssig."

Der Hausherr erzählt noch einmal von seiner Brigade, voriges Jahr erhielt sie einundvierzigtausend Rubel Prämie – und er führt die Prämie auf, weil sie von der Qualität seiner Arbeit Zeugnis ablegt. Da seine Brigade fünfundvierzig Mitglieder umfaßt, erhielt jedes Mitglied also etwa eintausend Rubel. Ich vermute, er antwortet in dieser Weise, um mir zu zeigen, daß die Arbeit unter all seinen übrigen Verpflichtungen nicht leidet.

„Was machen Sie denn mit all dem Geld?", frage ich scherzhaft.

„Wir geben es aus. Wir haben ein Auto, nächstes Jahr wollen wir uns einen Wolga kaufen."

„Die Kinder werden heiraten", fügt die Frau hinzu. „Die Hochzeiten müssen ausgestattet werden."

Über die Hochzeiten in den asiatischen Gebieten werde ich später mehr erfahren, noch erscheint es mir seltsam, daß die Frau immer wieder auf die Hochzeiten ihrer Kinder zu sprechen kommt. „Welche Arbeit leistet denn der Frauenrat auf dem Land?"

Die Schwester und Vorsitzende des Frauenrates erzählt: „Wir organisieren Veranstaltungen für die Frauen, gehen auf die Felder, wenn die Frauen dort arbeiten, wir organisieren Komsomolhochzeiten."

„Gibt es hier nur Hochzeiten oder auch Scheidungen?"

„Oh, unsere Familien sind sehr eng. Es gibt nicht viele Scheidungen. Die jungen Ehepaare wohnen bei den Eltern, bei Konflikten helfen diese. Wenn einer zum Beispiel darauf besteht, eine Reise zu unternehmen, und der andere will das nicht, dann versammeln sich die Eltern der beiden Seiten und versuchen, mit den jungen Leuten zu reden. Wenn einer richtig will, wird vielleicht der andere überzeugt, Rücksicht zu nehmen. Tiefere Probleme gibt es eigentlich nicht. Wenn sie natürlich aufhören, sich zu lieben, dann müssen sie sich scheiden lassen, selbstverständlich gibt es das auch."

Immer wieder erhebt sich der Hausherr, kehrt zurück mit frischem Salat, einer neu gefüllten Teekanne, er bedient uns, seine Frau bleibt am Tisch sitzen. Allmählich werden ihre Augen müde. Ihr Mann kommt mit einem Enkelkind zurück, es bleibt ruhig auf seinem Schoß sitzen.

Seine Schwester fährt fort: „Hauptsächlich lassen sich die Familien scheiden, in denen es keine Kinder gibt. Für die Kinder muß die Familie erhalten bleiben. Aber wissen Sie, wir lassen ja niemanden allein mit seinen Problemen. Jedes Leben wird beobachtet, jeder kennt den anderen, auch die öffentliche Meinung trägt mit dazu bei, daß Familien nicht so leicht zerbrechen."

Sie ist unübersehbar in der Sowjetunion: die Einbettung des einzelnen in die Gemeinschaft. Jeder achtet auf den anderen. In Moskau hängen keine Schilder in den Metrostationen: Rauchen verboten. Es raucht niemand. Und du kannst sicher sein, wenn du dort rauchst, kommt schnell jemand auf dich zu und sagt: nicht rauchen! Du kannst auch sicher sein, daß, sollten die Schnürsenkel deiner Schuhe sich öffnen, dich jemand anstupsen und aufmerksam machen wird, bevor du stolpern kannst, wahrscheinlich ein altes Mütterchen mit zahnlos freundlichem Lächeln. Mir allerdings flößt das neben dem Staunen und der Überlegung, wie geborgen die Menschen hier leben, auch leisen Horror vor der sozialen Kontrolle ein. Was geschieht einem hier, der anders leben will, als es die allgemeine Moral diktiert?

Beim Abschied geleiten uns alle zum Auto, eines der Kinder beginnt bei meinem Anblick herzzerreißend zu schluchzen und bricht in lautes Geschrei aus, als ich versuche, mich ihm zu nähern. Sie erklären es mir: In meinem weißen Rock und der weißen Bluse erinnere ich das Kind an die Kinderärztin. Es ist hier üblich, daß die Ärzte regelmäßige Besuche bei den Familien auf dem Land abstatten. Bevor ich ins Auto steige, umarmt und küßt mich wieder Alijev Suchra: „Kommen Sie wieder, Sie werden immer herzlich willkommen sein. Sie sind jetzt unsere Freundin."

Im Wind

Auf der Rückfahrt nach Baku schlägt unser Chauffeur Alexander vor, das aserbaidschanische Bier zu kosten. Wir halten vor einer kleinen Bierstube in einer Nebenstraße, selbstverständlich steige ich mit aus, das will ich mir doch nicht entgehen lassen. Außerdem: Ich mag Bier. Asisa Chanun bleibt draußen stehen, ich wundere mich, verstehe aber sogleich: Um die kleinen, hohen, runden Tische sind nur Männer gruppiert, auch hinter dem Tresen Männer. Durch den dichten Tabakqualm sehe ich neugierige, auch abweisende Blicke auf mich gerichtet, dann wenden sie sich einander zu, sprechen, lachen, sehen mich wieder an. Keine Zeit bleibt mir, den hohen Bierhumpen zu leeren, so schnell verläßt unser Chauffeur wieder den Raum. Ich habe den Eindruck, es ist ihm peinlich, eine Frau mitgebracht zu haben.

Wieder im Hotel, halte ich es drinnen nicht aus. Draußen lockt die Sonne, direkt vor dem Hotel erstreckt sich eine breite Promenade mit hohen Palmen, dahinter bis zum Horizont das Meer. Außerdem wollte ich doch erkunden, was mir passiert, wenn ich allein auf die Straße gehe. Ich erinnere mich an Helenas Warnungen: „In Baku mußt du dich in acht nehmen. Das ist anders als in Tbilissi, die Männer sind dreister, es kann dir passieren, daß sie dich auf offener Straße anfassen." Ach, ich schüttele die Furcht ab, ich werde mich schon zu wehren wissen. Noch ist es auch hell. Ich nehme also mein Notizbuch mit, muß einiges aufschreiben, zusammentragen, was ich bisher von Asisa Chanun erfahren habe.

Mein Weg vom Hotel zur Promenade führt mich über eine breite, belebte Straße. Allee wäre der bessere Ausdruck, so weitläufig, wie sie angelegt ist, Prospekt nennt es sich hier.

Drüben suche ich nach einem Weg, vor mir ein Gartenlokal, „Chaichana“, erkenne ich, Teestube. Was soll’s, auch so ein Eindruck kann nicht schaden, ich entschließe mich, einfach hindurchzuspazieren, mir dahinter den Weg durch die schmalen Büsche zu bahnen, die Chaichana und Promenade abgrenzen. Auch hier nur Männer, einzeln oder in Gruppen, hinten, in der Gartenecke, an einem entfernten Tisch, entdekke ich eine Familie, Mann, Frau, Kind. Blicke folgen mir, neugierige, aufmerksame Blicke. Na gut, denke ich trotzig, dann soll’s mal losgehen, argwöhne, der erste Mann werde mir jetzt schon folgen. Als Ausländerin dürfte ich auf Anhieb nicht erkennbar sein in meiner hellen Kleidung, mit dem halblangen, weiten Rock. Ich trage die langen goldenen Ohrringe, die denen Asisa Chanuns gleichen und die sie mir heute mit dem lächelnden Zusatz schenkte: „Damit du aussiehst wie eine aserbaidschanische Frau.“ Ich setze meinen Weg durch die Büsche fort, niemand folgt mir, vor mir liegt die breite, großzügig angelegte Promenade, die am Meer entlangführt. Sie erinnert mich an Alicante, nur die Souvenirverkäufer fehlen. Ich bin nicht allein, Mädchen in Gruppen, Familien, Männer flanieren, auch Frauen allein, aber die schreiten schneller aus als die anderen. Ich suche mir eine leere Bank mit Blick auf das Meer, links neben mir ein turtelndes junges Pärchen, rechts drei ‚Gackergänse‘, kichernde junge Mädchen, die besonders laut lachen, wenn eine Gruppe junger Männer vorüberspaziert. Ich schreibe, kein Mann setzt sich neben mich, um mit irgendwelchen albernen Floskeln ein Gespräch anzuknüpfen, meine mißtrauische Wachsamkeit läßt langsam nach, und ich beginne, die Situation zu genießen. Der Wind trägt einen Geruch von Fisch, Tang, Öl herüber. Meer, denke ich so genießerisch, wie andere möglicherweise eine Weinrebe durch die Hand perlen lassen, Meer, und ich lasse das Gefühl einkehren, das ich schon kenne, wenn ‚Meer‘ nicht nur Wort ist, sondern Geruch, Wind und ein scheinbar unendlicher Blick: Ich fühle, wie ich innerlich ganz weit werde und meiner Kraft bewußt. Nicht einmal muß die Kraft des Meeres auf mich übergehen – ich spüre die meine wie etwas, das ich greifen kann, schmecken, umarmen angesichts der See, und ich empfinde nicht nur die Sehnsucht, Grenzen zu erreichen, auszudehnen, auch die Kraft, sie zumindest bis an ihren äußersten Punkt zu belasten, wenn nicht gar zu sprengen, politisch, menschlich. Wie meine ich das? Es ist unkonkret, betrifft mein Lebensgefühl, mein Leben als Frau, betrifft alles, auch dieses Buch.

Es ist schummrig geworden, ich entschließe mich zu einem Spaziergang am Wasser entlang, will den weit ins Meer hineinragenden Steg dort hinten aus der Nähe betrachten, wenn möglich, betreten. Der Wind greift mir in die Haare und unter den Rock, läßt alles wirbeln. Ich gestatte es ihm gern und mir, einmal nicht auf die Menschen zu achten, die hier um mich sind, lasse mich nur zerren und schieben vom Wind und atme seine Würze.

Der Steg entpuppt sich als gepflasterte Sackgasse ins Meer. Hier pustet es wirklich gewaltig, und ich beginne zu verstehen, warum die Häuser der Altstadt nur flache Dächer besitzen.

Es ist bereits dunkel geworden, Sterne am Himmel, der Mond eine extrem feine Sichel.

Ich wende mich wieder den Menschen zu, na, wie reagieren sie denn jetzt auf eine Frau allein? Drei Männer kommen mir entgegen, sehen mich kurz an. Keine auffällige Reaktion. Fast beginne ich, enttäuscht zu sein. Was hat mir Helena denn da erzählt, keine hundert Schritte, ohne belästigt zu werden? Sollte ich denen hier nicht gefallen?

Ich muß über mich lachen, kehre langsam um, verlasse den Steg, gehe die Promenade zurück. Vor mir – es muß sich um einen Vergnügungspark am Ende der Promenade handeln – die bunten Lichter eines Riesenrades, andere, die ich nicht als zu etwas zugehörig identifizieren kann. Da, kurz vor dem Hotel, fast habe ich die Straße schon erreicht, merke ich, wie mir eine ganze Weile ein Mann folgt, sich meinen Schritten anpaßt, schneller wird, auf meiner Höhe erscheint. Angst habe ich nicht die Bohne, gut, es ist dunkel und unmittelbar bei uns befinden sich keine Menschen. Ich müßte jetzt einen Weg einschlagen, der links und rechts gesäumt ist von Bäumen und Büschen.

Bei uns in dieser Situation würde mir das Herz bis zum Hals schlagen, würde ich in Sekundenschnelle überlegen, wo ich auf kürzestem Weg unter Menschen komme. Eins habe ich aber begriffen: Hier schreit niemand umsonst! Vergewaltigungen auf offener Straße, schreiende Frauen nachts, ohne daß auch nur die Fenster geöffnet werden, ungläubige Gesichter erntete ich hier mit solchen Geschichten. Aber es gibt doch die Miliz, waren die Antworten, die muß doch kommen, wenn einer schreit, und wenn Leute in der Nähe sind, müssen die doch helfen.

Der Junge ist mindestens fünfzehn Jahre jünger als ich, möchte wissen, woher ich komme, möchte mich einladen in die Hotelbar. Ich bin sehr müde. Nein? Schade. Er begleitet mich weiter bis zum Hotel. Auf Wiedersehen. Morgen vielleicht? Nein. Auch schade. Auf Wiedersehen. Schöne Reise noch.

Wir fahren am letzten Tag nach Gobustan, fünfzig bis sechzig Kilometer von Baku entfernt. Wieder eine schnelle Autofahrt durch diese karge Landschaft, Bohrtürme, Bohrtürme, Bohrtürme. Ich denke an die Geschichte Aserbaidschans: Ein reiches Land, so schnell ließen die Kapitalisten es sich nicht entreißen, aber der reiche Boden brachte mit seiner Ausbeutung auch die Arbeiter hervor, die Arbeiterklasse ...

Der Chauffeur läßt das Autoradio mit Volldampf Musiktöne von sich geben, Folklore, sagen sie mir, es erinnert mich an die für meine europäischen Ohren seltsam unmelodiös klingenden Tonfolgen arabischer Musik, aber das Radio mischt sich ein mit schrillem Kreischen, Verzerrungen, Knistern und Knastern. Unseren jungen glutäugigen Chauffeur bekümmert das nicht, er fummelt zwar ein wenig an den Knöpfen herum, während er die hohe Geschwindigkeit auch vor Überholmanövern in Kurven um nichts zurücknimmt, die Lautstärke aber bleibt erhalten.

Das Gelände in Gobustan soll reich an Schlangen sein, hierher bemühen sich die Gewinner von Schlangengift. Vipern, erfahre ich, graubraun wie der Sandfelsboden. Asisa Chanun meint, ich könne sicher sein, daß unter jedem der kleinen Felsbrocken eine Schlange lauere. Unser Chauffeur geht einige Schritte vor uns, tritt fest auf, blickt suchend auf dem Boden herum, wir folgen ihm, Asisa Chanun und ich in Sandalen. Sie erzählt, sie sei vor einiger Zeit hiergewesen, und plötzlich sei unter einem Stein eine kleine Viper hervorgehuscht, schneller, als es überhaupt möglich gewesen wäre, fortzuspringen. Heute würde die aber zuschnappen, sagt sie, jetzt ist die Zeit. Wie kommt es nur, daß meine Schlangenangst mich noch nicht in Alarmstimmung versetzt? Vorsichtig, aber doch in aller Ruhe, folge ich dem Chauffeur, mein

Interesse an den Höhlenzeichnungen ist größer als die Furcht vor den Schlangen. Frauenfiguren, erkennen wir, mit ausgebreiteten Armen, Männer mit Speeren und Pfeil und Bogen, Büffel, Stiere, Pferde. Die Erinnerung an die Urzeit, Matriarchat, wie mag das Leben nur gewesen sein, und was werden wir unseren Kindern hinterlassen, unseren Tochtertöchtertöchtern? Haß auf die Männer? Ablehnung? Den Kampf gegen sie? Oder die Liebe? Und wie kommt es nur, daß ich, der schon beim Gedanken an Schlangen eine Gänsehaut über den Rücken läuft, mich hier so seltsam gelassen hinter dem Chauffeur her bewege? Glaube ich einfach, daß sie mich nicht herumlaufen lassen würden, wenn es wirklich so gefährlich wäre? Oder liegt es an der Fülle der Eindrücke, Erlebnisse, daß ich so sicher bin: Jetzt ist einfach nicht meine Zeit zu sterben.

Alexander macht dem Spaziergang – eigentlich zu meinem Bedauern – ein Ende: Er sei schließlich für meine Sicherheit und Gesundheit verantwortlich.

Ähnliches bei unserem Besuch am Meer. Alexander ruft mich zurück, als ich zu weit hinausschwimme: „Elke, das ist hier gefährlich, weiter darfst du nicht." Und ich? Die ich Kommandos hasse, die ich meinen Lebensstolz darein setze, Unabhängigkeit und Selbständigkeit auch im Kleinsten durchzusetzen, ich gehorche. Woran liegt es nur, daß ich so etwas wie männliche Stärke – o je, allein das Wort ist mir doch eigentlich ein Graus – hier nicht als unangenehm empfinde, gar Sicherheit daraus schöpfe, Vertrauen? Ich werde mir selbst ein wenig fremd, staune, suche nach Erklärungen. Es muß mit meiner Arbeit zusammenhängen, denke ich, damit, daß hier keiner – auch Alexander nicht – die Bedeutung meiner Arbeit in Frage stellt, mich nicht in Frage stellt, weil ich meine Arbeit so wichtig nehme. Irgend so etwas muß es sein, überlege ich, während ich auf dem grobkörnigen Sand am Kaspischen Meer hocke, Muscheln aussuche, die ich meinen Töchtern mitbringen will, versuche, sie zu reinigen von dem leicht öligen Belag. Öl. Öl und Aserbaidschan wird für mich in der Erinnerung immer zusammengehören, stolze Frauen, aber auch Teestuben, in denen nur Männer sitzen.

„Warum dürfen Frauen eigentlich nicht in die Chaichanas?" frage ich Asisa Chanun. „Sie dürfen doch", antwortet sie. „Es ist nicht verboten." „Ich sehe aber nirgendwo welche", beharre ich, „das muß doch einen Grund haben." „Tradition", ihre Erklärung, „es ist unüblich, daß Frauen allein in Chaichanas gehen, aber es kommt vor."

Gestern abend – oder war es vorgestern – wollte ich noch einen Wodka trinken, suchte die Hotelbar auf, der allerdings der Name Disco besser anstünde. Ein großer, rauchiger Raum mit langer Theke, heißer Musik, vielen jungen Leuten. Frauen, dunkelhaarig, mit diesen schwarzumrandeten Augen, die mich an kleine eierförmige Kohlestückchen kurz vor der Glut erinnern, Frauen, die zu zweit tanzen oder zu dritt, Männer, herumstreunend, suchend. Ich bin nicht aufgefallen dort, allein. Angesprochen wurde ich, aber ohne Widerspruch fortgelassen, als ich ging. Die üblichen Fragen, die üblichen Antworten. Wein? Morgen? Übermorgen? Nein? Schade. Auf Wiedersehen. Kein Zurücknehmen der Freundlichkeit. Respekt? So ein großes Wort. Ich halte es vorerst zurück, scheue mich, es anzuwenden auf Beziehungen zwischen Frau und Mann, die ich doch nicht aus der letzten Nähe kenne. Gibt es doch auch die Chaichanas. Wie soll es mir gelingen, in dieser kurzen Zeit zu einem Ergebnis zu entwirren, was mir als Gemisch von Tradition und Sozialismus entgegentritt. Und warum muß es ein glattes Ergebnis sein, vielleicht ist dieser Mischmasch schon das Ergebnis selbst?

Irgendwann lacht Alexander mich aus, weil ich immer, wohin wir auch gehen, darauf achte, was die Frauen machen, wie sie aussehen, wie sie sich verhalten und wie man und frau sich ihnen gegenüber verhält. Ich bin die erste Frau, die er begleitet. „Es ist schrecklich, mit einer Frau zu reisen", scherzt er, „die hört nie auf zu arbeiten. Immer weiter Fragen, immer weiter Aufmerksamkeit auf Frauen, Frauen, Frauen. Wenn ich mit einem Mann fahre", erzählt er, „werden die Fragen beim Programm gestellt, und dann ist Schluß mit der Arbeit. Abends gehen wir in die Bar, trinken Wodka, sprechen über alles mögliche, auch über Frauen, aber anders."

Wie soll er verstehen, daß es mir bei diesem Thema auch um mich selbst geht, darum, wie meine Zukunft und die meiner Töchter aussehen wird, darum, was ich als Frau vom Sozialismus erwarten kann? Daß es für mich hier nicht um irgendeine wichtige Frage geht, sondern um meine ureigene.

Asisa Chanun

Sie ist Schriftstellerin und Leiterin eines Verlages, der sich seit kurzem auf Kinderliteratur spezialisiert hat. Auf der Rückfahrt vom Schwarzen Meer erzählt sie von sich. Bei meinem Gespräch mit Asisa Chanun werde ich die erste ernsthafte Arbeitsauseinandersetzung mit Alexander bekommen. Ich werde sie fragen, was sie denn unter einem richtigen Mann, unter einer richtigen Frau verstehe, nachdem sie diese Begriffe benutzt hat. Alexander wird böse werden bei meiner Frage. „Na, du bist doch selbst eine Frau, das mußt du doch wissen." Ich werde sehr entschieden darauf bestehen müssen, übersetzt zu werden, bis er es endlich tut, auch dann noch mit einem Gesicht, als wolle er sagen: Wie kann man nur so alberne Fragen stellen! Als wolle er sich bei Asisa Chanun für die Dummheit der Fragestellerin entschuldigen.

Asisa Chanun entspricht nicht dem Frauentyp, der das Weiche, Verzeihende, Kompromißbereite verkörpert. Sie betont aber ihre Weiblichkeit, trägt sehr hohe Hackenschuhe, am letzten Tag zum Beispiel ein weißes Chiffonkleid mit schwarzen Punkten, einen schwarzen, flatternden Chiffonschal, ihre Fingernägel sind rot lackiert, auch die schmalen blauen Augen dunkel umrandet und der volle breite Mund rot geschminkt, dennoch strahlt sie eher herbe Eleganz aus, Selbstbewußtsein. Ihr Gesicht ist nicht das eines Weibchens, sondern das einer klugen und auch durchsetzungsfähigen Frau.

„Ich habe mit Kinderliteratur begonnen, Gedichten, Geschichten, schreibe auch heute noch für Kinder, aber auch für Erwachsene. Außerdem habe ich Literatur übersetzt, zum Beispiel Astrid Lindgrens ‚Karlsson unterm Dach'. Ich traf einmal Astrid Lindgren in Moskau, wir verstanden uns sofort. Ich glaube, Leute, die Literatur für Kinder schreiben, müssen sich etwas Kindliches bewahrt haben, in denen steckt immer noch das Kind, das sie einmal waren. Astrid Lindgren ist auch so: Ich fand, sie hatte ein bißchen was von Karlsson. Ich habe übrigens den Plan, ein Buch zu schreiben: Karlsson in Baku. Sie wissen ja sicherlich, daß Karlsson auf den Dächern lebt, nun, in Baku sind die Dächer flach wegen der Stürme. Wenn Karlsson hier landet, denkt er, auf einem solchen Dach würde er niemals leben können, denn es gibt keinen Ort, um sich zu verstecken. Er klebt aber fest auf dem Dach, die Sonne hat den Teer aufgeweicht ... Na, und dann geht es noch weiter mit einem Räuber aus unseren Märchen, und Karlsson erlebt viele, viele Abenteuer.

Natürlich habe ich auch Kinder, zwei. Meine Tochter hat schon wieder zwei Kinder, sie arbeitet in der Kunsthochschule. Der Sohn lebt noch bei uns zu Hause. Ich habe meine Kinder unterschiedlich erzogen. Ja, die Tochter mußte vor allem auch den Haushalt lernen. Der Sohn nicht in diesem Maße. Er mußte sein Bett machen, seine eigene kleine Wäsche selbst waschen, den Abfall rausbringen. Die Tochter mußte aber die ganze Hausarbeit lernen. Nähen, Stricken, Wäsche waschen muß eine Frau doch selber tun, ein Mann kann die Wäsche zur Wäscherei bringen. Heute, bei den jungen Leuten, da ist es manchmal schon anders, da machen auch die Männer die Hausarbeit. Aber das mag ich nicht, solche Männer werden nicht ausreichend geachtet. Eine Frau braucht auch das Gefühl, einen richtigen Mann zu haben! Was das ist, ein richtiger Mann?

Ein richtiger Mann muß eine Familie versorgen können, er muß auf seine Karriere achten, auch bei meinem Sohn achte ich darauf, daß er an seine Karriere denkt. Die Tochter, doch, die auch, aber die hat ihre Arbeit und wird vielleicht auch einmal hochkommen, aber für einen Mann ist es besonders wichtig. Eine Frau muß biegsam sein, freundlich, Kinder lieben und Kompromisse zustande bekommen, dem Mann auch einmal etwas verzeihen, letztlich ist doch sie es, von der die Familie abhängt.

Ich verdiene vierhundertfünfzig Rubel pro Autorenbogen, das sind zehn Schreibmaschinenseiten. Das ist viel, ich weiß. Ich könnte davon leben, aber das will ich nicht, mir ist die Verlagsarbeit wichtig. Ich lerne dort Menschen kennen, ihr Leben, ihre Gefühle und Probleme, das brauche ich. Zum Beispiel habe ich für meinen letzten Roman ein wenig das Leben einer Lektorin bei uns in Literatur umgesetzt, natürlich, verstehen Sie richtig, nicht nur ihr Leben, auch meine eigenen Erfahrungen, Ausgedachtes, na eben Literatur.

Ich erzähle Ihnen einmal die Geschichte: Eine junge Frau, einundzwanzig Jahre alt, Lektorin in einem Verlag, verliebt sich in einen jungen Mann, und er auch in sie. Der junge

Mann hat aber einen schwachen Charakter, und er kann sich nicht entscheiden, sie zu heiraten. Es gibt immer wieder Diskussionen darum, und er findet Vorwände auf Vorwände. Beispielsweise bringt er vor, daß sie keine Wohnung haben, will aber auch nicht mit zu ihrer Mutter ziehen. Unversehens findet sich das Mädchen in der immergleichen Situation, aber sechs Jahre älter. In ihrer Verzweiflung geht sie zur Mutter des jungen Mannes, um mit ihr darüber zu sprechen. Aber sogar die Mutter rät ihr, einen anderen zu heiraten, weil ihr eigener Sohn charakterlich zu schwach ist.

Nun gibt es da noch einen Mann, der die junge Frau liebt und sie heiraten möchte, obwohl er weiß, daß sie ihn nicht liebt. Schließlich willigt sie ein, um die Unerträglichkeit dieser Beziehung zu dem schwachen jungen Mann zu beenden. Sie bekommen eine Wohnung und nach einem Jahr ein Kind. Der Mann ist ein guter Ehemann. Er ist liebevoll und freundlich zu ihr und versteht sie. Nach einiger Zeit aber erhält ihr voriger Freund eine Wohnung im gleichen Haus wie sie, und die alte Liebe erwacht neu. Der junge Mann hatte nie erwartet, daß sie einen anderen hätte heiraten können, und bittet sie nun, zu ihm zurückzukehren. Wieder beginnen die endlosen Diskussionen, wieder fordert er, macht Versprechungen, wieder handelt er nicht. Die junge Frau ist mittlerweile dreißig geworden. Ihr Mann weiß um ihren Konflikt, bleibt aber freundlich und liebevoll, versteht sie. Er bedrängt sie nicht, wünscht, sie möge selbst entscheiden. Am Schluß bleibt sie bei diesem Mann, denn sie will die Familie erhalten. Sie ziehen in eine andere Wohnung.

Dieser Schluß, müssen Sie wissen, war notwendig, denn bei uns ist der Erhalt der Familie von großer Bedeutung."

Ich schlage vor, die Frau hätte aufhören sollen, den schwankenden Mann zu lieben.

„Das Leben ist doch nicht immer so, daß die Gefühle vernünftig sind, aber die Taten, die sollten es sein."

Aschrabad – Turkmenien

Hitze, Angst und Einsamkeit

Angekommen in Aschrabad. Ich sitze in einem winzigen Hotelzimmer, der Tisch ist beladen mit Honigmelonen, Weintrauben, alles brachte mir diese dunkle Frau mit dem langen, roten Kleid aufs Zimmer. Sie, die Chefredakteurin der hiesigen Frauenzeitschrift, ist zwei Melonen kleiner als ich.

Aber ich fühle mich fremd, einsam.

Die Reise ist anstrengend. Auf der Stadt lastet eine drükkende Hitze. Als ich die Balkontür öffne, dringt schwüle, schwere Luft herein, so lasse ich alles geschlossen und sitze im airconditiongekühlten Zimmer.

Gestern, teilte uns die kleine Frau mit, und die Tage vorher herrschten siebzig Grad in der Sonne, fünfundvierzig Grad im Schatten. Manchmal empfinde ich mit aller Deutlichkeit, daß ich außen vor stehe. In Georgien war da Irina, die Nähe bewirkte, wer wird mir hier begegnen? Jetzt, im Hotelzimmer, sehne ich mich nach einer Freundin, einer, der ich meine tiefsten Ängste und Sehnsüchte anvertrauen kann. Einige Zimmer weiter befindet sich Alexander, aber, so bemüht und freundlich ein Mann auch sein mag, diese Vertrautheit, wie es sie zwischen Irina und mir gab, stellt sich einfach nicht her.

Durch Alexanders Begleitung mache ich auch andere Beobachtungen, als es mit einer Frau als Dolmetscherin der Fall gewesen wäre, Beobachtungen, die mein Buch vielleicht bunter werden lassen, mir aber auch einiges abverlangen.

Die Stewardeß war von ihm auf Anhieb wie magnetisiert. Sie warf ihm aus ihren dunklen, stark geschminkten Augen heiße Blicke zu, scharwenzelte um ihn herum. Er nutzte die Gelegenheit, bat um Raucherlaubnis, die sie ihm im hinteren Raum nicht nur gewährte, sondern wohin sie ihm auch noch folgte. Ich blieb allein auf meinem Fensterplatz sitzen, fühlte mich seltsam verlassen, versuchte, diesem Gefühl auf die Schliche zu kommen. Schließlich handelte es sich bei Alexanders und meiner Beziehung nur um eine gemeinsame Arbeit und nicht mehr.

Es gibt aber Augenblicke auf dieser Reise, da wünsche ich mir mehr Nähe und Vertrautheit zu einem anderen Menschen, als dies mit Alexander möglich ist. Wenn er mich in einem solchen Augenblick allein läßt, um zu flirten, fühle ich mich verloren, empfinde meine Aufgabe als zu schwer für mich, möchte mich anlehnen und ein Stück Druck abgeben.

Bei der Zwischenlandung in einer Wüste, in der ich nichts sah als ein vereinzeltes Haus hinten, weit entfernt, mit einem Kamel davor, und mich fragte, wo die fünfzehn Menschen hin wollten, die hier ausstiegen, stellte ich fest – und stand selbst fremd neben mir –, daß ich versuchte, durch charmantes Gequatsche Alexanders Aufmerksamkeit auf mich zu ziehen. Ins Flugzeug zurückkehrend versuchte ich, der Stewardeß einen entwaffnend freundlichen Blick zuzuwerfen. Kein Widerhall. Offene Kampfansage in ihren Augen. Auf meinem Platz zwang ich mich, meinem dämlichen weiblichen Konkurrenzgefühl offen in die Augen zu sehen und den beiden zu gönnen, was ihnen zu gönnen war, ohne daß ich damit auch nur das geringste zu tun hätte. Es wirkte. Ich sah aus dem Fenster, der dunklen, lichtbesprenkelten Stadt entgegen, in der ich, solidarisch, neugierig und ohne jedes Konkurrenzgefühl, Frauen begegnen wollte.

Wir landeten. Die Aufforderung auszusteigen begleitete die Stewardeß bei Alexander mit einem Schulterdruck. Vor der Gangway strich sie ihm zum Abschied leicht über die Wange und drückte ihm die Hand. Ich nahm es gelassen wahr, ganz schön frech war sie, diese junge Frau, bei ihrem Versuch, mit Alexander anzubändeln. Endlich also habe ich einmal mitbekommen, mit welcher Direktheit eine sowjetische Frau Kontakt zu einem Mann anknüpft. Turkmenin allerdings war sie nicht, wohl Russin, nehme ich an.

Und trotzdem – die Konkurrenz war nicht nur auf meiner Seite. Anschließend meinte Alexander lachend: „Eine Frau hat doch immer Spaß daran, einer anderen den Mann auszuspannen."

Jetzt sitze ich in meinem airconditiongekühlten Zimmer und wünsche mir, wir Frauen würden es endlich schaffen, diese Scheiß-Konkurrenz untereinander abzuschaffen.

In der Redaktion „Die Frau des sowjetischen Turkmenistans“

Die schöne kleine Frau hat einen schönen langen Namen: Abadangosel Seitkudiewa. Sie ist seit einem Jahr Chefredakteurin dieser Zeitschrift, vorher arbeitete sie als Redakteurin bei einer Kinderzeitschrift, davor war sie Komsomolsekretärin. Der lange Tisch vor ihrem Schreibtisch ist gefüllt mit diesen herrlich saftigen und süßen Melonen, grüner Tee wird mir angeboten. Bei uns sitzt ihre Stellvertreterin, eine ältere Frau. Sie trägt ein Kopftuch über ihren in der Mitte gescheitelten schwarzen Haaren, die nur von wenigen grauen Strähnen durchzogen sind. Beide tragen lange Gewänder, Abadangosel Seitkudiewa heute eines aus hellblauem, glänzenden Stoff, ihre Kollegin eines in dunklem Grün.

Ich erfahre etwas über Turkmenistan: Über einhundert Nationalitäten leben in dieser Republik, die zweieinhalb Millionen Einwohner beherbergt. „Vor der Revolution war Turkmenistan ein Randgebiet des zaristischen Rußland“, sagen sie. Und: „Aschrabad ist die südlichste Stadt der Sowjetunion.“

Vor der Revolution herrschte hier Analphabetentum, es gab keine Bibliotheken, keine Bücher in der Nationalsprache. Besonders die turkmenische Frau „lebte in der Dunkelheit“, und selbstverständlich gab es keine Frau, die lesen und schreiben konnte. Sie unterstand damals völlig dem Mann. „Die Kibitka, also ihr Wohnzelt, Mann und Kinder, das war ihr Schicksal. Jeder Mann konnte mehrere Frauen haben, wohlhabendere Männer hatten drei bis fünf. Die Regierung damals erlaubte das“, teilt die Chefredakteurin mit, und ihre Mandelaugen werden hart vor Empörung. „Das Schwierigste an der Lage der Frauen war die Abgeschiedenheit von der Welt. Man spricht von einem ‚Kopftuch des Schweigens‘, das die Frau trug. Sie besaß kein Recht, mit einem anderen Mann zu sprechen. Was ihr Mann ihr sagte, war fast wie ein Gesetz. Er durfte sie auch töten und mußte sich deshalb vor niemandem verantworten. Sogar in der Kibitka hatte sie einen nichtgeehrten Platz, sie besaß kein Recht, an der Seite des Mannes zu sitzen. Damals gab es ein Gesetz: Wenn der Mann starb, mußte die Frau seinen jüngeren Bruder heiraten. Wenn in der Familie ein kleiner Sohn war, hatte er das Recht, die Mutter in der Familie zu kommandieren. Die Mutter konnte ihm nichts sagen. So war die Lage vor der Revolution.

Die Oktoberrevolution gab unseren Frauen gleiche Rechte auf Arbeit, Bezahlung, Erholung und so weiter. Das Schwierigste war, die Psychologie der Frau zu ändern. Wer Jahrhunderte unter dem Mann steht, verändert nichts auf eigene Faust. Aus Rußland kamen Dutzende und Dutzende mutige Frauen, die sich in andere klimatische Verhältnisse wagten und schwierige Arbeit unter der Bevölkerung auf sich nahmen. Die stand dem neuen Leben oft mißtrauisch gegenüber. Wir alle behalten die Namen dieser Frauen in unserem Gedächtnis. Vor allem beseitigten sie unter den Frauen hier das Analphabetentum, sie richteten Kurse ein. Die Russinnen arbeiteten hauptsächlich auf dem Dorf, erzogen dort ihre Nachfolgerinnen unter den Turkmeninnen. Die Probleme bestanden darin, daß die Männer die Frauen nicht gehen lassen wollten, viele wurden von den eigenen Männern getötet, wenn sie einen Kurs besuchen wollten. Eine Turkmenin, die als Lehrerin gearbeitet hatte, wurde von Dutzenden von Messerstichen getötet. Vor den Augen ihrer Tochter, die auch Lehrerin wurde. Sie ist heute Dozentin an der Universität. Solch ein Schicksal hatte auch die erste Komsomolzin der Republik. Sie kam aus einem Dorf und wurde von Pasmachen getötet. Das waren konterrevolutionäre Banden.

Schwierig war auch, die Frauen in der Produktion zu beschäftigen. Zu diesem Zweck wurden Klubs organisiert, in denen sie ausgebildet wurden. Dann zogen sie aus, um unter den anderen Frauen zu deren Berufsqualifizierung zu arbeiten. Damals, in den zwanziger Jahren, arbeiteten in der Volkswirtschaft dreizehn Frauen, heute über vierzig Prozent. In der Produktion über fünfzig Prozent."

Ich versuche, mir diese historischen Veränderungen konkret für das Leben der einzelnen Menschen vorzustellen, denke mir eine Frau, die früher in der Kibitka lebte, mit anderen gemeinsam einem Mann gehörte, die nun lesen und schreiben lernt, gar eine Berufsausbildung erfährt. „Was tat sich dann? Wohin ging sie, um zu leben? Oder schlossen sich die Frauen zusammen und schmissen den Mann raus?"

„Die Sowjetmacht erließ hier nicht nur das Gesetz über die Gleichberechtigung, sondern auch über die Familie. Es war verboten, mehr als eine Frau zu haben. Da die Frauen gezwungenermaßen bei diesen Männern lebten, als das Gesetz langsam bekannt wurde, ging das natürlich alles nicht auf Anhieb. Da haben die meisten Frauen einfach ihre Männer verlassen, sind in die Städte gefahren, in die Klubs, um einen Beruf zu erlernen. Die Männer hatten doch die Frauen gekauft, häufig kleine Mädchen, die noch gar nicht erwachsen waren. Man konnte ein Mädchen kaufen für Schafe, Kühe, Getreide. Lassen Sie sich von einem Beispiel erzählen: Wir haben heute eine Volksschauspielerin der UdSSR, die hatte damals ihren Mann nach der Gründung der Sowjetmacht verlassen, ist zum Studium gekommen, dann fuhr sie nach Moskau, wo sie Theater studierte. Es gab viele solcher Frauen.

Heute nehmen die Frauen verschiedene Positionen in vielen Bereichen der Volkswirtschaft ein. Sie arbeiten in der Landwirtschaft. Unter den Parteifunktionären gibt es viele Frauen, auch unter den Deputierten des Obersten Sowjets. Die Frauen erhielten viel Unterstützung von der Gesellschaft und erhalten sie immer noch. Wir haben Kindergärten, Kinderkrippen, gute Dienstleistungen für den Haushalt. Die Männer sind heute auch anders, der Mann teilt den Haushalt mit der Frau. Außerdem ist doch auch die Technik für die Küche weit entwickelt. So kann sie ins Kino, Theater und so weiter gehen."

„Leisten Sie auch Erziehungsarbeit unter den Männern? Eine solche Geschichte kann sich doch nicht spurlos verflüchtigt haben?"

„Oh, unsere Zeitschrift ist nicht nur aktiv unter den Frauen, auch unter den Männern im Interesse der Frauen. Als wir für die Frauen Klubs organisierten, für die Mütter, für die Mädchen, hätten wir nichts erreichen können, wenn wir nicht auch die Männer auf diese Probleme aufmerksam gemacht hätten. Wenn heute Veranstaltungen zu Familienproblemen stattfinden, werden auch die Männer eingeladen, damit die jungen Männer wissen, welche Probleme vor einer Familie stehen. Das wird von den jungen Männern mit großem Interesse aufgenommen. Wenn zum Beispiel im Klub der jungen Mütter die Rede auf die Erziehung der Kinder kommt, ist das doch auch von Interesse für den Mann."

„Scheidungen?"

„Die Familie begründet sich heute auf der Liebe. Wenn Mann und Frau einander nicht mehr lieben, lassen sie sich scheiden. Das gibt es natürlich, die Prozentzahl weiß ich aber nicht. Natürlich ist die Familie eine wichtige Institution, und wenn sie erhalten werden soll, liegt es vor allem an den beiden Beteiligten selbst, hängt davon ab, wie sie ihre Pflichten verstehen. Aber wenn eine Frau geschieden ist, erfährt sie keine öffentliche Verurteilung.

Wir sind eine kinderreiche Republik. Durchschnittlich hat eine Frau vier bis sechs Kinder. Es existieren aber auch Familien mit dreizehn, vierzehn, sechzehn Kindern. Ich nenne Ihnen ein Beispiel: Bei uns gibt es eine Frau, die seit dreißig Jahren schon an der Spitze einer großen Kolchose steht. Sie ist Deputierte des Obersten Sowjets der UdSSR. Scherzhaft nennt man diese Kolchose bei uns Matriarchat, weil fast alle führenden Posten von Frauen bekleidet werden. Die Brigadeleiterinnen sind meist Frauen, die stellvertretende Kolchosvorsitzende ist auch eine Frau. Die etwa fünfhundert Frauen, die in dieser Kolchose leben und arbeiten, haben durchschnittlich vier bis sechs Kinder. Von diesen fünfhundert Frauen sind vierhundert Bestarbeiterinnen, sie sind hoch angesehen. Fünfundachtzig Frauen sind mit den verschiedensten Auszeichnungen bedacht worden. Die Vorsitzende ist auch Held der sowjetischen Arbeit. Sie ist eine sehr geachtete Frau, nicht nur in der Republik, im ganzen Land, auch im Ausland. Über sie ist ein Buch im Russischen herausgekommen, ein Film wurde über sie gedreht. Diese Frau hat viel erlebt, im Krieg hat sie den Mann verloren, zwei Kinder zog sie allein groß."

Ich frage – wieder einmal – nach Abtreibungen.

„Unsere Frauen lieben Kinder sehr, ein Haus ohne Kinder ist bei uns kein reiches Haus. Daran kann man schon erkennen, wie die Frauen zu dieser Frage stehen. Obwohl natürlich gesetzlich erlaubt, ist die Abtreibung eine seltene Erscheinung bei uns. Verurteilungen gibt es nicht. Das liegt einfach an unserer traditionellen Kinderliebe. Man trifft sehr selten Familien mit nur ein oder zwei Kindern. Unsere Frauen haben ja auch alle Möglichkeiten, Kinder zu erziehen, ihnen eine Ausbildung zukommen zu lassen. Die Partei und der Staat unterstützen kinderreiche Familien mit sehr vielen Vergünstigungen. Eine Frau zum Beispiel mit fünf Kindern darf fünf Jahre für die Pension anrechnen. Sie braucht weniger Arbeitszeit für die Rente, nur fünfzehn Jahre, und sie wird mit fünfzig pensioniert. In allen Kolchosen sind die Kinder kostenlos im Kindergarten. Jede Geburt wird mit einer großen Feier bedacht. Wenn die Frau von der Entbindung kommt, schlachtet der Mann ein Schaf und lädt alle Verwandten und Freunde ein, und es wird groß gefeiert."

Ich bitte die beiden Frauen, etwas über sich selbst zu erzählen.

Die Chefredakteurin beginnt: „Ich arbeite seit meinem siebzehnten Lebensjahr. Als ich in der zehnten Klasse war, wurde ich zur Komsomolsekretärin des Dorfrayons gewählt. Das war in den fünfziger Jahren. Danach wurde ich auf die Parteischule nach Taschkent geschickt. Ich absolvierte dort die journalistische Fakultät. Danach Arbeit im Zentralkomitee des Komsomol der Republik, als erste Sekretärin des Komsomol der Republik, als erste Sekretärin eines Rayon-Komitees, als zweite Sekretärin des Stadtkomitees, und danach kam ich zu meiner Berufsarbeit als Journalistin, zuerst in der Redaktion der Kinderzeitschrift. Seit einem Jahr arbeite ich hier als Chefredakteurin.

Ich stamme aus einer kinderreichen Familie, wir waren dreizehn Geschwister. Die Frauen, die bei uns so viele Kinder haben, werden mit dem Orden ‚Heldenmutter' ausgezeichnet. Mein Vater war Parteifunktionär.

Ich persönlich habe keine Kinder – und das ist mit etwas verbunden –, ich glaube aber, es ist schwierig für mich zu sagen, daß ich keine Kinder habe: Ich habe so viel für Kinder getan – alle Kinder der Republik sind meine Kinder. Mein Mann ist Lehrer und unterstützt mich sehr im Haushalt."

Die stellvertretende Chefredakteurin Rosa Cadikolna Orajeva hat bisher schweigsam dabeigesessen, mich nur sehr genau betrachtet, und mir schien, mit strengem Blick. Nun erzählt sie über ihr Leben: „Ich begann mit dem sechzehnten Lebensjahr zu arbeiten. Während des Krieges als Lehrerin. Mein Vater ist im Krieg gefallen. Meine Mutter war eine der ersten Lehrerinnen der Republik. Mein Vater kämpfte noch gegen die Pasmachen. Im Krieg zog er als Freiwilliger ins Feld. 1942 ist er gefallen. Ich absolvierte eine damals existierende spezielle pädagogische Hochschule für Frauen. 1945 machte ich Examen. Lange Zeit war ich Leiterin eines Lehrstuhls in einem Mädchen-Internat. In den fünfziger Jahren gab es bei uns noch getrennte Schulen für Mädchen und Jungen. Ich hatte keine Hochschule besucht, um Lehrerin zu werden, sondern einen zweijährigen Schnellkurs. Als Fremdstudentin absolvierte ich dann die philologische Fakultät an der Universität, 1953 war das. Danach begann ich, bei dieser Zeitschrift zu arbeiten, zwischendurch bei einer anderen Zeitschrift, seit 1965 bin ich wieder hier. Mein Mann hatte damals eine andere Arbeit gefunden, da bin ich mit ihm gefahren. Ich habe fünf Kinder erzogen, vier Söhne, eine Tochter, alle sind heute schon verheiratet. Sie sind Jurist, Ingenieur, einer hat einen Fremdsprachenhochschulabschluß, die Tochter ist Parteifunktionärin in einem Rayon-Parteikomitee. Mein Mann ist Biophysiker, Kandidat. Ich habe acht Enkel, bin eine reiche Großmutter."

Sie entspannt ihr ernstes Gesicht zu einem Lächeln, es ist, als ob die Sonne aufgeht. Wie jung sie aussieht! kann ich gerade noch denken, ehe ich weiterstenographiere.

„Mein Mann ist schon pensioniert. Ich arbeite seit 1942, also schon einundvierzig Jahre lang. Als Journalistin war ich oft auf Reisen. Wenn ich nicht so viel gesellschaftliche Hilfe bei der Kindererziehung bekommen hätte, hätte ich diesen Beruf nicht ausüben können. Es gibt bei uns noch ein Merkmal für die Familien: Jeder Ältere ist verantwortlich für den Kleineren. Meine Tochter war die Älteste, sie kontrollierte zum Beispiel die Kleinen bei den Schulaufgaben. Die Knaben trieben Sport, die Tochter hat ein musikalisches Institut absolviert. Auch wenn die Jungen die Älteren sind, haben sie die Verantwortung für die nächstfolgenden Kinder. Es war für mich eine große Erleichterung, daß die Kinder sich selbst kontrollierten. Das ist Tradition für eine turkmenische Familie, sonst wäre es nicht leicht für eine Mutter, so viele Kinder zu erziehen. Ich erzähle Ihnen noch von einer anderen Tradition, wenn Sie wollen: Es herrscht bei uns eine große Pietät den Älteren gegenüber, überall gibt es die Räte der Älteren, alle lassen sich von ihnen beraten. Zum Beispiel, was die Hochzeiten betrifft: wann sie am besten stattfinden sollten, wo, in welcher Weise. Das sind keine gesetzlich institutionalisierten Räte, das entspringt der Tradition. Wenn die Jungen sich nach dieser Tradition nicht richten, werden sie von der Gemeinschaft aber nicht verstanden. Auf diese Weise hört man aufeinander, die jungen Frauen lernen von den älteren.

Es gibt große Unterschiede zwischen den älteren und jüngeren Frauen. Zum Beispiel mein Leben: Ich wohnte etwa fünfundzwanzig Jahre lang in der Familie der Schwiegermutter“ (das ist wörtlich, sie sagt: „Familie der Schwiegermutter“) „und die fragte mich immer, warum arbeitest du denn bloß, hast doch viele Kinder, und dein Mann verdient gut, hör doch auf zu arbeiten. Die Schwiegermutter verstand nicht, daß wir abends ins Kino gingen und neue Mode trugen. Ich verhalte mich ganz anders gegenüber meiner Schwiegertochter: Ich freue mich, wenn sie modern angezogen ist, wenn es nicht übertrieben ist, ich freue mich, wenn sie eine hohe Ausbildung bekommt und an der gesellschaftlichen Arbeit teilnimmt. Ich betrachte das Leben anders als meine Schwiegermutter. Jetzt bin ich ja selbst Schwiegermutter.“

Salem Aleikum

Die Menschen begrüßen sich hier mit Salem Aleikum. Nannte man Alexander in Tbilissi und Baku oft Sascha, wird er hier mit Alexander Fjedorewitsch angeredet. Höflich, förmlich, sehr zurückhaltend.

Auf dieser Stadt liegt eine drückende Hitze, selbst bei wolkenverhangenem Himmel.

Turkmenien ist die einzige sowjetische Republik, in der die Frauen auch bei der täglichen Arbeit Nationaltracht tragen. Bei der Ankunft im Hotel vermutete ich, es fände ein Fest statt, als ich die Frauen in den langen, bunten Kleidern sah. Ein Irrtum, überall, auch auf der Straße, begegnen mir derart gekleidete Frauen. Die Frauen anderer Nationalitäten unterscheiden sich deutlich von den hiesigen, tragen kurze Röcke, bewegen sich frei. Das Kleid der Chefredakteurin, azurblau, mit Volants um den V-Ausschnitt, wirkte, als würde sie einen Ball besuchen. Ihre schwarzen Haare waren zu einem hohen Turm geformt, der runde, rosa Mund kontrastierte leuchtend zu ihrem Kleid.

Klein sind die Menschen, auch der Verlagsdirektor, der uns hier begleitet, geht mir knapp bis zur Schulter. Die Frauen tragen Baumwolle, wird uns im Museum erzählt. Lakritzwurzeln bringt die karge Landschaft hervor, Karakulschafswolle und -pelze werden produziert. Turkmenien ist ein großes Land mit wenig Einwohnern. Viel Sand bietet nur Klapperschlangen und anderen kleinen Tieren eine Behausung, nicht Menschen. Ich stelle mir vor, wie unerträglich es außerhalb der Stadt sein muß, der durch eine Unmenge von Bäumen, Blumen und viele Parks Schatten und Feuchtigkeit gespendet wird. Von meinem Hotelzimmer aus sehe ich nur Baumkronen, Blätter, die Stadt ist darunter verborgen. „Man sagt auch, Aschrabad sei die Stadt der Blumen", erklärt unser Begleiter. Es stimmt, vom Hotelfenster aus ist es, als blicke man in einen riesigen Park.

Während ich diese Notizen in der Hotelvorhalle mache, durchquert diese ein Mann, der meine Aufmerksamkeit sofort auf sich zieht. Hochgewachsen, bewegt er sich wiegend und stolz auf seinen grünen Wildlederstiefeln, die ihm bis zu den Knien reichen und in die seine schwarze Hose gestopft ist. Ein weißes Hemd hebt sein braungegerbtes Gesicht hervor. Am meisten fällt mir seine hohe Fellmütze auf. Bei der Hitze! denke ich, der muß sich doch in Schweiß auflösen. „Aber nein", werde ich aufgeklärt, „dies ist die traditionelle Kleidung, es hält die Hitze ab." Eine solche Kopfbedeckung trägt auch der Mann auf dem Standbild in einem Park unweit des Hotels. Gekleidet wie der Mann im Hotel, kauert er mit einem Griffel in der Hand über einem Heft. Gegenüber von ihm, auf der anderen Seite des Weges: eine Frau mit Kopftuch und langem Kleid, die lächelnd in das Buch in ihrer Hand blickt. Denkmale der Bekämpfung des Analphabetismus, sie beide.

Teppichfabrik III

Also wieder ein Besuch in einer Fabrik, in der neunzig Prozent Frauen beschäftigt sind, bis zu achtzig Prozent junge Mädchen, die sofort nach Schulabschluß die Arbeit aufnehmen. Uns empfängt die Direktorin, eine schlanke junge Frau mit Kopftuch, hinten geknüpft, und langem, rot geblümten Kleid. Sie erzählt uns, der Beruf des Teppichwebens sei ein Erbe, das die jungen Mädchen vom Dorfe mitbrächten. „Es gibt eine Berufsschule für dies Gewerbe und eine Kunstschule für Meister im Teppichweben. Die Berufsschule dauert zwei Jahre. Die alte Kunst wurde von Generation zu Generation überliefert. Die Künstler machen Skizzen und entwerfen Muster. In allen Schulen Turkmenistans gibt es Zirkel für Teppichweben."

Fünfundzwanzig ihrer Weberinnen, berichtet die Direktorin, studieren als Abend- oder Fernstudentinnen an den Hochschulen. „Eine Weberin ist Mitglied des ZK der Partei der Republik, eine ist Deputierte des Obersten Sowjets der Republik, elf Mädchen sind Deputierte des Stadtsowjets.

Wenn ein Mädchen eine Abendschule besucht, erhält sie bis zu fünfzehn Tagen unbezahlten Urlaub für die Eintrittsprüfungen, dann zweimal im Jahr bezahlten Urlaub für zehn Tage, je nach Prüfungsdauer. Die Studenten haben auch noch den Vorteil, im Sommer Urlaub machen zu können."

Frauen mit Kindern arbeiten die volle Stundenzahl, stillende Frauen sind selten, weil die meisten das eine freie Jahr in Anspruch nehmen. „Es gibt auch eine Heldenmutter", berichtet sie stolz, „die gleichzeitig Bestarbeiterin ist." Mir schaudert, wie immer bei dem Begriff Heldenmutter. Da wird eine Frau „Heldin", weil sie mehr als zehn Kinder geboren hat. Ich weiß aber schon, daß eine Nachfrage auf verständnislose Gesichter und die lächelnde Beteuerung der Kinderliebe stoßen wird.

Also frage ich nach der Freizeit der Frauen, die hier arbeiten. Ist sie nur durch die Kinder ausgefüllt, oder gibt es noch anderes im Leben der Frauen als Arbeit und Kinder?

„Sie gehen abends ins Kino, ins Theater mit Freundinnen, aber es ist nicht Sitte, daß Frauen bei uns allein ins Restaurant gehen", lautet die Antwort. „Am Feierabend, zu Geburtstagen, Hochzeiten sind die Freundinnen zusammen."

„Sind in den Chaichanas in Turkmenien auch Frauen anzutreffen?"

„Aber natürlich, nach einem Stadtbummel oder so – und bei uns ist es doch heiß – geht man in eine Chaichana. Man kann dort jedes Alter finden, Frauen, Kinder, alles."

Wir machen einen Gang durch die Werkshalle. Ein buntes Bild empfängt uns, viele Frauen, meist junge, in langen, farbenfrohen Kleidern. Über die dunklen, oft sehr langen Haare sind Kopftücher geschlungen. Sie hocken zu viert oder fünft auf verstellbaren Bänken vor Teppichen mit unterschiedlichen Ornamenten und schlingen Knoten auf Knoten, verknüpfen sie, schlagen die fertige Reihe mit Spezialkämmen dicht an die vorige, werfen mir neugierige Blicke zu, kichern, schmunzeln, unterbrechen ihre Knüpfarbeit keinen Augenblick. Hier werden die Teppiche noch in Handarbeit gefertigt.

Draußen, im Treppenflur vor den fraugroßen Spiegeln, entflechten exotische Schönheiten ihre langen Zöpfe und kämmen ihre dicken, schwarzen Haare.

„Ist dieses Hocken auf den Bänken nicht gesundheitsgefährdend?“

„Nein, wir haben regelmäßige prophylaktische Untersuchungen. Es gibt keine Berufskrankheit.“

Im Gespräch am langen Tisch im Direktorenzimmer nehmen Ogulnabad Mujamedewa, die Direktorin, Bairamova Gosjil, die Frauenratsvorsitzende und Redshepova Anatach, eine Meisterin und Sekretärin der Partei, teil. Die Frauenratsvorsitzende erzählt von ihrer Arbeit. Sie wurde kollektiv gewählt. Ihre Hauptaufgabe sei, Patenschaften zu Schulen zu pflegen. Sie helfe den Frauen, Plätze im Kindergarten zu finden. Bei Problemfällen wende sie sich an das Rayonskomitee. Der Ablauf sei so, erzählt sie: Wenn die Frau im Entbindungsurlaub sei, wende sie sich an den Frauenrat. Im gleichen Jahr nehme der Frauenrat Kontakt zu den Behörden auf, und wenn die Frau wieder arbeiten gehe, also nach einem Jahr, sei der Platz beschafft.

Ich sehe mir die Direktorin genauer an. Sie trägt das gleiche Kleid wie die sehr viel ältere Meisterin. Sie ist eine natürliche, zurückhaltende junge Frau, schlank, ihre dunklen Haare sind in der Mitte gescheitelt, das helle Kopftuch ist durch viele bunte Blumen verziert.

„In dieser Fabrik arbeiten nur zwölf Männer“, antwortet sie mir auf meine Frage nach dem Verhältnis von Männern und Frauen in der Fabrik. „Der Chefingenieur ist ein Mann. Ich habe früher auch an der Webbank gesessen, war früher auch einmal Deputierte des Obersten Sowjets. Jetzt bin ich Deputierte des Stadtsowjets. Ich kam nach acht Schulklassen zur Arbeit. Als ich das erste Mal die Werkshalle betrat, war die Meisterin schon hier, und sie bildete mich aus. Diese Arbeit ist natürlich nicht die leichteste. Damals mußte man sechs Monate als Lehrling arbeiten, aber ich bekam eine so erfahrene Weberin als Ausbilderin, daß ich schon nach drei Monaten fertig war. Danach absolvierte ich die zehnte Klasse ohne Arbeitsunterbrechung. Später war ich auch Fernstudentin, habe aber immer weitergearbeitet. Damals habe ich auch selbst schon zwanzig Lehrlinge auf die Arbeit vorbereitet. Als

Weberin arbeitete ich achtzehn Jahre lang. Jetzt bin ich seit vier Jahren Direktorin."

Ich versuche, schnell zu überschlagen: acht Jahre Schule, d. h. ungefähr fünfzehn Jahre alt bei Berufsbeginn, plus achtzehn, das heißt dreiunddreißig Jahre alt, dreiunddreißig plus vier gleich siebenunddreißig.

„Ich lebe mit den Eltern, meine Mutter ist pensioniert, sie hat in einer Textilfabrik gearbeitet. Mein Vater ist tot. Meine ältere Schwester besuchte die Universität. Sie hat Mathematik studiert, mein Bruder ist an der polytechnischen Hochschule, seine Frau ist Physikerin. Ich habe ein sehr vertrauensvolles Verhältnis zu den Arbeiterinnen hier."

Die anderen Frauen stimmen zu, betonen: „Wir ehren sie sehr, wir achten sie. Wenn es nicht so wäre, wäre sie hier nicht Leiterin."

Die Frauenratsvorsitzende berichtet von sich: „Ich habe vier Kinder, drei Söhne, eine Tochter, alle Kinder arbeiten. Meine Tochter hat auf der Volkswirtschaftshochschule studiert, sie arbeitet nun auch hier. Das war eine geschickte Verteilung nach der Absolvierung des Studiums, sie hierherzuschicken. Mein Mann arbeitet in einer Planungsinstitution. Ich habe immer gearbeitet, hatte auch keine Großmutter, die mich unterstützen konnte. Meine Kinder waren in Kinderkrippen, Kindergärten. Meine Eltern waren Angestellte, jetzt sind beide pensioniert. Mein Vater war Direktor einer Schule, meine Mutter Buchhalterin in einer Kolchose. Ich habe fünf Schwestern, alle fünf haben jetzt eine Hochschulausbildung. Meine Mutter wurde 1915 geboren, sie hat sofort nach der Revolution eine Schulausbildung erhalten. Gleich nach dem Krieg, als kein Mann auf dem Dorf war, betätigte sich meine Mutter sehr energisch und vereinigte alle Frauen auf dem Dorf, um die Arbeit zu tun. Meine Eltern liebten sich schon, natürlich, als sie heirateten, das war ja 1932."

Die Meisterin, eine ältere Frau, die schräg am Direktionstisch sitzt, hat ein rundes, faltiges Gesicht. Ich interpretiere diesen Platz und auch die Übereinstimmung in der Kleidung zwischen Direktorin und Meisterin als Symbol, mir erscheint sie wie ein mütterlicher Schutzpatron der Direktorin. Sie ist Leiterin der Werkshalle und Parteisekretärin der Fabrik. Auch ihr Mann arbeitet hier, er ist Kunstmaler und fertigt Ornamente und Skizzen für die Teppiche an.

„Meine Eltern waren noch Analphabeten", berichtet sie, „noch vor der Revolution geboren. Sie waren Bauern, die Mutter kümmerte sich nur um den Haushalt. Mein Vater besaß nur eine Frau, mehrere konnte er sich nicht leisten. Er war nur ein armer Bauer. Nach der Sowjetmacht begann meine Mutter, in einer Teppichfabrik zu arbeiten, mein Vater nahm Arbeit in einem Werk auf. Nach den Worten meiner Mutter, die natürlich nicht rechnen konnte, heiratete sie, als sie siebzehn war. Meine Mutter ist schon vor fünfunddreißig Jahren gestorben. Ob mein Vater seine Frau gekauft hat und was er dafür eventuell gegeben hat, weiß ich nicht, darüber wurde bei uns nicht gesprochen."

„Wie ist es denn mit den Männern in der Republik? Ist das Leben wirklich so rosig für die Frauen, wie es sich anhört, oder entstehen nicht doch im täglichen Leben manche Probleme, weil die Männer patriarchalischen Verhaltensweisen verhaftet sind?"

Die Frauenratsvorsitzende antwortet: „Für alle Männer kann ich nicht sprechen. In meiner Familie haben wir ein gegenseitiges Verständnis. Ich erzog meine Kinder, der Mann half mir dabei. Die Hauptlast nahm ich auf mich. Die materielle Grundlage schufen wir beide, ohne darauf zu achten, wer mehr nach Hause bringt."

Die Direktorin fügt hinzu: „Die Meisterin schweigt, sie erzählt nichts über ihre Familie, aber wir alle beneiden ihre Familie. Sie leben sehr eng zusammen. Ihr Sohn ist der beliebteste Komponist in der Republik, ihr Mann arbeitet hier in der Fabrik als Künstler. Ihre Familie wurde als gutes Beispiel auch schon in einer Reportage im Fernsehen vorgestellt."

Zum Abschluß frage ich, was ihrer Meinung nach für die Frauen noch verändert werden müsse. Die Meisterin sagt nachdenklich: „Von meinem Standpunkt aus kann ich dazu sagen: Ich habe ein schwieriges Leben geführt, heutzutage will ich nur, daß unsere Kinder keinen Krieg kennenlernen, etwas anderes will ich nicht."

Zum Abschied drücken mir alle Frauen die Hand, sehen mir ernst in die Augen und sagen: „Grüßen Sie die Frauen bei Ihnen zu Hause!"

Sie meinen: in der BRD.

Nein? Schade. Auf Wiedersehen.

Auf gut Glück gehe ich los. Über die Hauptstraße, im Schatten einer Doppelreihe von Bäumen. Blumenrabatten, Lilien in leuchtendem Gelb und Orange. In kurzen Abständen werden Melonen am Straßenrand zum Verkauf feilgeboten, riesige Halden dieser dicken und grünen Kugeln liegen dort. Gekochter Mais, auf kleinen Holztischen angeboten, wird von den Käufern noch auf der Straße verzehrt. Ich biege rechts ab in einen Park, „Kulturpark" ist weithin zu lesen, kaufe mir Eis. Eine Gruppe junger Männer kommt mir auf einem schmalen Weg entgegen. „Schmeckt's?" lachen sie mich an. Keine Frau spaziert allein durch den Park. „Njet", antworte ich einfach, übersetze ihr ‚schmeckt's' auch erst hinterher. Sie lachen noch amüsierter. „Warum nicht?" Gehen weiter.

Ich gelange wieder zu einer breiten Straße, auch hier die doppelreihigen Bäume. Ein Mann folgt mir lange Zeit, ich bin irritiert, überquere die Straße, will zurück, mein Erkundungsgang wird mir zu anstrengend. Schließlich spricht er mich an. Wieder die übliche Frage: „Woher kommen Sie?" Ferge. Ob ich Touristin sei, in welchem Hotel. „Ich schreibe ein Buch über sowjetische Frauen, keine Touristin, ich arbeite hier." Zauberwort. Er entfernt sich. Ich komme an einem Selbstbedienungsladen vorbei, betrete ihn, will doch einmal sehen, was es außer den Melonen und dem Mais zu kaufen gibt. Gebäck an der Theke vor der Kasse, Gebäck in allen Variationen, mit Nüssen, ohne Nüsse, mit Sternchen drauf oder nur mit einem Loch in der Mitte. Ich kaufe einen dieser kuchengroßen Kekse, er stillt meinen Hunger bis weit in den Abend hinein. Tee in großen Paketen, mit einfacher grüner Beschriftung oder bunten Bildern. Mit kleinen Päckchen gibt man sich offenbar gar nicht erst ab. Brot, Fleisch, Konserven, Nudeln, Mehl, Zucker, Salz mache ich aus. Üppig gefüllt mit unterschiedlichen Waren ist der Laden nicht, vorn bei den Keksen gibt es noch Wein und Sekt, aber mir fällt nicht ein, was zum Leben fehlen könnte. Im nächsten Laden, in den ich natürlich wieder hineingehe, Frauenartikel, alles gemischt: Seife, Kleidung, Kosmetika, Geschenkartikel, Vasen, Puppen, Schmuck, Haarspangen. Ich kaufe zwei sehr schöne, breite Haarspangen in Schwarz mit weißem Muster, die zusammen allerdings teurer sind als die Puppe in Nationalhochzeitstracht. Die einzelnen Waren sind in kleinen Abteilungen voneinander getrennt, bezahlt wird an einer Kasse. Sicher: Es ist alles nicht so üppig und überquellend bunt wie bei uns. Aber hier pocht mir nicht der Schädel, wenn ich wieder hinaustrete, wie ich es von unseren Kaufhäusern gewohnt bin.

Draußen der nächste Mann. Fast einen Kopf kleiner als ich, verfolgt er mich nicht lange, kommt schnell auf mich zu, freundlich lächelnd: „Woher kommen Sie?“ Die übliche Antwort. Ihn schreckt auch meine Arbeit nicht. Mühsam radebrechen wir. Er ist Maurer, war gerade in Kiew, will mich einladen zu einem See, zum Essen und Trinken. Ich verneine, fühle mich in dieser südlichsten Stadt der Sowjetunion unter den fremd und bunt gekleideten Frauen mit den im Nacken gebundenen Kopftüchern so weit weg von zu Hause. Wer weiß, wo dieser See ist und ob ich von dort jemals wieder zurückgelange. Ich sage, ich will nur laufen und mir die Stadt ansehen. Er geht sofort darauf ein, bietet sich als Stadtführer an. Viel gibt es allerdings an Sehenswürdigkeiten nicht zu sehen, ein Lenindenkmal, das Denkmal des ersten Dichters in turkmenischer Sprache, ein Krankenhaus, einen Bahnhof mit einem imposanten Portal. Immer wieder erkundigt sich mein Begleiter nach meinem Namen, versucht, ihn auszusprechen. Er ist eigentlich sehr liebenswürdig. Wir nähern uns meinem Hotel. Ich sage: „Oh, Programm“, zeige auf die Uhr. „Zaftra?“ „Njet, tosche programm. Paslisaftra tosche.“ Pech, da kann man nichts machen. Auf Wiedersehen.

Meinen Ausflug in die Stadt beende ich eher als beabsichtigt. Die mutigste und abenteuerlichste Weltreisende bin ich nicht.

Geschichte der Turkmeninnen

Karriva Rosa, Direktorin des Instituts für Marxismus-Leninismus, turkmenische Filiale beim ZK der KPdSU, ist Turkmenin, trägt aber ein helles Hemdblusenkleid, das verziert ist mit Kugelschreiberhüllen an der Brusttasche. Kurze, schwarze Haare hat sie, ein rundes, fast faltenfreies Gesicht mit klugen, großen braunen Augen. Sie will mich über die Geschichte der turkmenischen Frau informieren. Sie sieht mir während des Sprechens direkt in die Augen, so daß ich nie das Gefühl habe, nur einen wissenschaftlichen Vortrag zu hören.

„Unmittelbar nach der Revolution gab es keine Formen und Methoden für die Einbeziehung der Frau in die gesellschaftlichen Institutionen. Auf der Grundlage des Parteiprogramms entwickelte man die Arbeit unter den Frauen. Einen besonderen Schwerpunkt stellte die Einbeziehung der Frauen in die Produktion dar. Dabei berücksichtigte man, daß auch vor der Revolution in der alten Gesellschaft Frauen in der Produktion tätig waren. Sie arbeiteten zu Hause, auf dem Feld, und sie stellten Teppiche her. Beim Teppichknüpfen hatten sich die Frauen vereinigt, es gab also schon kleinere Gemeinschaften. Auf dem Dorf taten sich die Frauen zusammen, um Teppiche zu knüpfen. Diese Lage nutzte man aus. Die Schwierigkeit bestand darin, daß die Männer die Frauen nicht zu Versammlungen gehen ließen. Die Frauen selbst wollten das, die Lage war historisch reif, inoffiziell fühlten sie sich schon zum Kollektiv gehörig. 1930, also zehn Jahre nach der Errichtung der Sowjetmacht, hatten sich siebzehntausend Weberinnen solchen Gemeinschaften angeschlossen. Das war eine große Leistung für die damalige Zeit.

Vor der Revolution gab es in Turkmenien achtundneunzig Prozent Analphabeten. Schreiben und lesen konnten die Geistlichen, die den Koran in arabischer Schrift lasen. Vor der Revolution existierte kein nationales Schrifttum.

Kultur, das war hauptsächlich Folklore, vor allem von Männern entwickelt. Diese Kultur wurde von Generation zu Generation mündlich weitergegeben. In Turkmenien gab es keine revolutionäre Frauenbewegung, eine Grundlage dafür war nicht vorhanden. Es herrschten hier ja keine kapitalistischen Verhältnisse. Hinsichtlich der Vorbereitung der Frau auf die Revolution kann ich folgendes sagen: Am Ende des vorigen Jahrhunderts wurde hier eine Eisenbahn gebaut. Dort arbeiteten Russen. Den Bauern hier, die nichts besaßen, wurde die Möglichkeit gegeben, beim Bahnbau zu arbeiten. Dadurch entstanden Kontakte zwischen den hiesigen Bauern und den Russen. Die Bauern arbeiteten mit den Russen eng zusammen und besprachen auch die gesellschaftliche Lage. Allmählich begannen die Bauern, ihr Bewußtsein zu verändern. Damit war der Grundstein für eine neue Entwicklung gelegt. Als die Eisenbahn fertig war, wurde für sie ein Reparaturwerk eingerichtet, dort arbeiteten auch wieder Hiesige und Russen. Daraus gingen die ersten Bolschewiken hervor. Die versuchten auch, ihre eigenen Frauen in die politische Arbeit einzubeziehen. Sie gaben den Frauen kleine Aufträge, z. B. auf dem Markt und der Straße vorsichtig Flugblätter zu verteilen. Damit waren Anfang des Jahrhunderts die ersten Frauen geboren, die dem Feudalsystem kleine Widerstände entgegensetzten. 1914 brach dann der Erste Weltkrieg aus. Wer sollte in den Krieg gehen? Vor allem wieder die ärmsten Bauern. Es gab Aufstände. Die Gemeinden wollten auf die Männer nicht verzichten. Auch die Frauen gaben nicht gleichgültig ihre Männer her. In der Armee entstanden wieder Kontakte mit anderen Nationalitäten, auch daraus entwickelte sich neues Bewußtsein. Später versuchten die Behörden, die Lage etwas fortschrittlicher zu gestalten. Obwohl sie sich auf die Großgrundbesitzer stützten, wollten sie die fortschrittlichen Angestellten berücksichtigen. Sie versuchten, das Abstandsgeld für die Frauen zu beseitigen. Es mißlang ihnen aber. Im Beschluß der russischen Behörde stand, es abzuschaffen sei unmöglich, aber es sollte mit der Zeit verändert werden. Die Mädchen wurden zum Teil schon mit dem zwölften Lebensjahr verkauft. Ein Grundbesitzer, der z. B. schon drei Frauen hatte, kaufte noch ein Mädchen als Arbeitskraft. Die Frauen glaubten, ihre Lage sei von Gott gegeben, und sie dürften sie nicht verändern. Auch darin lag ein Problem für die Zeit nach der Revolution. Als der Boden enteignet wurde, wollten die Bauern ihn z. B. nicht annehmen, weil sie fürchteten, von Gott bestraft zu werden.

Es gab viel Boden, aber große Wasserknappheit. Jeder Junge bekam nur dann eine Portion Wasser, wenn er verheiratet war, deshalb besaßen schon achtjährige Knaben zwanzigjährige Frauen. Je älter ein Mädchen war, desto billiger war sie. Es gab ein Gesetz: Trauungsrecht auf Wasser. Das Wasser diente als Regelungseinheit zwischen der Gemeinde und dem Markt. Da es wenig Wasser gab, wog es so schwer wie Gold. Sogar die Witwe hatte nur solange ein Recht auf Wasser, bis ihre Kinder verheiratet waren. Danach erhielt sie kein Wasser mehr. Deshalb versuchten die Verwandten, die Kinder innerhalb einer Familie heiraten zu lassen, damit das Gut nicht verteilt würde. Wenn ein Mann starb, mußte die Frau nach Adat (Tradition) den jüngeren Bruder des Mannes heiraten.

Ob er zehn Jahre jünger war oder noch mehr, spielte keine Rolle. Alles geschah, um das Gut nicht zu verteilen. Nach der Revolution hatten sogar manche Bolschewiken mehrere Frauen, als Folge dieser Tradition. Daß die Männer nur noch eine Frau haben durften, war ein komplizierter Beschluß, der nicht auf einen Schlag verwirklicht werden konnte. Wenn die Bolschewiken die Frauen ihrer älteren Brüder besaßen, kamen sie zur Partei, fragten: ‚Was soll ich tun, die Frau auf die Straße werfen? Wie soll sie leben?' Die Partei mußte unter den Bolschewiken eine große Aufklärungsarbeit leisten. Das dauerte etwa bis zum Anfang der dreißiger Jahre. Die Frauen fanden eigene Arbeit, konnten in eigene Zimmer ziehen. Die wirtschaftliche Lage der Frauen veränderte sich und damit auch die familiäre Situation und natürlich auch das Bewußtsein der Frauen.

In der alten Gesellschaft war der ärmste Bauer wie auch der Großgrundbesitzer in der Familie der Herr. Alle betrachteten die eigenen Frauen als Eigentum. Das im Bewußtsein zu verändern war schwierig. Anfangs gab es Vergünstigungen für die Bauern, die die Töchter in die Schule gehen ließen. Sie mußten zum Beispiel weniger Staatsabgaben zahlen. Die Großgrundbesitzer streuten auch Gerüchte aus, sie propagierten, die Bolschewiken wollten den Bauern ihre Frauen enteignen und würden sie nackt auf die Straße schicken. Das konnten die Bauern natürlich nicht akzeptieren. Die Frauen, die sich entschlossen, eine Ausbildung zu erlangen, die in die Klubs gingen, wurden oft von den Pasmachen getötet. Ende der zwanziger Jahre erreichte diese Erscheinung ein so großes Ausmaß, daß die Sowjetregierung ein Gesetz erließ, wonach ein Attentat auf eine Frau genauso bestraft würde wie eine konterrevolutionäre Tätigkeit, also sehr streng, oft mit dem Tod. Das war ein wichtiges Gesetz, damit wurde die Welle der Frauenmorde gestoppt.

Eine weitere Schwierigkeit bestand darin, daß das ganze turkmenische Volk in Stämme unterteilt war. Eine Heirat zwischen diesen Stämmen war ausgeschlossen. Das konnte man nicht auf einmal beseitigen, auch nicht durch ein Gesetz. Nur Aufklärungsarbeit konnte da von Nutzen sein. Erst in den fünfziger Jahren begannen die Menschen aus verschiedenen Stämmen, untereinander zu heiraten. Das war nur ein Erfolg der Aufklärungsarbeit. Gesetze gab es natürlich, aber die blieben Papier. Die Partei betonte immer wieder, daß Gesetze allein nichts bewirken könnten ohne kontinuierliche und geduldige Aufklärungsarbeit.

Um diese Arbeit im Interesse der Frauenbefreiung zu leisten, kamen zu uns Bolschewikinnen von weither. Das waren nicht nur Russinnen, auch Jüdinnen, Aserbaidschanerinnen, Tatarinnen. Alles Bolschewikinnen, die meisten waren allerdings Russinnen. Sie waren von der Partei hierhergeschickt worden, natürlich auf eigenen Wunsch. Sie wollten das Leben verändern.

Diese Frauen ließen alles Vertraute, ihre Familien, allen Komfort zurück und kamen hierher, um unter ganz anderen Bedingungen zu leben. Hier wohnten die Menschen damals noch in Tonhütten. Das waren ausgebildete Frauen, die schon revolutionäre Erfahrung besaßen. Alle waren jünger als dreißig Jahre, mit einer Ausnahme. Die meisten von ihnen beherrschten unsere Sprache. Wenn dies nicht der Fall war, gingen sie mit Aserbaidschanerinnen durch die Straßen und ließen sich helfen, bis sie die Sprache gelernt hatten.

Die Russinnen kamen nicht nur zu uns, sondern auch in andere Republiken des Orients, und sie führten ein gefährliches Leben. Denken wir einmal an Buchara. Die Miliz verhaftete die Frauen auf der Straße, weil sie dort offen mit Männern gesprochen hatten. Obwohl es damals schon die Sowjetmacht gab.

Wenn die russischen Frauen europäisch gekleidet waren, konnten sie keinen Kontakt zu den hiesigen bekommen. Also zogen sie die Nationaltracht an. Wenn aber eine dieser Frauen einer hiesigen eine Hilfe geleistet hatte, verbreitete sich die Nachricht in Windeseile, und ihre Autorität wuchs.

Aber die Frauen hatten es ja sogar im europäischen Teil der Sowjetunion schwer. Auch dort verhielt man sich skeptisch gegenüber den Frauenräten. Auf der achten Tagung der Sowjets, die 1920 in Moskau stattfand, beriet man wirtschaftliche Fragen, aber gleichzeitig stand eine Rede der Kollontai auf der Tagesordnung. Der Präsident der Tagung wollte der Kollontai jedoch das Wort nicht erteilen. Nur weil Lenin sich dafür einsetzte, nur aufgrund seiner Autorität, gab man der Kollontai das Rederecht. Sie hielt eine Rede über die Frau. Danach erschien die Losung: ‚Kein Sowjet ohne Frauen, delegiert die Frauen in alle Bereiche!'

Als die Bolschewikinnen bei uns damals die Grundlage geschaffen und die hiesigen Kader erzogen hatten, wurden sie von der Partei zu einer anderen Arbeit geschickt. Die Lubimova zum Beispiel bekam 1926 eine andere Arbeit. Unsere Frauen liebten sie aber sehr. Die Lubimova war eine hervorragende Revolutionärin, auch die Kollontai schätzte sie sehr. Als sie abreisen wollte, bekam sie einen Brief von den hiesigen Frauen, die sie baten zu bleiben, denn sie würde gebraucht. Auch andere Frauen gingen fort. Manche sind aber auch hiergeblieben und haben eine eigene Familie gegründet.

Man darf bei allem nie vergessen, daß die Turkmenen sofort aus dem Feudalismus in den Sozialismus kamen. Sie brachten also auch das Bewußtsein aus dem Feudalismus mit. Es gibt heute noch Sitten, die aus der damaligen Zeit stammen. Die turkmenischen Stämme waren hauptsächlich Nomaden, das Gefühl der Freiheit war für sie von großer Bedeutung. Sie fühlten sich frei, weil sie in kleineren Familien in der Steppe lebten. Der Turkmene hat sich bis heute dies Gefühl bewahrt, er beugt sich nicht, ist stolz und unabhängig. Der Zusammenhang mit dem Dorf ist eng geblieben, es gibt enge Beziehungen zu den nächsten Verwandten. Auch die Gastfreundlichkeit hat ihre Wurzeln im früheren Leben. Den Gast schätzt ein Turkmene höher als den Vater, sagt man bei uns. Wenn ein Gast kommt, fragt man ihn nicht, warum er gekommen ist. Man schenkt ihm Tee ein, bittet ihn, sich zu setzen und wartet, bis er selbst den Grund für seinen Besuch nennt. Auf dem Dorf begrüßen die Dorfbewohner auch heute noch Unbekannte. Wenn ein Feind als Gast zum Hausherrn kam, lud der ihn auf den Teppich ein. Selbst wenn er vom Gast beleidigt wird, antwortet er nichts Böses. Wenn zu einer Hochzeit fünfzig Gäste eingeladen werden und hundert erscheinen, freut das den Hausherrn, denn es bedeutet, daß man ihn ehrt. Wenn einer irgendwohin eingeladen ist und es erscheinen bei ihm selbst Gäste, nimmt er sie mit. Aus der alten ‚Herren'tradition resultieren noch heutige Sitten, die die Großgrundbesitzer auch ausnutzten beim Kampf gegen die Sowjetmacht. Beispielsweise die hohe Achtung vor den Älteren. Wenn ein junger Mann damals wollte, daß seine Frau die Enge des Hauses verließ und genau wie ein Mann auch auf die Straße ging, aber die Älteren des Dorfes von den Großgrundbesitzern gegen das neue Leben aufgehetzt waren und dem Jungen widersprachen, schwieg auch der junge Mann, selbst wenn er Komsomolze war.

Es gibt Unterschiede zwischen dem Leben im Dorf und in der Stadt. In der Stadt haben sowohl der Mann wie die Frau eigene Freunde. Zum Geburtstag zum Beispiel kann der Mann auch jemanden von der Arbeit einladen und die Frau ebenso. Diese Dinge besprechen sie dann zusammen. Auf dem Dorf bespricht man solche Fragen nicht. Wenn ein Kind zur Welt kommt oder Hochzeit gefeiert wird, dann ruft man im Dorf eine Feier aus und alle kommen.

Wenn man sich in der Stadt auf eine Hochzeit vorbereitet, und es sind zum Beispiel hundert Leute in ein Restaurant eingeladen, muß man damit rechnen, daß hundertfünfzig kommen. Wir rechnen immer mit so etwas. Auf dem Dorf fährt dann jemand mit dem Fahrrad herum und ruft das Fest aus.

Wenn ich etwas von mir selbst erzählen soll: Ich bin Witwe, habe drei Kinder, zwei Töchter. Eine Tochter, achtundzwanzig, ist Juristin, die andere, sechsundzwanzig, ist Biologin. Bei der jüngeren ist der Mann Tadschike, bei der älteren Turkmene. Mein Sohn ist zweiundzwanzig, er ist Physiker und noch unverheiratet. Ich habe schon zwei Enkel, jede Tochter hat einen Sohn.

Ich halte mich für eine glückliche Frau. Als mein Mann noch am Leben war, half er mir sehr, und ich bin ihm sehr dankbar, daß er mich immer angetrieben hat, eine noch höhere Ausbildung zu bekommen. Ich bin glücklich, glaube ich.

Ich bin Deputierte des Obersten Sowjets der Republik, stellvertretende Vorsitzende des Obersten Sowjets der Republik. Meine Mutter war Analphabetin, sie arbeitete im Haushalt. Mein Vater war Eisenbahnarbeiter. Ein Bruder ist im Krieg gefallen, ein Bruder arbeitet als Jaguar-Dresseur in einer einmaligen Nummer in der ganzen Welt. Er arbeitet im Zirkus. Er ist ‚Verdienter Schauspieler der turkmenischen Republik'. Ich bin sehr stolz auf ihn. Mein Vater war erst Hirte, 1916 schickte man ihn, eine Viehschar mit dem Zug nach Baku zu transportieren. Dort ist er geblieben und hat mit Grusiniern Bekanntschaft gemacht, die ihm einen Beruf gegeben haben. Er arbeitete als Eisenbahner bis 1934, dann kehrte er zurück. 1923 trat er in die Partei ein. Er hat das ganze Leben als Eisenbahner gearbeitet. Den Bolschewiki half er schon, als er noch kein Parteimitglied war. Er schloß sich den neuen

Ideen sehr schnell an, die waren wie geschaffen für solche Leute wie ihn.

Mein beruflicher Werdegang: Der Ausbildung nach bin ich Philologin. Ich habe auch eine Komsomol-Schule besucht. Die historische Fakultät. Es war eine Abenduniversität. Ich beschäftigte mich mit der Geschichte. Mein Mann war auch Historiker. Ich arbeitete im Rayon als Komsomol-Sekretärin, danach machte ich meinen Professor. Ein Jahr unterrichtete ich an der Universität, bis ich Mitarbeiterin dieses Instituts wurde, in dem ich seit zehn Jahren Direktor bin.

Meine Meinung zur heutigen Familie und den Aufgaben von Mann und Frau: Ich glaube, daß ein Mann Mann bleiben muß und die Frau Frau. Der Mann ist physisch und psychisch eine ganz andere Erscheinung als eine Frau. Er ist stärker. Wenn bei uns in der Familie zum Beispiel etwas passierte, habe ich geweint. Ein Mann weint nicht, auch wenn er traurig ist. So konnte ich mich bei meinem Mann anlehnen. Heutzutage sagen manche emanzipierten Frauen: Da ich emanzipiert bin, muß mein Mann auch Fenster putzen oder Wäsche waschen oder den Boden säubern. Ich glaube, daß es nicht Emanzipation bedeutet, wenn der Mann den Boden reinigt. Daß der Mann den Schmutz von den Fenstern wäscht, das ist keine Emanzipation. Ich hätte meinen Mann so etwas nie tun lassen. Es ist auch für die Kinder wichtig, daß der Mann ein Mann bleibt. Schließlich soll ein Sohn einmal ein Mann werden, und wenn er sieht, daß der Vater traditionelle Frauenarbeit macht, kann er nicht männlich genug werden. Ich bin auch schon Schwiegermutter von zwei Männern. Meine beiden Töchter sind verheiratet. Der Mann meiner einen Tochter kann nicht ruhig sitzen, wenn er Schmutz sieht, dann muß er ihn wegmachen, der putzt den Boden und die Fenster und überhaupt. Seine Frau kann ruhig am Tisch daneben sitzen und mit einer Freundin plaudern. Wenn ich dann eintrete, wird sie zwar immer etwas verlegen, weil sie ja weiß, wie ich darüber denke, und beeilt sich zu sagen, sie hätte sich gerade eben hingesetzt. Bei meiner anderen Tochter ist es ganz anders. Ich meine, Emanzipation besteht nicht darin, daß der Mann Frauenarbeit macht.

Ich reise gern. Fünfzehn Länder habe ich schon bereist, nur drei davon auf Dienstreisen. In Brasilien, Peru war ich. In Rio fand voriges Jahr ein Kongreß statt.“

Sie bekommt schwärmerische Augen, sagt Copa Cabana, erzählt, wie wunderschön sie dieses Land finde. Alexander hört auf zu übersetzen, und sie beginnen ein Gespräch über Lateinamerika, das auch er als Journalist bereiste. Ich versuche zu verstehen. Acapulco, sagt sie. Mir fallen ihre ausdrucksvollen Hände auf. Sie erzählt mit Händen, Augen und Mund Geschichten. Mit den Augen versuche ich zu folgen, zu erfahren, was ihr gefällt. Von Blumen spricht sie, über Spanien, Portugal. Mein Russisch reicht nicht, ihre Anekdoten zu verstehen. Schade, immer wieder bedaure ich, Russisch nicht besser zu beherrschen. Ihren Händen sehe ich an, daß sie mit ihnen arbeitet. Sie trägt keinen Ring, keinen Nagellack. Auch ihr Gesicht ist ungeschminkt. An ihr blinken nur die drei goldenen Zähne im Mund und die Perlenohrringe. Sie erzählt und erzählt, immer wieder legt sie kurz die Hände im Schoß zusammen, um sie dann aber sofort für anschauliche Gesten zu nutzen. Alexander kommt nicht mehr zu Wort. Auch ihm sieht sie beim Gespräch direkt in die Augen. Ich sehe zu, ihre buschigen Augenbrauen fallen mir auf, ihre dichten, schwarzen Haare ohne jedes Grau. Keine einzige Falte durchzieht die Mundpartie.

Sie wendet sich noch einmal an mich: „Wir sind die einzige Republik, in der Frauen auch im Alltag Nationalkleidung tragen. Ich war einmal in England und habe Nationalkleidung angezogen. Da dachten alle, ich trüge ein Abendkleid.“

Die Schüchternste ist die Vorsitzende

Eine Melkerin werde auch dort sein, hatte unser Betreuer für unseren Besuch auf der Sowchose Kalinin versprochen. Ich erwarte, in einen Stall geführt zu werden und einer Bäuerin mit Kittel, Kopftuch und Gummistiefeln bei der Arbeit zuzusehen.

Alles kommt wieder einmal anders: Uns empfangen vor einem langgestreckten Gebäude vier Frauen unterschiedlichen Alters in langen, bunten Kleidern und mit Kopftüchern, außerdem vier Männer. Als wir in einem großen Versammlungsraum Platz nehmen um den langen Tisch herum, der beladen ist mit Brot, Weintrauben, Melonen und Pralinen, setzen sich alle Frauen neben mich auf die eine Seite des Tisches, alle

Männer gegenüber von uns neben Alexander. Wie in der Tanzschule komme ich mir vor.

Der Direktor, ein hochgewachsener Mann mittleren Alters, erzählt über die Sowchose: „Wir bauen Weintrauben an, Früchte unterschiedlichster Art. Daneben gibt es Viehzucht: Kühe, Geflügel, Pferde, Schweine. 1978 wurde aus zwei ehemaligen Kolchosen diese Sowchose gebildet.

Bei uns werden Wassermelonen ohne Bewässerung im Sand – ohne jede Chemie – angebaut. In der Steppe hat der Sand eine Temperatur bis zu achtzig Grad."

Ich wende mich den Frauen zu, bitte sie, etwas über ihr Leben auf der Sowchose zu erzählen. Sie sind sehr befangen, nur schleppend kommt ein Gespräch zustande. Direkt neben mir sitzt die Vorsitzende des Dorfsowjets, eine etwa vierzigjährige Frau. Um die Schultern trägt sie einen schwarzgelben Schal, ihr Kopftuch ist golddurchwirkt. Über der Brust hält eine runde, funkelnde Brosche den Schal zusammen. Von den Ohrläppchen baumeln zwei dicke goldene Ringe. Der Ansatz grauschwarzer Haare, in der Mitte gescheitelt, wie auch bei den anderen Frauen, sieht aus dem Kopftuch hervor. Ihr rundes Gesicht ist braungegerbt, um die kleinen, schwarzen Augen ziehen sich strahlenförmig Falten.

„Ich bin 1943 geboren, stamme aus einer Bauernfamilie. Bis zum siebten Lebensjahr war ich zu Hause bei den Eltern, dann Schule, ich habe die zehnte Klasse absolviert. Wir waren insgesamt sieben Geschwister, vier Schwestern, drei Brüder. Nach der Schule besuchte ich ein medizinisches Technikum, arbeitete dann auf der Sowchose fünf Jahre lang als Krankenschwester. Dann landwirtschaftliche Hochschule, Abschluß als Agronomin.

1965 heiratete ich, habe vier Kinder, zwei Töchter, zwei Söhne.

Zwei Jahre arbeitete ich als Krankenschwester im Entbindungshaus, dann im Krankenhaus beim Arzt. Die Entbindungen finden hier nur im Krankenhaus statt, die Frauen bleiben nach der Geburt ungefähr vier bis sieben Tage im Krankenhaus.

1969 wurde ich im Dorf zur Vorsitzenden gewählt."

Ich frage danach, wie es kam, daß sie als Frau zur Vorsitzenden gewählt wurde. Sie lacht verlegen, schweigt.

Der Direktor der Sowchose antwortet für sie: „Als Krankenschwester genoß sie eine hohe Achtung unter der Bevölkerung. Tag und Nacht half sie den Menschen, kam immer, wenn man sie brauchte. Nun bekleidet sie ihren Posten schon fünfzehn Jahre lang, sie wird immer wieder gewählt."

Ich bitte sie, einmal zu schildern, wie der Arbeitstag der Vorsitzenden eines Dorfsowjets abläuft.

„Ich habe einen festen Arbeitstag von neun bis fünf Uhr, auch einmal bis acht. Morgens sind Meldestunden, da kommen die Einwohner mit einigen Bitten und Problemen, nachmittags gehe ich ins Dorf zu den Familien, aufs Feld. Spreche dort mit den Menschen. Mit welchen Bitten die Menschen zu mir kommen? Wenn die Familie größer geworden ist, zum Beispiel, braucht sie ein größeres Grundstück. Die Leute kommen, wenn ich ihnen beim Autokauf helfen soll, wegen Problemen in der Schule, im Gesundheitswesen. Bei uns gibt es sehr viele Kinder, viele Probleme hängen mit den Kindern zusammen. In meiner Freizeit sehe ich fern, mache den Haushalt, ab und zu lese ich ein Buch."

Sie antwortet langsam, vorsichtig, ein Mann nimmt ihr die Antwort ab: „Erholung ist Erholung, Kino, Konzert. Um sich feierlich kleiden zu können, nähen sie in der Freizeit, alle Frauen nähen hier, fast hundertprozentig."

Die Vorsitzende fügt hinzu: „Wenn eine Frau nicht näht, so zeigt man auf sie mit dem Finger."

Alle schmunzeln. Ich nicht. Ich habe Mühe, mich zurechtzufinden zwischen der Schüchternheit der Frauen, denen oft die Männer die Antworten abnehmen, und der Wertschätzung, die an der Wahl in eine solche Funktion wie „Vorsitzende des Dorfsowjets" abzulesen ist.

Nun spricht die angekündigte Melkerin. Es ist eine alte Frau in einem langen, grün glänzenden Kleid mit orientalischen Ornamenten. Ihr Kopftuch leuchtet rot. Ihre Haare sind zwar von Grau durchzogen, aber immer noch zur Hauptsache schwarz. Auch ihr Gesicht deutlich sonnengebräunt. Sie spricht nicht sehr gut russisch, wirkt schüchtern und zurückhaltend. Die doppelte Übersetzung bewirkt natürlich, daß die Männer sich wieder stark ins Gespräch einschalten. Ich habe aber auch den Eindruck, daß sie ihr beim Antworten Hilfe leisten.

„Meine Familie bestand aus fünf Personen. Wir haben noch im Zelt gelebt, ohne Elektrizität, ohne Wasser. Ich wurde 1930 geboren. Jetzt habe ich eine große Familie, aus diesem Grund gab die Sowchose beiden Söhnen Grundstücke. Heute wohne ich in einem Steinhaus. Wir haben auch ein Auto. Ich habe fünf Söhne, vier Töchter und zwei Enkelkinder. Drei Söhne und zwei Töchter arbeiten in der Sowchose, die anderen besuchen noch die Schule. Die Entstehung der Kolchose habe ich nicht mehr mitbekommen. 1930 war die Kolchose schon organisiert, 1935 war die Kollektivierung beendet.

Ich verdiene zweihundert Rubel im Monat. Mein Arbeitstag geht von fünf bis neun Uhr und dann von sechzehn bis neunzehn Uhr.

Unsere Melkmethode hat sich sehr verändert im Vergleich zu früher: Die Kühe stehen zwanzig Stunden im Stall, dann gehen sie vier Stunden spazieren. Gemolken werden sie im Stall durch Melkmaschinen. Als ich noch mit der Hand gemolken habe, konnte ich nur sechzehn Kühe bedienen, heute zweiunddreißig Kühe, und damals war mein Arbeitstag länger, morgens eine Stunde, abends anderthalb Stunden. Die Maschine ist besser.

Als ich meine Kinder bekam, blieb ich jeweils ein halbes Jahr nach der Entbindung zu Hause. Dann paßten die Älteren auf das Kleine auf. Mit anderthalb Jahren kamen sie in den Kindergarten.

Für mich war es die größte Freude, als ich in den Obersten Sowjet der Republik gewählt wurde, das war 1980. Das war eine große Ehre für mich."

Freizeit?

Sie stutzt, schweigt. Ein Mann sagt: „Sie ist Großmutter, abends sammelt sie ihre Enkel um sich und hört zu, was sie plaudern."

Zu meiner linken Seite sitzt eine junge Frau, sehr schmal und mit spitzerem Kinn und längerer Nase als die meisten anderen Frauen hier. Ihr Kleid ist lila, Brosche und Ohrringe wirken feinziseliert und sind aufeinander abgestimmt. Ich finde, sie sieht nicht so gesund aus wie die anderen, von der Nase zum Mund zieht sich eine Linie, auch die dunklen Augen sind von Müdigkeitsfalten umgeben. Sie ist Juristin.

„Was macht eine Juristin in Turkmenistan?"

„Ich gebe Konsultationen. Wenn irgend jemand unsicher ist, ob Behörden in seinem Fall richtig entschieden haben, kommt er zu mir in die Konsultation, um sich beraten zu lassen. Die Konsultationen kosten nichts. Ich bekomme mein Gehalt von der Sowchose. Wir sind der Meinung, daß die Zeit reif ist, daß die Menschen in der Sowjetunion sich ihrer Rechte bewußter werden. Wir schenken dem große Aufmerksamkeit.

Ich wurde in einem anderen Dorf geboren. Durch Heirat übersiedelte ich hierher. Meine Eltern waren Bauern.

Mein Schicksal war das gleiche wie das der anderen Frauen. Ich wurde 1946 geboren, meine Eltern hatten eine große Familie, zehn Kinder. Alle Geschwister haben eine Ausbildung, einige haben Technikerschulen, andere Universitäten besucht, zwei gehen noch zur Schule.

Jurist zu werden, war mein Traum. Ich habe viele Bücher gelesen, Filme gesehen, ich wollte unbedingt als Juristin arbeiten."

Auf meine Frage, ob Juristin hier ein ungewöhnlicher Beruf für eine Frau sei – und ich begründe die Frage mit der Situation in der BRD: Noch immer ist das Jurastudium eins, das hauptsächlich von Männern absolviert wird, und das wird damit begründet, die Juristerei sei für eine Frau eine zu trockene, zu logische Wissenschaft –, antwortet sie ganz erstaunt: „Nein, als Studentin waren in meiner Gruppe einhundert Studenten, davon waren achtzig Mädchen und zwanzig Männer. Wir haben auch sehr viele Richterinnen. Sehen Sie, bei uns ist dieser Beruf wie alle anderen Berufe. Jeder wählt den Beruf, der ihm gefällt, ob Mann oder Frau."

„Meinen Sie, eine schlechtere Mutter oder Ehefrau zu sein, weil Sie einen Beruf haben, den Sie sehr lieben?" Wieder erläutere ich auf ihr Zögern hin die Frage: „Bei uns in der BRD wird oft die Auffassung vertreten, eine Ehefrau mit Kindern müsse sich voll der Familie widmen, weil die Kinder sonst zu kurz kämen und Schaden erleiden würden."

Sie antwortet kurz: „Ich trage doch keinen Stempel durch den Beruf. Ich arbeite sieben Stunden, erziehe meine vier Kinder, mache den Haushalt wie jede andere Frau auch."

„Erzieht auch Ihr Mann die Kinder?"

„Aufgabenteilung gibt es nicht. Wenn der Mann früher von der Arbeit kommt, macht er Abendbrot, Tee, betreut die Kinder. Je nachdem. Das wechselt ab.

In der Freizeit fahre ich mit dem Mann und den Kindern

mit dem Auto in die Stadt. Dort bummeln wir herum, gehen ins Kino."

Neben ihr sitzt die Vorsitzende der Gewerkschaftsorganisation, eine wunderschöne Frau, deren dunkle Locken unter dem Kopftuch hervorspringen. Sie hat kugelrunde, schwarze Augen und einen ebenso kugelrunden, vollen, rosa geschminkten Mund, passend zum rosa Kleid mit lila Blüten. Ein leichter, dunkler Bartflaum über den Lippen unterstreicht ihr orientalisches Äußeres.

Ich frage sie nach den Aufgaben einer Gewerkschaftsvorsitzenden. Auch ihr Russisch ist nicht so gut, daß es für ein Gespräch ausreichte, wieder also die doppelte Übersetzung.

„Bei Arbeitskonflikten tritt die Gewerkschaft als Schiedsrichter auf. Wenn die Administration zum Beispiel einen Arbeiter ohne Grund auf einen anderen Arbeitsplatz setzt, hat die Gewerkschaft das Recht, diesen Entschluß wieder rückgängig zu machen. So etwas darf nur mit Erlaubnis der Gewerkschaft geschehen.

Ich arbeite seit drei Jahren in dieser Funktion, achtundzwanzig Jahre bin ich alt. Ich arbeite normal, versuche eine gemeinsame Sprache mit den Arbeitern und der Administration zu finden. Wenn es zu Konflikten kommt, versuchen wir, sie zu lösen. Die Gewerkschaft ist auch verantwortlich für den Wettbewerb, wo entschieden wird, wer am besten gearbeitet hat.

Meine Familie besteht aus acht Personen. Sechs Kinder sind wir zu Hause, vier Brüder, zwei Töchter.

Als Kind habe ich alle Spiele der Kinder gespielt, mit Puppen. Meine besondere Liebe gilt den Blumen. Immer schon pflanzte ich gemeinsam mit meinem Vater Blumen an, pflegte sie. Vielleicht wurde ich auch deshalb Agronomin. Heute baue ich auch immer noch im eigenen Garten Blumen an. Im Sommer ist es hier schwierig, Blumen anzubauen, aber in unserem Garten gibt es das ganze Jahr über Blumen.

In meiner Freizeit gehe ich mit anderen Frauen gemeinsam ins Kino. Wir machen Ausflüge, gehen in die Discothek."

„Hat man Sie vielleicht extra zur Gewerkschaftsvorsitzenden gemacht, weil Sie eine junge, schöne Frau sind? Vielleicht hofft die Administration so, daß Sie weicher bei Konflikten sind, weniger energisch?"

Alle lachen. „Ach nein", antwortet sie und sieht den Direktor dabei von der Seite an, „wenn es nötig ist, kann ich schon sehr energisch sein, aber wir finden meist eine gemeinsame Sprache.“

Zum Abschied, draußen unter den Bäumen, möchte ich die Frauen fotografieren, verspreche mir davon ein buntes Bild. Sie bleiben in einem großen Abstand von mir direkt im Schatten stehen, ich bitte sie näherzukommen. Natürlich verstehen sie mich nicht, da winke ich sie mit einem lockenden Zeigefinger zu mir heran. Wie die Hexe bei Hänsel und Gretel. Alexander sagt entsetzt: „Was machst du da?“ Dann will er sich gar nicht wieder beruhigen. Turkmenische Frauen mit dem Finger heranwinken! Ein für mich schlimmer Satz folgt: „Du bist ja schon wie eine westliche Journalistin.“

Ich entschuldige mich bei den Frauen. Sie lächeln nur.

Das bin ich, die Sonne

Es ist Sonntag. Die Sonne brennt vom wolkenlosen Himmel. Unser Begleiter hat uns zu einem Ausflug an einen See eingeladen, unweit der Wüste. Er lenkt das Auto selbst. Am Straßenrand stapfen Kamele bedächtig dahin. Auf einem Motorroller setzt eine junge Frau einen roten Schutzhelm auf. Ein junges Mädchen in langem, blauen Kleid und mit schweren, schwarzen Zöpfen reitet gemächlich auf einem Esel, ein Mann mit hoher Pelzmütze zieht eine Kuh hinter sich her. Langsam beginnen Sanddünen rechts und links der Straße die nahe Wüste anzuzeigen. Flache Häuser erkenne ich hinter Mauern, um alle größeren Häuser ist eine Mauer gezogen. Gärten mit weinumrankten Sonnenschutzdächern, Frauen mit kurzen Sommerkleidern neben Frauen in Nationaltracht, Kinder überall vor den Häusern, auf den Wegen, in den Gärten, viele, viele Kinder.

Wir gelangen zu einem großen See, der sich so weit nach rechts und links ausdehnt, daß ich das Ende nicht erkennen kann. Hohes Schilf ragt aus dem Wasser, kleine Datschen liegen am Ufer. Die Bucht, in der wir uns aufhalten, hat einen schmalen Strand von grobem Sand und kleinen Steinen. An ihrem Ende, unter Bäumen, befindet sich ein ungefähr drei mal drei Meter breiter Holzboden, der einem großen Tisch ähnelt. Über die Holzplanken sind Teppiche gebreitet. Die

Söhne unseres Begleiters erwarten uns schon, der eine ein schlanker, großer junger Mann von etwa zwanzig Jahren, Medizinstudent, der andere dreizehn Jahre alt. Sie haben die Lebensmittel herangeschafft, die ihr Vater nun auf einem hier zur freien Verfügung stehenden Ofen zu einem vollständigen Menü verarbeiten wird.

Das Wasser ist weich, der See ohne die leiseste Bewegung. Am Strand wenig Menschen, kein Lärm. Ein leichter Wind macht die Sonne angenehm, die Luft ist erfrischend, und der in Aschrabad auf mir lastende Druck schwindet. Der Duft, der mir aus dem großen Kessel in die Nase steigt, regt meine Magensäfte an. Unser Gastgeber, Direktor eines Verlages und Dichter, hauptsächlich von Kinderliteratur, bringt uns das erste Gericht zu unserem Sonnenliegeplatz. Knusprig in Baumwollöl gebratene Hähnchenleber mit Paprika, rotem Pfeffer und Tomaten.

Er kommentiert: „Die Leber bekommen bei uns entweder die Gäste oder die Kinder."

Das Essen wird auf den Holzplanken eingenommen. Geschützt vor der Mittagssonne unter den Bäumen liegen, knien oder hocken wir im Schneidersitz um den auf Zeitungspapier reich gedeckten Tisch. Wieder gibt es Melonen, große, kleine, gelbe, grüne, reife und unreife. Die unreifen schmecken wie Gurken, es ist das erste Mal in meinem Leben, daß ich absichtlich unreife Melonen esse. Es handelt sich um eine besondere Sorte, klärt uns unser Begleiter auf, sie werden in dieser Weise gezüchtet. Tomaten, Paprika, Gurken, Kräuter, Fladenbrot, Wodka, Cognac, Champagner: Auf diesem Tisch ist alles im Überfluß vorhanden. Dem Gast soll es an nichts mangeln. Die im Kessel bereitete Suppe schmeckt so gut, daß ich „lecker" sage, ein Ausdruck, den Alexander in seinen deutschen Wortschatz aufnehmen wird als Kölsches Synonym zu „vorzüglich". Die Söhne, die beim Zubereiten mitgeholfen haben, esse nicht mit uns, der Medizinstudent ist wieder fort, der kleinere aus dem Wasser nicht herauszubringen. Ich frage unseren Gastgeber, wo er lernte, so gut zu kochen, oder ob alle Männer das hier beherrschen. Nein, antwortet er, nicht alle Männer könnten kochen, er habe es in den fünfziger Jahren als Student gelernt. Sie lebten zu dritt auf einer Bude, waren alle drei arm, da teilten sie die Arbeit auf: Einer ging einkaufen, einer machte die Wäsche, einer kochte. Er mußte immer kochen. Ich sage: „Da wird sich ja Ihre Frau freuen. Kochen Sie auch zu Hause?"

„Nein. Auf Dienstreisen lade ich manchmal mehrere Leute zum Essen ein. Dann gehe ich selbst einkaufen, suche alles selber aus, koche für meine Gäste."

Nachdem wir fertig mit dem Essen sind, kommt der kleine Junge und stillt seinen Hunger. Vormittags hat er mich im Boot gerudert, keinen Schlag durfte ich selber tun, obwohl es ihm noch schwerfiel. Es war seine erste Ruderbootfahrt. Anschließend organisierte er mir eine Fahrt mit einem Motorboot, bei der ich das Leben in anderen Buchten beobachten konnte: zuerst ein Pionierlager, Schaukeln ragen hoch, mehrere Boote bewegen sich am Ufer, am Strand viele kleine Kinder. Dann ein Strand mit pilzartig überdachten Ruheplätzen, Frauen im Bikini. Wir fahren vorbei an zwei Frauen in einem Ruderboot, sie tragen Unterwäsche, knabbern an Melonen.

Kurz vor unserer Abfahrt am späten Nachmittag erscheinen zwei turkmenische Familien am Strand. Die Kinder springen ins Wasser, toben mit Gummitieren und Luftmatratzen herum, kreischen, planschen, schwimmen. „Mama, guck mal, wie ich schwimme!" ruft ein etwa dreizehnjähriges Mädchen im Badeanzug. Bei ihr sind noch zwei andere Mädchen ungefähr gleichen Alters. Die beiden Mütter tragen lange Kleider, raffen die Röcke so hoch, daß einer, der es darauf anlegte, vielleicht sogar die Unterhosen erkennen könnte.

„Das sind die jungen Turkmeninnen", sagt unser Betreuer. „Das konnten sich die Frauen früher nicht erlauben."

„Gehen die Turkmeninnen auch im Badeanzug schwimmen?"

„Das ist unüblich", lautet die Antwort. „Sie heben die Röcke und gehen ins Wasser. Allerdings ist es auch unüblich, daß eine Turkmenin die Röcke hebt, wenn ein fremder Mann zusieht."

Die Väter erscheinen. Sie tragen Badehosen. Ich sehe mir die großen Mädchen jetzt noch genauer an, versuche zu erkennen, ob sie sich anders als ihre Brüder verhalten. Nein, sie planschen ebenso vergnügt und unerschrocken im Wasser herum. Eine, in einem den Bauchnabel bedeckenden Bikinibadeanzug, läßt sogar die Jungen weit hinter sich in ihren mutigen Versuchen zu tauchen und sich schwimmend, das heißt wild paddelnd, ins Wasser hinauszuwagen.

Unser Betreuer zeigt uns Bücher, die von ihm herausgegeben worden sind, schmale Hefte für Kinder. Auf einem ist die Sonne abgebildet und ein Junge, der sie in den Arm nimmt. „Das bin ich, die Sonne," lautet der Titel. Er schreibt hauptsächlich über die Natur, über die Wüste. „Andere machen den Kindern Angst vor der Wüste, ich nicht. Unsere Vorfahren haben sich jahrhundertelang in die Wüste zurückgezogen, wenn die Feinde kamen. Die Wüste bot ihnen Schutz. Sie ist kein Feind. Vielleicht werden unsere Kinder die Wüste einst urbar machen."

Auf dem Heimweg wird mir erläutert, warum die Häuser meist flache Dächer haben und warum es keine alten Gebäude gibt. 1948 fand hier ein Erdbeben statt. Alles wurde zerstört, kein Haus datiert hier von vor 1948, alles wurde neu aufgebaut. Deshalb gibt es noch die vielen kleinen Häuser. Wir fahren vorbei an einer Hochhaussiedlung, deren Fenster gerahmt sind durch Mosaiksteinmuster. „Erdbebensicher sind die", sagt unser Betreuer. „Das ist eine sehr teure Konstruktion."

Abends im Restaurant, beim Tanz, lernen wir zufällig einen Wüstenforscher kennen. Hochgewachsen, schlank, rothaarig, mit einem roten Vollbart und dem gebräunten Gesicht, in seinen leicht abgewetzten Cordsachen und dem stolzen aufrechten Gang kann ich ihn mir gut vorstellen, wie er sich in der Wüste langsam voran bewegt, seine Meßinstrumente kontrolliert, aufpaßt, nicht von einer Klapperschlange überrascht zu werden, die Einheimischen zu seinen Nachfolgern ausbildet. „Wir haben das Ziel, die Wüste urbar zu machen," erklärt er mir. „Dafür müssen wir sie genau kennenlernen, ihre Bedingungen, ihre Temperaturen, alles von ihr erforschen."

„Ich stelle mir die Arbeit fürchterlich vor", sage ich, „diese Hitze."

Er lacht. „Ja, ich bin ganz stolz, heute habe ich das erste Mal keine abgepellte Nase." Er stimmt zu, draußen sei es schon sehr heiß, aber er bewohne einen vollklimatisierten Bungalow, da merke er die Hitze nicht so sehr. Er arbeite mit einer kleinen Gruppe von Menschen zusammen. Jetzt sei er in Aschrabad, um etwas zu erledigen, das komme aber nur alle drei bis vier Monate vor.

„Und Ihre Familie?" frage ich. Zum Glück spricht er englisch, also brauchen wir nicht zu radebrechen.

Er druckst etwas herum, erzählt dann: „Ich bin geschieden, meine Frau wollte nicht mit hierher kommen. Ich komme aus Moskau, meine Frau ist dort geblieben."

Ich will mehr wissen, ob sie Kinder haben, wie lange sie schon geschieden seien und ob es nicht sehr hart sei für ihn. Er lacht mich aus, will mit mir nicht über seine geschiedene Frau und all das sprechen, was ihn bedrückt. Schließlich sei er in Aschrabad, um sich zu amüsieren. Mit mir will er tanzen, von mir etwas erfahren, nicht von sich reden und schon gar nicht so etwas. Er erzählt trotzdem.

„Drei Kinder haben wir, meine Frau und ich. Das jüngste ist ein Jahr alt, seit einem Jahr bin ich geschieden. Zwei Jahre bin ich schon hier, drei werde ich noch bleiben. Es war absolut nichts zu machen, meine Frau wollte in Moskau bleiben."

„Hat sie eine Arbeit, wie schafft sie es denn alleine mit den kleinen Kindern?"

„Sie hat eine qualifizierte Arbeit, ein Universitätsstudium absolviert, sie arbeitet gerne. Mit den drei Kindern ist es nicht allzu schwer für sie, das schafft sie allein, die gehen in den Kindergarten, die Mutter hilft."

„Wären Sie denn nicht auch besser in Moskau geblieben?"

Erstaunte Augen, selbstverständliche Antwort: „Das ist meine Arbeit. Ich bin Wissenschaftler, ich bin Wüstenforscher."

In der Nacht noch, als Innocenz, Alexander und ich im Hotelzimmer Melonen essen, erscheint einer vom Rundfunk. Ich soll ein Interview über meine Eindrücke von den turkmenischen Frauen geben.

Am Schluß des Interviews erzähle ich von den Frauen am See, beschreibe ihr Verhalten, auch das der Mädchen, sage: „Ich glaube, daß diese Mädchen, wenn sie erwachsen sind, bestimmt nicht mehr auf dieses Vergnügen verzichten werden. Und es gibt da bestimmt noch viele andere Bereiche, wo die Töchter der jungen Frauen ganz selbstverständlich noch viel freier sein werden als ihre Mütter heute."

„Oh", lacht der Interviewer. „Ich glaube, da irren Sie sich. Unsere heutigen jungen turkmenischen Frauen laufen schon genau wie die anderen Frauen im Bikini am Strand umher und gehen ins Wasser. Nur – dann erkennen Sie sie nicht."

Mensch Mädchen – Mädchenerziehung

Es ist September. Seit einem Monat bin ich schon zurück aus der Sowjetunion, schwer ist mir die Eingewöhnung gefallen. Ich grüble herum, woran es liegt, daß ich hier wieder so auf Abwehr gehe, mich kalt fühle. Gestern abend ein Gespräch in der Kneipe mit drei Männern über Politik, über Frauen, über Sozialismus und Feminismus. Kaum ein persönliches Wort fiel. Woran liegt es nur, daß ich hier so krampfhaft nach Anerkennung hasche? In der Sowjetunion selbstverständlich: Immer wenn Menschen um mich herum zusammentrafen, erkundigten sie sich nach ihren Familien, ihren Eltern, den Kindern, der Arbeit. Ein starkes gegenseitiges Interesse bestimmte selbst die zufälligsten Beziehungen. Woraus soll das Gefühl erwachsen, anerkannt zu werden, wenn nicht aus dem Interesse der Menschen füreinander.

Meine Tochter hatte gestern ihren neunten Geburtstag. Das schönste Geschenk: eine Schallplatte. „Mensch Mädchen“ vom Gripstheater. Morgens, noch vor der Schule, die absolute Stille im Wohnzimmer, selbst meine Kleine, noch nicht fünf, lauscht aufmerksam:

Mädchen, laßt euch nichts erzählen,
wehrt euch, rauft euch, bis es glückt,
laßt euch länger nicht befehlen,
was sich für ein Mädchen schickt.
Mädchen, laßt euch nicht verbieten,
was ein Junge machen darf.
Sagt, wovor soll'n wir uns hüten,
grad auf so was sind wir scharf.

Dann bricht es aus ihnen heraus, die Konflikte mit den Jungen im Kindergarten, in der Schule, ihr Stolz, wenn sie sich tüchtig gewehrt haben, auch die Frage, ungeschickt formuliert, unsicher über die eigene Unsicherheit: Was ist es denn nun eigentlich, was uns unterscheidet, Mädchen und Jungen?

Mir fällt ein Artikel ein, den ich auf dem Flug von Baku nach Aschrabad aus „Les nouvelles de Moscou“ herausgetrennt habe. Er trägt die Überschrift „Apprenez-lui à aimer“, wörtlich: Lehrt sie zu lieben. Aber auch: Entwickelt ihre Liebesfähigkeit. Also auch: Entwickelt sie zu Menschen mit Gefühl und bringt ihnen bei, es äußern zu können.

Es handelt sich um ein Interview mit einer sowjetischen Pädagogikprofessorin über Kindererziehung. Sie sagt, die Grundlage der Kindererziehung müsse die Erziehung zur Liebesfähigkeit sein. Daraus resultiere alles andere. „. . . lehren Sie Ihr Kind zu lieben, und Sie lehren es, alles andere zu verwirklichen." Sie warnt die Eltern davor, ihre Kinder zu guten Menschen erziehen zu wollen, indem sie ihnen ständig mit erhobenem Zeigefinger sagen: teile das Deinige, es gibt nichts Besseres auf der Welt als Gutes für die anderen zu tun. Alle diese abstrakten moralischen Forderungen führten häufig zum Gegenteil. Auch dem Heranwachsenden zu hohe schulische oder berufliche Ziele vorzugeben und ihn immer wieder zu ermahnen, den elterlichen Vorstellungen zu entsprechen oder gar über seine Zukunft an seiner Stelle entscheiden zu wollen, provoziere häufig das Gegenteil. Sie vertritt die Auffassung, ein Kind erfahre vor allem in der gemeinsamen Arbeit mit anderen Menschen Liebe, „gleichgültig, ob es sich dabei um den Vater, einen Freund, die Großmutter, eine Lehrerin oder das ganze Schulkollektiv handelt".

Auf die Frage nach der notwendigen Nähe und Distanz zu Kindern antwortet sie: „Nah zu sein, bedeutet vor allem, dem Kind in einer schwierigen Situation zu helfen, wenn es irgendeinen inneren Konflikt durchlebt. Einen Kopfsprung zu machen, ist eine unbedeutende Handlung für einen Erwachsenen. Für ein Kind kann es sich als entscheidend erweisen. Die Angst, die es nur ein einziges Mal gepackt hat, kann sich einwurzeln und die Seele paralysieren. Man muß dem Kind beibringen, die Angst zu überwinden. Auf diese Weise befreien Eltern ihre Kinder von unnötigem und hartem Leiden und treffen Vorsorge gegen Spuren von Schwäche und Furcht . . ."

Meine Töchter hören sich immer wieder die gleiche Schallplatte an. Es kann ihnen gar nicht zuviel werden. Und mir auch nicht. Mit glänzenden Augen nehmen sie die gesungene Aufforderung entgegen:

Trau dich, trau dich,
auch wenn es daneben geht,
trau dich, trau dich,
es ist nie zu spät.

Wer's nicht selber ausprobiert,
der wird leichter angeschmiert,
trau dich, trau dich,
dann hast du was kapiert.
Trau dich, trau dich,
andern geht's genauso schlecht,
trau dich, trau dich,
kämpft um euer Recht.
Tretet füreinander ein,
dann werdet ihr bald viele sein!

Unsere Kinder müssen auch kämpfen können, es ist notwendig, daß wir sie dazu erziehen. In einer so kinderfeindlichen Gesellschaft wie der der BRD gehen sie unter, wenn sie das Sich-Wehren nicht gelernt haben. Und doch – Erziehung zur Liebe: Vielleicht vergessen wir es zu oft auch unter uns selbst, und es ist deshalb häufig kalt auch unter denen, die das Kämpfen gelernt haben.

Auch die Kinder in der Sowjetunion kämpfen, messen untereinander ihre Kräfte, es gibt Prügeleien wie wohl überall unter Kindern. Sich selbst erproben macht Spaß, auch wenn es Schrammen gibt. Die letzten Fragen an die Pädagogikprofessorin betreffen die Mädchenerziehung: „. . . man schätzt es seit jeher so ein, daß es schlecht ist für Jungen, sich zu schlagen, aber wer hätte es nicht getan in ihrem Alter? Wie erklären Sie sich, daß in den letzten Jahren Schlägereien auch unter den Mädchen zugenommen haben?"

Mareike und Anja freuen sich lautstark, als auf ihrer Schallplatte die Mädchen den Jungen in einer Prügelei besiegen, sie singen bereits mit: „Wer sagt, daß Mädchen schwächer sind, wer sagt, daß Mädchen zickig sind, wer sagt, daß Mädchen immer affig sind, der spinnt, der spinnt, der spinnt. Mädchen sind genauso schlau wie Jungen, Mädchen sind genauso frech und schnell, Mädchen haben so viel Mut wie Jungen, Mädchen haben auch ein dickes Fell!"

Die Professorin antwortet: „Die Tatsache, daß zahlreiche Mädchen sich erproben, indem sie auf männliche Verhaltensweisen zurückgreifen, ist verständlich. Sie erhalten die gleiche Bildung und fast die gleiche Erziehung wie die Jungen: die gleichen Aktivitäten im sozialen Leben, die gleiche Erfahrung in der körperlichen und moralischen Entwicklung. Fernsehen, Kino, Bücher, Radio zeichnen Tag für Tag die Linien des jungen Mädchens, Modell des 20. Jahrhunderts: ein jungenhaftes Mädchen, das im Universum der Technik und des Sports lebt. Die Kleidung scheint von den Jungen geliehen zu sein: Hose, Weste, die Haartracht ebenso. Das Betragen ist freier, härter. Und also erst die körperliche Kraft! Manchmal erlaubt man den Mädchen, Arbeiten zu verrichten, die sie dick machen, ihre Weiblichkeit vernichten, in der sich oft die wirkliche Stärke der Frau manifestiert."

Meine Töchter tanzen und lachen bei dem Lied:

> Kleine Mädchen zieht man rosa an,
> kleine Jungen himmelblau,
> das war schon immer so.
> Kleine Mädchen haben süß zu sein,
> kleine Jungen stark und schlau,
> das war schon immer so.
> Warum? Ganz klar,
> weil's immer schon so war.

„Sie sind also gegen die Gleichheit?" lautet die letzte Frage in dem Interview.

„Auf keinen Fall. Aber es ist unbestreitbar, daß die Erziehung in der Schule ‚gemeinsam' und ‚getrennt' zugleich sein muß. Es ist offensichtlich, daß einige schulische Beschäftigungen nur die jungen Mädchen betreffen dürfen. Die physischen Belastungen in der Arbeit, bei den Ausflügen, müssen für die Mädchen auch andere sein. Man muß nicht zurückkehren zum Kult der weiblichen Schwäche des vergangenen Jahrhunderts. Aber es ist notwendig, die Weiblichkeit als besondere, unersetzbare und schöne Qualität zu lehren."

Da hört das Interview auf und das, was mich nun interessiert, wird nicht gefragt: Wie soll sie denn sein, die besondere ‚Weiblichkeit', die angeblich die Stärke der Frau ausmacht?

> Wenn wir groß sind, gehen wir gemeinsam ran,
> werden wir als Frau und Mann
> Bagger, Kran und Haushalt führen,
> Babys wickeln, demonstrieren,
> wirklich gleiche Menschen sein,
> so wird's sein!

Die Schallplatte ist abgelaufen. Ich nehme meine große Tochter, die sich die Haare ganz lang wachsen läßt – bis zum Popo, wünscht sie sich –, die ihr besticktes Kleid mit dem weiten Rock trägt, das ich ihr zum Geburtstag genäht habe, nehme sie in den Arm und laß mir von der Schule erzählen. „Oh", sagt sie begeistert und holt mit dem Arm, der in einer weißen, zarten Bluse steckt, weit aus, „bei uns ist das auch bald so, die Jungs müssen sich schon in acht nehmen, wir wehr'n uns nämlich ganz gewaltig!"

Meine kleine Tochter ist noch ganz versunken in das Bild auf der Schallplattenhülle, bemerkt langsam und ernsthaft: „Wenn der Philipp mit uns zankt, kneifen wir ihn immer, und wenn er dann schreit, sagen wir zu den Erzieherinnen: Der hat angefangen."

Widersprüche, unsre, eure, wer soll da hindurchfinden!

Taschkent – Usbekistan

Wenn der Gin aus der Flasche ist, kriegt mann ihn schwer zurück

Hier erwartet uns am Flughafen wieder eine Frau. Saida wird unsere Begleiterin sein, klein ist sie, schmal, ihre Haare fallen lockig bis über die Ohren. Sie hat ein blasses Gesicht mit hohen Backenknochen und dunklen Augen. Saida ist Lektorin in einem Verlag, ihr Spezialgebiet: indische Literatur.

Sie schlägt uns noch im Auto das Programm vor: Am Ankunftstag nachmittags ein kurzer Empfang im Verlag, Gespräch mit Frauen aus dem Verlag, Besuch eines Textilkombinats, Besuch des Museums für Völkerkunde, des historischen Museums, Besuch bei einer Arbeiterin aus dem Textilkombinat, Ausflug an den Taschkenter See mit Besuch einer Chaichana.

Ich muß lachen. Immer sind es die Frauen, die das dicke Programm servieren, und immer besuche ich die Textilkombinate. „Ich werde ein Buch über die sowjetischen Textilfabriken schreiben", drohe ich, „da bin ich nämlich langsam Expertin. Habt ihr nicht einmal ein Kraftwerk für mich?"

Und schon geht es mit dem Empfang beim stellvertretenden Direktor des Verlagskomitees los. Na ja, denke ich, muß wohl sein, dieser Empfang, aber mein Notizbuch kann ich wahrscheinlich gleich im Hotel lassen, für mein Frauenthema wird wohl kaum etwas dabei herausspringen. Es gestaltet sich aber anders, von Förmlichkeit, wie ich sie beim Wort Empfang assoziierte, ist nichts zu spüren, und der Direktor, ein etwa fünfzigjähriger Mann mit lustigen, grauen Locken, zeigt sich informiert, interessiert und darüber hinaus sehr offen in seiner patriarchalischen Haltung zur Frauenfrage.

Er erzählt von der Frau in Usbekistan vor der Revolution: „Vom Beginn des zwölften Lebensjahres an mußten die Frauen sich so kleiden, daß sie nicht mehr zu sehen waren. Vom Kopf bis zu den Füßen wurden sie in ein Kleid gehüllt, ‚Barancha' genannt. Vor dem Gesicht trugen sie den ‚Chachwan', eine Art breites, steifes Schild, das Gesicht und Brust völlig verdeckte. Sie selbst konnten hindurchsehen, da der Chachwan aus Pferdehaar gewebt wurde. Allerdings kann man sich vorstellen, in welcher Unschärfe die Frauen die Welt erlebten. Solcherart gekleidet verbrachten sie ihr Leben wie in einem wandelnden Gefängnis.

Heute ist es so", sagt er, „daß die Männer mehr und mehr unter der Einwirkung der Frauen leben, wir Männer müssen langsam dagegen kämpfen."

Saida lacht ironisch: „Ja, wir haben schon ein richtiges Matriarchat."

Er redet munter drauflos: „Das Gesundheitswesen, Aufklärungswesen, Bücher, Medizin, alles ist völlig in den Händen der Frauen."

Ernsthaft fügt er hinzu: „Es gibt die Meinung, daß ein Mann in der Schule manchmal einen größeren Effekt bewirken kann. Meine Meinung dazu ist: Man muß manchmal auch streng sein, die Frauen sind aber mehr emotional. Sie sind weicher." Lachend: „Meine Frau wird aber nicht einverstanden sein mit mir. Ich meine, in einem bestimmten Alter kann ein Mann Knaben besser auf das Leben vorbereiten. Aber ich bespreche eine Frage, die nicht in meiner Kompetenz liegt.

Die durchschnittliche Kinderzahl bei uns ist fünfkommafünf Kinder pro Familie. Es gibt aber Familien, die haben bis zu vierzehn Kinder. Hier arbeitet ein Mann als Abteilungschef, der elf Kinder hat. Es ist ein ganz dünner Mann, müssen Sie wissen. Wir können einfach nicht glauben, daß die Kinder alle von ihm sind." Er lacht und bemüht sich offensichtlich, die Stimmung zu lockern. „Aber die Frau sagt, die Kinder sind alle von ihm. Wir wissen es nicht. Wir zeigen diesen Mann allen Gästen. Heute ist er leider nicht da. Er ist einmeterfünfzig groß und wiegt sechsundvierzig Kilo. Man kann ihn auf einem Arm hochheben. Wir können uns nur vorstellen, daß die elf Kinder auf die Einwirkung seiner Frau zurückgehen. Er ist aber ein sehr guter Mitarbeiter."

„Leiden in diesem Verlag die Produktion und die Kontinuität der Arbeit darunter, daß so viele Frauen hier arbeiten, die ja sicherlich meistens Kinder haben oder Kinder bekommen?"

„Njet", ist seine eindeutige Antwort. „Hier ist es ganz anders als bei Ihnen. Die Frauen erhalten viele Vergünstigungen. Die Gesetze vertreten die Interessen der Frauen. Die Mutterschaft wird begünstigt. Es wurde ein großer Komplex entwickelt für die materielle Stimulierung der Frau, Kinder zu bekommen. Wenn ich jetzt meine persönliche Meinung äußere, werden Sie sicher sagen, daß ich ein Feudaler bin, aber ich bin der Meinung, wenn die Frau die Kinder hat, soll sie zu Hause bleiben. Aber die Frauen sind nun einmal anderer Meinung. Und wissen Sie: Wenn der Gin einmal aus der Flasche ist, kriegt man ihn schwer zurück."

Saida wirft ein: „Ich bin da ganz anderer Meinung. Daß die Frauen Kinder und Arbeit haben wollen, ist überhaupt nie wieder rückgängig zu machen."

Ich frage zur Produktivität noch einmal nach.

„Sprechen wir also über den Verlag. Die meisten unserer Mitarbeiter sind Frauen. Über den Schwangerschaftsurlaub und so weiter sind Sie ja schon informiert. Wenn die Frauen also in Schwangerschaftsurlaub gehen, bekommen sie ihr bisheriges Gehalt von der Sozialversicherung. Der Betrieb bezahlt das nicht. Für dieses Jahr können wir eine andere Mitarbeiterin aufnehmen. Der Betrieb verliert also gar nichts. Vor kurzem ist hier eine Frau in Urlaub gegangen, wir haben eine andere auf ihren Platz genommen, die wird hier arbeiten, bis die Frau zurückkommt. Ich finde es aber wichtiger, als über die Produktivität zu sprechen, klarzustellen, daß die soziale Lage der Frauen gesichert ist. Ich sage das aus objektiven Gründen, obwohl Sie wissen, daß ich ein Anhänger meiner eigenen Theorie bin. Ich ließe die Frauen ja nicht unter Baranchas verstecken, aber bestimmte Einschränkungen würde ich machen."

„Welche?"

„Oh, tausendundeine."

Er lacht, und ich kann schlecht unterscheiden, was Ernst ist, was Scherz. Ich bitte ihn, fünf von den tausendundeinen zu nennen.

„Erstens: Ich würde verbieten, daß sie außerhalb des Haushalts arbeitet."

„Arbeitet Ihre Frau?"

„O ja." Er will sich ausschütten vor Lachen. „Es ist bei uns beiden leider auch eher so, daß sie mich zwingt, zu Hause zu bleiben, als daß ich sie zwinge."

„Als was arbeitet sie denn?"

„Als Erdölingenieur."

Nach einer Pause fährt er fort: „Zweitens. Wenn die

Frauenarbeit schon nicht völlig abgeschafft werden kann, möchte ich zumindest den Arbeitstag der Frau verkürzen."

Ich ermahne ihn. Er hat fünf Punkte versprochen. Nun schweigt er schon nach dem zweiten.

„Ach", sagt er, „hören wir auf, ich werde sonst bei Erscheinen Ihres Buches von meiner Frau und den anderen Frauen bei uns aus dem Fenster geworfen. Wenn Sie das nächste Mal nach Taschkent kommen und nicht alles aufschreiben, was ich sage, sozusagen inoffiziell kommen, nenne ich Ihnen alle weiteren meiner erträumten Einschränkungen. Lassen Sie uns lieber auf die Arbeit eines Journalisten zu sprechen kommen. Ich arbeitete eine Weile bei einer Zeitung. Wenn es Schwerarbeit gibt, ist es die eines Journalisten. Besonders, wenn er bei einer Tageszeitung tätig ist. Nachtarbeit, ununterbrochene Anspannung, diese Arbeit ist nichts für eine Frau, meine ich. Und dann fällt mir noch eine andere Einschränkung ein. Die richtet sich gegen die Dienstreisen."

„Warum Dienstreisen?" frage ich. „Was haben Sie dagegen, wenn Frauen auf Dienstreisen gehen? Weil die Männer dann selbst kochen müssen?"

„Jetzt trete ich aber mal für die Männer ein", antwortet er. „Samstag und Sonntag bereite immer ich das Essen und nicht nur ich, alle unsere Männer tun das."

Ich kann das nicht glauben, frage Saida, ob er schon wieder scherze. Sie bestätigt: „Doch, sie bereiten Schaschlik zu, Plof, schwierige Gerichte. Unsere Männer können gut kochen."

Unser Gastgeber beschwert sich: „Warum überprüfen Sie meine Worte bei einer Frau, glauben Sie mir nicht? Es gibt aber auch Tätigkeiten, die eine Frau mit meiner Zustimmung ausüben darf: Sport, bestimmte Wissenschaften, Philosophie zum Beispiel."

„Wie kommt es, wenn in der Mehrzahl hier Frauen arbeiten, daß der Direktor und der stellvertretende Direktor Männer sind?"

Er mimt Entsetzen, hebt abwehrend die Hände: „Wollen Sie uns auch das Letzte noch nehmen? Der Kulturminister ist eine Frau, Minister für Sozialversicherung ist eine Frau, Vorsitzende des Ministerrates ist eine Frau. Nein, aber nun will ich einmal ernst sprechen: Wir sind sehr stolz auf unsere Frauen, sie sind sehr gute Mütter und arbeiten sehr gut.

Sehen Sie mal, in Usbekistan werden sechs Millionen Tonnen Baumwolle gewonnen von neun Millionen Tonnen, die in der Sowjetunion überhaupt angebaut werden. Baumwolle ist eine schwere Kultur. Viel Zeit muß vollkommen auf den Feldern verbracht werden, und den ganzen Sommer muß man warten. Es ist eine schwierige Arbeit, die hauptsächlich mit Pflückmaschinen getan wird. Die Erntezeit ist sehr begrenzt. Baumwolle ist ein phantastischer Stoff. Aus Baumwolle kann man alles produzieren, aber auch wirklich alles. Deshalb nennen wir sie das ‚weiße Gold', und sie ist sogar teurer als Gold. Auf den Baumwollfeldern arbeiten viele Frauen. Der Mann kann eine solche Arbeit nicht leisten. Weil Baumwolle sehr zart ist, braucht sie auch zärtliche Hände, sonst ist sie beleidigt. Früher pflückten hauptsächlich Männer Baumwolle und bedienten die Maschinen. Einmal gab es eine Frau, die als erste eine solche Maschine bediente und dann in der Presse mit dem Aufruf an die Frauen trat, auch solche Arbeit zu leisten. Da gingen viele Mädchen an die Baumwollpflückmaschinen. Jetzt ist es ungefähr fünfzig zu fünfzig auf den Baumwollfeldern. Diese Frau ist sehr geehrt in der Republik.

Es gibt noch einen Industriezweig, in dem die Frauen uns Männern nicht vertrauen: Seidenanbau. Wir produzieren in Usbekistan zwei Drittel des gesamten Ertrages der Sowjetunion an Seide. Überall in die Welt exportieren wir sie. Seide genießt eine solche Nachfrage, daß es auch hier nicht immer leicht ist, einen solchen Stoff zu kaufen.

Haben Sie noch mehr Interesse, etwas darüber zu hören, was wir Männer über unsere Frauen denken? Wir glauben, daß die Frauen in Usbekistan zu den schönsten in der Welt gehören. Es gibt aber natürlich keine nichtschönen Frauen. Alle Frauen in der Welt sind schön. Man muß sie nur ansehen, dann entdeckt man soviel Schönheit, kein Edelstein kann es der Schönheit einer Frau gleichtun. Wir glauben, daß unsere Frauen sehr fleißig sind, und wie alle orientalischen Frauen sind sie bescheiden. Und wir haben noch einen blauen Traum, daß sie nämlich ihre Männer unendlich lieben. Es ist vielleicht ein unvollendeter Traum – wir leben damit.

Scheidungen? Im Vergleich zu den anderen Regionen der Welt gibt es wohl mit die wenigsten Scheidungen. Wir haben sehr feste Eheverbindungen. In Usbekistan gibt es keine zufälligen Heiraten. An einer Hochzeit nehmen bei uns nicht nur Braut und Bräutigam, sondern auch die Eltern der beiden, die Älteren des Rayons und eigentlich die ganze Gemeinde Anteil. Um sich scheiden zu lassen, muß man das ganze Rad zurückdrehen. Nicht jeder entschließt sich, so ein Problem auf sich zu nehmen."

Ich frage, ob es denn dann nicht viele unglückliche Ehen bei ihnen gäbe.

„Sicherlich gibt es bei uns auch unglückliche Ehen. Es gibt dann vielleicht Erscheinungen, die das Leben unmöglich machen. In einem solchen Fall läßt man sich natürlich scheiden. Das Problem der Scheidung gibt es überall auf der Welt, aber für uns in Usbekistan ist es nicht das große Problem. Es ist so: Wenn ein Junge auf Heldentaten aus ist und er will sich scheiden lassen, dann wird er vorher viel nachdenken, denn dann kann er hinterher in diesem Rayon nicht mehr leben. Und wenn es zu solchen Konflikten kommt, spielt die Autorität der Älteren eine große Rolle, wie es überall im Orient üblich ist. Die versuchen, den Jüngeren Lebensweisheiten an die Hand zu geben, wie zum Beispiel, daß das Leben nicht immer eine Rose ist. Das hilft, die Ehen fester zu machen. Einverstanden?"

„Nein, nicht so einfach", antworte ich. „Ich finde es sehr wichtig, daß Menschen auseinandergehen können, wenn sie sich nicht mehr verstehen. Und daß sie dann nicht von der Gesellschaft verfemt werden."

„Es ist selbstverständlich, daß es seriöse Gründe für eine Scheidung geben kann, aber auch unseriöse. Wenn die Älteren nicht rechtzeitig gute Ratschläge geben, kann der Jüngere auf Fehler kommen, wenn es schon um Kleinigkeiten geht. Wie sagt man bei uns: Gewaltsam kann man nicht lieben. Meine These: In Usbekistan gibt es Scheidungen. Ich habe mich nicht genau mit dem Problem beschäftigt, ich weiß nicht, ob es eine Dynamik gibt, aber wenn man meint, das Problem der Scheidung trete bei uns als Wachstumsproblem auf, ist das ein Irrtum. Ich sollte Ihnen vielleicht noch mehr von den Hochzeiten erzählen. Gestern war hier Hochzeit, derjenige mit den elf Kindern hat gestern den elften verheiratet. Bei uns lernen die Jugendlichen sich vor der Hochzeit kennen, natürlich. Wenn die Älteren ihnen in ihre Wahl irgendwie hineinreden würden, wären die Jungen sehr beleidigt. Jungen und Mädchen lernen einander kennen, und wenn sie es wollen, heiraten sie. Die Eltern wissen selbstverständlich

Bescheid. Logisch, daß die geehrten Menschen in der Gemeinde Bescheid wissen. Logisch. Bei uns ist das logisch. Ich beschließe für mich, daß ich heiraten will, aber ich mache doch keinen Hehl aus meiner Hochzeit, da spielt doch der Stolz auf meinen Bräutigam oder meine Braut eine Rolle. Unsere Hochzeiten sind groß. Es kommen 300 bis 500 Leute. Das ist ein Problem. Vorher treffen alle zusammen, die Eltern, die Veteranen, sie versammeln sich um einen Tisch mit Tee und Früchten und führen ein Gespräch. Dort werden folgende Fragen besprochen: Wie verhalten sich die Eltern zu dieser Hochzeit? Wo wird das neue Ehepaar wohnen? Wovon werden sie leben, welche Ansichten hat das Mädchen vom Leben, welche der Junge? Vielleicht liebt sie zum Beispiel Fallschirmspringen, und ihr Bräutigam hat Angst, auf einen Tisch zu klettern. Wenn alles geklärt ist, wird entschieden, wo die Hochzeit stattfinden wird."

Er muß mir meinen stillen Horror von den Augen abgelesen haben. Bevormundung, denke ich, meine Güte, was kann daraus für eine einengende Bevormundung resultieren.

„Seien Sie bitte nicht beleidigt", sagt er in meine Bedenken hinein, „aber ich muß sagen, daß bei uns im Orient im Gegensatz zum Westen eine sehr starke gegenseitige Hilfe besteht. Bei uns ist die alte Sitte erhalten geblieben, daß Familie nicht nur Familie der beiden Seiten bedeutet, sondern auch die Nachbarn. Wir sagen: Mein Glück ist auch dein Glück, mein Unglück ist auch dein Unglück. Wenn zum Beispiel das Erdbeben ein Haus zerstört hatte, half der Nachbar. Die Älteren geben nie Ratschläge, die zu einem negativen Ausgang führen können.

Nehmen wir noch einmal den Fall mit dem Fallschirm, damit Sie sich richtig vorstellen können, wie das bei uns abläuft: Der Älteste sitzt als Vorderster am Tisch, er betrachtet das Problem von allen Seiten, er sagt: Na ja, die Frau springt zweimal die Woche mit dem Fallschirm ab, der Mann hat Angst, er wird immer Angst haben, wenn sie springt. Und der Alte wird dann fragen: Wie wirst du dich verhalten, wenn deine Frau zweimal in der Woche springt? Und er wird die Frau fragen: Wie wirst du dich verhalten, wenn dein Mann jedesmal Angst hat? Der Junge sagt dann vielleicht, er will versuchen, mutiger zu werden, oder die Frau sagt, sie wird keine Fallschirmsprünge mehr machen. Siegen wird natürlich immer derjenige, der mehr liebt. Aber sehen Sie, so werden von den Älteren manche Konflikte, die vorauszusehen sind, schon vorher besprochen und so meistens entschärft.

Das ist vor der Hochzeit. Diese Hochzeiten sind bei uns sehr teuer, und oft geben die Familien für die Hochzeiten das ganze Geld aus, das sie im Leben gespart haben. Man lädt alle ein, die eingeladen werden müssen, und auch alle, die nicht unbedingt eingeladen werden müssen. Auch ein beliebiger Fußgänger kann eingeladen werden. Da werden große Säcke von fünfzig Kilogramm Mais gekauft, einige Schafe werden geschlachtet, mehrere Haufen von frischem Gemüse, Weintrauben, Nationalgerichte, Plof zum Beispiel, verzehrt. Einige tausend Rubel werden da ausgegeben. Ich will gar nicht vom Trinken sprechen. Wir sagen bei uns: Man geht spazieren, bis der Kopf verloren geht. Einige Tage feiert man. Das ganze Essen wird natürlich nicht verzehrt. Einerseits ist es das Recht jedes einzelnen, in welcher Weise er die Hochzeit seiner Kinder feiert, und man geht davon aus, daß die Hochzeit nur einmal im Leben ist. Bei uns werden aber auch viele Versuche gemacht, aufklärend dahingehend zu wirken, daß die Hochzeiten bescheidener werden. Leider ohne großen Erfolg. Einige Familien feiern die Hochzeiten im Restaurant. In der Gemeinde sieht es so aus: Alle Einwohner sammeln Geld, und für dieses Geld wird ein Platz gebaut, betoniert, Teller, Geschirr, ein Platz für Braut und Bräutigam angeschafft. Als ich geheiratet habe, dauerte die Hochzeit drei Tage, erst in einer Stadt, dann in der anderen. Heute würde ich für das Geld lieber eine Weltreise unternehmen. Meine Freunde halten davon aber nichts."

Mit uns am Tisch sitzt ein anderer Angestellter des Komitees. Der Direktor wendet sich an ihn: „Wenn deine Kinder heiraten, wo wird es stattfinden?" „Im Rayon", antwortet der. „Sehen Sie", nickt der Direktor. „So sind die Leute bei uns. Man kann natürlich auch kein Rezept dafür geben. Das Glück des einen liegt in der Familie, das des anderen unter den Freunden und Bekannten. Mögen Braut und Bräutigam das letztlich lösen und ihre Familien."

„Wie ist es denn mit den Beziehungen vor der Hochzeit bestellt? Haben Mädchen auch vor der Hochzeit Beziehungen zu Jungen?"

„In dieser Hinsicht leben die Menschen gleich, in der BRD

und bei uns. Kinder werden überall auf der Welt in der gleichen Weise erzeugt und geboren. Unsere Mädchen treffen sich mit den Jungen. Es gibt Fälle, daß Junge und Mädchen sich schon seit der Schulbank kennen und dann auch heiraten. Es gibt Jungen, die sich mit vielen Mädchen treffen, und dann heiraten sie eine andere. So etwas gibt es auch bei Mädchen. Bei uns ist die Familie heilig. Es ist doch normal, daß ein Junge ein reines, schönes Mädchen heiraten will. Es gibt aber auch Fälle, wo Männer eine Frau heiraten, die schon einmal verheiratet war, und die leben dann gut zusammen, und es gibt Fälle, daß Jungen und Mädchen sich kennenlernen, küssen und heiraten, und dann gehen sie wieder auseinander. Bei uns sagt man so: Verlieben muß man geschehen lassen, alles andere kann man kaufen."

Das Gespräch plätschert aus. Ich werde gefragt, wie mir Aschrabad gefallen hat. Ein Nachtrag zu Aschrabad wird geliefert: Früher wurde es als Hölle bezeichnet, keiner wollte dort wohnen. Es gab Orte, in die man früher nicht einmal Verbannte schickte. So einer war Aschrabad, mit seiner Hitze von sechzig Grad und dem totalen Wassermangel. „Heute ist das ein schönes Städtchen", sagt unser Gastgeber. „Die fertigen dort besonders feine Baumwolle."

Er erzählt von einem Besuch in Frankreich. Wie schlimm er die Pornographie an allen Straßenecken fand. „Das wollen wir nicht", teilt er mir mit. „Es ist gut, daß so etwas bei uns gesetzlich verboten ist. Und es gibt auch keinen, der sich so etwas wünscht."

Es gibt auch angenehme Unterdrückung . . .

Am folgenden Tag finde ich mich im selben Gebäude, im selben Raum wieder. Um den mit Melonen, Keksen, Brot und Tee gedeckten Tisch sitzen Jusuboa Farida, Lektorin in der Fremdsprachenabteilung, Juldashwa Switlana Chakimova, Chefin der Redaktion für Musik und Ästhetik, Gor Galina Konstantinova, Chefredakteurin für russische Literatur und Sprache, und Chalida Faisulima, Chefredakteurin für usbekische Literatur und Sprache.

Die Stimmung ist ungezwungen, die Frauen sehen mich ungeniert neugierig an. Jusuboa Farida spricht deutsch, und es wird nicht lange dauern, bis sie sich neben mich setzen und Alexander beim Dolmetschen unterstützen oder auch kurze Bemerkungen flüstern wird, die immer noch einen Akzent zu den Antworten auf meine Fragen hinzusetzen. Ich bitte alle, einmal ihren Tagesablauf zu schildern.

Chalida Faisulima beginnt.

Sie arbeitet schon über fünfundfünfzig Jahre hier im Verlag. Sie wirkt nicht alt, ihre schwarzen Haare sind hochgesteckt, energisch reckt sie ihr Kinn vor.

„Ich stehe morgens um sieben Uhr auf. Ich habe einen Sohn, zwei Enkel, wir leben zusammen. Wir gehen alle arbeiten, auch meine Schwiegertochter. Der Knabe ist sieben Jahre alt, das Mädchen vier. Der Vater bringt sie morgens in den Kindergarten. Das Frühstück machen die Schwiegertochter und ich zusammen. Der Sohn arbeitet in einem Werk als Ingenieur, die Mutter arbeitet im Kindergarten."

„Wieso bringt denn der Vater die Kinder in den Kindergarten, wenn die Mutter doch dort arbeitet? Oder gehen die Kinder in einen anderen Kindergarten?"

„Nein, sie gehen alle zusammen, das Werk liegt nah beim Kindergarten. Wir stehen alle früh auf. So gibt es keine Hektik, und wir können in aller Ruhe zusammen frühstücken. Zum Frühstück gibt es Butter, Käse, Tee, etwas Gekochtes, Brei, Spiegeleier. Ich wohne in der Nähe des Verlages. Obwohl die Arbeit erst um neun Uhr beginnt, komme ich immer schon etwas früher. Meine Redaktion ist sehr groß, dreiundsechzig Titel bringen wir heraus. Bis meine Lektoren kommen, bereite ich die Arbeit vor und verteile sie. Dann beginnt unterschiedliche Arbeit: korrigieren, signieren, Signalexemplare, Handschriften lesen. Als Leiterin muß ich all dies Material lesen, wenn nicht gründlich, es doch wenigstens durchblättern. Die wichtigsten Handschriften und Manuskripte besprechen wir in einem Rat. Wir laden Spezialisten, Wissenschaftler zu diesen Gesprächen ein. Wir haben noch wertvolle Handschriften, unsere Lektoren sind hochqualifiziert.

Um zwei Uhr ist Mittagspause. Wir haben zwei Kantinen zur Auswahl. Man ißt bei uns immer drei Gerichte zu Mittag: Salat, Hauptgericht, Nachspeise. Als Hauptgericht zum Beispiel Plof, Schaschlik. Immer Tee. Es bleibt anschließend noch Zeit zum Ausruhen.

Um sechs Uhr ist die Arbeitszeit zu Ende. Dann fahre ich

nach Hause. Wir bewohnen eine Drei-Zimmer-Wohnung. Ich bin als erste zu Hause, beginne, das Abendessen vorzubereiten, die Schwiegertochter führt es dann fort. Nach dem Abendessen erhole ich mich, sehe fern, höre Musik. Ins Bett gehe ich gegen elf Uhr. Wenn wir Abendessen machen, liest mein Sohn mit den Kindern. Er beschäftigt sich viel mit dem Sohn, der jetzt in die Schule kommt. Die Kinder sehen auch Trickfilme im Fernsehen. Ich selbst gehe gern ins Kino, auch ins Theater oder Ballett. Im übrigen lese ich viel, russische Romane, usbekische Romane. Ich muß viel lesen, um meinem Beruf folgen zu können. In russischer Literatur muß ich auf dem laufenden sein. Das macht mir auch Spaß, und ich bin sehr stolz, mit dem Titel ‚Verdiente Mitarbeiterin der Kultur' geehrt worden zu sein. Ich kann nie einfach dasitzen, ich muß immer etwas tun, das ist mein Charakter."

Jusuboa Farida hat ein lustiges, rundes Gesicht unter kurzem, braunen Lockenkopf. Ihr gestreiftes Kleid in vielen lila Schattierungen unterstreicht noch den lebendigen Eindruck, den sie auf mich macht. Ich will kaum glauben, daß sie schon seit dreiundzwanzig Jahren hier arbeitet und fünf Kinder hat, vier Söhne, eine Tochter. Wir sprechen beide deutsch, die anderen sind also nicht einbezogen, verwickeln Alexander in ein angeregtes Gespräch über Fußball.

„Sonntags schlafen wir bis acht Uhr, dann gibt es Frühstück. Die Tochter hilft mir beim Frühstückmachen, ja, der Mann auch. Es gibt Eier, Fleisch, warmes Essen, das gehört bei uns jeden Morgen dazu. Wir essen alle zusammen. Danach geht mein Mann mit den Söhnen zum Markt, etwas einzukaufen. Ich und meine Tochter ‚machen Sauberkeit'. Wir haben fünf Zimmer – dafür bezahlen wir monatlich dreiundzwanzig Rubel.

Nach dem Mittagessen gehen wir zur Erholung. Bei uns gibt es einen Fluß, dort schwimmen wir. Am Abend besuchen wir das Kino. Um sieben Uhr gibt es Abendessen, Nationalgerichte am Wochenende, Plof oder Maents.

Ich lese gern. Jetzt habe ich gerade Bruno Apitz' ‚Nackt unter Wölfen' beendet. Es hat mir sehr gut gefallen.

Mein Mann arbeitet als Ingenieur. Er bekommt bis zu dreihundert Rubel im Monat, ich bekomme zweihundert Rubel. Meine Kinder erhalten Stipendien, wie alle Kinder bei uns unabhängig vom Einkommen der Eltern. Meine Tochter bekommt ein Lenin-Stipendium, das sind neunzig Rubel, meine Söhne vierzig bis fünfzig Rubel.

Mein Mann hilft den Kindern viel bei der Schule, im Studium. Mein Vater ist im Krieg gefallen. Ich habe nur noch eine Mutter. Darum will ich nie wieder Krieg. Ich habe einen Bruder. Als mein Vater gefallen ist, war ich zwei Jahre alt und mein Bruder drei Wochen. Meine Mutter ist jetzt pensioniert. Sie arbeitete in der Schule als Lehrerin.

Wir erhalten am Ende des Jahres einen dreizehnten oder vierzehnten Lohn. Mein Mann hat die Wohnung vom Werk aus zugeteilt bekommen.

Wir haben ein Auto.

Um mich zu erholen, lese ich."

Die anderen Frauen werden unruhig, wollen auch wieder mitreden, fragen mich nach den Frauen bei uns, erzählen, daß bei ihnen zwölf Nationalitäten und Völkerschaften im Verlag arbeiten. Sie fragen, wie viele Nationalitäten in der Bundesrepublik leben. Als ich Türken, Italiener, Spanier, Jugoslawen nenne, freuen sie sich für uns: Das Leben werde bunter, interessanter, wenn viele Völkerschaften zusammenlebten. Als ich aber hinterherschicke, wie schlecht gelitten die Ausländer bei uns seien, daß sie Fremde blieben, die meist in ärmlichen Wohngegenden unter sich lebten, verstummen sie, sehen mich erschrocken an, fragen mich dann vorsichtig, woher das denn komme, ob ich das richtig fände. Schlechtes würden sie nicht über ein anderes Land sagen, nur ihre Augen sprechen, drücken Unverständnis aus. Immer wieder diese Betroffenheit, nichts scheint sie kalt zu lassen. Mir drängen sich als Vergleich oft die Augen meiner Kinder auf.

Juldashwa Switlana steht im Gespräch schnell im Mittelpunkt. Sie ist eine Frau, die unmittelbaren Kontakt zum Gesprächspartner mit den Augen aufnimmt, aber auch durch ihr freches Lachen, ihre sprechenden Hände. Sie trägt einen weißen Pullover mit einem blauen Matrosenschal, einen grauen Cordjeansrock mit großen Seitentaschen. Ihre glatten, braunen Haare werden von einem dicken, samtbespannten blauen Reifen aus dem Gesicht gehalten. Ihre blauen Augen sind dunkel umrandet, zu schmalen, langen Katzenaugen gemalt. Sie ist die erste Doktorin in der Republik, die eine Arbeit im Musikwesen verteidigt hat, Autorin mehrerer Artikel und

Lehrbücher. Vierundzwanzig Jahre arbeitet sie schon, fing als Lehrerin an und kam später in den Verlag.

„Mein Sohn ist sechzehn Jahre alt, er legt jetzt die Eintrittsprüfung zur Universität ab. Ich wohne mit ihm zusammen in einem Haus. Wenn Sie etwas über meinen Tagesablauf wissen wollen, muß ich unterstreichen, daß nicht alle Tage gleich sind. Jeder Tag unterscheidet sich vom anderen. Ich erzähle mal von einem Tag.

Mein Tagesablauf ist der einer Geschäftsfrau. Ins Bett gehe ich zu spät, stehe auch zu spät auf. So gegen halb acht. Manchmal frühstücken wir gründlich, aber wenn wir verschlafen, greife ich mir schnell irgend etwas. Bei der Arbeit muß es ganz präzise sein, es ist nicht erlaubt, zu spät zu kommen. Wir haben einen strengen Direktor, und auch die Gewerkschaft ist streng. Deshalb laufe ich schon vom Trolleybus zur Arbeit. Meine Arbeit ist sehr spezifisch. Wir sind eine spezielle Redaktion, weil wir Bücher über Musikästhetik erstellen. Auch Choreographie. Als Kind hatte ich schon das absolute Gehör, deshalb schickten meine Eltern mich zur Musikschule. Fortepiano lernte ich mit sechs Jahren. Die Musikschule war in einem anderen Städtchen, und als ich die mit Auszeichnung absolviert hatte, wurde ich nach Taschkent zur weiteren Ausbildung geschickt. Unter der Bedingung, daß ich zurückkehren würde. Nach der Absolvierung der hiesigen Schule ging ich zurück zu der musikalischen Schule und arbeitete als Lehrerin für Fortepiano. Ich habe noch einen Spezialisten mitgeschleppt, meinen Mann, den ich in Taschkent geheiratet hatte. Er war Ingenieur. Weil er Taschkenter war, kehrten wir später nach Taschkent zurück. Nein, die Musikschule war kein Internat, meine Eltern wohnten nah bei der Musikschule. Hier in Taschkent lebe ich seit 1970. Ich habe hier das Konservatorium besucht.

Ich erzähle, womit ich am Tage beschäftigt bin, damit Sie verstehen, was ich am Abend mache. Ich habe nicht umsonst erwähnt, daß ich eine spezifische Arbeit leiste, ich betreue die kapriziösesten Autoren, Künstler, Musiker, die sind oft schwierig. Sie kennen das vielleicht. Wir müssen viel arbeiten mit unseren emotionalen Autoren, die schreiben oft viel zuviel, man muß mit ihnen arbeiten und sprechen, um sie zu überzeugen, daß manches Material kürzer sein muß. Wir schicken unsere Handschriften auch nach Moskau, lassen uns dort konsultieren. Das ist eine spezielle Arbeit, manchmal bewältige ich da am Tage nicht alles, dann schleppe ich Arbeit mit nach Hause, auch auf dem Gebiet der musikalischen Pädagogik. Dann kommen Telefonanrufe, wir haben so wenig Zeit, einander zu sehen – das wirkliche Leben findet oft nur per Telefon statt. Samstag, Sonntag gehe ich ins Kino, in Konzerte. Wenn hier interessante Gruppen auftreten, laufe ich mit heraushängender Zunge, um noch eine Karte zu ergattern. Bei uns wird der Unterricht in Musik und Kunst in der Schule sehr wichtig genommen. Bis zur vierten Klasse findet dieser Unterricht je zweimal die Woche statt, bei den Älteren einmal in der Woche. Die Schüler werden auch mit klassischer Musik vertraut gemacht. Im übrigen habe ich viele Freunde, sie kommen mich besuchen, ich gehe zu ihnen. Am Wochenende machen wir gemeinsam Ausflüge. Ich spiele Tennis, schwimme gern. Wie alle Frauen liebe ich alles Schöne, auch die schönen Männer."

Sie lacht wieder ihr umwerfendes Lachen, wirft Alexander einen frechen Blick zu. „Ich habe einen schönen, interessanten Sohn. Einmeterachtzig groß ist er, hat ein Bärtchen, obwohl er erst sechzehn Jahre alt ist. Wenn wir zusammen Ausflüge machen, denken alle, ich sei seine Schwester."

Das kann ich mir vorstellen. Ich frage, ob sie geschieden sei.

„Mein Mann kam vor acht Jahren bei einem Unfall ums Leben."

„Ist es in diesem Land, wo die Familie so wichtig genommen wird, schwierig für eine Frau, allein zu leben?"

„Ach, eigentlich nicht. Aber natürlich, alles kann einem im Leben passieren. Es gibt auch böse Zungen, es gibt auch welche, die mich beneiden. Letztlich hängt das ab von der Ausbildung der Frau, die meint, über mich reden zu müssen, von ihrem kulturellen Niveau. Aber im Grunde genommen habe ich viele Freunde. Solche bösen Zungen können mein Leben nicht stören."

Die vierte Frau hat ungewöhnlich blonde Haare, die zu einer weichen Rolle hochgeschlungen sind. Sie wirkt sehr elegant, trägt ein durchsichtiges, graues Seidenkleid mit in sich farblich abgestimmten Blüten, das im weiten Ausschnitt einen straffen, schönen Brustansatz erkennen läßt. Ihre kleinen, dunklen Augen und das leichte Bärtchen über den Lippen bewirken bei mir wie auf Knopfdruck die Frage: gefärbte Haare? Was soll's, auch sie ist wieder von dieser frischen jugendlichen Schönheit, die mich staunen macht, wenn ich höre, daß sie hier schon seit sechsundzwanzig Jahren arbeitet und zwei Kinder hat, eine Tochter, einen Sohn.

„Ich bin eine glückliche Frau, habe eine gute, glückliche Familie. Ja, ich fühle mich glücklich, obwohl es vielleicht unbescheiden ist, das zu sagen. Mein Mann ist oft auf Dienstreisen. Wenn er nach Hause kommt, übernimmt er alles in der Familie. Das macht ihm Spaß. Auch wenn es vielleicht ebenfalls unbescheiden klingt, aber: Ich habe gute Kinder. Mit meinem Mann habe ich, glaube ich, Glück gehabt. Wenn er zu Hause ist, steht er früher auf als ich, macht Frühstück, geht einkaufen, ich fühle mich dann sehr verwöhnt. Ich bin damit glücklich. Oft kann man Männer treffen, die es nicht besonders lieben, den Haushalt zu führen. Die lassen dann alles auf den Schultern der Frauen, die wollen alles von den Frauen zubereitet bekommen. Hier muß aber unterstrichen werden, daß die usbekischen Männer im Unterschied zu den europäischen Männern sehr zu kochen lieben. Früher halfen die usbekischen Männer überhaupt nicht, jetzt arbeiten aber alle Frauen, da beginnen die Männer auch zu helfen. Mein Mann ist Sowjetdeutscher."

Alle lachen mir zu, zwinkern mit den Augen. Da merke ich erst, daß ich ja etwas damit zu tun habe: Sowjet-Deutscher, eine seltsame Kombination, die ich mit mir als ‚BRD-Deutscher' erst durch einiges Nachdenken verbinden kann.

„Wir haben uns viel Mühe gegeben, auch die Jungen für den Haushalt zu erziehen. Aber wir haben Pech gehabt! Die Kinder ähneln meinem Mann nicht. Als die Tochter klein war, besuchte sie die Schule, trieb Sport, und ich befreite sie von allen Arbeiten im Haus. Jetzt, wo sie groß ist, kann sie es nicht mehr."

„Unterscheiden sich die hiesigen Männer noch in anderer Hinsicht von europäischen Männern, außer daß sie gern kochen? Mir fiel zum Beispiel bei den georgischen Männern auf, daß sie ihre Gefühle offener zeigen, als es bei uns üblich ist, Arm in Arm gehen, Rührung nicht vertuschen, sich gegenseitig küssen."

Die freche Musikerin antwortet sofort lachend: „Ich könnte viel über die Männer sagen, aber es ist unangenehm, im

Beisein von Männern darüber zu reden." Alexander übersetzt. „Im Orient war die Frau für den Mann immer wie eine Blume. Für einen richtigen orientalischen Mann ist die Frau alles, er liebt sie sehr offen, ja, er stellt sie sogar auf ein Postament. Er tut alles für sie, ohne Rücksicht zu nehmen auf die Meinung der anderen."

„Aber wurden die Frauen hier nicht – und das ist noch gar nicht lange her – in ihren eigenen Särgen versteckt?"

„Was soll das alte Oberhaupt der Familie heute noch?" bemerkt die Musikdoktorin schnippisch. „Wir sind doch gleichberechtigt. Wir arbeiten, die Männer arbeiten."

Die anderen Frauen versuchen noch einmal, den positiven Unterschied zwischen den orientalischen und den europäischen Männern zu erläutern: „Sehen Sie, ein europäischer Mann denkt erst nach, was die anderen sagen, die Nachbarn, die Freunde, die Arbeitskollegen, immer zeigt er Vernunft in der Liebe. Ein echter orientalischer Mann ist nicht so. Wenn er liebt, liebt er. Da fühlt sich eine Frau dann auch richtig als Frau."

Im stillen nicke ich: Und sie sieht dann auch so aus, wenn ich mir die Frauen hier am Tisch betrachte. So jung, so schön und so selbstbewußt. Laut beharre ich jedoch auf dem Widerspruch: Die Geschichte der orientalischen Männer beweist doch eine extreme Frauenfeindlichkeit!

Die Musikerin grinst: „Es gibt doch auch angenehme Unterdrückung . . ."

Ich widerspreche: „Unterdrückung kann gar nicht angenehm sein, Unterdrückung setzt sich zusammen aus Macht und Ohnmacht."

Die Frauen am Tisch lächeln nachsichtig, sie scheinen zu wissen, wovon sie sprechen.

„Natürlich darf die Frau gesellschaftlich nicht unterdrückt werden", erklärt Gor Galina Konstantinova, beugt sich mir entgegen. Sie trägt keinen Büstenhalter, der Blick in ihren Ausschnitt verhüllt nur die Brustwarzen, weiße, feste Hügel gibt sie ohne jede Befangenheit den Blicken preis: „Aber wissen Sie, Unterdrückung, wie wir es jetzt meinen, durch Liebe, das ist sehr wichtig für uns Frauen. Ich meine, erst wenn eine Frau weiß, daß sie geliebt wird, fühlt sie sich richtig als Frau. Dieses Gefühl vermitteln uns unsere Männer. Die Liebe ist sehr wichtig für uns."

Straßenbilder

Gegenüber vom Hotel, getrennt durch eine sechsspurige, großzügig angelegte Straße, vor einem Theater in der Mitte eines großen Platzes, befindet sich ein Springbrunnen. Unablässig schießen Fontänen in die Höhe, am Abend funkelt das Wasser in unterschiedlichen bunten Farben. Kinder planschen noch bis lange nach Einbruch der Dunkelheit im Wasser. Erwachsene, Männer und Frauen, ruhen sich aus auf dem kleinen Mäuerchen, das ihn umgibt. Eile zeigen sie nicht.

Die Frauen auf den Straßen sind zumeist europäisch gekleidet. Mir fallen die guten Schnitte auf, nach denen die Stoffe, meistens dünne Baumwolle oder Seide in den unterschiedlichsten Farben und Mustern, gearbeitet sind. Obwohl ich häufig vor dem Hotel saß, auf dem kleinen Mäuerchen, durch die Büsche vom breiten Boulevard getrennt, und den Frauen nachstarrte, wie es sonst nur die Männer zu tun pflegten, die neben mir saßen, ist mir kein einziges Kleid doppelt begegnet. Schön sind sie, die usbekischen Frauen, zierlich, aber doch mit fest ausschreitenden Beinen. Die Kleider betonen die Taille und lassen den Schritt frei. Enge Oberteile, weite Röcke, Rüschen an Ausschnitt und Ärmel, schmale Träger: so die kurze Zusammenfassung des modischen Bildes, das sich mir bot. Ich bekomme Lust, mir auch ein solches Kleid zu kaufen, die Stoffe sind so weich, und es sieht aus, als würde frau sich wohl darin fühlen. Saida nimmt mich mit in ein großes Kaufhaus, Schlangen, konstatiere ich beiläufig, nirgendwo. Aber auch nicht die schönen Kleider. An den Stangen jede Menge in allen Größen, aber gerade herunterfallend, in der Taille durch einen Gürtel gehalten, synthetische Stoffe. Doch dann die Stoffabteilung – Seide, Baumwolle, Voile, wie in tausendundeiner Nacht. Ich wundere mich, wie bei dieser Fülle an Mustern überhaupt immer noch wieder eines hinzukommen kann. Ich kaufe mir nationale Seide, zärtlich fühlt sie sich an, die Farben leuchten stark und kräftig: rosa, schwarz, lila, gelb, in geometrischer Anordnung. Auf den Straßen sah ich Frauen in diesen Stoff gekleidet. Nationaltracht: wadenlange weite Hose in bunter Seide, Tunika in gleicher Seide, aber mit anderem Muster.

Zur Tradition gehören auch die vielen langen Zöpfe, die einigen jungen Mädchen über den Rücken fallen. „Es sind gerade Universitätsprüfungen", erklärt Saida, „da kommen die jungen Mädchen vom Dorf in die Stadt." Sie selbst, mit ihren kurzen Haaren, meint: „Wir leben schließlich im zwanzigsten Jahrhundert, dem kosmischen, schnellebigen, da würden solche Zöpfe zuviel Zeit kosten. Auf dem Land aber gehören solche Zöpfe noch zum alltäglichen Straßenbild."

Die Männer tragen auch heute oft noch die Tjubetejka, eine viereckige Kappe, bestickt mit orientalischen Ornamenten.

Taschkenter Textilkombinat IV

Eine Frau empfängt uns, Sultanona Unra. Sie ist zwar jung und schön, aber kein Lächeln überzieht ihr Gesicht. Ich versuche ihr eines zu entlocken, nichts, ihr Gesicht bleibt ernst. Auch von ihren Ohren baumeln wieder rosa funkelnde Ohrringe, ihre schwarzen Haare sind hochgesteckt, sie trägt ein lila Hemdblusenkleid mit großen Blumenornamenten. Sultanona Unra ist die stellvertretende Parteisekretärin des Textilkombinats, das 1934 gegründet wurde und über zwölftausend Arbeiter, fünfundachtzig Prozent Frauen, beschäftigt. Sie arbeiten hier wie auch in den anderen Kombinaten in zwei Schichten, sind stolz auf ihre eigene Abendschule, die betriebseigene politechnische Schule, den Kulturpalast, die eigene Poliklinik, den Sportklub, in dem über sechstausend Mitarbeiter Sport treiben, Volleyball, Handball, Fußball, Schach, Schwimmen, Leichtathletik.

Neunzehn Kinderkrippen und Kindergärten mit dreitausendsechshundert Plätzen gehören dem Kombinat. Acht Rubel kostet es die Eltern monatlich, für alleinstehende Mütter Null Komma nichts. Die Öffnungszeiten des Kindergartens richten sich auch hier wieder nach der Arbeitszeit, die Kinder können nachts bleiben, es gibt Gruppen, die Tag und Nacht betreuen.

Die Aufzählung der Errungenschaften nimmt so schnell kein Ende: Einundzwanzig Wohnheime gehören zum Kombinat, siebzehn für Alleinstehende, vier für Ehepaare. Jährlich werden etwa dreihundertvierzigtausend Rubel für die Verbesserung der Arbeitsbedingungen ausgegeben, Automatisierung, Prophylaxe usw. Zum Kombinat gehören Geschäfte für alles, was man zum Leben braucht, Friseur, Kantinen. Das

Kombinat bewirtschaftet eine eigene Sowchose, die achthundert Hektar umfaßt; von dort erhält es Frischprodukte, Milch, Geflügel usw. Am „Taschkenter Meer" besitzen sie eine eigene Erholungszone mit einhundert Bungalows, am Wochenende werden die Arbeiter mit Bussen dorthin gebracht. Nach Wunsch ist es auch möglich, dort den Urlaub zu verbringen. Zur Erholungszone gehört auch ein großer Garten mit Obstbäumen. Ein Pionierlager nennt das Kombinat sein eigen, etwa zweitausend Kinder können dort den Sommer verleben. Juni, Juli, August, je drei Schichten von Kindern fahren hin. Im Prophylaktorium besteht auch hier wieder die Möglichkeit, eine Kur zu verbringen, nach der Arbeit, unter Aufsicht von Ärzten.

Die Ausbildungsmethode sieht so aus, daß erfahrene Mitarbeiter ihre Kenntnisse an die Jugendlichen weitergeben. Jede Neue bekommt eine erfahrene Arbeiterin an die Seite gestellt. Von den zwölftausend Beschäftigten besuchen dreitausend Mitarbeiterinnen die Hochschulen, dort qualifizieren sie sich meist zum Techniker oder Ingenieur. Sie können aber alles mögliche studieren, zum Beispiel auch Philosophie, also etwas, was dem Betrieb unmittelbar nicht nützen wird.

Zum Kombinat gehört eine eigene Berufsschule, die die Arbeiterinnen ausbildet. Einhundert Rubel Lehrgeld verdienen die Ungelernten. Die Berufsschule dauert ein Jahr, währenddessen gibt es Studium, Essen, Kleidung kostenlos. Auf der Berufsschule werden die Hauptkader ausgebildet: Weberinnen, Näherinnen. Dort lernen nur Mädchen. Es gibt auch eine Berufsschule für Männer, in der Techniker für die Reparaturen von Maschinen ausgebildet werden.

„Halten Sie Ihre Arbeiterinnen eher vom Besuch einer Hochschule ab, oder regen Sie sie zur Weiterqualifizierung an?"

„Wir sind daran interessiert", lautet die Antwort, „daß jede Mitarbeiterin eine höhere Qualifizierung erhält, weil sie dann auch mehr leisten kann. Wir propagieren die besten Methoden der Arbeit, da nutzt nur eine Höherqualifikation."

„Und beim Philosophiestudium? Das nützt dem Kombinat doch nichts."

„Das ist unabhängig davon, jeder bei uns hat das Recht, auch beim Abendstudium frei zu wählen, was er tun will."

Ich bitte die Parteisekretärin, etwas über sich selbst zu erzählen. Auch jetzt ernst, sachlich, ohne Lächeln, erfüllt sie meinen Wunsch.

„Nach der Absolvierung der Textilhochschule arbeitete ich hier, fünfundzwanzig Jahre ist das nun schon her. Ich wurde Meisterin, Leiterin der Werkshalle, arbeitete als Gewerkschaftsleiterin, später als Direktorin einer der sieben Fabriken des Kombinats. Dann wurde ich stellvertretende Parteisekretärin des Kombinats. Mein Mann arbeitet in einer Bauorganisation. Ich habe drei Kinder, alles Söhne. Der Ältere besucht die medizinische Hochschule, der zweite geht auf die orientalische Fakultät an der Universität, der dritte geht in die neunte Schulklasse."

„Wie haben Sie es geschafft, mit drei Kindern eine solche Karriere zu machen?"

„So schwer ist das nicht. Mein Mann hat im Haushalt geholfen, auch die Kinder. Meine Kinder studieren sehr gut, sie bekommen ein hohes Stipendium. Früher waren sie im Kindergarten. Etwa ein Jahr nach der Geburt der Kinder blieb ich zu Hause, dann kamen sie in den Kindergarten des Kombinats."

Ich hake noch einmal nach: „Aber in so einer verantwortlichen Position zu arbeiten, Kinder großzuziehen, den Haushalt zu führen, das sind doch wahnsinnige Belastungen. Das kann doch nicht so einfach gewesen sein."

„So schwer finde ich das nicht." Erstmals lächelt sie mich an. „Als Frauen haben wir genügend Möglichkeiten, uns das Leben zu erleichtern. Wir können im Kombinat einkaufen, wir brauchen nach der Arbeit nicht in die Stadt zu laufen. So schwer finde ich es wirklich nicht."

Ich frage sie nach ihrem Alter. Ihr Äußeres, die großen Kinder, die lange Berufserfahrung, ich bekomme das einfach nicht zusammen.

„Fünfundvierzig Jahre", antwortet sie knapp.

Dann führt sie mich durch die Fabrik. Riesige Hallen, vollautomatisiert, ohrenbetäubender Lärm, Staub, auch wenn überall Düsen sind, aus denen Wasser gesprüht wird. Alexander schreit über den Lärm hinweg: „Ja, ja, über die Produktion zu schreiben ist ja nicht einfach, aber in der Produktion zu arbeiten ist auch nicht leicht."

Wahrhaftig, ich beneide die Frauen hier nicht, befürchte

gesundheitliche Schäden für sie. „Man gewöhnt sich daran", sagt die Parteisekretärin, die einmal Direktorin und davor Arbeiterin war, „außerdem ist es Pflicht, Ohrenschützer zu tragen." Sie zeigt sie mir, winzige Dinger, ähnlich denen, die Schwerhörige benutzen.

In dieser Fabrik sehe ich mich einmal länger im Hygienezimmer um. Hygienezimmer sind in allen Fabriken vorhanden, in denen Frauen arbeiten. Ein Sofa steht im Vorzimmer, weiß bezogen, daran anschließend das eigentliche Hygienezimmer mit Dusche und Bidet. Höhensonnen sind installiert zum Gebrauch für jede, die es braucht und wünscht, sterile Binden liegen frei verfügbar in einem silbernen Behälter.

Die Chefingenieurin gesellt sich zu uns, eine große Frau mit einem eigenwilligen, großflächigen Gesicht. Sie ist nicht eigentlich hübsch, aber ihr Gesicht erzählt vom Leben und auch der Lust daran. Die leicht geschürzten Lippen sind blutrot bemalt, sie sprechen zu mir vom Wunsch nach Weiblichkeit; ihre selbstbewußte lässige Haltung drückt aber auch einen Stolz aus, den keiner zu mißachten wage.

In Begleitung dieser beiden Frauen werfe ich dann die Frage auf, ob es auch Schwierigkeiten nach sich ziehe, daß hier so viele Frauen leitende Positionen bekleiden. Ob nicht innere Sperren bei den Männern vorhanden seien. Und auch bei den Frauen. Wieder sehe ich dieses Erstaunen in den Gesichtern, den guten Willen zu antworten, aber: Fremde Frau, sag bitte klarer, was du willst, empfange ich als unausgesprochene Botschaft.

„Gibt es denn nicht Schwierigkeiten für Sie, auch Männer zu kommandieren, über Männer in der Hierarchie zu stehen? Reagieren die Männer nicht abweisend, ablehnend oder gar offen feindselig?"

Die Chefingenieurin macht eine schroffe, abwehrende Handbewegung, schürzt die Lippen noch einen Grad mehr: „Ach was, der Mann leitet, die Frau leitet, das spielt bei uns keine Rolle. Wir arbeiten zusammen."

Auf mein ungläubig ironisches Lächeln hin versucht sie dann doch zu erklären: „Wir achten nicht auf das Geschlecht bei der Arbeit. Ob nun eine Frau leitet oder ein Mann, das ist keine Geschlechtsfrage. Die Frauen werden Ingenieur, die Männer werden Ingenieur, die Frauen werden Direktor, die Männer werden Direktor, wenn geleitet wird, wird geleitet, das ist eine Arbeit wie andere auch, das machen Frauen wie Männer."

Mir schießt durch den Kopf: Und wenn ein Mann bei einer Frau dolmetscht, ist das genauso, als wenn eine Frau bei einem Mann dolmetscht, die Arbeit muß gemacht werden. Da ist einer, der kann sie tun, da wird nicht auf das Geschlecht geachtet. Es war wohl zu schnell und zu einfach, meine Betreuung durch einen Mann nur mit mangelnder Sensibilität dem Frauenthema gegenüber zu erklären.

Hier klappere ich all die kleinen, ‚nebensächlichen' Räume ab, die zur üblichen Einrichtung in allen Fabriken gehören: jetzt das Erholungszimmer. Ein großer Raum, der mit einem roten Teppich ausgelegt ist und eher einer Bar ohne Raumknappheit ähnelt als einem Erholungszimmer in einer Fabrik. Nur das leise Zittern des Fußbodens erinnert an die Nähe der Maschinen. In den Ecken ziehen Fische in aller Ruhe ihre Bahnen durch Aquarien, die es größenmäßig mit dem Raum aufnehmen können. Musik berieselt uns. Ein Fernseher, Blumenbilder, ein Schaukelstuhl gehören zur Ausstattung. Die Parteisekretärin setzt sich auf einen unbequemen Stuhl, wird von der Gewerkschaftssekretärin, einer jungen Frau, die sich uns in den heißen, lauten Hallen angeschlossen hat, genötigt, sich in den Sessel zu begeben.

„In diesen Raum können die Arbeiterinnen zwischendurch kommen, um eine Tasse Tee zu trinken und sich ein wenig auszuruhen", erklärt die Gewerkschaftssekretärin. Hinter der Bar bedient eine Frau. Die Holztäfelung an den Wänden wirkt auf mich außerordentlich beruhigend, während ich auf dem Schaukelstuhl langsam hin- und herwippe. Ich habe gar keine Lust mehr, Fragen zu stellen, will nur noch gucken und die Atmosphäre auf mich einwirken lassen. In angeregter Unterhaltung treten zwei junge Frauen in Arbeitskitteln ein, setzen sich auf die Barhocker, streifen uns mit einem kurzen Seitenblick, grüßen kurz. Ihre leisen Plauderstimmen neben der Musik und dem Aquariengeglucker lassen mich noch schläfriger werden. Manchmal kichern sie ein wenig, manchmal fassen sie sich an die Schultern. Ob ich noch Fragen habe? Nein. Die Frau hinter der Theke zapft aus einem massiven Kupfersamowar und gießt nun den Frauen auf den Barhockern hellgrüne Flüssigkeit in die orientalisch gemusterten Teebecher.

Wir verlassen das Kombinat über die Geschäftsstraße: Lauter kleine Geschäfte liegen nebeneinander, alles kann Mann und Frau hier kaufen: Brot, Milch, Gemüse, Fleisch, Obst, Lebensmittel. Wir betreten einen Laden, in dem es sogar Möbel und Teppiche gibt. Überall sitzen Männer in den Kantinen unter freiem Himmel. Dies hier ist eine Kantine, wird mir erklärt, das dort eine Chaichana. Auf Bänken unter Bäumen liegen, dösen, flegeln sich die Männer. Ich kriege schon den leichten Horror, nur Männer, dabei arbeiten hier vor allem Frauen, die eine oder andere sehe ich wohl, aber ... Ich frage.

„Nein“, lacht die Parteisekretärin, „jetzt ist die Pause für die Techniker, das sind vor allem Männer. Die Hauptmittagspause beginnt erst in einer halben Stunde, dann sehen Sie hier fast nur Frauen. Wir müssen die Pausen schichtweise machen, damit es sich nicht so drängt.“

Wir verabschieden uns. Wahrscheinlich, sie weiß noch nicht genau, ob sie es schaffen wird, sehen wir uns am Abend wieder: Ich bin eingeladen bei einer Arbeiterin aus dem Betrieb, habe sie und ihre Freundin, die auch kommen will, schon kurz gesehen.

„Endlich“, sage ich im Auto zu Alexander, „zwei junge Mädchen, das finde ich prima, die kann ich dann über ihre Zukunftsvorstellungen ausfragen. Was meinst du wohl, wie alt die sind?“

„Och“, meint er, „so um die zwanzig.“

„Nee“, widerspreche ich, „nie im Leben, du hast aber wirklich keine Ahnung von Frauengesichtern, na ja, ein Mann, also höchstens achtzehn, älter nicht. Die sahen doch aus wie Mädchen.“

„Ja“, nickt er gutwillig, „vielleicht, du kannst recht haben, ich kenne mich da wohl nicht so aus.“

Dschingis Khan und Sozialismus konkret

Wir fahren weit, so kommt es mir vor. Aber dann, nachdem wir vor der Fabrik die Parteisekretärin eingeladen haben – müde sieht sie nun aus, große Schatten unter den Augen –, geht es schnell. Die Wohnhäuser für die Fabrikarbeiter liegen nah beim Arbeitsplatz. Hohe Kästen, ungefähr fünf Etagen, weite Grünflächen dazwischen, irgendwo nahebei muß ein Kinderspielplatz sein, entnehme ich den Geräuschen.

Jakubaiewa Karomat empfängt uns. Ich hätte sie nicht wiedererkannt. In der Fabrik, im Kittel und mit Kopftuch, sah sie aus wie ein kleines Mädchen. Hier, schöngemacht im braungoldenen, weit fallenden Kleid, erscheint sie mir als selbstbewußte Frau. Frech allerdings wirkt sie immer noch, mit jungenhaftem Charme, wenn sich beim Lachen die Wangen wie zwei kleine Äpfel vorwölben. Die schwarzen, kurzen Haare, die wie ein Helm das Gesicht krönen, verstärken diesen Eindruck noch.

Ihre Freundin ist ein ganz anderer Typ. Auch sie hat sich umgezogen, geschminkt, schöngemacht für den Besuch. Sie ist zart, von betonter Weiblichkeit, ihre langen, schwarzen Haare sind hochgetürmt, das Gesicht ist ganz orientalisch, das Kleid durchscheinend, enge Taille, weiter Rock, gerüschte Ärmel.

Jakubaiewa zeigt mir ihre Zwei-Zimmer-Wohnung. Der Blick in die Küche gibt Aufschluß darüber, daß die beiden Frauen für unseren Besuch arg geschuftet haben. Inmitten einer vollständigen Einbaueinrichtung ist soviel Platz, daß ohne weiteres vier Personen an den großen Küchentisch passen. Von Wohnzimmer und Küche führt je eine Tür hinaus auf eine große, überdachte Veranda. Die Toilette ist, wie ich bisher in allen Wohnungen sah, vom Badezimmer getrennt. Das Schlafzimmer, nach hinten hinaus, hat einen Balkon mit Blick auf hohe Bäume im grünen Innenhof. Im Schlafzimmer ein großes Doppelbett, ein Schrank, daneben ein Berg buntbezogener Matratzen. Ich sehe sie nicht zum ersten Mal. Nun frage ich. „Die legen wir auf den Boden, wenn viel Besuch kommt, eine werden wir jetzt übers Sofa breiten, damit man höher sitzen kann. Ach, die sind für vieles nützlich. Bei Hochzeiten braucht man die zum Beispiel, da kommen so viele Leute, daß einfach nicht für alle Stühle dasein können. Dann sitzt man auf den Matratzen. Wir legen den ganzen Raum aus mit den Matratzen, wenn wir ein Fest feiern."

Das Wohnzimmer: Die Wände sind zart hellbraun gestrichen, mit goldenen, sparsam verstreuten, großen orientalischen Mustern gespritzt. Raffiniert sieht es aus, und ich wüßte gern, wie man das macht. Im Zimmer Sofa, Tisch, Stühle, die zum Sofa passenden Sessel an die Wand gerückt. Auf dem

Tisch – wie soll ich mich davon bloß zu Hause wieder entwöhnen, bei unseren hohen Obstpreisen – eine Glasschale mit hochgeschichtetem Obst. Im Schrank Teeservices mit orientalischen Mustern, ein dicker Teppich über dem Parkettfußboden, Fernseher, eine Anlage für Schallplatten.

Neben dem Obst steht bald Sekt, Saft, Mineralwasser, Wodka. Auch hier wieder Toasts auf die Freundschaft zwischen unseren Völkern, auf den Frieden. Tomatensalat, Vorspeisen, Plof. Endlich Plof. Mittags im Restaurant hatte ich schon gesagt, ich würde gern einmal Plof probieren, schließlich hörte ich überall davon. Alexander hatte mir abgeraten, solche Gerichte dürfe man im Restaurant nicht essen, die seien nur in Familien gut. Ganze Knoblauchknollen, im Plof mitgedünstet, werden extra gereicht. Ich esse Zwiebel auf Zwiebel mit großem Vergnügen, nehme mir vor, so etwas zu Hause auch einmal zu machen. Die Knoblauchzwiebeln sind weich geworden und zergehen auf der Zunge. Plof ist ein Reisgericht aus gekochtem Fleisch, Gemüse, Mais.

Die beiden Frauen erzählen, Plof brauche eine Zubereitungszeit von ungefähr fünf Stunden. Sie sind Freundinnen, kennen sich seit fünf Jahren aus dem Betrieb. „Schwierige Gerichte kochen wir immer zusammen“, sagen sie.

„Aber Sie wohnen nicht zusammen?“

„Nein.“ Sie lachen.

Jakubaiewa Karomat wohnt hier mit ihrem Mann und ihren Kindern, ihre Freundin mit Mann und drei Kindern wohnt in der Nähe.

„Wie alt sind Sie denn?“

„Neunundzwanzig Jahre.“

Ich werfe Alexander einen Abbitte leistenden Blick zu, den er aber nicht wahrnimmt. Die Altersfrage scheint für ihn nicht von so entscheidender Bedeutung zu sein.

Sie legen eine Schallplatte auf, es juckt sie in Armen und Beinen, die Parteisekretärin lächelt strahlend und läßt die Hände tanzen, diese wunderbar ausdrucksvollen Hände der orientalischen Frauen. Die Freundin erhebt sich und tanzt uns etwas vor. Wieder Tanz der Hände, der Füße, des Körpers, sie ist eine wirkliche Schönheit, so zierlich und dunkel mit der olivfarbenen Haut. Jakubaiewa Karomat erzählt, sie besuche seit fünf Jahren die Abendhochschule, in einem Jahr werde sie Ingenieur sein. Sie hat eine achtjährige Schulausbildung, holte abends im Betrieb auch schon den Zehnte-Klasse-Abschluß nach.

Immer wieder häufen sie uns Plof auf den Teller. Deutsche Musik wird mir zu Ehren angestellt, Dschingis Khan. Lachend erzähle ich, daß ich dieses Lied grauenhaft finde, es verherrliche das alte patriarchalische Kriegsleben. Sie stimmen mir zu, als sie den Text übersetzt bekommen, lachen aber dabei, das sehen sie nicht so eng, die Musik gefällt ihnen. „Man kann danach gut tanzen."

Die beiden Frauen erzählen von ihren Kindern. Der Sohn der Gastgeberin ist acht Jahre alt, ihre Freundin hat zwei Töchter, eine geht in die dritte Klasse, die andere in die erste. Auch sie beabsichtigt, ein Abendstudium aufzunehmen. „Die Anträge habe ich schon eingereicht." Stolz berichten die beiden Frauen zwischen Essen, Trinken, Auf- und Abdecken, daß ihr monatliches Einkommen 400 Rubel betrage. „Doppelt soviel wie der Mann verdient", sagt die junge Frau mit dem kecken Gesicht, das um die Wette schimmert mit dem Gold des Kleides.

„Bekommt Ihr Mann denn da keine Komplexe? Was arbeitet er denn?"

„Er ist Verkäufer in einem Geschäft. Nein, wieso Komplexe?" Die Freundin und die Parteisekretärin lachen: „Er trägt sie auf Händen!" Sie fügt hinzu: „Wenn ich ihm sage, die Wohnung muß aufgeräumt sein, und ich komme nach Hause, ist alles blitzblank sauber. Er hilft bei allem, er kocht, wenn ich zur zweiten Schicht gehe, und dann hat er auch immer schon das Kind abgeholt, er hilft sogar bei der Wäsche."

„Trotzdem bleibt doch noch viel für Sie zu tun." Ich bin skeptisch. „Ist denn das nicht eine Überbelastung: diese anstrengende Arbeit in der Fabrik – da wäre ich ja schon nach ein paar Stunden erledigt –, die Familie und dann noch die Abendhochschule?"

„Wir helfen uns alle gegenseitig." Während sie das sagen, rücken die beiden Freundinnen auf dem Sofa eng zusammen. Sie wirken überzeugend in ihrem Stolz auf sich selbst, dabei ohne jede Arroganz. Und auch ohne den geringsten Anflug davon, was ich unter einer ‚kämpferischen' Frau verstehe. Das Lachen in ihren Mandelaugen ist jung, ungebrochen wirken sie, unverletzt, aber nicht unverletzbar. Als ich von meiner Situation erzähle, auf ihre Frage hin, ob meine Mutter mir denn auch helfe – meine Familie in einer anderen Stadt, im ganzen Mietshaus keiner, der mir helfe, wenn ein Kind krank sei – und auch erzähle von der ersten Zeit nach der Geburt meiner zweiten Tochter – eine Kinderfrau für sechshundert Mark, die irgendwann von heute auf morgen aufhörte, dann ein Weg quer durch Köln zu einer anderen Kinderfrau und darauf wieder in die andere Richtung, um die zweite Tochter im Kindergarten abzuliefern, anschließend über die Autobahn nach Düsseldorf in die Schule –, als ich das alles also erzähle und hinzufüge, daß dies kein ungewöhnliches Leben für eine berufstätige Mutter kleiner Kinder sei, da sehen mir vom Sofa vier tiefbetroffene, dunkel glänzende Augen entgegen, in denen auch Empörung steht, Unverständnis mit uns Frauen, in denen Aufforderung, Aufruf keimt, solches Leben doch zu ändern. Da wird mir klar, daß mein Eindruck nicht stimmte, der in Richtung behütete Frauen und Naivität ging, daß ich es hier sehr wohl mit Menschen zu tun habe, die ändern, was ihnen nicht paßt, die klar sehen, wohin sie wollen, und darum kämpfen, das zu erreichen. Nur, daß es eben eine Form des Kampfes ist, die andere Linien in die Gesichter schneidet als die unsere, daß sie hier nicht erfahren, was unser Leben und unseren Kampf doch oft begleitet: Ohnmacht.

„Wir helfen uns alle“, berichten sie mir von ihrem Leben, „nicht nur wir Freundinnen, wir sind eigentlich immer zusammen, da gehört noch eine andere Arbeitskollegin dazu ... Aber auch die Nachbarn, die arbeiten alle irgendwo im Kombinat. Die Kinder spielen hier in der Gegend völlig frei, sind mal bei den Nachbarn, es ist einfach jeder für den andern da.“

„Und was machen Sie mit dem vielen Geld, das Sie verdienen?“

„Na, was schon: kaufen, ausgeben, ein Auto, Dinge für die Wohnung, Kleidung. Wir feiern viele Feste, dann singen und essen und tanzen wir. Wir tanzen ungeheuer gerne.“

Ich kann mir einfach nicht vorstellen, daß bei Familie und Abendstudium noch Zeit für Freunde bleibt, denke an meine Freundin, die eine Abendschule besucht, die ich seit einem Vierteljahr nicht mehr gesehen habe, weil sie zu mehr als Arbeit, Kind und Schule nicht in der Lage ist, die sich in der verbleibenden Freizeit völlig einigelt, niemanden sehen will.

„Aber natürlich." Selbstverständlich klingt die Antwort, so nach: wie könnte es anders sein?

„Wir feiern doch auch oft in der Brigade und unternehmen viel zusammen."

„Im Werk wird auch viel Kulturarbeit gemacht", fügt die Parteisekretärin hinzu. „Zu uns kommen Künstler aus allen Bereichen. Unsere betriebseigene Tanzgruppe hat sogar einen Preis im Ausland gewonnen, einen goldenen Schuh. Auch im Augenblick ist sie wieder auf Gastreise. Im Kulturpalast des Kombinats gibt es Konzerte, Theater und viele große Feiern."

Jakubaiewa Karomat schickt noch schnell hinterdrein: „Ich versuche, den Haushalt in der Woche täglich zu erledigen, auch die Arbeit fürs Studium. So bleibt das Wochenende frei für die Familie, für die Erholung und für die Freunde. Wir fahren dann ans Taschkenter Meer zum Schwimmen, zu den Eltern, oder wir unternehmen etwas mit Freunden."

„Und warum machen Sie überhaupt noch dies Studium?" frage ich. „Wenn es Ihnen doch jetzt schon so gut geht, finanziell und überhaupt?"

„Ich liebe meinen Beruf, und ich möchte mehr darüber wissen. Mehr über die Abläufe in einem weiteren Bereich. Ich möchte immer mehr wissen." Sie lacht wieder ihr junges, freches Lachen, antwortet bereitwillig. Es macht ihr Spaß, mir etwas zu erklären. „Ich möchte auf einer höheren Ebene qualifiziert sein."

„Möchten Sie noch mehr Kinder?"

„Ja, aber bisher wäre das zuviel gewesen, Studium und dann noch ein Kind. Wenn ich in einem Jahr mein Examen gemacht habe, bekomme ich noch welche, drei oder vier, hintereinander." Sie macht die Orgelpfeifengeste.

Ich staune, zweifle: „Ja, aber dann werden Sie doch gar nicht als Ingenieur arbeiten ..."

„Warum denn nicht? Die Kinder können ab einem halben Jahr in die Krippe des Kombinats, vielleicht bleibe ich auch einmal ein Jahr zu Hause, hinterher gehe ich als Ingenieur arbeiten. Dann bin ich doch immer noch jung und habe noch viel Zeit, in meinem Beruf etwas zu tun."

Seit ich wieder zurück bin, dudelt von Zeit zu Zeit im Radio „Besuchen Sie Europa, solange es noch steht ...", ein Song unter vielen mit Weltuntergangsstimmung. Wenn die Pershings und Co. erst mal bei uns stationiert sind, wer weiß, wie es dann weitergeht. „Wofür üben die denn, mal muß doch Premiere sein ...“ Eine andere Zeile, Warnung eines Künstlers, der für den Frieden eintritt. Immer wenn ich so etwas höre, muß ich an die junge Frau in Taschkent denken. Wer von uns wagt noch, sein Leben derartig langfristig zu planen? Wer weiß, was in einem Jahr ist, das ist so mein Spruch geworden. Und nicht nur meiner. In der Sowjetunion gibt es die Zukunft noch, und sie besitzt sogar das, was in der Mathematik zur Geraden gehört: Ihr Ende ist nicht absehbar. Da fehlt auch die Angst, die kleine Scheibe vom Glück, die einem zusteht, könnte abhanden kommen, gestohlen werden. Die Zukunft ist lang, da braucht keiner zu hasten, und was einem zusteht, zum Beispiel ein Arbeitsplatz als Ingenieur oder ein Kind oder noch eins und noch eins und der Arbeitsplatz als Ingenieur, das wird keiner stehlen. Keine Bedrohung ...

Die orientalische Schönheit mit den Mandelaugen erzählt nun von sich. Sie ist erst seit fünf Jahren im Kombinat. Sie verließ ebenfalls die Schule nach der achten Klasse, arbeitete dann in einem kleinen Nähatelier. Als sie die Kinder bekam, blieb sie zu Hause, danach begann sie im Werk zu arbeiten.

Ich frage: „Und was halten Sie vom Sozialismus?“

Alle brechen in Gelächter aus, die beiden Freundinnen sagen: „Wir gehen erst einmal den Tisch abdecken, bei so einer schwierigen Frage.“

Die Parteisekretärin will beim Abräumen helfen. Ich protestiere: „Aha, jetzt folgt die Parteisekretärin in die Küche und sagt die Antworten vor!“

Einen kleinen Moment guckt sie erschrocken, geht dann aber auf mein Lachen ein, bleibt sitzen, sagt: „Ich rühre keinen Finger, die beiden brauchen mich als Souffleuse nun wirklich nicht.“

Eine der Frauen wirft in den Raum: „Solche Fragen sind irgendwie absurd, der Sozialismus ist für uns das Leben.“

Die beiden Freundinnen kommen zurück, sie wirken gestrafft, ich bin mir sicher, daß sie sich in der Küche überlegt haben, was sie antworten wollen.

Die zierliche Freundin spricht und sieht mich mit ihren sanften Augen nun fest und zupackend an: „Der Sozialismus hat uns Frauen die Freiheit gegeben. Früher trugen die Frauen Barancha, waren eingesperrt, hatten keine Möglichkeit, die Welt kennenzulernen. Heute verdiene ich vierhundert Rubel im Monat, mehr als mein Mann, alles steht mir offen. Das ist Sozialismus.“

Alle lachen und klatschen über ihre Rede, sie zeigt wieder ihr zartes Frauenlächeln.

Die Melonen kommen auf den Tisch. Die drei Frauen kosten, tuscheln, kichern. Ich möchte wissen, warum. Sie erklären: „Wir haben noch eine andere Freundin. Deren Mann hat Melonen eingekauft und gleich für jede unserer drei Familien eine mitgebracht. Das machen wir oft so. Jetzt diskutieren wir, welche die bessere ist. Die er gekauft hat oder die wir gekauft haben.“

Wieder sprechen sie miteinander, angeregt, es scheint um Wichtiges zu gehen. Nach einer Weile wird erläutert: Jakubaiewa Karomat steht vor dem Urlaub, sie will eine Auslandsreise machen, Griechenland, Zypern, Türkei, Jugoslawien besuchen. Ich wundere mich: „Das ist doch auch kapitalistisches Ausland.“

„Ja, und“, lautet die Antwort. „Wir fahren überall hin.“ Im letzten Jahr erhielt sie für besonders gute Arbeit einen kostenlosen Ferienscheck für Bulgarien.

„Fahren Sie allein oder mit Ihrem Mann?“ frage ich.

Sie lächelt verschmitzt: „Allein.“

„Und Ihr Mann, erlaubt er das denn?“

Unverständnis ist die Antwort. „Wieso denn nicht?“

„Der könnte doch Angst um Sie haben bei so einer langen Reise, auch, daß Sie ihm vielleicht untreu würden.“

Die Frauen kichern. „Wenn uns unsere Männer treu sind, sind wir ihnen auch treu. Nein, ernsthaft, die usbekischen Frauen sind sehr treu. Wir haben wenig Scheidungen“, bekräftigen sie noch einmal.

„Und Ihr Sohn? Wo bleibt der inzwischen?“

„Beim Vater, selbstverständlich. Beim Vater.“

„Es ist normal, daß die Frauen hier auch einmal allein Urlaub machen“, erläutert die Parteisekretärin. „Es klappt nicht immer, daß Männer und Frauen gemeinsam in Urlaub gehen können. Das ist für uns also gar nicht so etwas Besonderes.“

Die Kinder rufen von der Straße hoch. Mama, Mama.

Die beiden jungen Frauen treten nacheinander in die überdachte Veranda, antworten den Kindern, kehren lächelnd zurück. „Welche Erziehungsziele haben Sie für Ihre Töchter?“ frage ich die Töchtermutter.

„Wie jede Mutter, sie sollen gut erzogen sein." Ich weiß schon: Damit meinen die Menschen hier, daß die Kinder sich gut benehmen sollen. Sie sollen in der Schule gut lernen, gebildet sein. Als wir Abschied nehmen, ruft sie vor dem Haus ihre kleine Tochter heran, ein struppiges, schwarzhaariges Mädchen, das verlegen, aber auch neugierig guckt, ein Springseil in den Händen. Schnell kehrt es wieder zurück zu der Schar der auf dem Spielplatz versammelten Kinder.

Viele Nachbarn lehnen aus den Fenstern. Es ist die Stimmung zwischen Sommerabend und Einbruch der Dunkelheit, wo die Menschen nicht nur hier ein Kissen in die Fenster legen. Die Parteisekretärin lächelt, grüßt hier und da, es sind alles Beschäftigte aus dem Kombinat. Morgen am Arbeitsplatz wird bestimmt über den ausländischen Gast gesprochen, der den Frauen soviel Aufmerksamkeit entgegenbringt.

Im Auto erzählt die Parteisekretärin von sich. „Mein Vater fiel 1944, meine Mutter war schon vor dem Krieg gestorben. So war ich also Waise. Meine Großmutter hat mich aufgezogen." Sie sieht mich sehr ernst an, die müden Schatten unter den Augen haben sich nicht verflüchtigt, aber ihre Augen sind jetzt anders zu mir als beim Empfang vorm Kombinat, weniger distanziert, freundlicher, auch wenn sie ernst blickt. Sie sagt: „Was hätte aus mir werden sollen unter anderen Verhältnissen? Ohne Sowjetmacht wäre ich nichts."

„Chudshum" heißt „Frauen greifen an"

Ich kann Museen nicht gut leiden. Wie ein Gang durchs Museum so ist, starr wirkt alles, wie rausgegriffen aus der Bewegung der Menschen in der Geschichte, nicht historische Dynamik wird sichtbar, eher das Gegenteil. Trotzdem war ich neugierig auf das Museum in Taschkent, hatte ich doch gelesen: „... vor fünfundsechzig Jahren war die usbekische Frau das rechtloseste Geschöpf ..." Ich hatte auch erfahren, daß die Frauen heute dreiundvierzig Prozent der Berufstätigen ausmachen, und zwar nicht nur in den traditionellen Frauenberufen, sondern zunehmend auch in Berufen wie Operateur, Richtmeister, Monteur, Einrichter oder Anlagenfahrer. Über dreitausend Frauen arbeiten auf den Baumwollfeldern als Mechanisatoren, ebenso viele sind Agronomen, Zootechniker oder Tierarzt. Diese Informationen entnahm ich einer usbekischen Zeitung, die überall zugänglich ist und die die Tätigkeit der Frauen in den sogenannten ‚Männerberufen' positiv darstellt, als Entwicklung, von der erwartet wird, daß sie sich noch verstärkt.

Das ist besonders beeindruckend, da die Frauen noch vor dreiundsechzig Jahren als wandelndes Gefängnis herumliefen, zu dem nur ihr Herr und Gebieter den Schlüssel besaß.

Die einzige Tätigkeit neben der Hausarbeit war die Prostitution, nachzulesen bei Egon Erwin Kisch in „Asien gründlich verändert." Er schrieb 1932 (!): „Auch heute empfinden noch manche Frauen Arbeit beschämender als den mit verhülltem Gesicht ausgeübten Männerfang. Gewöhnlich sind es die älteren Frauen im Harem ihres Gatten, er gibt ihnen und ihren Kindern kein Geld mehr, so daß sie zwischen Nationaltheater und Zirkus auf den Strich gehen, während er im Teehaus sitzt." Da verliert ein Museum seinen Schrecken. Ich nehme mir vor, dem Führer Löcher in den Bauch zu fragen, wie der Prozeß abgelaufen ist von der Frau als Haushaltsgegenstand zur Frau heute, die doppelt soviel verdienen kann wie ihr Mann, auf der Abendhochschule ihren Ingenieur nachholt und in den Ferien allein andere Länder bereist, Sohn und Vater zurückläßt, und – alles ohne schlechtes Gewissen!

Wir durcheilen einige Räume, von der Hungersteppe erfahre ich etwas, an deren Rand Taschkent, vierhundertfünfzig Meter über dem Meeresspiegel gelegen, als grüne Oase immer wieder Eroberer anzog, die es ausplünderten und zerstörten. Taschkent, an der Schwelle zwischen Nomadengebieten und ertragreichem Ackerland, war das Tor zum fruchtbaren Ferganatal im Südosten. Ein Dichter nannte Taschkent „brotreiche Stadt", andere nennen sie „Stadt der Rosen, der Melonen und der Störche". Der Name Taschkent stammt aus dem Arabischen und heißt „steinerne Stadt", was auf die hinter den Mongolensturm zurückgehende hohe Baukultur hinweist.

Ich erfahre etwas von der Erdbebenkatastrophe des Jahres 1966, die fast die ganze Stadt in Trümmer gelegt hat. Freiwillige Helfer aus allen Teilen der Sowjetunion kamen, um sie wiederaufzubauen, auch Alexander, wie er mir erzählt.

Wasser, in dieser Gegend von lebenswichtiger Bedeutung, besitzt symbolischen Wert. „Frag' mich nicht, wieviel Boden ich besitze, frag, wieviel Wasser ich habe." „Dort, wo das Wasser versiegt, hört das Leben auf." Alte usbekische Spruchweisheiten. „Soll dein Feind kein Wasser bekommen!" der schlimmste Fluch. Aryike, schmale Kanäle mit fließendem Wasser, werden mir bei unseren Fahrten durch Taschkent immer wieder gezeigt. Immer planschen und spielen dort Kinder in Unterwäsche oder Badezeug.

Aber nun zu den Frauen: Ein Raum im Museum ist der Frauenbefreiung gewidmet. Fotos von demonstrierenden Frauen in Barancha, ohne Schleier, immer wieder Fotos von Frauen, das Bild einer Lehrerin, die getötet worden war von den Pasmachen, den Banditen, die gegen die Errichtung der Sowjetmacht kämpften. Dazu die Information, daß nicht nur diese Lehrerin getötet wurde: 1927 ließen einhunderttausend Frauen in einer öffentlichen Demonstration die Barancha fallen, viele von ihnen wurden getötet, unter ihnen die abgebildete Lehrerin.

Es hat seinen Grund, daß besonders die Lehrerinnen in der historischen Rückschau geachtet und geehrt werden. Sie waren es, die unter Lebensgefahr die Frauen aus den Häusern in die Schulen holten, sie waren es, die damit den Grundstein für die Befreiung der Frauen legten.

Zur Alphabetisierungskampagne, insbesondere unter den Frauen, waren 1926 schon zweiundachtzig Schulen errichtet, die sich ‚Liquidierungsschulen' nannten. Dort lernten im ersten Jahr über zweitausendsiebenhundert Frauen lesen und schreiben. 1936, also zehn Jahre später, hatten diese Schulen schon einhundertsechsundachtzigtausend Schülerinnen. Am 8. 3. 1926, so entnehme ich der Beschriftung unter einem Foto, das wieder viele Frauen mit und ohne Schleier zeigt, fand ein Masseneintritt der Frauen in die sozialdemokratische Partei statt.

Ich erhalte den Eindruck, daß der Kampf um die Befreiung der usbekischen Frauen eine bedeutsame eigenständige Rolle in der revolutionären Entwicklung Usbekistans gespielt hat. Die damalige Frauenbewegung besaß einen eigenen Namen: Chudshum – Angriff.

Wie auch in den anderen Republiken gab es Klubs nur für die Frauen. Mir werden Bilder gezeigt von ‚roten Chaichanas', Teestuben, die traditionelle Domäne des Mannes, nun aber nur für Frauen. Durften die Frauen die Chaichanas bisher nicht betreten, so galt dies nun umgekehrt für die Männer in den ‚roten Chaichanas'.

Saida erläutert zusätzlich zu den Bemerkungen des Museumsführers: „Das war sehr wichtig für die Frauen damals, wenn sie z. B. von zu Hause fortgegangen waren. Hier konnten sie kochen, übernachten, sich treffen, miteinander reden, Stärke tanken . . ."

Ich hole tief Luft und beschließe grimmig: Da soll noch einmal ein Mann bei uns sich aufregen über Veranstaltungen nur für Frauen. Dem werde ich was über rote Chaichanas im revolutionären Kampf der usbekischen Frauen erzählen.

Ich stehe vor einem großen Plakat, das in mehrere Abteilungen unterteilt ist, von oben nach unten. Die Bilder links zeigen das Leben, wie es ist, aber nicht sein sollte, rechts die Bilder demonstrieren, wie die Frauen in ihrem eigenen Interesse leben sollten.

Das erste Bild links zeigt eine schwangere Frau. Gebückt schleppt sie zwei Wassereimer, die von einem Holzbalken über ihrer Schulter hängen. Ein Mann mit nacktem Oberkörper, auf einer Chaiselongue ausgebreitet, macht sich gemeinsam mit zwei geschmückten Frauen hämisch über die Schwangere lustig. Darüber steht: „Der alte Alltag." Daneben ist ein zorniges Frauengesicht abgebildet, rechts sitzt eine Schwangere vor einer freundlichen Frau in Schwesterntracht, der Text lautet: „Gehe zur Frauenkonsultation, der neue Alltag bringt dir Gesundheit und Kenntnisse."

Linkes Bild: Eine kreißende Frau, die sich vor Schmerzen krümmt, das Bett ist schmutzig, überall fließt Blut, die Hebamme mit struppigen, schmutzigen Haaren daneben ringt beschwörend die Arme gen Himmel. Text: „Aberglaube und nicht ausgebildete Hebammen bringen dir Krankheit und Schmerz." Bild rechts daneben: Entbindende im Krankenhaus, sauber, hell, Arzt und Hebamme bei ihr. Text: „Die richtige medizinische Versorgung bringt dir Gesundheit und Leben."

Bild links: In einer mit weißen Tüchern verhängten Wiege, dem Beschik, wird ein Usbekenbaby, dessen Arme viele Armbänder einschnüren, von der Mutter gestillt. Dazu die Information: Die Babys wurden in dieser Wiege festgebunden, sie kamen während des ersten Lebensjahres nur zum Wechseln der Windeln heraus. Mal wieder: Frauen- und Kinderfeindlichkeit ergänzen sich. Auch die Kinder schon in schaukelnden Gefängnissen. Wenn das Kind pinkelt, läuft der Urin zwischen zwei schrägliegenden kleinen Matratzen in ein Töpfchen unter der Wiege. Die Folge dieser unmenschlichen Aufbewahrungsweise von Kindern: Blasenentzündungen, flache Köpfe durch das unbewegliche Liegen, Störung des Blutkreislaufs durch das Abschnüren der Arme mit den Armreifen, alle möglichen Infektionen durch das Abwischen der Kinderhintern mit Steinen, eine Sitte, die nicht nur für Babys galt und nicht so verstanden werden darf, daß jeder einen neuen Stein nahm oder den gar abwusch. Bild rechts daneben: Eine Frau auf einem Stuhl, sie hat ihr Baby zum Stillen auf dem Schoß, daneben eine offene Wiege, vor der ein Töpfchen steht, Text: „Der richtige Tagesplan ist ein Grund für die Gesundheit der Kinder und die Gesundheit der Mütter."

Nächstes Bild: Frau mit Barancha und Schleier in ihrer typischen Umgebung, auf dem Teppich in einem Zimmer, in dem nur eine Truhe steht und ein unvollendeter Teppich an der Wand hängt. Man stirbt, wenn man ihn zu Ende webt, hieß es. Nebeneinander auf dem Teppich drei Frauen, deren Unfreundlichkeit zueinander zu erkennen ist. Allah verlangte dies Leben, Allah forderte, daß die Frau ihr Leben nur ihrem Herrn und Gebieter widmen sollte, daß sie es verbringen sollte, indem sie auf dem Teppich hockte – und wenn sie älter wurde, auch neben der jüngeren Konkurrentin. Die Feindseligkeiten unter diesen Bedingungen kann ich mir leicht ausmalen. Text: „Die Barancha legt dich und deine Kinder in Fesseln und Dunkelheit und fördert nur die Eigenschaft zu leiden." Bild rechts: Frauen auf Schulbänken, natürlich ohne Schleier und Barancha, lächelnd, mit Büchern vor sich. Text: „Komme in die Klubs, lerne lesen und schreiben, streife die Fesseln ab, die dich und deine Kinder unglücklich machen."

„Das war eine richtige Kulturrevolution", sagt der alte Mann, der mich durchs Museum geleitet. „1940 gab es bei uns kein Analphabetentum mehr. Ein Zar hatte damals behauptet, man bräuchte viertausend Jahre für die Liquidierung des Analphabetentums, wir haben es in knapp zwanzig Jahren geschafft. Ja, und wie die Frauen heute leben, haben Sie ja sicherlich gesehen. Damals verloren sie sogar ihren Namen, wenn sie heirateten. Sobald sie ihren ersten Sohn geboren hatten, hießen sie ‚Mutter des Mustafa' oder so. Der Besuch der Moschee war Frauen verboten. Sogar nach ihrem Tode durfte eine Frau nicht in die Moschee." Er erzählt von einer Moschee in Samarkand, die nach einer der Frauen Tamerlans benannt ist, obwohl sie selbst in einem Mausoleum gegenüber begraben liegt. „Wenn eine Frau", erzählt er weiter, „eine Tochter bekam, wurde zu ihr gesagt: Du hättest besser einen Stein geboren, der wäre wenigstens nützlich, um ein Haus zu bauen."

Wir verlassen das Zimmer, das die Dokumente der „Chudshum" aufbewahrt. Auf dem Rückweg zum Ausgang bleiben wir noch einmal kurz vor dem Bild eines Mannes stehen. Ihm ist auch ein Denkmal gewidmet, wird mir gesagt, „das Sie sicher schon gesehen haben oder noch sehen werden. Während des Zweiten Weltkrieges sind drei Millionen Kinder, Waisen, aus den europäischen Gebieten der Sowjetunion, die von den Deutschen besetzt waren, nach Usbekistan gekommen. Und dieser Schmied, der selber keine Kinder hatte, adoptierte vierzehn." Auf der Rückfahrt zum Hotel fällt mir das Denkmal auf: Es zeigt überlebensgroß einen einfachen Mann und seine Frau mit vierzehn um sie herumgruppierten Kindern.

„Wir alle lieben Lenin"

Auf der Dachterrasse des Hotels, ganz oben unter freiem Himmel, gibt es Schaschlik vom offenen Feuer, Salate, Fladenbrot nicht zu vergessen, ja, und das Übliche zu trinken. Es wird getanzt, wieder beeindruckt mich der temperamentvolle Hüft- und Handtanz der Frauen. Und – es passiert etwas, das mich schmunzeln macht: Nachdem wir Platz genommen haben, sieht Alexander sich um, macht mich aufmerksam auf vier junge Frauen in Jeans oder kurzen Röcken, die allein um einen Tisch herumsitzen. An einem anderen sitzen zwei junge Mädchen und unterhalten sich angeregt. „Selbstbewußte Frauen hier", sagt er. Ich muß lachen, er weiß erst gar nicht, warum, dann stimmt er ein. Jetzt hat auch ihn das Frauenthema über die Arbeitszeit hinaus gepackt.

Ich beobachte eine Familie. Vater, schnauzbärtig, etwas beschwipst, schmust und lacht mit seiner auf dem Tisch sitzenden etwa sechsmonatigen Tochter. Die Frau sieht sehr jung aus, Kirschmund und leicht schräge Augen, von graziler

Schönheit ist sie, aber sehr schlecht gelaunt, griesgrämig sieht sie aus, welche Scherze ihr Mann auch immer ausdenkt, sie verzieht keine Miene. Ein kleiner Junge sitzt dabei, vielleicht vier oder fünf Jahre alt. Der Vater kümmert sich nur um die Tochter. Gefällt ihm die Musik, breitet er rhythmisch die Arme aus, schnalzt mit den Fingern, deutet Tanz an. Das Baby fällt ihm vom Tisch auf den Schoß und weint, schnell nimmt die Frau es ihm weg, hält es jetzt auf ihrem Schoß fest. Der Mann steht auf, um dem Sohn Saft zu holen. Die Frau hat nur für ihren Sohn ein Lächeln übrig. Ich bin irgendwie erzürnt über die Frau, so ein freundlicher Mann, so eine saure Miene bei ihr. Ich denke mir Geschichten aus. Alexander sagt: „Natürlich, der Mann hat ein bißchen zuviel getrunken, da ist die Frau eben böse." Sie gehen. Der Mann nimmt eine Sektflasche mit.

Ein junges Paar setzt sich zu uns an den Tisch, schnell kommen wir ins Gespräch. Er ist Moskauer, arbeitet als Organisator bei einem Film über Taschkent aus der Vogelperspektive. Sie, Sporttrainerin, lebt in Taschkent und stammt aus der Ukraine. Sie tanzt gern, ich auch, wir tanzen zu zweit, wir tanzen zu viert, wir lachen, wir reden, als kennten wir uns nicht erst seit einer Stunde. Mitten in der Nacht nehmen die beiden Wodka, Schaschlik, Brot und uns mit, führen uns zu einem Kanal, wo man schwimmen kann. Unterwegs unterhalte ich mich mit der jungen Frau, wir kommen am Lenindenkmal vorbei, sie legt darunter die Rose, die ihr Freund vorher am Blumenbeet an der Straße für uns geklaut hat.

„Wir alle lieben Lenin sehr", sagt sie.

„Sind Sie Kommunistin?" frage ich.

„Nein, nein, ich bin keine Kommunistin, er auch nicht."

„Und trotzdem lieben Sie Lenin?"

Sie lacht mich aus. „Natürlich, wir lieben alle Lenin."

Ich habe kein Badezeug mit, schwimme in Unterwäsche. Es ist mir etwas peinlich, aber alle versichern mir, keiner würde Anstoß daran nehmen. Im Kanal erfaßt mich eine rasende Strömung, und ich komme nicht dagegen an, muß mich weiter vorn an einem Treppengeländer festhalten und rausziehen, den Weg in der Unterwäsche zurücklaufen. Mir begegnen Fußgänger, sie nehmen mich gar nicht zur Kenntnis. Aber nun friere ich trotz des Wodkas. Alexander und ich gehen zum Hotel zurück, die beiden werden ihr Picknick fortsetzen.

Chaichana und Saida

Das Taschkenter Meer ist ein Stausee, der zur Erholung genutzt wird. Obwohl wir an einem Wochentag dorthin fahren, genießen nicht wenig Leute Wasser und Sonne. Ich sehe mir wieder die Frauen an, sie unterscheiden sich nicht von den Frauen an unseren Stränden, tragen Bikinis, auch Saida.

Anschließend: meine erste Chaichana. Chaichanas liegen immer am Wasser, erklären Saida und der Chauffeur, das hat eine symbolische Bedeutung. Das Gelände dieser Chaichana ist groß, draußen stehen Tische und Stühle, über einem kleinen Flüßchen, das sich mitten durch die Anlage schlängelt, sind quadratische große Liegestätten aus Holz angebracht, belegt mit Teppichen, heute besetzt von jeweils vier bis acht Männern. Bei einigen Gruppen befinden sich eine oder zwei Frauen. Viele Männer stehen um ein Gebäude in der Mitte des Geländes.

Neugierig trete ich näher, möchte wissen, was es dort gibt. Feuerstellen. Große Metallschüsseln, in denen unterschiedliches Essen brutzelt, daneben frisch Geschnetzeltes, das noch hinzugefügt werden soll. Die Männer sind die Köche. Saida bemerkt lächelnd: „Das sollten Sie erst mal hier am Wochenende sehen, wenn die Frauen alle dabei sind und zusehen, was die Männer kochen. Wenn dann die fremden Frauen gukken, dann strengen sich die Männer erst recht an."

Eintopfgerichte erkenne ich, Suppe, Plof, etwas anderes mit viel Tomaten, Paprika, Fleisch und Zwiebeln. Jeder bringt seine Zutaten mit in die Chaichanas, die Kessel stehen immer bereit, und jeder kocht selbst.

Ich fotografiere eine Gruppe von Männern, die im Schneidersitz auf den Holzplanken sitzen, als schwebten sie über dem Flüßchen. Einige liegen, andere hocken, essen, trinken, lachen. Die Männer winken uns sofort zu, wollen uns vier zu sich einladen. Ich würde gern, aber wir nehmen an einem Tisch Platz, Schaschlik wird geholt. Am Nebentisch eine Männergruppe, die, kurz nachdem wir Platz genommen haben, uns Birnen herüberreicht, auch Wodka wollen sie uns anbieten. Saida verneint freundlich, sagt zu mir: „Wenn Frauen am Tisch sind, können sich unsere Männer einfach nicht still verhalten." Sie erzählt weiter von der Besonderheit der Chaichanas: „Die Gastfreundlichkeit wird hier in ganz anderer Weise groß geschrieben als in Restaurants. Es gibt keine Öffnungszeiten, solange ein Gast da ist, bleibt geöffnet. Es ist auch möglich, hier zu schlafen, Matratzen sind vorhanden, Lagerstätten auch.“ „Ohne Paß“, fügt der Chauffeur augenzwinkernd hinzu. „Früher, als es keine Hotels gab, schliefen Reisende in den Chaichanas. Die Chaichanas hatten damals die Funktion von Hotels. Chaichanas liegen immer in schöner Landschaft, an irgendeinem schönen Fleck, im Grünen, möglichst am Wasser.“

Saida erzählt von sich selbst: „Ich habe drei Kinder, zwei große Töchter, der Sohn ist acht. Ich habe Indologie studiert. Das kam so: Damals gab es eine indische Welle in Usbekistan, indische Filme, Tänze, Kleidung, alle jungen Leute wollten Indisch studieren. Auch ich.“

„Waren Sie schon einmal in Indien?“

„Ja, aber normalerweise macht man bei uns im Anschluß ans Studium ein Praktikum im Mutterland der Sprache, die man gelernt hat. Damals hatte ich aber gerade meine Tochter bekommen, dann kam die zweite, dann hab' ich beim Rundfunk gearbeitet, und der Rundfunk schickte mich auch ein Jahr nach Indien.“

Ich staune mal wieder. „Und die Kinder?“ frage ich, nun schon nicht mehr ganz so aufgeregt wie am Anfang bei solchen Erscheinungen.

„Meine Mutter ist gekommen, hat ein Jahr bei meinem Mann mit den Kindern gewohnt. Meine Mutter arbeitet auch. Mein Mann und sie haben dann alles zusammen gemacht. Danach habe ich meinen Sohn bekommen.“

Ich teile mit, daß so etwas bei uns fast unvorstellbar sei.

„Meine Freundin hat drei Kinder, die hat sich jetzt beworben für eine zweijährige Arbeit in Ägypten.“

„Und Sie haben keine Angst, eine schlechte Mutter zu sein?“

Ich kenne es schon, das Erstaunen, das jetzt als Antwort kommt.

„Nein, wieso? Die Kinder werden doch gut betreut. Ich komme ja zurück. Es war wichtig für mich, für meinen Beruf.“

Ich weiß es schon. Und dennoch. In diesem Augenblick erfüllt mich wahnsinniger Neid. Ich weiß, wenn ich eine Weile zurücksein werde, wird mein schlechtes Gewissen wieder kräftig an mir nagen, ob meine Kinder nicht doch benachteiligt sind gegenüber denen, deren Mütter nur für die Kinder da sind.

Saidas Mann ist freiberuflicher Schriftsteller. „Er ist sehr bekannt bei uns", meint sie.

„Lektorieren Sie ihn?" meine scherzhafte Frage.

„Nein, aber ich lese, was er geschrieben hat, und manches Mal nimmt er meine Kritik an."

„Ist es nicht kompliziert, mit einem bekannten Mann zusammenzuleben?"

„Nein", sie lächelt. „Für mich ist er mein Mann und nicht Schriftsteller. Und er ist ein guter Mann, er ist immer für die Familie da."

Ich frage den Chauffeur nach seiner Familie. Auf Russisch!

„Kinder? Ja, vier, der älteste acht, der jüngste vier, zwei Söhne, zwei Töchter."

„Arbeitet Ihre Frau auch?"

„Nein. Sie hat zu Hause genug zu tun, sie arbeitet im Haushalt, ist bei den Kindern. Ich arbeite", sagt er, reckt sich stolz hoch. „Das genügt."

„Arbeiten viele Frauen hier nicht?"

„Es gibt welche", so seine Antwort. „Viele arbeiten, die meisten arbeiten, aber wenn eine Frau nicht arbeiten will, bleibt sie zu Hause."

Mein Russisch ist erschöpft.

Im Flugzeug denke ich, daß ich hierher noch einmal zurückkehren möchte. Aus irgendeinem Grund hat mir die Stadt besonders gut gefallen. Vielleicht lag es an der Großzügigkeit des Stadtbildes, nirgends fühlte ich mich eingeengt und bedrückt, aber auch die Menschen sind großzügig, alle, die ich kennenlernte, waren originell, selbstbewußt und tolerant. Vielleicht war es auch das Klima: am Tage sonnig und angenehm warm, nachts kühl – ich weiß nicht, vielleicht alles zusammen. Und noch irgend etwas, für das schwer Worte zu finden sind – Flair, Atmosphäre, Stimmung, das, was in der Luft liegt...

Herbstnotizen

Ich sitze an der Schreibmaschine. Übertrage die in der Sowjetunion stenographierten oder handgeschriebenen Worte aufs Blatt, lese mich durch die mitgebrachten, hier besorgten, Hefte, Bücher.

Der Herbst kündigt sich an, der heiße Herbst, mit kalten Füßen: Krank bin ich geworden. Saß vor zwei Tagen im Wartezimmer beim Arzt, griff die erste beste Illustrierte der Mappenserie vom Tisch. „Neue Revue", eine auflagenstarke Zeitschrift, na, dachte ich, guck' mal rein, nimm' die Gelegenheit wahr, kennst du ja noch nicht.

Auf der ersten Seite ein empörter Artikel über den Abschuß einer koreanischen Verkehrsmaschine durch die ‚Russen', verbunden mit einer Hetze gegen die Friedensbewegung in der BRD. Etwas von ‚Volksverräter' kommt da hoch, gemischt mit Bibelmahnungen und dem Nebensatz zu Pastor Niemöller: „... dessen Predigten immer unerträglicher werden."

Der weitere Inhalt der Zeitschrift: doppelseitiger Bericht über eine Arztfrau, die jährlich einhundert Männer ‚vernaschte' und jetzt verschwunden ist, mit Bildern einiger ihrer ‚Opfer', zum Beispiel ein Arbeiter, dessen berüchtigte Fähigkeiten, mit dem Preßlufthammer umzugehen, gerühmt werden. Bericht von einer Ehefrau, die von ihrem Mann vergewaltigt und zu Gruppensexspielen gezwungen worden war, mit detaillierter Beschreibung der Vorgänge und mehreren Bildchen einer fröhlichen, kokett mit nackten Füßen auf den Fotografen Wasser spritzenden jungen Frau – „Jetzt kann sie wieder lachen." Nackte Frauen hier, nackte Frauen dort, nackter Mann, nackte Frau auf einem Foto, Liebespaar am Rhein, Text, in dem die beiden beschreiben, daß in Bonn am Rhein keiner sich über sie mokiere, wenn sie nackt am Ufer ihre Spielchen trieben. Witze in der gleichen Richtung, Kurzgeschichten dito, Beratung zu sexuellen Problemfragen von – und da stutzte ich dann doch – Ernest Bornemann. Eben der, der von Zeit zu Zeit in unseren Medien als der ‚Marxist' auftritt und „Das Patriarchat – Ursprung und Zukunft unseres Gesellschaftssystems" geschrieben hat, neben vielem anderen mehr, immer mit marxistischer Terminologie.

Ich lege die Zeitung wieder auf den Tisch, stelle mir vor,

was irgendeiner der Menschen, die ich in der SU kennengelernt habe, über die Frauen in der BRD denken würde und über die Männer, wenn er diese Zeitschrift in die Hände bekäme. Eine Familie tritt ins Wartezimmer, Mutter, Vater, kleiner Sohn. Die Mutter nimmt den etwa sechsjährigen Jungen auf den Schoß, geht auch mit ihm ins Sprechzimmer, als er aufgerufen wird, der Vater greift sich die Zeitung, die ich weggelegt habe, blättert drin herum, bleibt mal hier hängen, mal da. Peepshow, denke ich, Peepshow im Wartezimmer. Wie sollte ich denn von ‚den deutschen Frauen' reden können, wenn ich dort gefragt wurde, wo doch bei uns das große Verwirrspiel läuft. Fünfundsiebzig Prozent der Bevölkerung sind gegen Krieg, aber ebenso viele oder mehr lesen solche Zeitungen oder ähnlich verblödende. Sie illustrieren und beschreiben die Umwelt in einer Weise, daß dem Leser zwar erregende Schauer über den Rücken laufen, er sich aufgeilen kann, aber auch so, daß er sich abwendet, in den eigenen vier Wänden einigelt – was draußen ist, ist bedrohlich.

Heute las ich vom Protest der Sinti und Roma gegen zunehmend rassistisches Verhalten ihnen gegenüber. So mußten in Darmstadt etwa vierzig Roma, darunter schwangere Frauen und Babys, am Rande einer wilden Müllkippe unter unmenschlichen Bedingungen leben, nachdem das Haus, in dem sie seit Jahren gewohnt und dort in einer Werkstatt gearbeitet hatten, abgerissen und ihr sämtliches persönliches Eigentum unter dem Schutt begraben worden war. Die Überschrift sagte uns: Leute wie diese seien ja gewohnt, draußen zu leben.

Vor zwei Wochen hatte ich Besuch von Eltern einer Freundin meiner vierjährigen Tochter. Sie hatten Russen zu Besuch, Physiker, und ich wollte – auch wenn ich diese Russen gar nicht kannte – ein Stückchen Gastfreundschaft zurückgeben. An diesem Abend behauptete der Vater der Freundin meiner Tochter – ich glaube, ein Russe hatte danach gefragt, ob die hier lebenden Zigeuner deutsche Staatsbürgerschaft besäßen –, niemand wolle die Zigeuner auf der Welt haben, deshalb seien sie staatenlos. Die Zigeuner würden stehlen und nicht arbeiten wollen. Und mehrmals wiederholte er: Sie rauben Kinder. Es habe schon viele Fälle gegeben, daß Zigeuner Kinder geraubt hätten.

Als ich irgendwann gereizt sagte, nun gut, wie solle ich diese Behauptung, so hingeworfen, widerlegen, aber, immerhin, daß sie sie klauten, zeige ihr Interesse an den Kindern, die Deutschen hingegen schlügen Kinder tot, entspann sich die nächste Diskussion – nein: Konfrontation, mit Behauptung und Gegenbehauptung. Ich sprach von der Kinderfeindlichkeit in der BRD, die Vielzahl der Kindesmißhandlungen sei nur deren brutalster Ausdruck. Er bestritt dies schlicht. Auch, daß Prügeln nach wie vor zum üblichen Erziehungsstil hiesiger Eltern gehöre. Die Russen blieben zurückhaltend, schweigend angesichts dieses lächelnd, mit süffisanten Spitzen geführten Streits zwischen zwei Deutschen, und ich wünschte mir auf einmal mit ungeheurer Sehnsucht, in ihre Köpfe blikken zu können, um zu wissen, was sie denken.

Der Vater der Freundin meiner Tochter ist ein gebildeter Mann, hochqualifiziert und angesehen als Physiker, von großem Selbstbewußtsein. Er glaubt, was er sagt. Den Statistiken glaubte er nicht, bestritt sie so voller Überzeugung, daß ich selbst unsicher wurde. Seiner Meinung nach erzögen alle deutschen Eltern ihre Kinder liberal und großzügig. Natürlich viel großzügiger als die russischen Eltern ihre Kinder, die Zucht und Ordnung lernen müßten. Ich schlug nach: Lottemi Doormann, Kinder in der Bundesrepublik, Köln 1979: „Die geschätzte Zahl der mißhandelten Kinder in der BRD schwankt zwischen 30 000, 150 000 und einer Million jährlicher Fälle. In über zweihundert Fällen – manche Quellen sprechen von eintausend – führen die Mißhandlungen zum Tod. Die Dunkelziffer ist hoch, sie wird im allgemeinen auf mindestens neunzig Prozent geschätzt. 1975 wurden lediglich 1600 Fälle von Kindesmißhandlungen vor Gericht verhandelt. (...) Schließlich ist bei uns die Prügelstrafe gegenüber Kindern ein trauriges Relikt aus vordemokratischer Zeit, nach wie vor erlaubt, und Umfragen haben ergeben, daß ca. sechzig bis achtzig Prozent der bundesdeutschen Eltern regelmäßig davon Gebrauch machen."

„Dunkelziffer?" höhnte der Vater der Freundin meiner Tochter. „Woher wollen die denn das wissen?"

Ich habe meine Aufzeichnungen über Taschkent einem Freund zu lesen gegeben. Er war unzufrieden. „Das liest sich so ‚cool' runter", bemängelte er. „Du wirkst schon gar nicht mehr beeindruckt, das ist immer das gleiche, den Frauen geht es gut, deine Fragen wiederholen sich, das Problem ist doch eigentlich schon abgeschlossen. Was kommt jetzt noch? Kasachstan. Warum noch? Was ist dort anders als bisher? Schreibst du das jetzt nur noch runter, weil du nun mal dort warst?"

Ich war enttäuscht. Und doch, irgendwie stimmt etwas an seiner Kritik. Ich stehe meinen Aufzeichnungen distanzierter gegenüber. Mich selbst beschäftigen Fragen, die über die Frauenthematik hinausgehen – oder doch nicht? Sie hängen damit zusammen. Neben den Gesetzen, Rechten, Vergünstigungen und auch patriarchalischen Erscheinungsformen gibt es dort eine Menschlichkeit, die ich hier sehr stark vermisse. Dort habe ich sie nicht einmal bewußt besonders wahrgenommen, außer als Offenheit und Gastfreundschaft. Meinem Verlustgefühl stehe ich mit großer Skepsis gegenüber, weiß aber, daß jene Menschlichkeit eine Grundlage dafür ist, um Frauenbefreiung leben zu können. Und auch für die Gewißheit, daß die Entwicklung voranschreiten wird.

Warum also weiterschreiben?

Sicher: Die Frauen haben alle Ausbildung, Arbeit und gesellschaftliche Unterstützung bei der Kindererziehung. Aber, so hoffe ich, deutlich geworden ist auch, daß es Unterschiede gibt in diesem riesigen Land: unterschiedliche Ausgangspositionen in der Geschichte der Frauen vor der Revolution; Unterschiede in der Form des Kampfes für Gleichberechtigung und Emanzipation; Unterschiede in der heutigen Situation und Bewußtseinslage. Die Frauen in Baku und in Taschkent stellten sich mir als besonders stolz und ihrer revolutionären Errungenschaften bewußt dar. Vor allem in Taschkent erwiesen sich die Frauen auch im familiären Bereich als sehr selbständig: Hier hatten sie einen besonders langen Weg zurückzulegen und mußten einen besonders harten Kampf gegen die dreifache Unterdrückung durch Staat, Kirche und Mann führen. In Tbilissi beispielsweise mußten die Frauen nie so kämpfen – und sie sind auch anders. Vor allem aber auch die Männer sind anders. Selbst in Moskau ist die Gleichberechtigung der Frau nicht so unumstritten, wie ich sie in Taschkent erlebte. So bin ich gespannt auf die Frauen Kasachstans und Sibiriens. Und ich weiß: Auch hier werde ich Frauen kennenlernen, die in dieses Buch gehören, weil sie wieder neue Frauen der Sowjetunion darstellen.

Alma-Ata – Kasachstan

Dem Frieden dienen

Die Frauen, die mit uns im Flugzeug sitzen und hier aussteigen, sehen europäisch aus – und auch nicht. Sie tragen enge Jeans, allesamt, flache Schuhe. Wie sie ausschreiten, das ist nicht orientalisch. Aber ihre Gesichter: so asiatisch, wie bisher in keiner anderen Republik. Unser Betreuer, ein kleiner freundlicher Mann, Cheflektor des Verlags Kasachstan, hat nicht nur einen asiatischen Namen, Kairbek Sagendikov, er sieht auch so aus.

Ich bin zu Gast bei der „Freundschaftsgesellschaft mit ausländischen Ländern". Vier Frauen nehmen mich in Empfang: die Vorsitzende der Frauensektion, eine Arbeiterin aus einer Nähfabrik, Mitglied der Freundschaftsgesellschaft, das korrespondierende Mitglied der Akademie der Wissenschaften im Fach Biologie, die Mitglied des sowjetischen Frauenkomitees ist, und die stellvertretende Aufklärungsministerin.

Die Vorsitzende, eine sorgfältig geschminkte Frau in den Vierzigern mit kunstvoll hochgetürmten roten Haaren, spricht einleitende Worte zur Freundschaftsgesellschaft: „Wir unterhalten Beziehungen zu Organisationen aus siebenundneunzig Ländern der Welt. Wir sind eine Massenorganisation. Jeder Bürger der Sowjetunion kann Mitglied der Gesellschaft sein. Die Gesellschaft vereinigt Vertreter verschiedener sozialer Schichten. Die Mitglieder sind auch zum Teil Kollektivvertreter aus verschiedenen Werken. In Kasachstan gibt es neunzehn Gebiete, in denen die Freundschaftsgesellschaft vertreten ist, und achtzehn unterschiedliche Abteilungen für ihre Arbeit.

Wir verstehen unsere Aufgabe zum einen als Teil der Friedenspolitik der Sowjetunion, zum anderen als internationalistische Erziehung der Menschen in der Sowjetunion. Wir organisieren zum Beispiel Veranstaltungen, bei denen wir unsere Menschen mit dem Leben in anderen Ländern vertraut machen, und wir versenden Informationsmaterial in andere Länder, wo über uns berichtet wird.

Unsere Frauensektion ist eine Untersektion. Dort arbeiten Frauen aus unterschiedlichen Berufen zusammen. In unserem

Zirkel sind vierzig Frauen aktiv. Ein Beispiel für unsere Arbeit: Anfang dieses Jahres empfingen wir Vertreterinnen der amerikanischen Frauenfriedensbewegung ‚Wir wollen Frieden'. Unsere Frauen reisen auch ins Ausland und berichten hier von ihren Eindrücken. Unsere kasachische Frauensektion gibt eine eigene Zeitschrift heraus, in der über unser Leben informiert wird, auch über die Frauen."

„Warum gibt es bei Ihnen eine eigene Frauenorganisation? Schließlich gibt es ja wohl keine Männerorganisation."

Die Vorsitzende antwortet: „Sie wissen doch, daß bei uns von Anfang an Frauen gleichberechtigt waren. Die Frauen erfahren auch große Unterstützung als Mütter. Diese Frauensektion gibt es bei uns, weil im Ausland verschiedene Frauenorganisationen existieren, die verschiedene Interessen vertreten, und wir wollen einen guten Kontakt und Meinungsaustausch haben."

„Was halten Sie von unseren Frauenbewegungen in den westlichen Ländern?"

„Wir sind gemeinsam mit Ihren Frauen der Meinung, daß alle Frauen, die Kinder haben, keinen Krieg wollen. Beim Zusammentreffen mit den westlichen Frauen unterstützen wir diese Meinung. Wir verstehen sie auch in ihrem Kampf um ihre sozialen Interessen und sind der Meinung, daß die Frauen, dort, wo sie für Frieden kämpfen, einen Einfluß auf die Friedensbewegung nehmen können."

Die Biologin besuchte vor kurzem die USA für eine Vorlesungsreihe und hatte außerdem inoffizielle Kontakte zu amerikanischen Frauen. Auch sie beantwortet meine Frage.

„Ich habe oft Gespräche mit amerikanischen Frauen geführt, hier und dort, mit Vertreterinnen verschiedener sozialer Schichten. Ich bekam den Eindruck, daß diese Frauen viel tun, um einen Krieg zu verhindern. Wir waren uns immer einig, daß eine Mutter für Frieden kämpfen muß. Da gab es keine unterschiedlichen Auffassungen. Was uns noch vereint, war, daß viele amerikanische Frauen mehrere Kinder haben."

„Worin waren Sie nicht einig?"

„Nun, ich traf mich am meisten natürlich mit meinen Kollegen und deren Familien. Wir hatten verschiedene Auffassungen zu den wissenschaftlichen Problemen."

Ich sehe sie mir genauer an und stelle mir vor, wie sie, eine Russin, an einer amerikanischen Universität eine Vorlesung hält: Sie hat ein rundes, ungeschminktes Gesicht mit vielen Lachfalten um die Augen. Einfach wirkt sie, schmucklos, mit den straff nach hinten zu einem Knoten gebundenen Haaren. Ihr Lachen setzt im Gesicht kindliche Züge frei. „Ich meine Ihre persönlichen Eindrücke."

„Nun, aufgefallen ist mir, daß es dort unterschiedliche Familien gibt, genau wie bei uns. In verschiedenen Familien hatten die Mitglieder unterschiedliche Positionen inne. Ich war in Familien, in denen die Frau Familienoberhaupt war: Die Frau machte alles, Haushalt, Kinder, Lebensorganisation, der Mann verdiente nur Geld. Ich war auch in Familien, in denen alles gemeinsam gemacht wurde, und auch in Familien, in denen der Mann ein Oberhaupt war und die Frau unterdrückt wurde. Bei uns gibt es auch derart unterschiedliche Familien. In den amerikanischen Familien, das ist mir noch aufgefallen, schenkt man den Kindern viel Aufmerksamkeit. Von den Kindern wird so warm erzählt, so zärtlich, daß ich mich manchmal gefühlt habe wie zu Hause."

„Was hat Ihnen nicht gefallen?"

„Wenn die Großeltern in anderen Städten leben als die Kinder und Enkel, dann sind wir bei uns immer noch eine einzige Familie. Dort, wenn die Kinder aus den Familien gehen, gibt es keine engen Beziehungen mehr zu den Eltern oder Großeltern. Bei uns gibt es keine solchen Unterbrechungen der menschlichen Kontakte."

„Bei uns findet gerade eine Woche der Abrüstung statt", berichtet die Vorsitzende.

Ich frage: „So?"

„Ja", erwidert sie. „Doch auf der ganzen Welt, im Augenblick ist gerade der Friedensmarsch."

Wie konnte ich das vergessen! Seltsam, ich sitze im asiatischen Teil der Sowjetunion, nahe der Mongolei, nicht weit von Afghanistan, nicht weit von China, und sowjetische Frauen erinnern mich an die Woche der Abrüstung. Sie erzählen von ihren Erfahrungen mit der amerikanischen Großmutterbewegung innerhalb der Frauenfriedensbewegung.

„Als die einmal bei uns zu Besuch waren, wollten sie über viele Dinge diskutieren, weil sie durch ihre Propaganda eine sehr wirre Vorstellung von den Menschen in der Sowjetunion hatten. Als sie fortfuhren, sagten sie, daß sie fest davon überzeugt seien, daß wir Frauen hier auch Frieden wollten." Die

Vorsitzende fügt hinzu: „Ich war einmal in West-Berlin, auf einer Konferenz: Frau in der Gesellschaft. Ich war sehr beeindruckt davon, daß so viele nette und hübsche Frauen viele Vorurteile unserer Gesellschaft gegenüber haben. Als wir ihnen über unser Leben erzählten und über die Lage unserer Frauen, äußerten sie die Meinung, daß sie nur wenig über uns gewußt hätten, daß sie in der Presse schlecht informiert würden. Es gibt aber auch andere Fälle, es gibt Frauen, die an ihren Vorurteilen festhalten wollen. Ich habe Frauen kennengelernt, die aus dem Westen kamen und auch das Baltikum besucht hatten. Die behaupteten nach der Reise, daß in Kindergärten die Kinder nur mit Blumen auf sie losgeschickt worden wären, um sie zu Gefühlen zu provozieren. Sie behaupteten, die Kinder hätten das unter Zwang getan, seien dorthin geschleppt worden. Ein anderes Beispiel: In unserer Presse wurden lange Zeit Probleme zwischen Männern und Frauen diskutiert unter dem Motto: Hegt die Männer! Dazu muß man wissen, daß die Männer durchschnittlich früher sterben als die Frauen und bei dieser Diskussion auch Überlegungen angestellt wurden, wie man dem entgegenwirken könnte. In einer Publikation für Frauen im Westen wurde dieses Motto verdreht wiedergegeben, es wurde behauptet, wir würden die Männer hegen wollen und nicht die Frauen. Es gibt im Westen nicht viel ehrliche Information über die Sowjetunion und über unser Leben. Viele Journalisten bei Ihnen lügen über unser Leben."

Ich frage die Arbeiterin aus der Textilfabrik, eine ungefähr fünfunddreißigjährige Frau, wie so eine Kollektivvertretung vonstatten gehe.

„Wenn eine Ausländerdelegation kommt, begleite ich sie in meine Fabrik. Ich organisiere dort Gespräche, und über die Erfahrungen mit den Ausländern berichte ich anschließend auf Veranstaltungen im Werk."

„Warum sind Sie der Gesellschaft beigetreten?"

„Diese gesellschaftliche Tätigkeit gefällt mir, weil sie mein Gesichtsfeld erweitert. Ich erfahre viel bei Gesprächen mit den ausländischen Gästen. Es ist eine Form des menschlichen Kontakts, mit anderen Gespräche zu führen, anderes kennenzulernen."

Wir haben nicht viel Zeit für dieses Gespräch, die stellvertretende Ministerin für Aufklärung erwartet mich. Ihr will ich alle Fragen zu den Erziehungszielen in Schule und Kindergarten stellen, die mir noch auf der Seele liegen.

... die Jungen müssen kämpfen lernen

Das Gespräch fängt schon gut an: Die Ministerin zeigt uns ein in der Entwicklung befindliches Spielzeug – eine Mischung aus Gewehr und Pistole (ich kenne mich mit den Dingern nicht so aus) und eine Plastikscheibe mit Wolf. Wird der Wolf durch einen Lichtschuß getötet, leuchtet ein Signal auf. Bei mir leuchtet es auch auf.

Aber erst die Verantwortungsbereiche der Ministerin: Sie ist Deputierte des Obersten Sowjets, verantwortlich für vorschulische Erziehung, physische Erziehung, Arbeitserziehung und Berufsorientierung, musikalische Schule, für die Künstlerkommission für Kinderspielzeug.

Ich zeige auf den Wolf, wie ein Mensch steht er, und erzähle von unseren Kriegsspielzeugumtauschaktionen. „Welche pädagogische Bedeutung messen Sie einem solchen Spielzeug bei?"

„Bei uns im Lande gibt es keinen militärischen Aufschwung. Wenn wir ein solches Spielzeug machen, malen wir doch einen Wolf als Ziel. Außerdem schult dieses Spielzeug die Sehschärfe, die Augen, die Reaktionsfähigkeit. Im übrigen darf man auch nicht vergessen, daß unsere Jungen später in die Armee gehen, sie müssen die elementaren Handgriffe beherrschen für den Militärdienst. In unseren Kindergärten gibt es auch nicht viel rein militärisches Spielzeug. Es gibt Schießbuden, in denen man Augenschärfe entwickelt. In den Kindergärten gibt es keine militärische Erziehung."

„Ich habe dort aber Panzer gesehen."

„Es gibt Kriege in der Welt, das müssen wir unseren Kindern erklären."

„Sehen Sie keinen Widerspruch darin, daß einerseits den Kindern gesagt wird: Kriege sind schlecht! Und ihnen andererseits Spielzeug in die Hand gegeben wird, das Freude am Kriegspielen provoziert?"

„Die Realität ist so, daß zwei Systeme existieren, Kapitalismus und Sozialismus. Lenin sagte, der Sozialismus muß nicht nur die Macht besitzen, er muß sie auch verteidigen. Solange zwei Systeme bestehen, ist die Kriegsgefahr nicht beseitigt. Wir müssen unseren Kindern von Anfang an beibringen, daß ein Krieg möglich ist. Wir können unsere Kinder nicht so erziehen, daß sie nicht wissen, was ein Krieg ist, das könnte zu schlechten Folgen führen. Aber in allen Büchern für Kinder gibt es keine einzige Stelle, die zur militärischen Aggression, zur Aggression gegen andere Völker aufruft. Daß es aber zwei Gesellschaftssysteme gibt, müssen die Kinder lernen. Sie müssen ja auch im Zweifelsfall ihre Heimat verteidigen.

Es gibt nun einmal zwei Armeen in der Welt, und unsere Söhne werden einmal Männer sein, die zur Verteidigung ihrer Heimat bereit sein müssen. Man muß die heutige Lage realistisch sehen. Betrachten wir die Lage in der sogenannten Dritten Welt: Wo die Länder sich nicht verteidigen konnten, gab es einen Militärputsch. Lenin betonte, daß jede Revolution sich verteidigen muß. Und ich möchte zur Frage des Friedens noch hinzufügen: Das erste Dekret nach der Revolution war das Dekret zum Frieden. Wenn wir keine Rote Armee geschaffen hätten, hätten wir die Revolution nicht verteidigen können. Die Kinder erziehen wir so, daß sie schießen können müssen, nicht, um andere zu erschießen, sondern um das eigene Land verteidigen zu können.

Im Erziehungsprogramm steht im Teil ‚Internationale Erziehung': Erziehung zur Völkerverständigung. In der vorschulischen Erziehung tauschen wir Erfahrungen zwischen unseren Sowjetrepubliken aus. Den Kleineren erzählen wir vor allem über unsere Völkerschaften. In den Kindergärten machen wir Ausstellungen dazu. Wir erklären den Kindern: Es gibt noch andere Nationalitäten. Die Kinder tanzen zum Beispiel ungarische Tänze und singen französische Lieder. Es gibt bei uns ein Fernsehprogramm für die Kleinen: ‚Das Schaffen der Völker in der Welt'. In unseren Kindergärten versuchen wir den Kindern beizubringen, was die fünfzehn Unionsrepubliken bedeuten. Durch nationale Trachten, durch Singen von Liedern, durch Tänze zeigen wir die Unterschiede zwischen den Menschen. Wir zeigen auch Filme über andere Länder oder Dias über die Kinder Afrikas zum Beispiel. Über Angola gibt es Dias, über die Kinder aus den Ländern, die um ihre Unabhängigkeit kämpfen, über Nicaragua. In unseren Schulen, fast in allen Schulen der Sowjetunion, existieren internationale Klubs. Die internationale Erziehung ist ein Bestandteil unserer Erziehung. Sie werden auch nie eine rassistische oder feindliche Bemerkung von einem Kind bei uns gegen jemanden hören, der anders aussieht als es selbst. Besonders in unserer Republik leben viele Nationalitäten friedlich miteinander, wir haben fünfzig Millionen Einwohner, davon sind nur fünf Millionen Eingeborene. Eine Million Deutsche leben hier genauso wie zehn Millionen Vertreter anderer Nationalitäten. Griechen, Koreaner, da gibt es keinen Haß, keinen Zwist.

Wir erziehen die Kinder vom Klassenstandpunkt aus. Als Kommunisten erklären wir, es gibt Ausbeuter und Ausgebeutete, und die Ausgebeuteten sind unsere Klassenfreunde. Unter diesem Standpunkt erklären wir den Kindern die internationale Lage. Nach der Revolution haben wir das Privateigentum der Bourgeoisie enteignet, als Klasse haben wir sie besiegt, und wir wollen selbstverständlich nicht, daß die Klassenfeinde in unserem Lande wieder an die Macht kommen."

Ich wechsle das Thema, komme zu den Rollenbildern in der Kindererziehung.

„Es gibt in der Schule ein Fach, die Ethik der Familie, wo den Mädchen und Jungen erklärt wird, daß sie beide die gleiche Verantwortung in der Familie tragen und beide gleichberechtigt sind. Dazu wird erklärt, daß es auch bestimmte spezifische Eigenschaften von Frauen und von Männern gibt."

„Welche?"

„In den Anfangsklassen gibt es dieses Fach, wo im allgemeinen über die Familie gesprochen wird, in den höheren Klassen kann die Erziehungsperson einzeln für die Jungen und Mädchen auf die physiologischen Besonderheiten des Geschlechts eingehen. Aber da muß noch viel erarbeitet werden, die Methoden sind noch nicht entwickelt."

„Welche unterschiedlichen Eigenschaften von Jungen und Mädchen werden hervorgehoben?"

„Später, wenn sie erwachsen sind, wählen alle ihren Beruf selber, aber im Kindergarten zum Beispiel versuchen wir, die elementaren Eigenschaften jeder Person zu erklären, zum Beispiel: Das Mädchen als zukünftige Mutter muß kochen können, Puppen waschen, für die Puppe sorgen, nähen. In allen Kindergärten gibt es einen Garten, in dem Jungen und Mädchen gemeinsam Gemüse anbauen, es gibt auch Werkräume, in denen Kinder des Kindergartens etwas von bestimmten Berufen lernen. Zum Beispiel als Zimmerleute. Wenn die Mädchen dazu Lust haben, beschäftigen sie sich damit, aber meistens macht das den Jungen Spaß. Die Mädchen ziehen es vor, mit Puppen zu spielen. Sie beschäftigen sich auch mit der Teppichfertigung."

Sie zeigt mir ein Bild aus einem Buch, auf dem ein kleiner Junge abgebildet ist, der einem kleinen Mädchen mit Mütze in den Mantel hilft.

„Sehen Sie, die Jungen lernen auch in den Kindergärten, wie sie sich als Jungen gegenüber Mädchen zu benehmen haben. Die Mädchen lernen, für die Puppen zu nähen. Jungen nähen und kochen nicht, sie helfen beim Tischservieren, sie benutzen hauptsächlich Männerspielzeug. Es gibt spezielle Werkzeuge für verschiedene Altersgruppen. Auch in den Kindergärten und den Schulen versuchen wir zu erklären, wozu die verschiedenen Werkzeuge dienen."

„Gibt es bei Ihnen den Spruch: Ein Mädchen tut das nicht! Oder: Ein Junge weint nicht! zum Beispiel?"

„Ja, wir haben eine ganze Methode dafür. Bei der Gymnastik haben wir für die Jungen eine Methode, die sich nach ihrer spezifischen Körperstruktur richtet, das erklären wir unbedingt."

„Wenn Jungen weinen, wird dann gesagt: Ein Junge weint nicht?"

„Das wird von den Erzieherinnen beigebracht, als Mann muß er nicht mehr weinen. Alle diese Fragen werden in der Methodikarbeit berücksichtigt. Wir haben Lehrbücher zur Psychologie des Mädchens, der Frau und des zukünftigen Mannes."

Als wir uns verabschieden, bin ich geschafft: zum einen vom schnellen Stenographieren, zum andern von den Antworten – und die stellvertretende Ministerin ist enttäuscht, eigentlich wollte sie mit mir über etwas ganz anderes sprechen, sagt sie, das seien doch gar nicht ihre Spezialthemen.

Baumwollkombinat V

Ja, ich weiß . . . Auch ich hatte darum gebeten, einmal in eine Fabrik geführt zu werden, in der hauptsächlich Männer arbeiten und nur wenige Frauen. Aber – unser Betreuer meinte, die

Frauen des Alma-Ataer Baumwollkombinats würden sich nun schon auf meinen Besuch freuen, ich würde sie kränken, wenn ich nicht käme.

Und während des Besuchs dieser Fabrik werde ich plötzlich froh darüber sein, in jeder Republik ein Textilwerk besucht zu haben. Es ist meine Chance, wirklich zu beurteilen, ob mir nicht eine Vorzeigefabrik vorgeführt wird, es ist auch die Chance, bei jeder neuen Fabrik ein anderes Element für eine genauere Betrachtung herauszugreifen und so ein umfassendes Bild aus vielen Puzzleteilen zusammenzusetzen. Hätte ich in jeder Republik eine unterschiedliche Produktionsstätte besucht, wäre mir in der Kürze der Zeit und angesichts der Notwendigkeit, mich jedes Mal schnell auf das Neue einzustellen, immer nur die Möglichkeit zu einem oberflächlichen Eindruck geblieben.

Wie auch in Taschkent reicht der Produktionsablauf von der rohen Baumwolle bis zum fertigen Stoff. Hier erlebe ich die Maschinen, die in Taschkent erst eingeführt werden sollen. Es ist viel leiser in den riesigen Hallen, staubfreier. Wenige Frauen sind hinter den Maschinen zu erkennen.

Auch in dieser Fabrik Kindergarten und -krippe, Prophylaktorium, Geschäfte, Wäschereien, Friseur, Modeatelier, Schuhreparatur.

„Sechzig Prozent der Muster werden jährlich erneuert." In einem Raum, in dem mir Stoffmuster in überwältigender Vielzahl und Vielfalt vorgeführt werden, führen wir ein Gespräch über Mode.

„Wie entstehen bei Ihnen Modeströmungen?"

„Wir haben Designer, die sind auf dem laufenden, die erforschen die Bedürfnisse der Geschäfte, also der Kunden. Die lassen sich von ausländischen Mustern beeinflussen und auch von dem besonderen nationalen Charakter unserer Muster. Jeder Designer macht jährlich zwei Dienstreisen in andere Ateliers, so bringen sie Erfahrungen mit."

„Beeinflussen die westlichen Modeströmungen irgendwie Ihre Produktion?" Ich denke dabei an Darezan mit der Burda unter dem Arm und an die bei Helena gestapelten französischen Modezeitschriften.

„Ein Kopieren westlicher Mode gibt es bei uns nicht, aber unsere Frauen verfolgen die Mode aus Paris und London natürlich. Für uns gilt, daß wir über alle Moderichtungen in der Welt informiert sind. Wenn wir als Betrieb die Mode nicht verfolgen, können wir unsere Stoffe nicht verkaufen."

„In Taschkent beeinflußt die nationale Tradition die Mode doch immer noch sehr, ist mir aufgefallen. Gibt es so etwas bei Ihnen auch?"

„Nein, unsere Tracht paßt nicht mehr in die heutige Zeit zur modernen Frau. Manche Elemente sind erhalten geblieben. Auch auf dem Land trägt niemand mehr Nationaltracht. Manchmal, bei Nationalfesten und in Kunstzirkeln, werden noch die alten, üppig bestickten Kleider getragen. Hier gibt es auch keine indischen Einflüsse wie beispielsweise in Usbekistan. In Taschkent existiert ein Spezialgeschäft für indische Kleider, auch in Moskau. Unsere Stoffe sind qualitativ aber nicht schlechter als die indischen, sie werden schließlich aus reiner Baumwolle hergestellt."

Wir besuchen den Kindergarten, eilen hindurch, trotzdem versuche ich hier, meine Unklarheiten zur rollenspezifischen Erziehung bereinigt zu bekommen.

Vor dem Kindergarten wie überall ein großer Garten mit allen möglichen Geräten, Blumen, Bäumen, kleinen Spielhäusern. Für jede Altersgruppe gibt es einen durch Hecken von den anderen abgetrennten Bereich mit besonders auf die jeweilige Altersgruppe zugeschnittenen Geräten und Gerüsten.

Ich werde in den Musik- und Gymnastiksaal geführt. Wie immer auch hier ein Klavier. Wieder der saubere Schlafsaal, der in mir die Erinnerung an das Zwergenhaus bei Schneewittchen wachruft. Jede Gruppe hat einen eigenen Spielsaal mit altersspezifischem Spielzeug.

Ich zähle die Puppen in einem Spielraum, elf Stück sind es. „Jedes Mädchen soll eine Puppe zur Verfügung haben", klärt mich die Erzieherin auf. Der Raum ist in unterschiedliche Bereiche unterteilt: ein Kochbereich, ein Wohnbereich, eine Arztabteilung, ein Frisiertisch mit Friseurutensilien, eine Ekke, in der Bausteine drumherum gruppiert werden, eine Malecke.

„Die Kinder sollen schon möglichst früh Bekanntschaft mit unterschiedlichen Berufen machen", erläutert die Erzieherin die Raumaufteilung. „In der Arztecke beispielsweise ist alles mit Kindermöbeln einem wirklichen Arztzimmer nachgestaltet."

Da gibt es einen Mantelständer, eine Liege, eine Wartebank, eine Waage, Untersuchungsutensilien. „Die Jungen gehen besonders gern mit dem Kind zum Arzt. Die Kinder bilden richtige Familien, in denen die einen die einen Aufgaben übernehmen, die anderen andere."

„Wo spielen die Jungen außerdem noch besonders gern?" erkundige ich mich.

Sie überlegt: „Im Kaufmannsladen, Friseur spielen sie besonders gern. Na ja, und sie sind die Väter in den Familien."

"Alle Kindergärten bei uns sind in gleicher Weise ausgestattet", sagt die Erzieherin, „wir sind da nicht besonders gut dran."

„Und wenn etwas kaputtgeht?"

„Dann bitten wir einmal die Eltern, es zu reparieren, bei Puppen zum Beispiel, oder wir versuchen es selbst, oder wir melden es, und dann muß es ersetzt werden. Dieser Stand bleibt aber immer erhalten."

Sie zeigen mir das Waschzimmer, Zahnbürste für jedes Kind, viele kleine Waschbecken, Duschen, kleine Toiletten, Töpfchen. „Wie halten Sie es mit der Sauberkeitserziehung?"

„So etwas wird zu Hause gemacht. Wenn die Kinder hierher kommen, achten wir auch darauf."

„Ab einem Jahr?"

„Ja, aber das macht auch jede Mutter mit dem Kind selbst. Wenn die Kinder nach einem Jahr in die nächste Gruppe kommen, können sie es."

Zeit für Diskussionen über die Fähigkeit der Kinder, schon mit einem Jahr ihren Schließmuskel zu kontrollieren, bleibt mir nicht. Ich denke nur schnell: Das macht ihr falsch, und gehe zum nächsten Thema über, den Öffnungszeiten.

„Der Kindergarten ist von halb sieben bis halb sieben geöffnet. Es gibt auch Gruppen von Kindern, die hier schlafen. Das betrifft vor allem die Eltern, die in der zweiten Schicht arbeiten."

„Meinen Sie, daß manche Kinder unglücklich sind, weil sie so lange und so jung schon von ihren Müttern fort sind?"

„Nein, die Kinder sind gern im Kindergarten. Wir erziehen sie, wir bringen ihnen vieles bei. Außerdem sind hier Kinder aus verschiedenen sozialen Schichten, das ist sehr gut für die psychologische Entwicklung."

Sie führt mich in den medizinischen Bereich. Hier werden alle Impfungen vorgenommen. Wenn ein Kind im Kindergarten erkrankt, wird es isoliert, bis die Eltern es abholen. Immer ist eine Krankenschwester anwesend, von Zeit zu Zeit kommt die Ärztin. Sie führen auch Gespräche mit den Eltern, prophylaktische Gespräche, wie die Kinder erzogen werden sollen, was man tun sollte, damit sie nicht krank werden, zu Fragen der Ernährung, der Hygiene, zum Tagesplan, der möglichst dem des Kindergartens nicht zuwiderlaufen sollte.

Die Eltern bezahlen fünf bis zwölf Rubel monatlich, abhängig vom Einkommen. Siebzig Rubel machen die Kosten für jedes Kind aus. Das wird von der Gewerkschaft bezahlt, und die Gewerkschaft erhält den Beitrag vom Sozialfonds des Kombinats.

Wir hasten zum Kulturpalast. Manches Mal hatte ich schon von diesen legendären Palästen gehört, aber so stellte ich mir die Einrichtung doch nicht vor. Es ist wahrhaftig ein Palast mit mehreren Stockwerken, vielen Räumen, einem großen Konzertsaal mit Bühne, der heute für eine Veranstaltung der Bauarbeiter genutzt wird. Das Podium ist blumengeschmückt, überall stehen Gruppen von kräftigen Männern, in Anzüge gekleidet und festlich herausgeputzt. Später werden sie essen, trinken und tanzen, erfahre ich.

„Die besten Bauarbeiter sollen heute ausgezeichnet werden. Das wird ungefähr vierzig Minuten dauern, dann findet ein großes Konzert statt. Das staatliche Ensemble der Tänzer und Sänger der Kasachischen Republik wird auftreten. Etwa einhundertzwanzig Tänzer und Sänger werden an dem Konzert teilnehmen." Der mir das erzählt, ist der Leiter des Kulturpalastes, ein großer Mann mit einem gemütlichen Gesicht, tiefer Stimme und einem Bauch, den er wie einen Ballon vor sich herschiebt.

„Wieso feiern die Bauarbeiter hier, obwohl der Palast doch dem Kombinat gehört?"

„Andere können den Palast abonnieren, dann müssen sie dafür Geld bezahlen. Es ist aber auch möglich, daß ein Vertrag geschlossen wird zwischen dem Kombinat und anderen Arbeitskollektiven, die dann etwas leisten fürs Kombinat und im Ausgleich zu bestimmten Zwecken den Kulturpalast benutzen dürfen. Normalerweise wird der Kulturpalast von den Angehörigen des Kombinats benutzt. Hier treffen sich siebenundzwanzig Zirkel, in denen eintausendzweihundertundsechsundvierzig Laienkünstler aus dem Kombinat aktiv sind.

Die Zirkel werden von Berufskünstlern, Ballettmeistern, Tonmeistern, Tänzern geleitet. Es gibt hier Kapellen, Kinderkollektive, Teppichkollektive, Foto, Kino, Musik aller Richtungen. Klubs treffen sich, die nach unterschiedlichen Interessen gegliedert sind. Sehr populär beispielsweise ist der ‚Klub der Über-Dreißigjährigen'. Die treffen sich hier, tanzen, reden. Es gibt Klubs für die Ledigen, für die Eltern, auch für die Älteren, die tanzen wollen. Nicht jeder ist ja dazu in der Lage, auf der Straße einen anderen Menschen kennenzulernen. Wir haben viele Mädchen, die nicht verheiratet sind. Wir haben mehr Bräute als Bräutigame."

„Von welchem Geld wurde der Kulturpalast gebaut?"

„Vom Geld des Betriebes."

Alma-Ata – Vater der Äpfel, Mutter der Museen

Alma-Ata, in einem fruchtbaren Tal gelegen, heißt übersetzt „Vater der Äpfel". Für mich ist es jedoch die „Mutter der Museen". In keiner Republik wurde ich durch so viele Museen geführt wie hier: das historische, das Kunstmuseum, das landeskundliche, das Nationalmuseum.

Kasachstan ist mit zweikommasieben Millionen Quadratkilometern die zweitgrößte der Unionsrepubliken.

Immer wieder begegnet mir hier der Ausdruck „Kornkammer". Kasachstan versteht sich als Kornkammer der Sowjetunion, fünfundzwanzig Millionen Hektar des Landes sind Kornanbaugebiet, früher gab es dort Steppe. Stolz sind sie auf ihr Korn, auf ihre Äpfel, man kann es hören, wenn sie davon sprechen.

„Vor der Revolution waren achtundneunzig Prozent der Bevölkerung Analphabeten. Heute gibt es hier Hochschulen, Fachschulen, in Alma-Ata eine Universität, in Karagand eine zweite. 1946 wurde die Akademie der Wissenschaften in Alma-Ata gegründet. Einhundertundzwei Nationen leben in Kasachstan zusammen, es gibt sogar ein deutsches Theater in dieser Republik. Vor kurzem erreichte Alma-Ata eine Million Einwohner. Die Stadt liegt im Erdbebengebiet, jedes Jahr finden zwei bis drei Erdbeben statt, die nicht sehr stark sind und deshalb meist nicht bemerkt werden. Schlimme Erdbeben gab es 1887 und 1910. Die modernen Hochhäuser müssen erdbebensicher gebaut werden. 1971 brach eine Katastrophe in Gestalt einer Erdrutschlawine über Alma-Ata herein.

Kasachstan wurde bis zum dritten Jahrhundert von Nomadenstämmen, von asiatischen Skyten, bewohnt. Es handelte sich um Militärdemokratien, die Stämme bekriegten sich untereinander. Sie lebten patriarchalisch organisiert, aber die Frau nahm eine bedeutsame Stellung ein. Auch sie konnte Führerin eines Stammes sein. Seit dem neunten Jahrhundert verbreitete sich hier der Islam. Nach der muselmanischen Religion ist die Frau kein Mensch. Es war aber die Religion der Herrschenden, das Volk hing weiter dem heidnischen Glauben an."

Als ich im Museum betone, daß ich mich besonders für die Lage der Frau interessiere, wird mir unterschiedliche Kleidung mit der Bemerkung gezeigt: „Wenn Sie nur sehen, daß eine Frau dieses Kleid getragen hat, können Sie daraus schon sehr viel über sie erfahren. Dieses Kleid ist rot, also wissen wir, daß die Frau jünger als dreißig Jahre alt war, da die Frauen nur bis zum dreißigsten Lebensjahr Rot tragen durften. Diese Frau trägt eine leichte Kappe, das war auch nur jungen, kinderlosen Frauen erlaubt."

Ich sehe mir die reich und bunt gekleidete Puppe an und frage verwirrt: „Und wo hat die ihren Schleier gelassen?"

Die junge Frau, die mich führt, lächelt: „Kasachische Frauen haben nie einen Schleier getragen, das Gesicht blieb immer offen."

Eine nächste Puppengruppierung: wieder andere Kleidung, eine kasachische Braut nimmt Abschied von ihren Verwandten, sie fährt zum Bräutigam. „Es herrschte Polygamie, bis zu vier Frauen besaßen die Männer. Das konnten sich jedoch nur die Reichen leisten. Junge Mädchen von vierzehn bis sechzehn Jahren wurden schon von den Eltern für ein Brautgeld verkauft."

Ich hatte mir das noch schlimmer vorgestellt, schließlich sind mir die frauenfeindlichen Auswüchse des Islam mittlerweile vertraut.

„Der Islam war aber nicht verbreitet und populär. Im Volke gab es Schamanismus, eine Art heidnischer Religion. Der Schamanismus ist ein Kult verschiedener Naturerscheinungen, Feuer, Berge, Wasser wurden angebetet. In dieser Religion war die Frau höhergestellt als im Islam. Sie hatte fast die gleichen Rechte wie der Mann. In einer Gesellschaft, in der Schamanismus herrschte, spielte die Frau nicht die letzte Rolle.

Es gab im Schamanismus noch Elemente heidnischer Religionen, die mit dem Matriarchat verbunden waren. Natürlich war der Islam die herrschende Religion und offiziell gingen die Menschen ihr auch nach, aber in der Familie, in den Stämmen praktizierten sie weiterhin schamanistische Riten, den Feuerkult zum Beispiel, oder bei Krankheiten trieb der Schamane den Teufel mit Hilfe von speziellen Riten und Instrumenten aus. Deshalb waren die Frauen auch nicht so unterdrückt wie in anderen islamischen Republiken. Natürlich, wo es den religiösen Bereich des Islam betraf, galten für die Frauen die gleichen Regeln wie auch in den anderen Ländern: Sie durften nicht zum Friedhof gehen, durften keine heiligen Stätten betreten, weil die sonst verunreinigt würden. Sogar wenn sie beerdigt wurden, wickelte man sie in speziellen Stoff und trug sie so, daß ihr Leib nicht die Erde berührte. Sie wurden auch tiefer in der Erde beerdigt als die Männer, damit sie unter ihnen lagen."

Meine Führerin hat einen Mann zur Hilfe geholt, der sich in der Geschichte noch besser auskennt. Offensichtlich ist die Frauenfrage bei sonstigen Führungen nicht von dieser alles überlagernden Bedeutung. Er weist auf mehrere bekleidete Puppen hinter Glas: „Hier sehen Sie eine Frau mit weißem Umhang. Das ist eine Frau aus der mittleren sozialen Gruppe. Sie ist verheiratet. Die andere Frau trägt ein reichbesticktes Kleid. Diese Frau ist noch jung, eine bejahrte Frau trug keine Stickerei mehr, auch keinen Schmuck. Junge Frauen schmückten sich mit Korallen, Silber. Auch die Ornamente lassen etwas über die Frauen erfahren. Es gibt drei verschiedene Arten von Ornamentstil: geometrische Muster, Tiere und Pflanzen. Diese Ornamente informieren über die Stammeszugehörigkeit."

„Welche Arbeit leisteten die Frauen?"

„Nun, in der kasachischen Gesellschaft spielte die Frau eine höhere Rolle im Vergleich mit Usbekistan. Trotzdem war sie dem Mann immer noch untergeordnet. Eine Frau konnte zwar Führerin eines Stammes sein, trotzdem war ihr Aktionsradius auf das Haus beschränkt. Die Frauen sorgten für die Familie, für das Haus. Sie kochten, beschäftigten sich mit der angewandten Kunst, stellten Teppiche her, Kleidung, erzogen die Kinder."

„In welcher Hinsicht stand die kasachische Frau dennoch tiefer als der Mann?"

„Der Mann durfte sie ermorden, wenn sie untreu war. Wenn er aber nicht gut für sie sorgte, ihr keine Kleidung gab zum Beispiel oder nicht mit ihr lebte, bekam auch sie Recht, und die Ehe wurde getrennt."

„Wohin ging die Frau dann? Nach Hause zu den Eltern zurück?"

„Nein, zu denen gehörte sie ja nicht mehr, sie gehörte nun zu seinen Verwandten. Sie lebte weiterhin im Stamm des Mannes. Wenn ein Mann starb, wurde die Frau Eigentum des Bruders."

Wir gehen in Räume, die historisch näher liegen. „Die kasachische Frau spielte während des Bürgerkrieges eine wichtige Rolle. Auch vor der Revolution gab es aktive kasachische Frauen bei den revolutionären Kämpfen." Fotos von vielen jungen Frauen mit asiatischen Gesichtszügen werden mir gezeigt. An Vietnam erinnern mich diese entschlossenen Gesichter. An der Wand hängt das Dekret des Zentralkomitees: Verbot des Brautgeldes, 28. 12. 1920.

„Es gab auch Auseinandersetzungen", sagt die junge Führerin. „Eine Frau, die für die Sowjetmacht war, kämpfte gegen die alten Sitten und Bräuche, und es wurden auch Frauen geschlagen und ermordet."

Im nächsten Museum begleitet mich ein junger Mann, der hervorragendes Deutsch spricht. Er zeigt mir Bilder, auf denen auf Pferden dahinjagende Männer zu sehen sind, vor ihnen eine Frau, die in wildem Galopp davonreitet. „Das ist ein Nationalsport bei uns", klärt er mich auf. „Er heißt: Holt das Mädchen ein. Das Mädchen hat eine Peitsche und darf sich damit so gut es kann verteidigen. Der Sieger bekommt zur Belohnung einen Kuß."

Hier werde ich über das kulturelle Leben in Kasachstan informiert. Die geschriebene Literatur in Kasachstan begann um die Mitte des 19. Jahrhunderts. Wir stehen vor einem Glaskasten, in dem viele Bücher ausgestellt sind, moderne kasachische Literatur. Ich bitte ihn, mir Frauenliteratur zu zeigen. Er wird verlegen, sucht, sieht sich um, sagt: „Dort ist ein

Buch, ich habe vor kurzem auch etwas von dieser Dichterin gelesen, sie schreibt vor allem Gedichte."

„Gibt es denn so wenige Frauen, die Literatur verfassen?"

„Es gibt zunehmend welche, aber erst seit den letzten zehn, zwanzig Jahren, und meistens schreiben sie Gedichte."

„Die Gedichte der Frau, die sie gelesen haben, wovon handelten die?"

„Von der Liebe, von einigen Problemen des Lebens, von den Fragen der Gegenwart. Die Frau ist ungefähr dreißig, vierzig Jahre alt."

Die Kasachische Malerei entwickelte sich erst nach der Revolution. Der Islam verbot, Menschen zu malen. Er zeigt mir ein Bild der ersten Malerin des kasachischen Volkes.

Das erste Theater der Republik wurde 1928 gegründet. Im Islam war auch Theater verboten. 1934 fand die Gründung des ersten musikalischen Theaters im Alma-Ata statt. Heute gibt es sieben Theater in der Stadt, in der Republik einunddreißig, auch nationale Theater, uigurische, koreanische, deutsche.

Der erste kasachische Film wurde 1938 aufgeführt, es war ein Film über einen Revolutionär. „Es gibt zehn kasachische Filme", sagt mein Museumsbegleiter.

Ich kann es nicht glauben, frage nach: „Zehn insgesamt oder pro Jahr?"

„Zehn insgesamt, wir haben nur ein Filmstudio. Vor der Revolution gab es keine Hochschule und nur zweitausend Schüler: Das waren die Söhne und Töchter der Reichen. Heute gibt es neuntausend Mittelschulen, fünfundvierzig Hochschulen, zweihundertachtunddreißig technische Schulen, mehr als eine Million Studenten. In Alma-Ata befindet sich ein Fraueninstitut, das Lehrerinnen für die kasachischen nationalen Schulen ausbildet. In diesem Institut gibt es keine männlichen Schüler. Das ist mit der Geschichte verbunden: In den ersten Jahren der Sowjetmacht betrug das Analphabetentum unter den Frauen fast einhundert Prozent, die islamische Religion verbot den Frauen, die Schule zu besuchen. 1926 wurde das Institut eröffnet. Ich selbst habe die pädagogische Fremdsprachenschule absolviert, ich könnte auch als Lehrer in der Schule arbeiten. Das Fremdspracheninstitut wie auch das pädagogische Institut in Alma-Ata ist beiden Geschlechtern zugänglich."

Nun stehen wir vor vierzehn Fotos von Mitgliedern der Akademie der Wissenschaften. Ausschließlich Männer.

„Gibt es dort keine weiblichen Mitglieder?"

Er lächelt verlegen: „Sicher gibt es dort weibliche Mitglieder, die Akademie hat fünfundzwanzig Forschungsinstitute."

Da Alexander uns am Ausgang des Museums nicht erwartet, nehmen der junge Mann und ich die Gelegenheit wahr und gehen miteinander ein Eis essen. Er erzählt von sich. Vierundzwanzig Jahre alt ist er, ebenso alt wie seine Frau, zwei Kinder haben sie auch schon, einen dreijährigen Sohn, eine Tochter von elf Monaten. Er wirkt nicht wie ein Familienvater – groß, schlaksig, sehr schlank mit kleinem Schnauzbärtchen –, eher wie ein Student, der hier jobbt.

„Ich habe in der DDR studiert, sollte eigentlich vier Jahre dort bleiben. Nach einem Jahr packte mich aber die Sehnsucht so sehr, und meine Frau bekam auch unser erstes Kind, da fuhr ich zurück und beendete mein Studium hier."

„Fühlen Sie sich als Oberhaupt der Familie?"

„Ach, meine Frau ist Verkäuferin, so alt wie ich, sie verdient sogar mehr Geld als ich, da ist es nicht so, daß getan werden muß, was ich will."

„Wünschen Sie sich noch mehr Kinder?"

„Nein" – abwehrende, fast erschrockene Handbewegung, Lachen –, „nein, in der Stadt noch mehr Kinder, das ist nicht gut, zwei reichen. In den Kolchosen, auf dem Lande, da haben die Leute mehr Kinder. Meine Frau wird in einem Monat wieder zur Arbeit gehen."

„Kommt das Kind dann in den Kindergarten?"

„Nein. Wir finden, es ist noch zu klein für den Kindergarten. Zuerst wird die Großmutter drauf aufpassen. Im nächsten Jahr kommt es dann in den Kindergarten."

„Haben Sie sich mehr über die Tochter oder mehr über den Sohn gefreut?"

„Über beide. Erst wollte ich schon einen Sohn, aber dann auch gern eine Tochter."

„Und die Frau?"

„Die wollte auch erst einen Sohn, dann aber unbedingt eine Tochter."

„Erziehen Sie Ihre Kinder unterschiedlich?"

„Ja, schon. Der Junge muß stärker werden. Ja, wir sagen

ihm, ein Junge weint nicht. Das Mädchen erziehen wir anders, es soll zärtlicher werden, weicher."

Er erzählt noch von seiner Arbeit. Man könne sofort erkennen, ob es sich um eine DDR- oder BRD-Delegation handle. Die DDR-Leute seien freundlicher, aus BRD-Gruppen würden einige Fangfragen gestellt, dann müßte er sich immer erst einmal orientieren, um sie zu verstehen. Sie wollten immer von ihm hören, daß es ihnen hier schlecht gehe, daß sie unterdrückt würden.

Im Kunstmuseum wird neben alter europäischer Malerei auch solche aus den Republiken der Sowjetunion und die kasachische des 20. Jahrhunderts ausgestellt.

Die deutschsprechende, rothaarige junge Kunstführerin führt mich in den Raum, in dem ausschließlich kasachische Malerei hängt. Wir betrachten die Gemälde des ersten kasachischen Malers. „Er wurde 1903 geboren. Seine Ausbildung erhielt er erst nach der Revolution. Er malte einfach, technisch nicht perfekt."

Anflüge von naiver Malerei nehme ich wahr, Themen des Volkslebens. Eine dramatische Szene: Frauen werden von Männern aus Jurten geschleppt, der Vater, gefesselt, sieht mit verzweifelter Miene dem Treiben zu. Reiche Männer stehlen seine Töchter. Das Bild ist in dunklen Farben gehalten. Auf einem anderen Bild sitzt ein tattriger Greis auf einem Pferd, bei ihm eine junge, schöne Frau – Darstellung des alten Lebens. Das neue Leben: ein junger Mann, „der erste kasachische Komsomolze", erläutert meine Kunstführerin. Hinter seinem Kopf ein Leninbild, in der Hand das „Kapital". Oder: Baumwollpflückerinnen, die ersten drei Baumwollpflückerinnen auf Maschinen. Oder: ein buntes fröhliches Fest auf einer Kollektivfarm. „Der Maler starb 1973."

Wir kommen zu den Bildern der einzigen hier ausgestellten Malerin. Sie malte Frauen in unterschiedlichen Situationen. Ein Heiratsbild: Eine alte Frau wartet neben einer jungen Frau in Nationaltracht, ob sie sich zur Heirat entscheiden wird. In ihrer Hand hat sie einen Becher mit Kumys, gegorener Pferdemilch, die Frauen schön und Männer stark machen soll (und von der mir schlecht wurde). „Es handelt sich um eine alte Sitte: wenn die Frau entschlossen ist, die Werbung anzunehmen, trinkt sie als Zeichen den Kumys. Die alte Frau wartet auf dieses Zeichen. Diese Malerin, selbst eine berühmte Schauspielerin, konterfeite viele Schauspielerinnen und Sängerinnen."

Ihre Bilder sind in leuchtenden, vor allem roten Schattierungen gehalten, die Frauen prächtig gekleidet, theatralische Gesten, Tanz. Daneben Landschaftsbilder.

„Woran liegt es, daß hier nur Bilder von einer einzigen Frau ausgestellt sind?"

„Hier handelt es sich um die erste Malerin der Republik, das betrifft nur diese Frau. Heute gibt es viele junge Künstlerinnen. Die sind hier nur noch nicht ausgestellt."

Gleichberechtigung ist, wenn ...

Wir werden eine Druckerin besuchen, so war dieser Besuch mir angekündigt worden, und ich erwartete eine kräftige, selbstbewußte Frau, allerhöchstens Tee und Obst, im übrigen ein Gespräch über Frauen in Männerberufen. Dann stehen wir vor einer langen Tafel im Wohnzimmer, es erwarten uns zwei Ehepaare und ein reichhaltiges Essen, das sich bis weit in den Abend hineinzieht. Die Hausherrin ist eine zierliche Asiatin mit einem dicken, schwarzen Zopf, der wirklich und wahrhaftig bis zu den Kniekehlen reicht. Ihr Mann, ein Kerl wie ein Baum, nein, eher wie ein Baumfäller, breite Schultern, groß, asiatische Gesichtszüge im weitflächigen Gesicht, setzt sich an den Kopf des Tisches. An der gegenüberliegenden Seite nimmt der Mann der anderen Frau Platz. Klein, rundlich, sieht er nicht aus wie ein eingeborener Kasache. Auch seine Frau, mit kurzen, gewellten Haaren, schlank, aber nicht von asiatischer Grazilität, wirkt eher europäisch. Sie sitzt rechts um die Ecke herum neben ihrem Mann, wie auch die Frau des Hausherrn, der, wie ich bald erfahre, als Maschinist in einer Brauerei arbeitet. Die drei anderen arbeiten gemeinsam in der Druckerei, die Hausfrau als Setzerin, die Freundin als Lynotypistin. Eine der Vorspeisen ist Pferdefleisch, eine hiesige Spezialität. Und alles andere – es ist müßig, immer wieder aufzuzählen, wie reichhaltig die Tische gedeckt sind.

Der Hausherr erhebt sich zum ersten Toast: „Ich bin der Herr im Haus, ich heiße die Gäste willkommen." Seine Frau sitzt mit bescheiden niedergeschlagenen Augen daneben.

Wir sprechen über die hiesige Gastfreundschaft. Gäste brauchen sich nicht anzumelden. Bei ihnen werden Bekannte von Verwandten auch als Verwandte betrachtet. Der Hausherr erzählt: „Wenn Universitätsprüfungen sind, steht plötzlich jemand vor der Tür und bleibt dann einen Monat. Wir kennen die häufig gar nicht, sie kommen von unseren Verwandten vom Dorf."

„Und Sie sind dann nicht sauer?" frage ich. „Sie fühlen sich dann nicht gestört?"

Lachend erwidert er: „Die sind auch klug. Wenn es klopft und wir die Tür öffnen, kommen nicht zuerst die fremden Gäste, sondern zuerst schieben sie das im Dorf geschlachtete Schaf hinein, und erst dann kommen sie selbst hinterher. Wir haben häufig Besuch."

Die junge Frau mit den kurzen Haaren fügt hinzu: „Wenn sie überraschend zu mir zu Besuch kommen, und ich putze vielleicht gerade die Wohnung und habe einen Kittel an, dann ziehe ich den aus und alles, was wir haben, wird auf den Tisch gestellt."

„Ist denn das nicht anstrengend für die Hausfrau, so häufig Besuch und auch Schlafbesuch, der lange bleibt?" zweifle ich. Schließlich ist die Wohnung nicht groß, vier Zimmer, zwei Veranden wieder zu beiden Seiten der Wohnung, Badezimmer, Eßküche, Toilette, dies muß reichen für eine sechsköpfige Familie.

„Wir haben eine Sitte", erhalte ich zur Antwort. „Die Gäste werden nur die ersten zwei Tage wie Gäste bewirtet, dann fühlen sie sich wie zu Hause."

„Wo schlafen die Gäste denn?"

„Hier im Wohnzimmer." Er weist aufs Sofa. „Außerdem haben wir Matratzen, wir haben genügend Schlafstätten." Auch hier im Schlafzimmer der Riesenstapel buntbezogener Matratzen.

Nach den Vorspeisen wird Kuurdak serviert, ein Nationalgericht aus Kartoffeln mit kleingeschnittenem Fleisch und noch allerhand anderen Zutaten. Die zarte Gastgeberin schweigt und bedient, manchmal lächelt sie. In der Küche hilft ihr eine Nachbarin, die sicherlich schon den ganzen Tag dort steht, um das Essen für die ‚ausländischen Gäste' vorzubereiten. Die siebzehnjährige Tochter des Hauses erscheint, sie ähnelt sehr ihrer Mutter. Ihr Zopf reicht schon bis zur

Taille. Auch sie hat einen bescheidenen, zurückhaltenden Gesichtsausdruck und ein ebensolches Verhalten. Sie rückt den Stuhl leicht ab, setzt sich an die Tischkante, trinkt nicht mit, ißt nur wenig. Sie kommt gerade von der Arbeit, wird Krankenschwester.

Der Hausherr spricht einen Toast auf die Liebe aus, erläutert dann zu seiner Ehe: „Als ich sie heiratete, habe ich sie sehr geliebt, und ich dachte damals, es würde wohl im Laufe der Jahre vorübergehen. Aber dann hat sie mir vier Kinder geboren, und heute liebe ich sie noch mehr als am Anfang."

Ich frage die Tochter nach ihren Vorstellungen von der Liebe.

Sie antwortet andächtig und ernst: „Ich liebe meine Eltern mehr als mein Leben, sie haben mir das Leben geschenkt. Ich ehre und achte sie."

Sie wird nicht rot dabei, wirft den Eltern keinen Blick zu. Die Mutter lächelt nun erstmalig, aber auch sie sieht die Tochter nicht an. Ich werde etwas verlegen, frage, wie es denn sein werde, wenn sie einmal einen Mann liebe, wenn sie einmal heirate, wie sie sich das vorstelle. Sie antwortet schnell, ohne lange nachzudenken, aber gleichbleibend ernst, und ihr Gesicht zeigt an, daß sie sich der Bedeutung der Antwort bewußt ist. Alexander hat Schwierigkeiten mit dem Übersetzen, er muß lachen: „Na, gleichberechtigt, Mann und Frau in der Ehe leben gleichberechtigt miteinander. So daß die Frau den Mann versteht und auch kein böses Wort sagt, wenn er einmal etwas Falsches sagt und tut, dann muß sie schweigen. Der Mann ist das Oberhaupt der Familie."

Ich muß auch lachen, sage, daß bei uns unter Gleichberechtigung etwas anderes verstanden wird, nämlich, daß beide arbeiten, auch im Haushalt und bei der Kindererziehung die gleichen Pflichten übernehmen.

„Tun denn das die Männer bei Ihnen nicht?" fragt der Hausherr.

„Viele zumindest nicht", antworte ich.

„Dann haben sie ein unterentwickeltes Bewußtsein", erwidert er und fügt hinzu: „Ich habe die ganze Wohnung selbst gestrichen, ich koche auch, ich liebe doch meine Frau, aber es macht mir auch Freude."

Ich sehe mir die Tapeten nun einmal genauer an, sie sind in

einem leuchtenden Sonnengelb gehalten, sauber und freundlich sehen sie aus, wie die ganze Wohnung.

Er sei da anders, lacht unser Begleiter in Alma-Ata, er überlasse den ganzen Haushalt seiner Frau.

„Ist die dann nicht furchtbar überlastet?“ frage ich. „Oder arbeitet sie nicht?“

„Doch, sie arbeitet, im Augenblick ist sie gerade auf der Datscha, aber dort helfen ihr viele. Die Frauen helfen sich alle untereinander.“

Die Hausfrau huscht immer noch hin und her zwischen Küche und Wohnzimmer, ihr Gesicht drückt neben der Bescheidenheit allmählich Müdigkeit aus. Ich frage, wie lange sie ihren Zopf schon wachsen läßt.

„Seit der Kindheit!“

„Haben Sie nie die Haare schneiden lassen?“

Nein, das hätten die Eltern nicht erlaubt. Der Mann der anderen Frau erläutert: „Die Schönheit einer Frau wird in Kasachstan vor allem an der Länge und Fülle der Haare gemessen. Sie sehen also eine der schönsten Frauen Kasachstans vor sich.“

Der Zopf der Tochter solle wohl auch so lang wachsen, äußere ich meine Vermutung, ob ihr die Eltern das Abschneiden auch verböten. Meine Frage war an die Eltern gerichtet, die Mutter zögert einen Moment, lächelt dann wie Mona Lisa, die Tochter nimmt ihr die Antwort ab: „Ich würde ihn gar nicht abschneiden wollen. Er gefällt mir doch so.“

Ich frage die Frauen nach ihrer Arbeit. Setzer sei bei uns ein Männerberuf, ob bei ihnen viele Frauen in der Druckerei arbeiteten. Nun sieht mir die kleine Asiatin direkt in die Augen, antwortet ruhig, selbstverständlich, und das klare Selbstbewußtsein einer guten Arbeiterin schimmert durch die Antwort: „Bei uns arbeiten mehr Frauen als Männer. Setzerin, das ist doch eine schöpferische Tätigkeit, das ist doch für Frauen wie geschaffen. Ich muß nichts Schweres tun, nicht schwer heben, das ist doch keine körperliche Arbeit, die über meine Kräfte ginge. Und wenn einmal etwas Schweres anfällt, dann sind immer Männer in der Nähe, die ich bitten kann, das für mich zu tun. Bei uns gibt es auch Druckerinnen, da sitzen immer ein Mann und eine Frau an einer Maschine. Die körperlich schwere Arbeit verrichtet der Mann.“

Ihr Kollege fügt ernst hinzu: „Die Frauen arbeiten oft besser als die Männer."

Unser Betreuer lacht: „Na, das ist doch das Schicksal der Frauen, zu arbeiten."

„Und das der Männer?"

„Ich habe das doch nur scherzhaft gemeint", lenkt er ein. „Die Männer müssen an der Seite der Frauen arbeiten."

Ich werde gefragt, wie in der BRD Hochzeiten gefeiert werden. „Bei uns tragen alle Bräute eine weiße Pracht, Krone auf dem Kopf, Blumenkränze, Tellerhüte, Schleier, eben alles, was dazugehört."

Ich erzähle, daß es bei uns auch junge Leute gebe, die in Jeans und Turnschuhen heirateten, daß die weiße Pracht denen vorbehalten sei, die in der Kirche heirateten, also im weitesten Sinne religiös seien, daß ich selbst im roten Hosenanzug mit schwarzem Westernhut geheiratet hätte. Der Hausherr betrachtet mich ernst aus seinen schrägen, braunen Augen, er seufzt: „Hm, hm ..."

Eine Eßpause findet statt. Alle erheben sich, vertreten sich die Beine, die Frauen gehen in die Küche, die junge Frau mit den kurzen Haaren kümmert sich um ihr Kind, ein anderthalbjähriges Mädchen. Die Männer gehen rauchen, nach hinten hinaus auf die überdachte Veranda. Vorn wird gelüftet. Mir bleibt die Wahl, ich bin Gast, darf bei den Männern rauchen, bei den Frauen zugucken. Eher wird wohl angenommen, ich würde mich zu den Männern gesellen. Ich entscheide mich für die Frauen, was sie leicht erstaunt zur Kenntnis nehmen. Ich spiele mit dem kleinen Mädchen, reiche ihr die mir von Darezan geschenkte Farbschatulle fürs Augen-Makeup mit dem raffinierten Drehdeckel, auf dem sich ein Spiegel befindet. Die Kleine, Alisa, verlangt energisch, man möge ihr die Schachtel öffnen, greift zielstrebig zum Pinsel, bewegt ihn einige Male im grünen Puder hin und her und streicht über ihre kleinen Augendeckel. Das Essen geht weiter. Das kleine Mädchen weint, es muß wieder in die Küche. Es gibt noch Früchte anschließend, die Vorspeisen, der Käse werden nicht abgeräumt, jemand könnte doch noch Appetit auf etwas bekommen. Wein, Sekt, Wodka, an nichts fehlt es, mir ist schon etwas schwindelig.

Die junge Frau erzählt, sie leiste eine verantwortliche Gewerkschaftsarbeit. Endlich kann ich meine Fragen loswerden, woher die hohen Beiträge für die Sozialausgaben – Ferienplätze, Kulturpaläste, Krankenscheine und so weiter – genommen werden.

„Aus den Beiträgen und dem Sozialfonds", erklärt sie. „Jedes Gewerkschaftsmitglied zahlt ein Prozent seines Lohnes als Beitrag. Der Gewinn eines Betriebes wird dreigeteilt in der ganzen Sowjetunion: ein Drittel Gewerkschaft, ein Drittel Staat, ein Drittel Sowjet."

Ich wundere mich wieder einmal. Bei uns wird doch immer behauptet, so hohe Sozialleistungen stünden im Gegensatz zur Rentabilität der Betriebe und zerstörten deshalb Arbeitsplätze. „Und woraus wird dann wieder etwas in den Betrieb gesteckt, investiert?" möchte ich wissen.

„Der Staat entscheidet und verteilt das Geld, das an ihn abgegeben wird, an die einzelnen Betriebe."

Ein Toast auf meine Mutter wird ausgesprochen, die während meiner Reise meine Kinder betreut. Es ist nicht der erste Toast auf meine Mutter und, während ich auf ihre ernste Frage nach meiner Mutter, ihrem Leben, ihrem Glück, ihrer Arbeit zögernd Antworten suche, fällt mir auf, daß ich in dieser Zeit, in diesem Land so viel über meine Mutter gesprochen habe, wie zuvor mit Bekannten und Freunden lange Jahre nicht. Wo könnte es uns passieren – sagen wir einmal in einer Friedensinitiative oder auf einer Fete –, daß jemand sich an uns wendet mit der Frage: Wie geht es denn deiner Familie, deiner Mutter, deinem Vater, leben sie gut, sind sie zufrieden mit ihrer Arbeit, sind sie gesund? Ich habe mir vorgenommen, das in nächster Zeit einmal auszuprobieren. Wahrscheinlich werde ich mich lächerlich machen. Mich haben diese Fragen nach meiner Mutter dazu angeregt, mir wirklich einmal Gedanken über ihr Leben, ihr Glück, ihre Arbeit zu machen.

Unser Essen geht dem Ende zu. Die junge Frau steht auf, trinkt auf den Frieden:„Alle Mütter in der Welt müssen verhindern, daß jemals wieder Krieg kommt." Der Hausherr spricht einen letzten Toast für mich: „Ich freue mich, daß Sie bei uns zu Gast waren. Es ist immer unser Anliegen, mit fremden Gästen eine gemeinsame Sprache zu finden. Nun aber fühlen Sie sich bitte bei uns wie zu Hause. Und wenn Sie das nächste Mal nach Alma-Ata kommen, wohnen Sie bei uns, kein Intourist mehr, kein Hotel. Und Ihre Töchter bringen Sie dann auch mit, bitte."

Ich bedanke mich, sage, daß mir vor jedem Familienbesuch immer etwas mulmig zumute sei, schließlich sei ich eine Fremde, ich wüßte nie, ob ich bei diesen Besuchen den Familien nicht sehr zur Last falle, aber ihnen sei es durch ihre Freundlichkeit gelungen, mich nach sehr kurzer Zeit fühlen zu lassen, daß sie sich über meinen Besuch freuten.

Soja – Gespräch mit einer im Flugzeug …

Nehmen wir einmal an: Ich traf sie im Flugzeug von Alma-Ata nach Irkutsk. Sie befand sich auf Dienstreise. Sie saß neben mir im Flugzeug, wenn Alexander es zugelassen hätte, im allgemeinen richtete er es so ein, daß er neben die Frauen zu sitzen kam, trotzdem, und ich hätte sie gefragt, wie immer. Ingenieurin, Familie, Mann, ein Kind, Aljoschka.

Ich hätte ihre klare selbstbewußte Schönheit wahrgenommen, wieder einmal gedacht: diese Frauen hier, beneidenswert. Nehmen wir dazu an, Soja, so heißt sie nämlich, hätte, aus welchem Grunde auch immer, so eine Art Verantwortungsgefühl für mich entwickelt, nicht Vertrauen allein, nein, das, was darüber hinausgeht, dies Gefühl, das verpflichtet, dem anderen die Augen zu öffnen über die Welt, so wie sie nun einmal ist.

„Ja, wir sind emanzipiert“, sagte sie, „wir haben Ausbildung, Berufe, gute Berufe, gleich wie die Männer, werden bezahlt wie sie, unsere Kinder gehen in den Kindergarten, aber sind wir nun glücklich … Sehen Sie, wie sieht denn der Tagesablauf aus für eine Frau: morgens das Frühstück – für den Mann, sie selbst hält Diät, danach das Kind für den Kindergarten zurechtgemacht, dann in aller Eile die Wohnung etwas aufgeräumt, und weiter in beschleunigtem Tempo, wie in einem Trickfilm, der Eilmarsch zum Bus, eine Reihe unumgänglicher Kraftanstrengungen, um sich entsprechend den Prinzipien der Gleichberechtigung die Möglichkeit zu erkämpfen, auf einem Bein im überfüllten Bus zu stehen, dann in Rekordzeit die Treppe genommen, um mit dem letzten Ruck des Uhrzeigers auf die Ziffer neun den Platz hinter dem Schreibtisch einzunehmen und sich sofort, ohne Verschnaufpause, in den Wirrwarr von Produktionsproblemen zu versenken. Mittags gehen die Männer essen. Die Frauen dagegen hasten in die Geschäfte, um Lebensmittel einzukaufen.

Nach der Arbeit ist der Werktag einer Frau noch längst nicht zu Ende.

Sie muß das Kind aus dem Kindergarten abholen, das Abendbrot zubereiten, waschen, bügeln, Kleidungsstücke ausbessern. Wenn sie sich dann spätabends auf ihre harten Lokkenwickler schlafen legt, nimmt sie ein Buch zur Hand, aber noch ehe sie eine einzige Seite gelesen hat, schläft sie ein und verschafft dem Mann das Vergnügen zu witzeln: ‚Ein Buch ist das beste Schlafmittel'."

Mein Lächeln bemerkend, entsprungen aus Verständnis, aber auch Überheblichkeit, charakteristisch für manche, die sich in einer härteren und komplizierteren Lage sehen, hätte sie mir vielleicht schroff nur diesen einen Satz hingeworfen: „Vor kurzer Zeit wollte ich aus dem Fenster springen."

Hellhöriger, ernsthafter bereit, ihre Probleme neben meinen gelten zu lassen, wäre ich dann vielleicht konfrontiert worden mit dem Schicksal einer Frau aus Igorsk, Sibirien, klug, schön, in ihrer Umgebung angesehen als glückliche Frau. Ich würde zuhören.

„Ich lernte meinen Mann bald nach dem Studium kennen, auch er ist Ingenieur, ein attraktiver Mann, groß, charmant, leicht vorgebeugt geht er, das gefiel mir manchmal nicht, aber wenn ich dann seinen breiten Rücken sah, dachte ich oft: ein Mann, bei dem ich mich geborgen fühlen kann.

Wir lebten wie alle zusammen, er hatte seine Freunde, ich meine, bei uns ist es nicht mehr so, daß Eheleute immer beieinander hocken, alles zusammen tun, bei uns führt jeder sein eigenes Leben.

Begonnen hat alles mit Aljoschkas Geburt. Als der Kleine kam, änderte sich das Leben, aber nur meins. Ich war vollkommen in Anspruch genommen von Windeln, Nachtwachen, den kindlichen Unpäßlichkeiten, Wanderungen von einer Klinik zur anderen. Iwan bemitleidete mich, aber es kam ihm gar nicht in den Sinn, das Los seiner Frau zu erleichtern, beispielsweise selbst einmal bei dem Kleinen zu wachen und mich ins Bett zu schicken, damit ich mich ausschlafen konnte. Er führte auch nach der Geburt des Sohnes sein freies Leben weiter, ging, wohin es ihn beliebte, kam zurück, wann es ihm einfiel. Nie legte er mir über irgend etwas Rechenschaft ab. Anderen Männern, die zu Hause einer grausamen Disziplin unterworfen waren, konnte Iwan mit prahlerischer Befriedigung erzählen, was für eine Frau er habe, sie beschränke ihn nicht in seiner persönlichen Freiheit, frage nicht, wo er gewesen sei und was er gemacht habe, lasse ihm fast ein Drittel des Gehalts als Taschengeld, falle ihm nicht mit weiblichen Launen zur Last.

Die Zeit verging und alles verfestigte sich, seine Freundesgruppe entwickelte sich zu einem eingeschworenen Männerbund, in dem er sich bald mehr aufhielt als zu Hause, meine Freundschaften hingegen rissen ab, ich hatte ja keine Zeit mehr, mit Freundinnen ins Kino zu gehen, wer sollte denn auf Aljoschka aufpassen, und: Ich verließ die Instandsetzung, die Arbeit, die ich sehr geliebt hatte, denn wenn man Familie hat, kann man keine langen Dienstreisen unternehmen, und auch mein Mann sprach sich kategorisch dagegen aus, daß ich monatelang mit der Brigade herumzog, die durchweg aus Männern bestand und in abgelegenen Hotels übernachtete, wo es kein warmes Wasser und keinen anderen Komfort gab, an der Theke aber stets Wodka zu haben war.

Ich tauschte meine geliebte Arbeit als Instandsetzungsingenieur gegen Büroarbeit in einer Planungsabteilung. Meine Enttäuschung und mein Unbefriedigtsein suchte ich in der anderen, der Familiensphäre zu kompensieren. Den hohen Ansprüchen, die ich an meinen Mann stellte, konnte er natürlich nicht genügen. Ich nahm in seinem Leben bei weitem nicht den ersten Rang ein. Als das in den ersten Ehejahren unvermeidliche Einschleifen begann, hatte ich aus besten Antrieben – Selbstverleugnung, Dankbarkeit für das Glück, schließlich aus Gutmütigkeit – die ganze Last des Haushalts mir allein aufgebürdet und meinen Mann mit allen häuslichen Verpflichtungen verschont, ihm nur Rechte gelassen und ihn von Verantwortung befreit. Möglicherweise bestand meine Schuld darin, daß ich ständig geschwiegen hatte und zu stolz war, meine Ansprüche laut zu äußern. Ich meinte, mein Mann müsse selbst darauf kommen, daß es Probleme in unserem Zusammenleben gab. Aber er merkte nichts. Da wurde ich böse und fühlte mich gekränkt. Er wiederum, der nichts von den Ursachen meiner Müdigkeit und Gereiztheit wußte, ärgerte sich über meine Verdrehtheit und vergrub sich in Schweigen, das Wochen dauern konnte und uns beide innerlich zermürbte.

Ich hatte auch nicht geahnt, welche Bedeutung für ein Zusammenleben die Vergangenheit von Mann und Frau besitzt, wie sich die Elternhäuser der beiden auf ihr Verhalten in einer Ehe auswirken. Iwan kam aus einer Familie, in der der Vater unumschränkt herrschte, er war ein schweigsamer Mann, doch was er sprach, galt als Gesetz in der Familie. Er hielt sich einen Hund, ging auf Jagd, und wenn er müde zurückkam, streckte er seiner Frau die Beine hin, und sie zog ihm die Stiefel aus, massierte seine geschwollenen Füße. Bei mir im Elternhaus war alles anders, voll Rücksicht, Zärtlichkeit und Einfühlungsvermögen. Meine Eltern hatten kein pädagogisches System, sie schlugen uns sogar manchmal, aber unser Leben war voller Freundlichkeit und voll Gefühl. Auch wurde alles gemeinsam entschieden, sogar die Kinder durften mitsprechen in unserem kleinen Familienrat, manche der Konflikte zwischen Iwan und mir entsprangen dem großen konfliktgeladenen Zusammentreffen zweier Familienkulturen.

Iwan kam bald nur noch nach Hause, wenn im Fernsehen ein Fußballspiel war, und für mich wurden die Abende zu einer Hölle aus Einsamkeit, Langeweile und Sehnsucht nach Liebe. Ja, Sehnsucht nach Liebe, ich, eine verheiratete Frau ging innerlich fast zugrunde an dieser Sehnsucht, obwohl alle Leute mich für glücklich und zufrieden hielten.

Iwan ging auf Männerbummel – mit seinen vier Freunden, da fielen so Äußerungen, nur daß sie sich meinen charmanten, schönen, klugen Iwan etwas besser vorstellen können, erzähle ich ihnen davon, ich selbst erfuhr es später von Valentina Jermolowa, wie von Filipp, Iwans Freund: ‚. . . eine Frau mag die Gesellschaft von ihresgleichen nicht, weil sie zu Recht in jeder Vertreterin ihres Geschlechts eine potentielle Rivalin sieht.‘ Oder von Iwan jungen Frauen gegenüber, mit denen er einen Abend lang wie ein Jagdhund geflirtet hatte, gespannt und raublustig, nachdem sie ihn und seine Freunde rausgeschmissen hatten: ‚Eure Arbeit, ihr solltet lieber zu Hause bleiben und Kinder hüten. Das wäre nützlicher. Man hat euch zum eigenen Schaden emanzipiert.‘ Oder, vor Wut spuckend, weil die Frauen ihn aufforderten, die Unordnung nach der Party mitzubeseitigen, da auch sie am nächsten Tag zur Arbeit zu gehen hätten: ‚Sieh mal an. Arbeiten gehen wollen sie! Ich fürchte, bald werden die Männer arbeitslos!‘

Nun, nach einem heftigen Streit, in dessen Verlauf Iwan mich sogar schlug, fuhr er auf eine längere Dienstreise, und ich begann ein Verhältnis mit seinem besten Freund . . .“

Sie sagte es nicht stolz, die Soja im Flugzeug, aber auch nicht schuldbeladen, eher resigniert, müde, und mir war sofort klar, daß dieses Verhältnis ihr keinen Ausweg aus ihrer Ehe gewiesen hatte. Sie versuchte nun doch zu erläutern, sah mich forschend von der Seite an, ob ich sie etwa verurteilen würde: „Sehen Sie, der Mann liebte mich, das spürte ich schon seit einiger Zeit, und als Iwan fort war und ich so gedemütigt, so einsam an diesen Abenden, die ich langsam haßte, da ging ich zu ihm . . . ach, es lohnt nicht, das zu beschreiben, Sie werden es wohl selbst kennen, die erste Zeit der Liebe, der Aufregung, Sehnsucht, Leidenschaft und dann die Ernüchterung, Gereiztheit, Zankereien . . . Ich war ihm zu anstrengend, eigentlich liebte er sonst junge Mädchen, jung, schön, gebildet, lebenshungrig, die von ihm keine emotionale Anstrengung verlangten. Ich bot ihm in seiner Freizeit nicht das, was er bei seinen Freunden fand: Erholung. Wie auch Iwan. Damit Sie sich besser vorstellen können, wie das mit Fialkow und mir ablief, eine kurze Szene:

Wir waren auf dem Markt gewesen, ich hatte eingekauft, während er noch unschlüssig war, suchte, er war beleidigt, daß ich nicht seine Zustimmung eingeholt hatte. Im Verlauf unserer Debatte über den Gemüseeinkauf sagte er: ‚Trotzdem sollte die Frau dem Mann wenigstens eine kleine Möglichkeit lassen, sich als Mann zu fühlen!‘

Ich erwiderte: ‚Ich ziehe es vor, mich zu verhalten wie gleich zu gleich!‘ Er gab zurück: ‚Aber Männer und Frauen können nicht gleich sein!‘ Ich behielt das letzte Wort: ‚Macht nichts. In unserer Zeit ist alles ausgeglichen. Die Frauen haben jetzt Männerverstand und die Männer ein weibliches Äußeres.‘

Er war oft gekränkt über meine Art, etwas ironisch und lässig zu sprechen, er bemängelte meine Schlagfertigkeit und meine Selbständigkeit, er war besonders gekränkt, daß ich nicht so oft gekränkt war wie er, manchmal wurde er sogar grob, er meinte, ich wäre so anders als die anderen Frauen, die er kannte, daß er meinte, er müßte mich sogar anders küssen als die anderen.

Ach, was soll ich lange erzählen! Als Iwan zurückkehrte, nach langer, langer Zeit, denn er brachte noch eine Reihe von Unternehmungen hinter sich, bevor er nach der Dienstreise auch wirklich nach Hause kam, und ich von Fialkow eine Entscheidung erwartete oder wenigstens eine Hilfe bei meiner Entscheidung, ließ er sich einfach verleugnen, Grippe, sagte er, aber es war klar, er war schon lange anders geworden, kühler, hatte begriffen, daß ich nicht die Frau war, die er im

Leben brauchte, hatte Sehnsucht nach seinen Freunden, seine Entscheidung hatte er getroffen, für Iwan, seinen Freund, für die Männerbummeleien ... Ja, und damals bin ich nur nicht aus dem Fenster gesprungen ... wegen Aljoschka, nur ins Krankenhaus gekommen wegen einer Neurose, die sich bemerkbar machte als ständige Übelkeit ... der Arzt diagnostizierte: Symptome neurotischen Charakters, mit einer vegetativen Störung des Verdauungssystems ... Die Krankheit hat psychische Ursachen, entsteht durch unbewältigte Lebenssituationen, innere Konflikte und Widersprüche, die ein Trauma auslösen."

Sie war ganz in Gedanken versunken, die blonde Frau, die im Flugzeug neben mir saß, Ingenieurin, verheiratet, Mann und Kind, nach außen so glücklich.

„Und jetzt?" fragte ich leise. „Was machen Sie jetzt?"

„Jetzt?" lachte sie mich an. „Jetzt? Das müssen Sie sich schon selbst ausdenken, was ich machen könnte. Es gibt viele Möglichkeiten. Mein Iwan wollte sich nicht scheiden lassen, er hatte plötzlich seine Liebe für seinen Sohn entdeckt, er und Fialkow stimmten überein darin, daß der einzige Grund, eine Familie aufrechtzuerhalten, der ist, so einen prächtigen Sohn wie Aljoschka großzuziehen.

Ich? Was könnte ich tun? Bei Iwan bleiben, mich von ihm trennen, ist das die entscheidende Frage? Den Beruf wieder ausüben, den ich noch liebe, wieder Kontakte zu den Freundinnen aufnehmen, mein Leben nicht mehr auf einen Mann hin ausrichten ..."

„Aber die Liebe?" flüsterte ich im Flugzeug.

„Wen sollte ich lieben?" antwortete sie schroff. „Die Männer in meiner Umgebung sind Iwan sehr ähnlich ... Machen Sie doch einmal einen Vorschlag, wie ich mein Lebensglück erwischen könnte!"

Und damit löste sie sich ironisch lächelnd und mit einem lässigen Flügelschlag von meinem Nachbarsitz, entschwand in der Flugzeugtoilette und machte der Stimme der Stewardeß Raum, die verkündete, in Irkutsk würden wir nicht landen können, da dort Nebel walle, und deshalb würden wir in Bratsk zwischenlanden für unbekannte Dauer.

Die Zwischenlandung nutzte Alexander mit unerschöpflicher und trickreicher Erfindungs- und Organisationsgabe, mir das Bratsker Wasserkraftwerk, die Taiga und Bratsk, die

‚neue' Stadt – was heißt, erst nach der Revolution entstanden – zu zeigen, kommentiert von einem Taxifahrer, der am Wasserkraftwerk mit ausstieg, Umwege durch Straßen fuhr, an deren beiden Seiten immer neue, immer gleiche Hochhäuser hinter grünen Vorgärten zu erkennen waren. Seine Kommentare waren in ungefähr dem Ton gehalten, der mir von Eigenheimbesitzern geläufig ist, deren Haus in langen Jahren mühsam gewachsen ist durch Schwarzarbeit am Wochenende und eigenes Anpacken an Feierabenden, Wochenenden und in den Ferien. Zurück im Flugzeug bemerkte Alexander: „Da hast du jetzt also doch noch dein Kraftwerk und deine neue Stadt gehabt", und spielte damit an auf mein Übersättigtsein von Textilfabriken und meinen Wunsch, die Beziehungen zwischen Männern und Frauen in einer ‚neuen' Stadt, also einer ohne jede Tradition, zu ergründen. Ich lächelte. Alexander konnte ja nicht wissen, daß Soja mir grade eben viel über das Leben in den neuen Städten entdeckt hatte.

Beeindruckt hatte mich auch weniger das Wasserkraftwerk mit den hohen Zahlen neben der Mauer und den weit unter uns brodelnden Strudeln, beeindruckt hatte mich der Eigenheimstolz des Taxifahrers.

Was sollte das, dieser imaginäre Besuch im Flugzeug, warum holte ich mir die Soja aus Valentina Jermolowas Geschichte „Männerbummel" in dies Buch, reichten mir die vielen Frauen, die ich traf, nicht aus? Im Klappentext der DDR-Ausgabe von „Die süße Frau — Vier sowjetische Frauenerzählungen", ist zu lesen: „. . . Gesellschaft, in der die Emanzipation der Frau de jure und in der Praxis längst zur Selbstverständlichkeit geworden ist. Warum aber können sie ihren Glücksanspruch nicht verwirklichen, . . . inwieweit sind es die alten Geschlechtervorstellungen, das Rollenschema, das vielfach weiterwirkt und sich mit dem veränderten Selbstbewußtsein, den gestiegenen Glückserwartungen der Frau nicht mehr vereinbaren läßt . . ." Soja sollte mich im Flugzeug daran erinnern, daß zum Leben einer Frau nicht nur Arbeit, Bildung, gesellschaftliche Hilfeleistungen bei der Kindererziehung gehören, sondern auch die Männer.

Irkutsk – Sibirien

Sibiriaker gibt es gar nicht

Sibirien, in diesem Wort schwingt Weite mit, unbestimmbar. Märchen aus tausendundeiner Nacht könnten hier entstehen, vertausendfacht, über die Ureinwohner, mongolische Stämme, die zum Teil matriarchalisch organisiert waren, über die Versklavung und Vernichtung ganzer Kulturvölker, als Anfang des 13. Jahrhunderts ein mongolisches Weltreich unter Dschingis Khan entstand, über die Eingliederung ins russische Reich.

In den Märchen kämen Zobelpelze vor, Handelswege, um diese tauschen zu können, gegen Tee beispielsweise, Wege, die bis China reichen, Goldsucher, viele Jahre lang vergeblich suchende, abgerissene Abenteurergestalten, bis dann im Falle des Erfolges der Zar die ganze Ausbeute kassierte. Damit könnten Kinokassen gefüllt und die Augen lebenshungriger Zuschauer zum Leuchten gebracht werden. Sibirien, das heißt Verbannung unterm Zaren, freiwillige Emigration aus gar zu brutaler Bauernunterdrückung, heißt, freiwillig oder unfreiwillig, eine neue Heimat finden in Sumpf, Schnee, Regen, Wald, heißt Pionierarbeit.

Neben den verbannten Frauen gab es solche, die – freiwillig – ihren Männern folgten. Es gab Frauen, die freiwillig mit ihren Männern auf der Flucht vor der zaristischen Unterdrükkungsknute nach Sibirien zogen.

Es gab die Dekabristenfrauen – auch wieder eine Geschichte aus jenem Stoff, aus dem die Märchen gewebt sind: Mut und Verrat, Kampf und Niederlage, Abschied und Ankunft, Reichtum und Verlust, Liebe und . . .

Die historischen Tatsachen sind schnell berichtet: Als „Dekabristenaufstand" ging eine revolutionäre Erhebung vom 14. 12. 1825 in die Geschichte ein, an der vorwiegend Vertreter des Adels beteiligt waren. Ihr Programm enthielt die Abschaffung der Selbstherrschaft und des Leibeigenensystems. Sie waren den Zielen der französischen Revolution und den Gedanken der Aufklärung verbunden.

Der Aufstand, der am Tag der Thronbesteigung Nikolaus' I. begann, wurde in kurzer Zeit blutig niedergeschlagen.

Es folgten Massenverhaftungen, Untersuchungen, ein langer Prozeß, in dem fünfhundertneunundsiebzig Personen vor Gericht gestellt wurden, und schließlich grausame Urteile und ihre Vollstreckung. Von den Anführern des Aufstandes wurden fünf hingerichtet, über einhundertzwanzig zu zwei bis zwanzig Jahren Verbannung und Strafarbeit nach Sibirien verurteilt. Die erste, acht Mann starke Gruppe der nach Sibirien verbannten Dekabristen war siebenunddreißig Tage in Fußfesseln nach Irkutsk unterwegs. Der Vizegouverneur von Irkutsk versuchte, die Lage der Verurteilten erträglich zu gestalten, dafür wurde er wegen Nichteinhaltung der Instruktionen des Zaren vor Gericht gestellt, während man die Sträflinge in die Bergwerke von Nertschinsk verlegte. Sie mußten im Bergwerk arbeiten, die Ketten wurden ihnen nicht abgenommen, der Arbeitstag dauerte von fünf Uhr früh bis elf Uhr abends.

Zurück ließen sie Reichtum, angesehene Familien, kleine oder größere Schlößchen, Pferde, Kutschen, Diener und Dienerinnen, Kleidung in Samt und Seide, Essen und Trinken, was das Herz begehrt, und – ihre Frauen. Die Frauen hatten – außer den Männern – nichts verloren. Sie lebten also in Reichtum mitsamt den Bällen und Halalis, den Chancen, mit attraktiven Hauslehrern einen kleinen Flirt zu beginnen, ach, und was soll ich mir sonst noch aus Filmen und Büchern über ein Adelsleben in Rußland zusammenreimen. Ebendiese Frauen – beileibe nicht alle, aber doch eine Reihe – entschieden sich, ihren Männern zu folgen. Sie wußten, was sie erwartete, sie wußten auch, was sie verließen. Der Zar muß außer sich gewesen sein. Er ließ die Frauen bedrohen, erpressen, überreden. Vergeblich.

Diese Frauen stellten eine Verbindung zwischen den Verbannten und der Außenwelt her. Später durften die Dekabristen, deren Frauen nachgekommen waren, in der Nähe des Gefängnisses in einer kleinen Siedlung wohnen.

Auch wenn es interessant ist, die weitere Tätigkeit und Lebensweise der Dekabristen in Sibirien zu beschreiben, werde ich es nicht tun. Von Bedeutung war mir, exemplarisch aufzuzeigen, welche Grundsubstanzen die Frauen besaßen, die zu den Besiedlern Sibiriens gehörten: Mut, Stolz, Liebe und ein ungeheures Streben nach Freiheit müssen diese Frauen mehr als andere besessen haben. Und hatten auch die Bauern- und später Arbeiterfrauen nicht soviel zu verlieren wie die Dekabristenfrauen, so wußten auch sie, welch hartes Schicksal sie erwarten würde.

Ich bin beim stellvertretenden Bürgermeister eingeladen. Eine halbe Stunde sollte der Empfang dauern, er dehnt sich zu einer Stunde aus, so viel hat der Bürgermeister über ‚sein' Land zu erzählen.

„In Sibirien leben acht Prozent der Bevölkerung der Sowjetunion auf dreißig Prozent des Territoriums der Sowjetunion. Irkutsk hat eine halbe Million Einwohner. Es herrscht hier kontinentales Klima, viel Sonne, lange Winter. Der Boden ist reich an Mineralien, riesige Salzvorräte gibt es, die noch gar nicht eingeschätzt werden können. Sibirien ist von entscheidender Bedeutung in der Produktion von Energie, wir liefern auch Energie in die Mongolei. In den fünfziger Jahren nahm die Industrie hier einen großen Aufschwung. Es kamen Jugendliche, vor allem aus dem Komsomol, es wurden neue Städte und neue Industriezweige gegründet. Große Städte entstanden im Verlauf der letzten Jahre. In Bratsk wohnen heute zweihundertfünfzigtausend Menschen, diese Stadt entstand vor fünfundzwanzig Jahren aus der Taiga. In diesen Städten leben hauptsächlich junge Leute, es gibt dort eine hohe Geburtenrate und auch Probleme. Auch die Landwirtschaft entwickelt sich. Die Viehzucht ist kompliziert. Wir versorgen uns schon selbst mit Getreide, Gemüse, Brot, darüber hinaus kann das Land sich noch nicht selbst versorgen. Wir haben verschiedene Wissenschaftszweige, eine Filiale der Akademie der Wissenschaften, zehn Hochschulen, vierzig technische Hochschulen, das sind die Schulen, die Spezialisten für alle Bereiche der Wirtschaft ausbilden. Es gibt zwei Theater im Gebiet, ein Operettentheater, ein Jugendtheater, zwei Puppentheater, Zirkus, Philharmonie, zwei Symphonieorchester, es gibt Kulturhäuser, Klubs, Bibliotheken, Sportanlagen, Schwimmbäder. Es wird Rücksicht darauf genommen, daß hier viele junge Menschen leben. Deshalb gibt es eine große Nachfrage nach Sporteinrichtungen. Wir streben danach, die Bedürfnisse der jungen Menschen zu befriedigen. Jährlich nehmen wir eine Million Quadratmeter Wohnfläche, zwanzigtausend Schulplätze, fünftausend Plätze an Vorschuleinrichtungen in Betrieb. Das ist viel, und trotzdem werden die Bedürfnisse nach solchen Einrichtungen nicht völlig gedeckt. Es gibt viele junge Ehepaare, eine hohe Geburtenrate. Die jungen Leute sind aus unterschiedlichen Teilen der Sowjetunion zu uns gekommen, die Eltern blieben daheim, von denen haben die jungen Leute keine Unterstützung. Alle wollen arbeiten, und deshalb wollen sie auch ihre Kinder in den Kindergarten geben. Es gibt bei uns noch Schulen mit Schichtunterricht. Wir brauchen mehr Kindergärten. Zwanzig Prozent des Bedarfs sind nicht gedeckt. Etwa fünfzehntausend Eltern stehen Schlange. Das ist der Durchschnitt für das Gebiet. Es gibt Städte und Rayons, in denen der Bedarf völlig gedeckt ist, und es gibt welche mit Mangel. In Ustelinsk zum Beispiel ist auch die Nachfrage größer, und der Wohnungsbau ist auch nicht auf dem Niveau, wie es wünschenswert wäre, und also ist dort auch an Kindergartenplätzen die Nachfrage bis zu dreißig Prozent ungedeckt. In Städten wie Angarsk, die schon ihren dreißigsten Jahrestag gefeiert haben, gibt es bereits freie Plätze in den Kindergärten. Wir sagen manchmal ‚Sibiriaker' zu den Menschen hier, das ist nicht richtig, weil es keine richtige Nationalität gibt. Hier leben mutige Menschen, die das Gebiet erschließen. Meine Familie zum Beispiel gehört von der Nationalität her der Ukraine an, obwohl mein Vater und meine Mutter echte Sibiriaker sind. Ein solches Schicksal haben viele Menschen hier.

Es gibt natürlich Probleme bei uns, die wir zu lösen versuchen. Wir machen alles, um das Leben hier schön zu gestalten. Wir sind Optimisten und folgen dem Beschluß der Partei, diese Gebiete zu erschließen. Wir haben viele Sehenswürdigkeiten vorzuweisen und einen Schatz, den Baikal. Der Baikal ist ein Schatz der Natur. Im Norden unseres Gebietes verläuft die BAM, die ein Stoß im Leben unseres Landes sein wird, mit der Vororte unseres Landes erschlossen werden, das Leben wird dadurch entwickelt. Auf unserem Gebiet ist die BAM schon fertig.

Das Spezifische für unsere Frauen ist Entschlossenheit und Mut. Es war allein schon eine mutige Entscheidung, hierher zu kommen. Eine Besonderheit der Mädchen, die hierher gekommen sind, ist es, daß sie die Möglichkeiten nutzen wollen, sich selbst zu bestätigen. Sie streben nach öffentlicher Arbeit, sie wollen nützlich für die Menschen sein. Ein Teil dieser Mädchen ist hierher gekommen mit dem Ziel, eine Familie zu gründen, ihre persönlichen Sachen zu regeln, weil es hier mehr Männer gibt. Es gelingt auch den meisten, das zu schaffen. Es liegt nahe, daß ich so etwas sage, weil ich für Sport- und Kulturpolitik verantwortlich bin und in dieser Tätigkeit die Feststellung machen kann, daß junge Ehepaare wie Pilze aus dem Boden sprießen. Übrigens glauben wir Sibiriaker, daß alle diese Momente, die ich erwähnt habe, keine negativen Folgen für die Frauen haben. Die Frauen erhalten ihre Anziehungskraft, ihre Weiblichkeit, und ich glaube, daß unsere üppige Natur dabei noch eine besonders positive Rolle spielt."

„Welche sind die Hauptberufszweige für die Frauen?"

„Heutzutage ist es schwierig, einen Bereich zu finden, in dem Frauen nicht arbeiten. Es gibt Bereiche wie Bergbau, da ist es für Frauen verboten zu arbeiten. Frauen arbeiten in der Lebensmittelindustrie, Leichtindustrie, Medizin, Volksbildung, dort arbeiten bis zu achtzig Prozent der Frauen. Noch ein Bereich, in dem viele Frauen arbeiten – und seien Sie nicht verwundert –: im Bauwesen. Wir bauen sehr viel, und dort arbeiten Frauen wie Männer. Viele Frauen sind in der Holzindustrie beschäftigt, in der Erdölverarbeitungsindustrie, hauptsächlich in Laboratorien. Frauen sind oft Operatoren. In Kindergärten arbeiten nur Frauen. Ich als Lehrer trete dafür ein, daß bei der Kindererziehung Männer und Frauen gleich beteiligt sind. Es gibt heutzutage Mängel in der Erziehung der Kinder, weil die sehr einseitig vor sich geht. An den Schulen sind zu wenige Männer. Das gehört zu den Zukunftsaufgaben! Ich glaube, daß Männer jetzt mehr und mehr in diesen Bereich drängen. Und noch eine Zukunftsvision, die Gesellschaft gibt den Frauen ja mehr und mehr Gelegenheit, den Kindern am Anfang besondere Aufmerksamkeit zu widmen. Vielleicht wird es einmal, wenn die materielle Grundlage dafür geschaffen ist, so weit sein, daß die Frauen sich nur noch der Erziehung der Kinder widmen können."

„Und die Männer?"

Alle lachen.

„Ich glaube, daß in den ersten Jahren das Kind vor allem die Mutter braucht."

Sibirische Frauen

Am Gespräch nehmen teil: Margarita Kabjakova, Leiterin der Rayonsgewerkschaft für Mediziner, Vorsitzende des Frauenrates des Rayons, Taisia Degtjaröva, Gewerkschaftsvorsitzende in einer Produktionsvereinigung Irkutsker Kunstglasstoffe, Oktjabrina Rodschenko, Laboratoriumsleiterin in der Akademie der Wissenschaften, Physiologie der Pflanzen, Efima Panteleymonovana, Rektorin des Irkutsker Fremdspracheninstituts.

„Hier im Gebiet gibt es neunhundertfünfzehntausend Frauen, die über achtzehn Jahre alt sind. Zweihunderttausend sind über fünfundfünfzig Jahre alt. Die bekommen Pensionen. Etwa sechshunderttausend arbeiten in der Produktion und nur achtzehntausend in der Landwirtschaft. Besonderheiten sind verbunden mit der Entstehung neuer Städte. In den letzten zwanzig Jahren entstanden viele neue Städte, und die Frauen sind verantwortlich für die Bildung einer moralischen Atmosphäre, dabei leisten sie eine große Arbeit. Es ist wichtig, so etwas auch in weit entfernten Gebieten zu schaffen."

„Was verstehen Sie unter ‚moralischer Atmosphäre'?"

„Nun, das ist eine umfangreiche Frage. Wir haben siebenundvierzig Rayonkomitees für Frauen, die vereinigen in sich etwa eintausend noch kleinere Frauenorganisationen, und diese Frauenräte beobachten an Ort und Stelle die Ordnung in Kindergärten oder Kinderkrippen. Die Frauenräte unterstützen sehr die alleinstehenden Frauen. Es gibt Dörfer mit dreihundert Einwohnern, und Frauenräte leisten dort eine große Rolle beim Schaffen einer normalen moralischen Atmosphäre. Noch ein Problem, das vielleicht auf der ganzen Welt vorhanden ist: die Verteilung der Hausarbeit zwischen Mann und Frau. Wir machen drei Viertel der Hausarbeit und die Männer ein Viertel. Laut einer Statistik eines Professors brauchte eine Frau in den dreißiger Jahren für den Haushalt fünfeinhalb Stunden, heute braucht sie viereinhalb Stunden, das ist nicht besonders wenig. Das ist für uns ein Problem. Unser Gebietsfrauenrat versucht, die Knaben von der Kindheit an zu erziehen, daß sie solche Arbeit nicht als Frauenarbeit betrachten. Daß sie erzogen werden, später auch bei der Hausarbeit zu helfen.

Hier im Gebiet in der Produktion arbeiten einundfünfzig

Prozent Frauen, bei der Wissenschaft nehmen die Frauen schon achtunddreißig Prozent ein.

Ein wichtiger Aspekt der moralischen Atmosphäre hängt damit zusammen, daß hierher zur Zeit mehr Männer als Frauen kommen. Die Frauen, die hierher kommen, sind natürlich aktiver als die, die dort geblieben sind. Hierherzukommen braucht man Mut. Die Mädchen, die auf den Baustellen arbeiten, sind natürlich auch aktiver, weil sie ihre Bewährungsprobe hier suchen, und dennoch kommt die Zeit, wo diese Mädchen und Frauen eine eigene Familie haben wollen. Dann müssen sie auch wieder aktiv werden, da es mehr Männer gibt als Frauen. Wenn sie dann eine Familie gegründet haben, entstehen dieselben Probleme wie in den alten Familien.

Beide Seiten, Mann und Frau, haben die alten Traditionen, in denen sie erzogen worden sind, hierher mitgebracht. Es ergeben sich aber auch neue Charakterzüge für die sibirischen Menschen: Gutmütigkeit, Offenheit. Ein sibirischer Mensch versteckt keinen Stein unterm Hemd, sagen wir. Solche Menschen lieben wir hier nicht. Wir versuchen, die besten Traditionen zu bewahren."

„Wieso müssen die Mädchen bei der Wahl der Männer aktiv sein? Wenn ich mir das vorstelle, viele Männer und wenige Frauen, dann müßten doch die Männer aktiv sein, um eine Frau zu ergattern."

„Die Mädchen, die hierher kommen, sind sehr selbständig und entschlossen in solchen Fragen. Es kann einem Mädchen passieren, daß sie viele Männer liebt, das ist ihre Sache, aber im Grunde genommen sind unsere Mädchen sehr selbständig bei der Wahl des Mannes."

Ich erzähle, daß bei uns auf dem Bau ein Leben für Frauen sehr schwer sei, weil die Männer versuchten, ihr klarzumachen, daß das ihrem Geschlecht nicht zuträglich sei.

„Das ist hier ganz anders, solche Probleme wie bei euch haben wir nicht. Es gibt auch Frauen, die Baustellen leiten. Es gibt das Problem von anderer Seite, wir haben soviel Gleichberechtigung, daß es manchmal für uns auch schwierig ist. Wir wollen manchmal weniger Gleichberechtigung haben, um nicht ganz soviel Arbeit zu leisten wie die Männer."

„Wie verstehen Sie das?"

„Vor allem gibt es die Gesetzgebung. Gesetzlich ist es verboten, Frauen bei schweren Arbeiten einzusetzen, und die Frauenräte beobachten, ob das Gesetz verwirklicht wird. Aber Sie haben Recht, wenn Sie diese Fragen stellen über das Verhalten der Männer. Wir Frauen sind emotionaler als die Männer und wollen auch von den Männern so empfangen werden. Wenn die Männer und die Frauen zusammenarbeiten, können die Männer ihr Verhalten gegenüber den Frauen messen. Wir Frauen wollen, daß die Männer freundlicher zu uns Frauen stehen, und wir wollen uns als Frau fühlen können. Ich habe einen Schwiegersohn, der kann alles im Haushalt und hilft meiner Tochter immer. Das war nicht so bei meinem Mann, der konnte das Kind nicht baden oder wikkeln wie zum Beispiel mein Schwiegersohn. Bei jeder Familie gibt es Unterschiede, die jungen Männer verändern sich auch."

Oktjabrina Rodschenko, die so sprach, sieht eher mütterlich, hausmütterlich aus mit ihrer hochgeschlossenen, weißen, blaugepunkteten Bluse. Wenn sie spricht, drücken ihre braunen Augen Entschiedenheit aus, und auch ihr entspannter breiter Mund mit den großzügigen Linien stimmt mit dem überein, was sie sagt.

Neben ihr sitzt eine Frau in weißem Kleid mit Folklorestikkerei. Sie hat zwölf Jahre lang eine Werkhalle geleitet. Ich schätze ihr Alter auf fünfunddreißig Jahre.

„Ich habe eine politechnische Hochschule absolviert und dann als Chef der Werkhalle begonnen, dort war ein Männerkollektiv. Radioersatzteile wurden hergestellt. Daß ich Achtung in diesem Kollektiv genoß, wird durch die Tatsache belegt, daß sie mich auch zur Gewerkschaftsvorsitzenden gewählt haben."

„Wie war denn das vor zwölf Jahren, als Sie dorthin kamen?"

„Es arbeiteten hundert Männer in der Werkhalle, und anfangs, wie immer im Leben, war es notwendig, menschlichen Kontakt aufzunehmen, und die Männer wollten von mir wissen, was ich als Ingenieur leisten kann. Das hat mich gezwungen, mich aller meine Kenntnisse in allen wissenschaftlichen Bereichen zu erinnern. Ich schaffte es und half den Männern auch bei manchen mathematischen Berechnungen, und mit der Zeit begannen sie, mich zu achten. Damals, als ich in die Werkhalle kam, war ich schon dreißig Jahre alt, hatte einen

Sohn, heute habe ich noch eine Tochter, bin schon Großmutter und habe einen Enkel von zweieinhalb Jahren.

Damals gab es auch solche Fälle, daß die Männer mir Liebeserklärungen machten, aber ich versuchte, menschliche Kontakte aufzunehmen, und mit der Zeit begann ich, jeden einzelnen aus dem Kollektiv besser zu verstehen. Die Männer schämten sich sogar, in meiner Anwesenheit Schimpfworte zu sagen. Wenn ich so etwas gehört hatte und die Männer merkten das, wurden sie rot und entschuldigten sich. Wenn wir uns heute treffen, begrüßen die Männer mich sehr herzlich, und sie laden mich nach Hause ein."

„Erwuchsen Ihrem Mann irgendwelche Probleme aus Ihrer Arbeit?"

„Wissen Sie, ich habe ein Abendstudium gemacht, da hatte ich schon ein Kind und den Haushalt, ich war immer mit Männern zusammen, auf der Hochschule, in der Produktion. Abends war ich häufig nicht zu Hause. Ich habe mich immer so verhalten, daß mein Mann nicht eifersüchtig sein mußte. Vielleicht sollte ich hinzufügen, daß ich meinen Mann schon seit der Kindheit kenne, vielleicht hat das unser Verständnis erleichtert. Mein Mann half selbstverständlich auch im Haushalt, sonst hätte ich das alles nicht schaffen können. Nicht nur ein Viertel, nein, mehr. Hierher kam ich 1957 mit meinem Mann aus dem Kirower Gebiet. Unsere Eltern leben in anderen Ortschaften, mein Vater auf der Krim, die Eltern meines Mannes leben auch woanders. Als wir weggingen von zu Hause, war es eine schwere Zeit. Meine Mutter ist sehr früh gestorben, wir waren fünf Kinder zu Hause, der Vater Kolchosvorsitzender, er fand eine neue Frau, eine sehr geachtete Frau mit zwei Kindern, so gab es zehn Personen in der Familie. Natürlich war es nicht leicht, in einer so großen Familie zu leben. Mein Mann lebte auch in einer großen Familie. Irgendwann entschieden wir uns, ein neues, selbständiges Leben zu beginnen. Da nahmen wir die Landkarte, schlossen die Augen und zeigten mit dem Finger darauf. Es war Irkutsk. So sind wir hierhergekommen. Ich will auch nicht wieder fort. Ich habe viele Verwandte, die ich besuche, ich bin schon viel gereist, aber wenn ich zurückkomme, fühle ich mich zu Hause. Das ist nun fast dreißig Jahre her, damals war es nicht leicht anzufangen, wir hatten keine Verwandten, keine Freunde, kein eigenes Haus, keine Wohnung. Ich hatte keinen Beruf gelernt, ging in die Fabrik, in die Kunstglasfabrik, in der ich nun schon über zwanzig Jahre tätig bin. Damals gab es viele Probleme, heute scheint es schon so gut wie gelöscht in der Erinnerung."

Neben mir sitzt Margarita Kabjakova, eine stattliche Frau mit einem großflächigen Gesicht, über dem sich ein hoher Haarturm bauscht, von ihren Ohren baumeln bunte Steine, ihre grünen, kullerigen Augen sind schwarz umrandet und spielen die Hauptrolle in dem Gesicht, in dem alles andere winzig daneben verschwindet.

„Meine Biographie ist vielleicht nicht so interessant. Ich habe zehn Jahre die Schule besucht, dann wollte ich zur Hochschule, aber das Examen mißlang, da ging ich in eine Kinderkrippe arbeiten. Später wurde ich Direktorin der Kinderkrippe, absolvierte im Fernstudium die pädagogische Hochschule und im Abendstudium die medizinische Berufsschule. 1972 wurde die Gewerkschaft medizinischer Mitarbeiter gegründet, da wurde ich zur Vorsitzenden gewählt. Ich studierte zusätzlich Medizin, weil die Arbeit einer Erzieherin eng verbunden ist mit der Medizin. Es ist wichtig, bei der Erziehung der kleinen Kinder medizinische Kenntnisse zu besitzen. Meine Familie ist nicht groß, mein Mann ist Jurist, mein Sohn studiert in einer Ingenieurschule, er ist siebzehn Jahre alt. Ich komme aus einer Arbeiterfamilie. Mein Vater arbeitete erst als Arbeiter in einem Radiowerk, dann machte er seinen Ingenieur, heute unterrichtet er in einem Politechnikum. Meine Mutter ist Arbeiterin. Ich habe drei Schwestern, zwei sind Biologinnen, eine Medizinerin. Alle haben Hochschulausbildung. Wir sind hier geboren, alle Verwandten wohnen hier, nur eine Schwester nicht. Meine Eltern kamen 1936 hierher, weil mein Vater geschickt worden war, um neue Arbeit zu tun. Helfen oder nicht helfen im Haushalt, solche Probleme gab es bei meinem Mann und mir nie. Unser Sohn ist ein später Sohn, er wurde erst nach sechs Jahren unseres Zusammenlebens geboren. Deshalb haben wir beide ihm große Aufmerksamkeit geschenkt, mein Mann liebt ihn sehr. Mein Mann studierte auch, erst Marineschule, dann wurde er aus Gesundheitsgründen demobilisiert. Mit militärischer Ausbildung konnte er keine Arbeit finden, so hat er sich umqualifiziert zum Juristen. Da wir beide studierten, teilten wir auch die Hausarbeit."

Alexander bekommt Übersetzungspause, mit der Fremdsprachendirektorin kann ich mich in Englisch verständigen. Sie erweckt den Eindruck einer Dame, schlank, blond, elegant, gepflegt, nichts zuviel und nichts zuwenig, freundlich, höflich. Beim Gespräch allerdings zeigt sich, daß ihre Eleganz mit Temperament gewürzt ist und die Freundlichkeit nicht glatte Maske, sondern spontane Zuwendung zu anderen Menschen. Ihr Lachen ist jung.

„Ich bin in Sibirien geboren, im Osten von Irkutsk. Meine Eltern leben auch in Sibirien. Mein Leben ist sehr normal. Ich wollte Lehrer werden, ging 1958 ins Institut. Damals wurde ein neues Institut gegründet, ich war eine der ersten Studenten. Danach kehrte ich zu meinem Geburtsort zurück, nach Tschita. Vierundzwanzig Jahre arbeitete ich dort als Lehrerin. 1976 wurde ich zur Direktorin des Fremdspracheninstituts ernannt. Ich wurde Vorsitzende des englischen Departments, Stellvertretende Direktorin, so kam ich nach langer Zeit ans Institut zurück. Wie eine solche Ernennung zustande kommt? Das Ministerium kennt die Leute, die im pädagogischen Bereich arbeiten. Sie luden mich nach Moskau ein, dort sprachen sie mit mir und erklärten mir, daß ich zurückkommen sollte. Ich dachte nach und dachte nach, und dann stimmte ich zu. Mein Mann arbeitete auch am pädagogischen Institut. Er ging mit mir nach Irkutsk, weil ich dort ans Institut gerufen wurde. Es gab auch für ihn gute Gründe, er macht seinen ‚master of science', und bevor wir nach Irkutsk gingen, fand sein Masterkurs schon hier statt. Deshalb hatte er Interesse daran, nach Irkutsk zurückzukehren.

Ich habe einen Sohn, der ist zweiundzwanzig Jahre alt. Mein Sohn wurde spät geboren. Mein Mann und ich teilen die ganze Hausarbeit, deshalb war es auch nicht schwierig zu arbeiten. Auch die Kindererziehung teilten wir, und als mein Sohn größer wurde, begann er zu helfen. Das ist kein Problem. Ich bin sehr glücklich mit meinem Mann und meinem Sohn. Wir sind nur etwas enttäuscht wegen der Karriere, die unser Sohn wählte, er sollte seinem Vater nachkommen und Physik studieren, aber er hat Fremdsprachen gewählt. Er interessiert sich nun einmal dafür, er liebt Sprachen, es war sein Wunsch.

Meine Familie lebt schon seit Jahrhunderten in Sibirien. Ich glaube nicht, daß ich mich als eingefleischte Sibiriakerin von anderen unterscheide. Die Bevölkerung hier kommt aus vielen unterschiedlichen Gebieten, wir gleichen uns einander an. Wir unterscheiden uns nicht besonders.

Vielleicht sind die Sibirier besonders herzlich, freundlich, auch gastfreundlich wegen der Bedingungen, unter denen die Menschen leben. Wir haben hier einfach besonders großes Interesse an den neu Hinzugekommenen. So ist es nicht schwierig für die Neuankömmlinge, Freunde zu gewinnen.

Bei der Erziehung meines Sohnes war mir besonders wichtig, daß er sich selbst zu verwirklichen lernte. Das war das wichtigste, das jeden Tag bestimmte. Er lernte von Anfang an, sich selbst anzuziehen, selbst aufzuräumen, als er ein Schuljunge war, zeigten wir ihm zu kochen. Er kaufte bald ein, Brot, Zucker, Milch. Als er größer wurde, bekam er auch größere Pflichten. Heute ist er verheiratet, sie sind sehr jung verheiratet, haben noch keine Linie in ihrem Leben. Seine Frau sagt, sie hilft ihm im Haushalt. Ich muß immer sehr lachen über die beiden. Sie machen noch alles zusammen, sie müssen noch lernen, die Pflichten zu verteilen.

Ob es etwas Spezifisches für einen Jungen gab, das wir ihn lehrten? Nun, er sollte aufmerksam zu Frauen sein, großzügig, last but not least: freundlich, richtig freundlich. Er soll seiner Frau helfen, seine Kinder lieben, aber er soll seine Persönlichkeit bewahren. Mein Mann, obwohl er mir sehr hilft, und ich kann wirklich nichts gegen sein Hobby sagen, aber er liebt Angeln, und jede freie Zeit widmet er diesem Hobby. Ich mag es nicht. Ich liebe Lesen, Nähen. Die jungen Leute, die jungen Paare sind näher zusammen, sie versuchen, ihr Zusammenleben so zu arrangieren, daß jeder seine Aufgabe bekommt. Unsere jungen Männer werden zärtlicher und weicher zu den Babys, das fällt mir immer wieder sehr auf. Jeden Morgen, wenn ich zur Arbeit gehe, sehe ich einen jungen Mann, der sein Baby spazierenfährt, ohne jede Frau in der Nähe."

Ich erzähle den Frauen von der Äußerung des stellvertretenden Bürgermeisters, daß in Zukunft vielleicht die Frauen zu Hause bei ihren Kindern bleiben können. Was sie denn davon hielten?

„Sie haben ihn vielleicht mißverstanden", meint Oktjabrina Rodschenko. „Wir versuchen es so einzurichten, daß die Frauen zu Hause bleiben können oder daß sie weniger arbeiten, wenn sie es wollen. Die Arbeit der Frauen ist jedoch nicht in Frage gestellt. Aber es gibt junge Familien, in denen die Kinder schnell hintereinander geboren werden, da wollen die Frauen vielleicht für einige Jahre weniger arbeiten. Diese Stellungnahme hat er wohl gegeben, weil unser Staat alles tut, damit eine Frau ihren Kindern mehr Zeit widmen kann, wenn sie will."

Von Beruf: Gießerin

Nach dem Klingeln müssen wir eine Weile warten, bis geöffnet wird – von der Nachbarin wohl, die beim Vorbereiten des Essens geholfen hat. Dann erscheint lachend unsere Gastgeberin, schön gemacht hat sie sich, das kann man sehen, ihr hellblaues Kleid paßt haargenau zu den hellblauen Ohrringen, die Lippen sind geschminkt, die dunklen, kurzen Haare frischgewellt. Schlank ist sie, Ludmilla Petrowna-Katkova, und sieht nicht aus wie eine Schwerarbeiterin.

Sie führt uns ins Wohnzimmer, auch hier ein großer Tisch in der Mitte, ein Fernseher, grüner Teppich, leicht rosa gestrichene Wand, großer Schrank mit vielen Büchern, Kristall, eine gefüllte Obstschale, auf dem Sofa liegt ein roter Teppich, auf den Sesseln andere kleine Teppiche zur Verzierung des roten Kunststoffbezugs.

Sie arbeitet im Schwermaschinenbau, wo Bagger für die Goldgewinnung produziert werden, und ist in der Gießereiproduktion beschäftigt, gießt Formen. Aus Ton und Sand wird ein Grundboden hergestellt und in eine Form eines Ersatzteiles eingegossen. Es ist eine physisch schwere Arbeit. „Wir haben maschinelle Technik, mit deren Hilfe wir die Arbeit bewältigen", fügt sie hinzu.

Ich erkundige mich nach ihren vielen Büchern. Sie lädt mich ein, näherzutreten und zu begutachten: „Klassiker vor allem, Ostrowsky, Scholochow, Puschkin, Tolstoi, Rajewski über die Dekabristen, leider keine deutsche Literatur", entschuldigt sie sich. „Nur Goethe."

Ich lache: „Nicht viele Deutsche haben in ihren Bücherschränken Goethe stehen."

„Oh", erwidert sie. „Die eigenen großen Dichter nicht zu kennen, das ist unbegreiflich. Wir kennen die deutschen Autoren von der Schulbank, aber jetzt ist es unmöglich, ein solches Buch zu kaufen, jede Auflage ist sofort vergriffen. Das sind schon große Auflagen, drei Millionen Exemplare, aber für so ein großes Land . . ."

Ich erzähle, daß in der BRD von einigen Lehrern und auch von Schülern die Auffassung vertreten werde, die klassische Literatur sei langweilig, da sie mit dem Leben der Schüler nichts mehr zu tun habe. Wie sei das bei ihnen?

„Sehen Sie", antwortet sie nachdenklich, „vielleicht ist der eine oder andere moderne Dichter besonders beliebt, aber daß es einen Schüler gibt, der Puschkin oder Lermontow nicht kennt, das gibt es bei uns nicht. Zu meiner Schande muß ich gestehen, daß ich zwar die modernen Dichter kenne, aber nichts daraus zitieren kann, aber aus Lermontow oder Puschkin könnte ich viele Zitate vortragen."

Mir wird plötzlich klar, was es in der Realität für die Menschen bedeutet, daß alle die gleiche Schulausbildung besitzen, die gleiche Allgemeinbildung vor der Spezialisierung. Auch diejenigen, die nach der achten Klasse die Schule verlassen, sind verpflichtet, auf einer Abendschule den Stoff nachzuholen, alle haben das gleiche Schulprogramm zu absolvieren. Mir wird deutlich wie nie zuvor, welch radikale Auslese bei uns getroffen wird durch unser verschachteltes Schulsystem.

Laut spreche ich aus, was mir gerade durch den Kopf geht, frage, ob bei ihnen denn nicht vielleicht die besonders Begabten zu kurz kommen. Für besonders Begabte gebe es Extraschulen, physikalische Schulen, Fremdsprachenschulen, musikalische Schulen, mathematische Schulen, eine weltberühmte mathematische Schule liege in Nowosibirsk.

Rostislav, unser Begleiter in Irkutsk, erzählt: „Ich dachte nicht, daß meine Tochter so klug ist, aber es gibt Ausscheidungen, dabei werden die Begabtesten ausgesucht. Meine Tochter ist immer durch die Straßen gelaufen und hat dummes Zeug getrieben, mir wäre nie in den Sinn gekommen, daß sie mathematisch so begabt ist. Nach der Olympiade werden die Eltern gefragt, ob sie das Kind in eine Begabtenschule geben wollen. Auch das Kind kann natürlich nein sagen. Meine Tochter weiß noch nicht, ob sie hinfahren will. Diese Schule ist in Nowosibirsk bei der Akademie der Wissenschaften. Sie sammeln von überall die begabtesten Kinder zusammen. Meine Tochter kommt jetzt in die neunte Klasse. Sie weiß noch nicht, ob sie fahren soll. Ich empfehle ihr, es zu tun, aber sie hat noch nicht entschieden. Sie will Philologin werden wie ihr Papa. Ich sage ihr: fahre! Ich glaube, sie wird fahren, um einmal zu sehen, wie das ist, um es mit den Fingern zu berühren. Dann würde sie im Pensionat leben. Auf Staatskosten, die bekommen alles umsonst."

Ludmilla Petrowna ist Mitglied des Obersten Sowjets der Russischen Föderativen Republik, erfahre ich jetzt und bin einen Augenblick enttäuscht, ich hatte doch gedacht, bei einer ganz ‚normalen' Arbeiterin zu Besuch zu sein. Nun allerdings erscheint mir meine Enttäuschung fehl am Platze, umgekehrt ist es doch wohl richtig: Eine ganz ‚normale' Arbeiterin kann Mitglied des Obersten Sowjets einer Republik sein. Ich frage sie nach ihrer Tätigkeit in dieser Funktion.

„Zweimal im Monat empfange ich die Wähler, die sich mit Fragen an mich wenden. Ich prüfe dann jede Frage, versuche zu helfen. Zweimal im Jahr trifft sich der Oberste Sowjet. Die Fragen, die dort zur Entscheidung gelangen, wurden vorher in den einzelnen Kommissionen schon diskutiert und geklärt, mehrheitlich abgestimmt, wenn Gesetze verabschiedet werden sollen."

„Bearbeiten Sie wirklich alle Fragen, die an Sie von den Wählern herangetragen werden?"

„Kanjeschna". Dieses „selbstverständlich", das ich so gut kenne mittlerweile.

„Ich wende mich an die Betriebe oder an die Partei oder so, versuche auf jeden Fall zu helfen. Wenn es nicht geht, gegen Gesetze verstößt, dann erkläre ich es demjenigen. Ich selbst bin in der Kommission für Umweltschutz."

„Umweltschutz?"

„Ja, es gibt Probleme mit dem Umweltschutz. Vor kurzem befaßten wir uns mit einem Naturschutzgebiet bei Murmansk, das gegründet wurde, um Rentiere in ihrem Bestand zu sichern. Aber es wurde dort auch eine Metallurgie gegründet, die schädlich ist für die Tiere. Es wurde Strafgeld von den Betrieben genommen, und wir machten Vorschläge, um Sicherungen einzubauen, damit die Luft nicht verschmutzt wird. Auch für den Baikal gibt es einen Schutz, damit dort die vielen Fische leben können. Die Betriebe am Baikal haben Sicherungen gebaut, um den See nicht zu verschmutzen. Es ist dort auch verboten, Holz abzuschlagen. Wir organisieren uns unseren Erfolg. Die Betriebe werden gezwungen – gesetzlich verpflichtet –, Reinigungsanlagen zu bauen. Zu solchen Fragen wie Holzfällerei gibt es Probleme: Im europäischen Teil gibt es wenige Wälder, weil viel Holz gefällt worden ist, heute ist vorgesehen, dort nicht noch mehr Holz zu fällen und dafür mehr in den sibirischen Wäldern, weil es dort noch genug gutes Holz gibt."

„Sie sind Gießerin, wie kam es dazu, daß Sie diesen Beruf wählten?"

„Nun, 1957, als ich Arbeit suchte, sah Sibirien noch nicht so aus wie heute, da mußte gearbeitet, aufgebaut werden. Ich finde, mein Beruf ist gerade richtig für eine Frau. Formen gießen ist doch schöpferisch. Es wird halb und halb von Männern und Frauen bewerkstelligt. Das größte Problem sind die Hände. Ja, meine Hände sehen im Augenblick gepflegt aus. Ich komme gerade aus dem Urlaub, sonst hätte ich meine Hände jetzt verstecken müssen. Im europäischen Teil Rußlands gibt es nicht so viele Frauen, die solche Arbeit tun, aber die sibirischen Frauen sind stark.

Ihnen gefallen die Holzhäuser bei uns, sie finden sie romantisch, aber als die Frauen früher hier lebten, war das nicht lustig, kein Wasser, kein Feuer gab es dort, der ganze Haushalt lastete auf den Frauen, und dann unsere harten Winter, da mußten die Frauen stark werden. Sibiriens Ureinwohner waren Verbannte, nicht nur die Dekabristen, die Frauen folgten ihnen, das waren die Menschen, die dieses Land urbar machten.

Warum wollen Sie ausgerechnet über sibirische Frauen etwas schreiben?

Ich erzähle Ihnen mal etwas. Ich bin in Japan gewesen, zu Besuch bei einem Patenschaftsbetrieb. Der Vorsitzende der japanisch-sowjetischen Freundschaftsgesellschaft, ein gebildeter Mann, hat mir erzählt, ihnen werde das Bild vermittelt, die Sibirier seien eine Art Untermenschen, unzivilisiert. Als er dann allerdings hier einen Besuch abstattete, stellte er bald fest, daß alles gelogen war. Er hatte sogar ein wenig gezaudert zu kommen."

Ich bin zu Gast bei einer Frau, die so interessiert ist am Leben der Menschen in der BRD, daß ich aufpassen muß, nicht selbst zuviel zu erzählen. Zu den Deutschen berichtet sie von einem Aufenthalt in Polen, wo sie auch ein KZ besucht habe: Die Führerin habe ihr erzählt, daß neunzig Prozent der Westdeutschen, wenn sie dieses KZ besuchten, auch heute noch nicht glauben wollten, was dort erzählt wird. Auch heute behaupteten diese neunzig Prozent noch, das sei Propaganda.

„Haben Sie Kinder?"

„Nein. Aber Enkelkinder."

„Wie das?"

„Meine Schwester hat Kinder, und die habe ich mitaufgezogen. Die haben wieder Kinder, und die betrachten auch mich als Großmutter."

Sie ist geschieden, erfahre ich, sie fragt mich, aus welchem Grund ich mich habe scheiden lassen. Kaum, daß ich antworten kann, fügt sie hinzu: „Ich, weil ich festgestellt hatte, daß es ein Irrtum war, diese Ehe."

Ich hatte mich kaum getraut, durch Alexander fragen zu lassen, warum sie ohne Mann lebt – komme doch gerade aus dem Orient –, da fragt sie selbst so direkt. Ich hole auch erst einmal tief Luft, merke, wie schwer es ist, auf solche Fragen zu antworten, ohne das ganze Leben vor dem anderen auszubreiten. Sie fragt weiter, warum und seit wann und in welcher Weise ich politisch aktiv bin. Ich gebe die Frage nun aber doch zurück.

„Nun, ich habe den Krieg miterlebt und den schweren Aufbau hinterher. Ich wollte, daß so etwas nie wieder passiert. Deshalb bin ich Kommunistin geworden."

Zum Abschluß des reichhaltigen Essens bringt sie noch gekochte Kartoffeln mit Schnittlauch. „Die Sibirier lieben Kartoffeln", kommentiert sie.

„Das zweite Brot", fügt Rostislav hinzu. „Ich habe auf der Datscha zwanzig Säcke Kartoffeln geerntet, jetzt bin ich Kapitalist."

„Ist es schwer, hier als Frau allein zu leben?"

Sie lebt mit ihrer Schwester zusammen. Die kommt mit müden Beinen nach Hause, während wir essen, entschuldigt sich, daß sie sich nicht zu uns setzen werde, ihre Schwiegertochter erwarte ein Baby in dieser Woche, nun sei sie sofort nach der Arbeit dort hingegangen, um ein bißchen zu helfen.

„Schwer? Also verurteilt wird es gesellschaftlich nicht. Sicher hängt das auch mit dem Verhalten der Frau zusammen, aber irgendeine gesellschaftliche Diskriminierung erfährt eine geschiedene Frau nicht. Manchmal, bei Betriebsfesten, wenn alle beisammensitzen, dann ist es schon schwer, nur Paare und ich allein. Es hat aber auch etwas Gutes, daß ich nicht verheiratet bin, sonst könnte ich bestimmt nicht soviel gesellschaftliche Arbeit tun."

Sie unterbricht ihre Antwort, lächelt mich an, sagt: „Es ist schade, daß wir beide nicht die gleiche Sprache sprechen, dann könnten wir über alle diese Sachen viel offener miteinander reden, aber so, mit den Männern . . ."

Sie bringt noch eine riesige, schwere Torte zum Nachtisch, eine Torte mit Creme und drei übereinandergelagerten Mürbeteigschichten.

Auf dem Rückflug wird ein Deutscher behaupten, in der Sowjetunion gebe es nichts zu essen, die Leute lebten dort wie im afrikanischen Busch, und es wird einer sein, dessen Frau mir erzählen wird, daß sie bei jeder Mahlzeit mit drei Gängen bewirtet worden seien, es wird auch einer sein, der in Frankfurt bei Demonstrationen gegen die Startbahn West von Polizeiknüppeln geschlagen wurde, vom Tränengas tagelang tränende Augen zurückbehielt, der gleiche Mann wird am Schluß des Fluges, als ich nach langem und freundlichem Gespräch mit seiner Frau ihm die Höflichkeitsfloskel zuwerfe: „Und wie hat Ihnen die Sowjetunion gefallen?" – Sie waren in Moskau und Leningrad gewesen –, zur Antwort seinen Zeigefinger an seiner rechten Schläfe hin- und herdrehen, um symbolisch zu unterstreichen, was er daraufhin an die sechsmal von sich geben wird: „Die spinnen, die Russen, die sind verrückt, die Russen!" Begründung: er habe in einem Fleischgeschäft einen großen rohen Fleischklumpen liegen gesehen, der nicht tiefgekühlt gehalten wurde, kein Wunder, daß die nichts zu essen haben.

Wir sprechen über die Selbständigkeit der sibirischen Frauen. Rostislav meint, die Frauen hier hätten sogar viel zuviel Arbeit übernommen, sie seien zu belastet. Wieso? „Das ist noch aus der Kriegszeit zu erklären. Die Männer waren fort, und die Frauen mußten alle Arbeit allein tun. Nach dem Krieg waren zwei Millionen tot, kannst du dir das vorstellen, zwei Millionen, und viele andere verletzt, viele Männer verletzt. Da blieb an den Frauen viel Arbeit hängen. Da mußten die Frauen stark werden. Heute geht es auch darum, die Frauen wieder zu entlasten."

„In welcher Hinsicht? Sollen etwa die Frauen nun wieder mehr in den Haushalt, die Familie, und aus dem Arbeitsleben stärker ausgegliedert werden?"

Ludmilla lächelt: „Ein bißchen Haushalt, ein bißchen Arbeit, ein bißchen Kindererziehung."

„Und die Männer?" frage ich.

Sie lacht, bemerkt scherzhaft: „Die Männer sollen soviel arbeiten, wie es geht, und zu Hause dann fernsehen."

Als wir uns verabschieden, entschuldigt sie sich, daß sie kein Geschenk für meine Kinder habe, sie habe davon nichts gewußt. Meine Güte, denke ich, und wer bei uns weiß alles davon ...

Anschließend machen wir einen Spaziergang durch die Stadt. Holzhäuschen mit Schnitzwerk, eine Straße soll unter Denkmalschutz gestellt und restauriert werden, und kleine Geschäfte sollen in die Häuser kommen. Ein junger Mann sitzt auf den Stufen vor einem der bunt angestrichenen Holzhäuser, neben sich einen Kinderwagen. Ich möchte ihn fotografieren, frage um seine Erlaubnis, er verweigert sie, er sei nicht ordentlich angezogen, nein, nein, nein, bitte, bitte, bitte. Schließlich überrede ich ihn. Er guckt rauchend in eine Richtung weit von mir entfernt.

Klare, gute Luft atmet man hier. Unser Spaziergang führt an der Angara vorbei, die in den Baikal fließt. Rostislav erzählt die Legende des Flusses: „Angara ist die Tochter des Baikals, sie verliebte sich in den Jenissei. Baikal erfuhr davon und verbot es ihr. Da schlich sie sich des Nachts davon zum Jenissei. Baikal aber wachte auf und schleuderte einen großen Stein hinter seiner Tochter her. Sie erreichte den Jennissei dennoch und vereinigte sich mit ihm. Der Stein aber ragt aus dem Wasser, dort, wo die Angara dem Baikal entspringt."

Ins Wasser schiebt sich eine kleine Lagune, an deren Ende Lichter blinken. Ein Tanzpalast im Freien. Lampions, eine Musikkapelle, viele junge Leute, die den runden Tanzplatz bevölkern. Eintritt muß bezahlt werden, Essen und Trinken gibt es hier nicht, wieder fallen mir die sehnsüchtigen, weichen Gesichter vieler Mädchen auf. Ich glaube, im Leben der sowjetischen Menschen nimmt die Liebe einen sehr großen Platz ein.

Von Beruf: Malerin

Wir besuchen sie in ihrem Atelier: Galina Novikova, Kunstmalerin von Beruf. Vom ersten Augenblick an, da sie uns die Tür öffnet, übernimmt sie die Regie. Sie spielt die Hauptrolle, eine kecke, freche, übermütige Frauenrolle, wir anderen vier, ein Freund von ihr befindet sich noch im Atelier, sind Statisten und Publikum zugleich, und wir richten die Scheinwerfer auf sie. Schön ist sie nicht, ihr Gesicht eher bäurisch grob, die Figur, rundlich, verjüngt sich zu den Hüften hin. Sie empfängt uns in weiter, folklorebestickter weißer Bluse, die über den schwarzen, engen Rock fällt, Hauspantoffeln trägt sie, und auf diesen führt sie uns über den Treppenhausflur in das zweite Zimmer ihres Ateliers, dorthin, wo die Bilder stehen: Ölgemälde, Blumen, Stilleben, Porträts, der Baikal in allen Stimmungen, technisch hervorragend, akribisch genau gemalt, den alten Meistern nachempfunden. Auch schwarz-weiße Skizzen breitet sie vor uns aus, vor allem Porträts. Ihr Freund, auch ein Maler, geht ihr beim Aussortieren der Bilder zur Hand.

Wir kehren zurück ins andere Zimmer, rotgestrichen, die Türen mit Reproduktionen alter Meister tapeziert, Mona Lisa, Cranach, Goya, Akte in Variationen. An der anderen Tür Ikonenreproduktionen, auch hier wieder dicht an dicht, Tapetenmuster à la Galina. Über dem alten Sofa hängen Geweihe neben einem Kreuz mit aufgemaltem Jesus. Kunst oder Religiosität? „Kunst. Das Kreuz gelangte aus der Kirche zufällig ins Theater und von dort, zufällig“, Lachsalve, „zu mir. Es ist ein zweiseitig bemaltes Kreuz, eine Rarität.“

Galina würzt ihre Ausführungen immer wieder mit plötzlich hervorbrechenden Lachsalven. Sie ist von großer Quirligkeit, diese Frau, springt von Thema zu Thema, alle folgen ihr. Ihre streichholzkurzen Haare betonen ihr Gesicht, sie macht auf mich den Eindruck einer Frau, die zu sich steht, über sich lacht, sich keine Mühe gibt, irgend etwas vorzutäuschen. „Seit acht Jahren arbeite ich in diesem Atelier, vorher hatte ich ein kleines Atelier in der Kunstschule, von 1962 bis 1979, zwei Jahre war ich in Leningrad auf der Kunstschule, von 1968 bis 1969.

Sie schreiben ein Buch über Frauen, also zu mir als Frau: Ich bin zum zweiten Mal verheiratet, mein erster Mann war ein Leningrader Komponist, er lebt in Irkutsk, ist nach Sibirien gekommen und hier geblieben. Mein jetziger Mann ist eigentlich Ingenieur, Konstrukteur, Chemiker, aber im Augenblick ist er Jäger. Na, wir besitzen ein Haus am Baikal, und da haben wir beschlossen, dort zwei bis drei Jahre zu leben, also arbeitet er jetzt in der Forstwirtschaft als Jäger."

Sie blättert in einem Katalog ihrer Bilder, weist auf die Abbildung eines Gemäldes von einem Mann mit länglichem melancholisch-kritischen Gesicht unter dicker Pelzmütze, dem der rote, kurze Vollbart einen Hauch von Abenteurertum verleiht, hinter ihm, in den Himmel ragend, Gerüstkonstruktionen, Bohrtürme, die Baustelle im nächtlich rot-schwärzlichen Himmel, von mondähnlichen Lichtern angestrahlt.

„Das ist er! Im Sommer sind wir hauptsächlich in der Natur, im Winter hier. Unser Haus liegt am anderen Ufer der Angara.

Ich habe keine Kinder, das ist, wie soll ich sagen, gottgewollt, nicht Absicht, es ist nicht gut, meine ich, für eine Frau, keine Kinder zu haben.

Zur Kunst: In der Kunst stellt jeder sein eigenes Leben dar, so ist meine Auffassung. Das ist nichts zum Reichwerden. Ich erhalte pro Bild ungefähr fünfhundert Rubel, mal habe ich viel Geld, mal wenig. Im Augenblick liegt meine größte Kunst darin, mit viel Schulden fröhlich durchs Leben zu gehen. Abstrakte Kunst? Wenn die Maler so malen müssen, dann ist es auch gut. Das muß jeder Maler vor sich selbst verantworten. Mein Lehrer sagte immer: Lieber ein kleiner Vogel, der seine eigenen Lieder singt! Wieso beansprucht der Westen eigentlich die abstrakte Malerei? Das ist nicht Ihre! Die haben wir doch schon lange, denken Sie nur an Kandinsky ... Jeder malt, was er malen muß. Ich halte mehr von den Klassikern, diese technische Perfektion, diese Genauigkeit, diese Farben, das ist wunderbar.

Wenn ich Porträts male, das ist wie beim Stierkampf: Ich muß die Person genau zwischen den Hörnern treffen, und es geht um zwei Ehren, um meine und um die des Gemalten. Jeder will immer interessant dargestellt werden, das muß ich herausfinden, bei unseren gemeinsamen Sitzungen, worin genau das Interessante, das Besondere dieser Person liegt.

Kennen Sie Garcia Marquez? Ich habe alle Zeitungsausschnitte über ihn gesammelt. Das ist ein großer Schreiber.

Schriftsteller gibt es viele, Künstler wenige. ‚Hundert Jahre Einsamkeit' ist bei uns ausverkauft. Es ist wunderbar, dies Buch . . .

Welches Sternzeichen sind Sie eigentlich? Widder! Oh, das ist ein ganz, ganz kleiner Stern, aber der strahlt mit einer Helligkeit und zieht seine Bahn mit einer Kraft, unbeirrbar ist er . . .

Ja, ich glaube an Horoskope. Eine Freundin von mir ist in England mit einem Auto gefahren, das ist explodiert. Am nächsten Tag hat sie in ihrem Horoskop gelesen, daß es nicht der richtige Tag für eine Reise war. Sehen Sie, hätte sie es am richtigen Tag gelesen, wäre sie dem Unfall entgangen. Die Freundin kennt alles über ihr eigenes Sternbild.

Zur Frauenfrage: Es ist die Zeit der Frau heute. Ich bewundere Frauen manchmal mehr als die Männer. Mein Meister sagte immer: Weiber sind Weiber, und Männer sind Dummköpfe. Die Natur hat sich die Frauen ausgedacht.

Früher wurden die Frauen immer von den Malern dargestellt. Betrachten Sie meine Wandkomposition: alles Frauen! Aber keine Frau malte. Heute malen auch die Frauen. Alle möglichen interessanten Künstlerinnen gibt es: Ballett, Schreiben, sogar Philosophie machen die Frauen, immer Frauen, sogar in der Regierung sind jetzt Frauen. Manchmal ist es schrecklich, mit solcher Kraft und Macht. Ich weiß, daß oft behauptet wird, Frauen seien nicht in der Lage, die Unbedingtheit aufzubringen, die für schöpferisches Tun nun einmal Voraussetzung ist. Ich kann die Meinung nicht bestreiten. Ich glaube schon, daß die Männer mehr Freiheit besitzen, etwas Neues zu entdecken. Es gibt aber auch Abweichungen, trotzdem: Im Prinzip sind die Männer unabhängiger. Ob es schlecht ist oder gut, aber ein Mann ist ein Mann."

Ihr Freund fügt hinzu: „Die Frauen sind heute überall modern, sie verändern sich, aber viele Frauen sehen ihre Position auch übertrieben, die übernehmen dann zu viel Last. Ein Beispiel: Eine Bekannte von uns, Leiterin eines Lehrstuhls in einer Fremdsprachenschule, arbeitete auf Kontrakt in England, sie war viel im Ausland. Sie verausgabte sehr viel Kraft für ihre Karriere, hat zwei Töchter, eine Datscha. Jetzt ist sie Anfang vierzig, möchte ein wenig ruhiger leben, einen Mann wünscht sie sich jetzt, aber der Zug ist abgefahren. Es gelingt ihr nicht mehr, eine einfache Frau zu sein, wie sie es sich wünscht, die Jugend ist vorbei. Sie bewältigt heute alles automatisch, lebt im Wohlstand, aber wie ein Wecker, es macht ihr keinen Spaß mehr."

Galina löst ihn schnell wieder ab: „Ich arbeite auch sehr intensiv, manchmal habe ich auch das Gefühl, überlastet zu sein." Lachsalve. „Ich wünsche mir, daß mein Mann an meiner Stelle sein sollte, und ich wäre einfach nur die Frau meines Mannes. Die Frau von Tolstoi zu sein, das wäre mein Ideal: ein Tisch, ein zärtlicher Mann, eine unzählige Menge von Kindern . . . das ist meine Phantasie . . . Aber im persönlichen Leben ist das wichtig, für das man geboren wurde. Und ich bin geboren worden, um zu malen. Das ist ein Fakt. Als Kind, als Mädchen mit zwölf Jahren habe ich mir selbst geschworen, daß ich einmal Malerin werde, und so bin ich geworden. Als Kind habe ich große Skulpturen gemacht, Köpfe, Köpfe, Köpfe, große griechische Skulpturen. Irgendwann mal hat das einer gesehen und gesagt, ich soll auf die Kunsthochschule gehen und mich weiter ausbilden lassen.

Sehen Sie, hier habe ich ein Selbstbildnis gemalt, vor einem Selbstporträt von Rembrand. Was sagen Sie zu der Frechheit, sich selbst vor Rembrand zu porträtieren? Aber es ist in die Niederlande verkauft. Eine japanische Firma hat eine Reihe von Bildern gekauft und eine Ausstellung in Japan, Italien, Holland gemacht, und dies Bild wurde in Holland verkauft. Hier wird das durch das Kulturministerium gemacht, was in den kapitalistischen Ländern durch Kunsthändler erfolgt. Nur ohne Profit. Das Kulturministerium schickt Bilder an Ausstellungen oder verkauft die Bilder. Ich male Bilder für Verträge, in denen die Summe schon vorher festgelegt wurde. Wenn ich frei gemalt habe und das Bild verkaufe, bekomme ich die Summe, mit der ich einverstanden bin. Ich schließe Verträge mit dem Künstlerverband. Da schlägt man mir vor, Wissenschaftler, Künstler, Bauern oder so zu malen. Dann suche ich mir das Modell selber aus. Es kann auch einer privat zu mir kommen und mich bitten, ihn zu malen. Wenn er genug Geld hat, kann er bei mir kaufen. Ich wähle die Personen, die ich porträtiere, nach meinem eigenen Leben aus. Der Katalog, den ich Ihnen da gebe, ist der Katalog der Freunde genannt worden, und in der Tat ist es auch so. Sehen Sie: Erstens mein Mann, mein Mann ist auch mein Freund. Hier ein Schriftsteller, dort meine Freundin, dann mein erster Mann, nun eine Kollegin aus der Kunstschule. Jemand hat das genannt: den Katalog der Verwandten. Weiter: mein Freund, ein Chirurg, mein Freund, mein Mann, ein Neffe, ein Schauspieler, der zu meinem Freund wurde nach dem Malen. Am interessantesten ist es, die nächsten Menschen zu malen." Sie weist auf die beklebte Tür. „Die Alten haben auch so gemalt. Bei einem Künstler zählt immer das persönliche Verhältnis zur Welt. Wir kennen uns hier alle in Irkutsk und Umgebung, wir Künstler. Freunde sind wir, bei Ihnen nennt man das Bohème. Wir kennen uns alle, bei Ausstellungen oder so sehen wir uns, aber jeder lebt sein Leben, manchmal machen wir Feste, Atelierfeste, aber das Können ist das Wichtigste."

Als wir uns verabschieden, meint sie: „Das war doch nur die Spitze des Eisbergs, was Sie von mir erfahren haben. Schade, daß wir nicht direkt miteinander reden können, Esperanto müßte man sprechen, schade, daß wir uns nicht besser kennenlernen können." Schade, finde ich auch.

Tanja und Rostislav

Wir machen mit Rostislav und Tatjana einen Ausflug an einen See. Rostislav nimmt uns mit zu ihrer Neubauwohnung, vor wenigen Tagen bezogen, der Aufzug funktioniert nicht, alles riecht nach frischer Farbe, provisorisch wirkt es noch. Tatjana, seine Frau, ist auch zu Hause, unerwartet. Sie ist Stewardeß, Route Irkutsk–Kiew, Irkutsk–Moskau. Sie verschwindet beinahe neben dem fast zwei Meter großen, breiten Rostislav. Afro-look-Haare, ungeschminkt junges Gesicht, rund wie die wasserblauen Augen, wie der volle Mund. Die Nase, klein, zierlich, vorwitzig wie die ganze Gestalt. Als wir die Wohnung betreten, läuft sie in einem geblümten Kittel herum. Rostislav fragt, ob sie nicht mit uns kommen wolle oder ob sie zu müde sei. Sie hat Lust, uns zu begleiten. In der Küche ergreift Rostislav seine Gitarre, singt mit tiefer Stimme russische Lieder, rundherum wohltuende Unordnung.

Tanja erscheint wieder, nun im blauen T-Shirt und zartblaurosa indischem Baumwollrock mit bestickten Blumenmotiven. „Maladez", sagt Rostislav, was in diesem Fall soviel heißt wie Prachtmädchen, und schlägt ihr auf den Hintern. Tanja packt den Proviant zusammen, Lachs, Pastete, Butter,

Konfekt, Brot, Gurken, Gläser, Messer. Und gezuckerte Preiselbeeren aus der Taiga. Und sibirische Kirschen, auch gezukkert, ganz klein und leuchtend rot, mit einem winzigen Stein. Unterwegs wird noch eine Flasche Wodka gekauft.

Am See lagern wir unter Bäumen. Wenn wir den Hügel hinablaufen, stehen wir vor dem Wasser. Gern würde ich schwimmen, habe aber wieder mal kein Schwimmzeug mit. Wenige Leute um uns herum, sie sonnen sich, ein Angler, eine Mutter mit zwei Kindern. Tanja schlägt mir vor, in Unterwäsche zu schwimmen, keiner würde darauf achten. Es stimmt, keiner regt sich auf, nur das Wasser ist eiskalt.

Das Essen bereitet Tanja zu, sie schmiert die Brote dick mit Butter, belegt sie mit Lachs und Pastete, schüttet den Konfekt auf die Plastiktüte, die uns hier als Tischdecke dient. Tanja ist es, die jedem Gurken, Brot und gezuckerte Beeren reicht.

„Siehst du, das ist eine richtige Frau“, schwärmt Alexander, „klug, schön, und dazu noch eine richtige Hausfrau.“

Mir schmeckt es, allerdings entgeht mir die Müdigkeit in Tanjas Gesicht nicht.

„Meine Arbeit ist sehr anstrengend“, lächelt sie, als ich sie darauf anspreche. Rostislav sagt, sie komme nach Hause und schlafe. Aber in einem Jahr, so sein Wunsch, solle sie aufhören zu arbeiten, dann wollten sie auch Kinder bekommen. Stewardessen werden wegen der schweren Arbeit in der Sowjetunion mit vierzig Jahren pensioniert, aber wenn sie vorher aufhören zu arbeiten, was möglich ist, erhalten sie trotzdem ab vierzig ihre volle Rente.

Mücken belagern uns, umschwirren unsere nackten Arme und Beine, wir wedeln mit der Zeitung, schlagen sie tot, rauchen wie die Schornsteine. „Unsere letzten Parasiten“, meint Rostislav. „Wir züchten sie, um uns immer daran zu erinnern, wie lästig so etwas ist.“

Als wir zurückwollen, stellen wir uns zu viert an die Straße, versuchen, ein Taxi zu erwischen, aber auch einen Privatwagen würden wir nicht verschmähen. Einige halten an, fragen nach unserem Ziel, leider nicht die gleiche Richtung. Einer entschuldigt sich, er habe nicht genügend Zeit, um uns zum Hotel zu bringen, sonst gern . . .

Im Hotel gehen wir in mein Zimmer, können uns noch nicht trennen, Cognac, Hähnchen, Brot, Kraut, Kuchen werden umgehend von den Männern organisiert. In der Zwischenzeit versuche ich, mit Tanja auf Russisch ins Gespräch zu kommen. Es gelingt. Ich frage nach ihrem Alter, sie wirkt wie Rostislavs Tochter. Sechsundzwanzig ist sie, er fünfundvierzig. Also wirkt es nicht nur so.

„Ist es nicht kompliziert bei einem so großen Altersabstand."

„Njet", lächelt sie versonnen, „das ist nicht so schwierig, es ist ungewöhnlich, es ist nicht üblich, aber ich bin sehr glücklich mit Rostislav. Vier Jahre sind wir nun schon zusammen. Wir lernten uns im Haus für politische Information bei einer Veranstaltung kennen. Paradox", sagt sie und lächelt wieder in ihrer versonnenen Art, „paradox, ausgerechnet im Haus für politische Information. Als ich ihn sah, war ich sofort in ihn verliebt." Sie schlägt dramatisch die blauen Augen weit auf, blickt gen Himmel, strahlt in die Ferne. Es fällt mir nicht schwer, die Worte, die ich in ihrem Redefluß nicht immer haargenau verstehe, von ihrem Gesichtsausdruck übersetzen zu lassen. „Und er in mich auch", fügt sie hinzu, setzt eine bescheidene Miene auf: „Sagt er zumindest." Wieder ihr Lächeln.

„Willst du Kinder?"

„Kanjeschna. Kanjeschna. Rostislav sagt immer, es ist an der Zeit, es ist Zeit, aber bisher ist es nicht möglich gewesen. Wir haben jetzt das erste Mal eine eigene Wohnung seit vier Jahren. Zuerst, zwei Jahre lang, hatten wir gar nichts, schliefen bei Freunden, in Fluren, irgendwo, in kleinen Zimmern, die wir für kurze Zeit mieteten. Nach zwei Jahren bekamen wir ein Einzimmerappartement, auch klein, zu klein, um dort ein Kind zu bekommen. Nun sind wir glücklich über diese Wohnung, drei Zimmer, so hell, die Küche ist groß, da läßt es sich leben.

Zum Glück hat Rostislav vor vier Jahren die Datscha in der Taiga gekauft, ein kleines Holzhäuschen mit Garten, drei Zimmer. Dort verbrachten wir stets die Wochenenden. Drei Stunden Fahrt mit der Bahn, und dann sind wir in der Natur. Ich liebe es über alles, im Garten zu arbeiten, die frische Luft, ich liebe die Natur."

Die Männer sind wieder zurück, Rostislav fummelt am Fernseher herum, bleibt bei einer Sendung über Indien hängen. Wir sehen Bilder von indischen Frauen, die große Körbe auf dem Kopf tragen. „Ach, die können sich voranbewegen", schwärmt Rostislav. Er war schon dort. Die indischen Frauen seien die besten der Welt. Er verbessert sich: „Nein, unsere sind die besten, die sibirischen. Auch wenn sie nicht schreiten wie die Inderinnen.“

Rostislav ist geschieden. Seine Frau war eine bekannte Schauspielerin. „Schauspielerinchen“, nennt er sie. Zwei Kinder hat er aus dieser Ehe. „Als die Kinder klein waren, ging meine Frau abends ins Theater, kam spät nach Hause, ich holte die Kinder vom Kindergarten ab, brachte sie ins Bett.“ Er demonstriert, während er davon erzählt, mit seinen beiden langen Armen, wie er in jedem ein Kind hält.

Wir drei rauchen, obwohl es hier verboten ist. Mit zusammengezogenen Augenbrauen wirft uns ein junger Vater vom Nebentisch rügende Blicke zu.

Rostislav erzählt weiter: „Wenn ich Brüste gehabt hätte, hätte ich die Kinder auch noch gestillt.“ Er gibt eine Anekdote zum Besten: „Als meine Frau einmal längere Zeit fort war auf Tournee und zurückkam, mein Sohn war damals wohl fünf Jahre alt, da saßen wir Eltern zusammen, der Junge machte die Tür auf und sagte: Mama, Tante Olga war hier. Ich wies ihn zurecht. Willst du dem Jungen glauben, sagte ich zu meiner Frau, hier war keine Olga. Geh raus, sagte ich zu dem Jungen, was erzählst du denn da? Nach einiger Zeit steckte er seinen Kopf wieder durch die Tür. Mama, es stimmt aber doch, als du wegwarst, war Tante Olga hier.“

„Also betrogen hast du deine Frau“, meine ich. „Dann wundert mich gar nicht, daß ihr geschieden seid.“

„Nein“, erwidert er, „keine Olga, aber zwei Intellektuelle unter einem Dach, das geht nicht gut. Heute würde meine Frau gern wieder mit mir zusammenleben, aber ‚der Zug ist abgefahren‘. Ich habe guten Kontakt zu meinen Kindern, auch Tanja. Am Wochenende kommen die Kinder immer zu Besuch.“

Zwei Gedichte von sich liest er mir vor, die in der sowjetischen Anthologie der Poesie abgedruckt sind:

Ich entferne mich von der Welt
um Dich zu besuchen wie eine Kirche
Ich öffne das Geheimnis
des Scheines deiner Augen
und ein Wunder geschieht

das Wunder des Gesundens
von vergangenem Scheiden
von zukünftigen Leiden
Ich entferne mich von der Welt
segne mich
segne und erleuchte mich
auf der Flamme deiner Hände
und deines Körpers
so wird die Ewigkeit zu einer schweigenden Frau
im hohen Sonnenaufgang der Liebe
Ich entferne mich von Gott
bis weit hinter die Türschwelle
die alten Sitten werde ich stören
und mit einer Predigt mache ich mich auf
den Weg
aufrufend den Glauben an deine heilige Seele.

Mal schreibe ich nicht
mal beantworte ich deine Briefe nicht
selten sehen wir uns
Geschäfte, Geschäfte . . .
wieder bin ich in der Taiga
ein Zweig des Baumes umarmte
leise meine Schulter
das Feuer brennt
in einer Schlucht flanieren die Tiere
und der Tee wird kühl
auf rostroter Asche
Du bist weit von hier
und mir fällt schwer zu glauben,
daß du auch auf dieser Erde lebst
aber wisse: wo mich das Schicksal
auch hinwirft
vielleicht beleidige ich dich
und laß dich böse sein,
immer schreit Sibirien mit dem riesigen Munde
des Baikal
ruft Dich mit dem Wort
ich liebe . . .

Zwischenlandung in Omsk – Vorgeschmack auf zu Hause

Der Rückflug von Sibirien nach Moskau dauert sieben Stunden. In Omsk ist Zwischenlandung. Im Flughafenrestaurant sitzt am Tisch neben uns eine deutsche Frau mit zwei Kindern, einem zehnjährigen Jungen, das Mädchen ist dreizehn. Alexander hatte mich schon vorher auf das Mädchen aufmerksam gemacht: „Eure jungen Mädchen sind ja gut erzogen. Bei der Toilette im Flugzeug hat sie vor mir gestanden und ich habe scherzhaft gesagt: ‚Aber ich komme doch zuerst.' Sie hat sofort geantwortet: ‚Ja, aber bitte.' Das wird einmal eine gute Frau", lacht er, „läßt den Mann immer vor, unsere Frauen hätten mich beiseite geschoben."

Im Restaurant kommen wir ins Gespräch. Sie stammen aus Leverkusen, der Mann ist Arbeiter bei KHD und lebt seit einem Jahr in Sibirien, um ein PVC-Verarbeitungswerk aufzubauen. Sie haben ihn nun sechs Wochen lang besucht.

„Wie hat es Ihnen hier gefallen?"

„Ach", sagt die Frau, „die Wohnungen sind ja gut, aber die Essensversorgung ist schlecht, KHD läßt zwar täglich Lastwagen anfahren für die deutschen Arbeiter, aber es gibt kein Obst. Ich finde es sehr schlimm. Die Männer leiden allerdings nicht so sehr darunter, sie behaupten, was sie nicht essen, nehmen sie mit dem Alkohol auf. Der Alkoholismus, das ist ein großes Problem, morgens schon auf dem Markt kann man betrunkene Männer sehen, die von der Nachtschicht kommen."

Sie erklärt es damit, daß die Männer von überallher stammten, aus der Ukraine, aus Rußland, aus Kasachstan, sie seien sehr zusammengewürfelt.

Sie sieht mich groß und erstaunt an, als ich sage, daß jede Republik in der Sowjetunion viele Völker beherberge, zusammengewürfelt zu sein, sei für die Menschen hier nicht ungewöhnlich.

Die Frau aus Leverkusen wird offener: „Schlimm ist das Bewachersystem durch die Dolmetscher, nirgendwo kann man hin ohne Dolmetscher, jedes Gespräch findet nur in Begleitung des Dolmetschers statt."

Ich wundere mich: „Ja, konnten Sie denn nicht allein in der Stadt spazierengehen?"

„Doch, natürlich. Aber da lernt man doch niemanden kennen, ohne die Sprache zu beherrschen."

Ich frage, ob ihr Mann denn nicht Kontakt zu sowjetischen Arbeitskollegen pflege.

„Nein", empört sie sich, „das wird total unterbunden."

Jetzt bin ich aber doch sehr erschrocken: „Wie, unterbunden, arbeiten die Deutschen und die Einheimischen etwa getrennt?"

„Nein, ganz im Gegenteil, jeder Deutsche arbeitet immer an der Seite eines Hiesigen, weil die es ja lernen sollen."

„Ja, und?"

„Die können sich doch nicht verständigen."

„Hat Ihr Mann denn in diesem halben Jahr nicht ein wenig Russisch gelernt?"

„Nein, natürlich nicht. Nur die technischen Ausdrücke." Wieder beschwert sie sich, daß kein Kontakt zwischen den Deutschen und den hiesigen Familien zustande komme, immer seien die Dolmetscher dabei.

„Fühlen Sie sich bewacht durch die Dolmetscher?" Sie zögert: „Na, ich weiß nicht, . . ." Fügt ironisch hinzu: „Das soll ja nur unserer Sicherheit dienen."

Mit ihr am gleichen Tisch sitzt ihre Dolmetscherin, eine junge, blonde Frau, die ihren Sohn bei sich hat, einen kleinen, vierjährigen Frechdachs mit blauen Kulleraugen. Sie wirkt sehr müde.

Das Mädchen fragt mich, wo ich denn gewesen sei und wann ich zurückfahre. Ich erzähle, daß ich zu Schulbeginn wieder zurück sein müsse.

„Ach, wir haben in Moskau schon zwei Lehrerinnen getroffen, die wollten auch durch die Sowjetunion. Die waren aber schon in Moskau sauer, mußten mit dem Zug von Leningrad nach Moskau."

Ich erinnere mich an diese nächtliche Zugfahrt, die ich im letzten Jahr als romantisches Erlebnis genossen hatte: die weiße Tischdecke in den Abteilen mit den zwei sauber bezogenen Betten, der dampfende Tee, der von der Schaffnerin morgens und abends gebracht wird, die Töne des Spasski-Turms zum Abschied, die vielen Gesichter derjenigen, die abfahren und derjenigen, die sie verabschieden, die Geschichten, die diese Gesichter erzählen.

„Die Bahnfahrten hier sind doch eigentlich sehr gemütlich ..." sage ich zu dem Mädchen. „Warum waren die denn so sauer?"

„Oh", lautet die Antwort. „Auch wir haben eine Nachtfahrt mit dem Zug hinter uns, das war der totale Horror. Ja, gut, saubere Betten und Tee, o. k., aber der Zug hielt mindestens zwölfmal, in jedem Posemuckel-Bahnhof, und wir sollten eigentlich um zwölf Uhr ankommen, dann hatte der Zug aber vier Stunden Verspätung, und wir standen mit den gepackten Koffern auf dem Sprung."

„Was ich besonders schrecklich finde", bemerkt jetzt die Mutter, „das ist die Kinderkasernierung."

„Wie meinen Sie denn das?"

„Na, haben Sie etwa mal die Kindergartengruppen gesehen, die sitzen da völlig zusammengepfercht, dabei kann sich doch kein Kind individuell entfalten. Die Familien werden auseinandergerissen, die sehen sich gar nicht mehr. Morgens reißt man die Kinder aus dem Schlaf, mit anderthalb Jahren gehen die schon in die Kinderkrippe, das ist doch furchtbar. Die Familien sehen sich doch gar nicht mehr, die Kinder bekommen im Kindergarten zu essen, sicher, da werden sie wohl auch besser versorgt, als was es sonst gibt, die bekommen ja wohl auch alle täglich einen halben Liter Milch, aber die Familien sehen sich doch gar nicht mehr, vielleicht am Wochenende ..."

„Nicht mal dann", wirft ihre Tochter ein, „und nicht mal in den Ferien, da fahren die Kinder ins Pionierlager."

Ich erzähle von mir, sage, in der BRD müßten die Frauen doch schon nach acht Wochen wieder arbeiten gehen, es sei denn, sie nähmen in Kauf, nur die Hälfte ihres Gehaltes zu erhalten, und auch das gehe bei uns doch nur ein halbes Jahr, und selbst das werde im Zusammenhang mit den Sparmaßnahmen jetzt wieder eingeschränkt. „Ich zum Beispiel mußte nach acht Wochen wieder arbeiten gehen, als meine Töchter geboren wurden."

„Ja", lautet die Antwort der Leverkusener Frau, „wenn man so etwas macht." Und sie sieht mich befremdet an. „Wenn eine Frau unbedingt weiterarbeiten will, auch wenn sie Kinder bekommen hat. Aber ich habe aufgehört zu arbeiten, als meine Tochter kam ..."

Wir sind wieder am Flugzeug angelangt und ich wieder bei dem mir wohlvertrauten Gefühl, auf dem Seil zu balancieren.

Abschied

Wieder in Moskau treffe ich am ersten Abend Helena und Slava auf einer kleinen Party. Ich soll erzählen, meine Eindrücke zusammenfassen, es fällt mir schwer. Sibirien hat manche früheren Erlebnisse wieder verrückt und doch auch wieder nicht. Was soll ich auf die Kürze sagen, ein Resumée geben, dazu fühle ich mich außerstande. „Beeindruckend waren die Textilfabriken", lache ich und erzähle von den Ideen über Gleichberechtigung bei dem jungen Mädchen in Alma-Ata.

„Auf jeden Fall", das ist mein Schlußwort, „hat sich seit der Oktoberrevolution manches geändert: die Frauen heute haben Arbeit und Rechte und manche sozialen Erleichterungen, da liegen Welten zwischen vorher und nachher, aber es gab doch auch einmal die Bolchewikinnen um Alexandra Kollontai, die die Kleinfamilie in Frage stellten und auch ihr Liebesleben nicht mehr an alten Bräuchen und Gesetzen orientieren wollten."

Helena strahlt noch mehr als vor vier Wochen. Sie hat vierzehn Tage Urlaub hinter sich, hat eine Diät gemacht. Sie trägt einen goldenen Schal um die Haare geschlungen und sieht sehr französisch aus. Zu Gast bei ihnen ist ein Franzose, ein Freund von Helena, der gerade eine Reisegruppe durch die Sowjetunion betreut hat.

Slava wirkt deprimiert, ist still, beobachtet seine Frau, wirft ein paar ironische Bemerkungen ein, schweigt wieder. Tanja wird mir am nächsten Abend erzählen, Slava habe eine Freundin, von der Helena nichts wisse.

Tanja. Nun sehe ich sie nach einem Jahr wieder, und wir fallen uns in die Arme und freuen uns. Und erzählen. Ein ganzer Abend muß reichen für zweimal ein Jahr Erfahrungen, Gefühle, Lachen und Enttäuschungen.

Was wir uns erzählen? Das schreibe ich nicht auf.

Was sagt Christa Wolf über die Literatur: „Wohin auch das Wort noch vordringen mag, man soll sich nicht vornehmen, alles zu sagen, was sich benennen ließe, damit in der Zone der unausgesprochenen Wörter Scham und Scheu und Ehrfurcht sich halten können."